国家社会科学基金青年项目"社会过渡时期英国富裕农民研究（15—18世纪）"（09CSS004）

社会转型时期英国富裕农民社会经济生活研究

The Study of the Well-to-do Peasants' Socia-economic Life in the Trasition Age in England

徐华娟　著

中国社会科学出版社

图书在版编目（CIP）数据

社会转型时期英国富裕农民社会经济生活研究/徐华娟著. —北京：中国社会科学出版社，2020.5
ISBN 978-7-5203-6317-4

Ⅰ.①社⋯ Ⅱ.①徐⋯ Ⅲ.①农业经济史—英国—1500—1800 Ⅳ.①F356.19

中国版本图书馆 CIP 数据核字（2020）第 064197 号

出 版 人	赵剑英
责任编辑	宋燕鹏
特约编辑	冯正好
责任校对	周　昊
责任印制	李寡寡

出　　版	中国社会科学出版社
社　　址	北京鼓楼西大街甲 158 号
邮　　编	100720
网　　址	http://www.csspw.cn
发 行 部	010-84083685
门 市 部	010-84029450
经　　销	新华书店及其他书店

印　　刷	北京君升印刷有限公司
装　　订	廊坊市广阳区广增装订厂
版　　次	2020 年 5 月第 1 版
印　　次	2020 年 5 月第 1 次印刷

开　　本	710×1000　1/16
印　　张	22
字　　数	368 千字
定　　价	108.00 元

凡购买中国社会科学出版社图书，如有质量问题请与本社营销中心联系调换
电话：010-84083683
版权所有　侵权必究

序　言

　　徐华娟硕士阶段指导教师是王亚平教授，博士导师为侯建新教授，他们两位都是我多年的学界好友。早在徐华娟就读本科高年级特别是完成硕士论文时，我便在东北师范大学举行的多次学术会议上认识了她。当侯建新先生向我推荐她到南开大学完成博士后研究工作时，我便毫不犹豫地答应做她的博士后合作导师。事实上，她从事的研究专注于英国经济社会史，我对此几乎一无所知。好在我们两校同城，天津师范大学离南开大学仅两个街区的距离，来往便利，她可以时常返回天津师范大学，利用那里丰富的图书资料，随时向那里的老师请教问题。我只是履行博士后合作导师行政管理上的职责，而她则完全独立自主地完成学术研究工作。我坚信她完全有能力做好博士后研究工作。事实证明，我的想法是正确的。当她出站时，便超额完成了预定的研究任务，特别是在站期间还获得了一项国家社科项目的资助，这在博士后人员中也是不多见的。眼前这部书就是当年那个科研项目成果的修改稿。

　　徐华娟出站已经十年了。为了对其博士后研究成果精雕细刻，她走上工作岗位后，继续投入全部业余时间，最终完成了书稿的修改，准备由中国社会科学出版社出版。可以说，此书凝结了她多年的心血，也算是其长期从事相关学术研究的一个阶段性总结。面对这部厚重的书稿和恳切的请求，我也打破只为自己的弟子出版新书作序的惯例，冒着班门弄斧的风险，答应了她的请求，对书稿略谈一二。

　　首先，全书的主要理论框架我是赞同的。记得多年前，侯建新先生决定创设经济社会史新学科之初，在蓟县山里召开了一个专家研讨会，齐世荣以下众多世界史知名学者参加讨论。当时就新学科的名称虽有不同意见，但是侯先生提出的理论框架得到了不约而同的认可。该理论在肯定经济是社会发展变革最重要方面的基础上，认为"社会经济史"不足以涵盖和解释社会发展的全部问题，将经济史与社会史结合形成经济社会史，这一研究便有了特殊的意义。正是在这一理论指导下，徐华娟的这本书首先明确了"英国富裕农民"这一概念，厘清相关研究的发展后，逐一展开全书九个章节的内容，从富裕农民的生产经营活动、土地财产的持有、对公共生活的参与、包括衣食住行用等物质生活的状况、税赋与军役的负担、以信仰为核心的精神生活，以及流动性的社会地位等方面，考察这一特殊阶层的诸多生活细节。作者最后总结道，英国率先走上资本主义工业化道路，不仅仅是经济因素发挥作用，资本主义初生和早期发展的规律是英国人民"中的一员或一个群体或一个阶层乃至整个社会的行为创造出了适宜该规律起作用的环境条件，"促使被激活的规律发生作用。"从中世纪到工业革命的一系列社会活动，包括富裕农民（这是本书的重点考察对象）的活动，"使英国触发激活了资本主义的发展，并得以加速走上资本主义工业化道路。徐华娟从观察英国富裕农民作为具体的切入点，论证了英国资本主义兴起的多元因素综合发力的历史现象。这在逻辑上是成立的。

其次，本书的研究方法是历史学的。粗略计算的结果是，全书参考中外文书籍论文280多种，并以大量数字、图表作为证据，对定性问题做出定量分析。我常年从事历史研究，对历史学研究方法有特殊的偏好。与哲学的纯理性逻辑思维和文学的发散性形象思维不同，历史学强调有史料支撑的逻辑思维，一切分析都需要有充分的史料依据，所谓"言必有据""论从史出"，反对任何缺乏史料依据的空论。徐华娟接受过系统的史学教育和严格的史学研究训练，她的这本书因此从始至终贯穿着历史研究的基本方法。全书注释多达967个，举凡重要的学术观点、争议焦点、统计数字、定量说明、文句引用都详细注明相关信息，这为全书的中心论点和分论点提供了坚实的论据，支撑起全书的逻辑论说，进而极大增加了作者多层面研究结论的可信度。由于我并不熟悉英国历史研究的史料，所以还很难判断本书史料的质量，相信细心的读者自会断明。

最后，全书的文字表述比较流畅，其谈论的内容虽然是远在万里之外的英国，但讲出的语言是"中国话"。这不仅仅是本书用中文写作，而且使用的是符合中国人思维习惯的语言，有些表述还略带"中式"诙谐幽默。这在当下诸多"洋泾帮"译作和"英式中文"写作的涉外作品畅销于市的环境中，还是属于难能可贵的。全书布局合理，层次协调，条理清晰，反映出作者扎实的知识功底和严谨的学风。当然，如同所有作品一样，本书仍有精益求精的空间。

英国史研究是我国世界史学科中的"大户"，不仅研究人员多，成果也很丰富，积累非常雄厚，几代名师大家多出于这一研究领域。在这样良好的学术氛围中，青年学者若要取得新成果难度相对大，学术竞争的压力也更大。本书作者勇于迎难而上、挑战自我，在全面领会其博士导师理论的基础上，选取英国富裕农民这个特殊群体作为观察视角，很好地用经济社会史的理论和方法，全景式地展现了英国率先开始并完成资本主义工业化的过程。这一研究成果对我们深入理解人类世界现代化具有重要意义。希望读者能够从本书中得到更多收获。我也衷心祝愿徐华娟百尺竿头，更进一步。

南开大学　陈志强

2019 年 1 月 30 日

目 录

第一章 为什么是英国 …………………………………………… (1)
 第一节 英国历史转型期 ………………………………………… (5)
  一 选题原因 ……………………………………………………… (5)
  二 选题意义 ……………………………………………………… (6)
  三 研究方法 ……………………………………………………… (8)
  四 研究对象 ……………………………………………………… (9)
 第二节 对15—18世纪英国社会转型问题的研究 …………… (9)
  一 国内研究 ……………………………………………………… (10)
  二 国外研究 ……………………………………………………… (21)
 本章小结 …………………………………………………………… (36)

第二章 英国早期农业资本主义市场经济的构建者 ………… (39)
 第一节 土地决定一切:农民富裕与否的判定标准 ………… (40)
  一 拥有多少土地可以算作富裕农民 ………………………… (40)
  二 富裕农民的生产与经营方式 ……………………………… (46)
  三 逐渐形成规模化的农业资本主义市场 …………………… (52)
 第二节 农民阶层构成分析 ……………………………………… (57)
  一 自由佃农 ……………………………………………………… (58)
  二 习惯佃农 ……………………………………………………… (63)
  三 租地持有农 …………………………………………………… (65)
  四 农业雇工 ……………………………………………………… (67)
 第三节 英国乡村富裕农民群体的形成 ……………………… (68)
  一 自由佃农 ……………………………………………………… (69)

二　习惯佃农 ………………………………………………… (75)
　　三　富裕农民与约曼内涵的融合 …………………………… (78)
　本章小结 …………………………………………………………… (82)

第三章　富裕农民的生产经营 …………………………………… (84)
　第一节　庄园经济的衰落与新生产方式的兴起 ………………… (85)
　　一　货币地租逐渐盛行 ……………………………………… (86)
　　二　雇佣经济的发展 ………………………………………… (87)
　　三　领主自营地的出租 ……………………………………… (90)
　第二节　扩大土地规模的市场之路 ……………………………… (93)
　　一　买卖与租赁土地 ………………………………………… (94)
　　二　竞争性地租的发展 ……………………………………… (100)
　第三节　农业资本扩张之路 ……………………………………… (104)
　　一　农场规模 ………………………………………………… (105)
　　二　租地农场是支撑近代市场经济活动的物质基础 ……… (108)
　本章小结 …………………………………………………………… (112)

第四章　富裕农民的公共生活 …………………………………… (115)
　第一节　权力的手指:参与地方行政管理 ……………………… (117)
　　一　乡警(constable) ………………………………………… (118)
　　二　教会执事(churchwarden) ……………………………… (122)
　　三　济贫监管员(overseer) ………………………………… (123)
　　四　公路监管员和桥梁监护人(highway and bridgeward en) …… (126)
　　五　协助金高级征收官 ……………………………………… (126)
　　六　担任其他公共职务 ……………………………………… (127)
　第二节　"折磨"司法:参与陪审团 ……………………………… (127)
　　一　陪审团制度 ……………………………………………… (127)
　　二　成为大陪审团成员 ……………………………………… (128)
　第三节　初尝参政滋味:取得地方议会选举权 ………………… (129)
　　一　平民构成的下议院 ……………………………………… (129)
　　二　参与议员竞选 …………………………………………… (131)

第四节　慈善与公益 …………………………………………(133)
　一　对贫困现象认识的逐步深化 ……………………………(133)
　二　王国颁布济贫法令 ………………………………………(135)
　三　慈善救济活动 ……………………………………………(138)
本章小结 …………………………………………………………(141)

第五章　富裕农民的物质生活 …………………………………(143)
第一节　小麦和浓啤酒：饮食结构的改善 ……………………(145)
　一　一个中等农户家庭的饮食收支状况 ……………………(148)
　二　谷物的消费 ………………………………………………(152)
　三　酒类的消费 ………………………………………………(156)
　四　蛋白质的消费 ……………………………………………(158)
第二节　呢绒和丝绸：服饰中的时髦成分 ……………………(161)
　一　英国日常生活中主要服饰种类 …………………………(161)
　二　服装服饰穿着的僭越现象 ………………………………(164)
　三　富裕农民的穿着 …………………………………………(166)
第三节　独立的厨房和卧室：居住条件的改观 ………………(169)
　一　房屋建筑结构上的变化 …………………………………(169)
　二　双层住宅是富裕农民房屋重建的重要特征 ……………(172)
　三　厨房的出现和炉灶数量表明房屋主人的富裕程度 ……(173)
　四　卧室的出现 ………………………………………………(176)
　五　玻璃窗、烟囱和护墙板是富裕的象征 …………………(178)
第四节　富裕农民家庭日用奢侈品 ……………………………(179)
　一　日常用品中的银器 ………………………………………(180)
　二　遗嘱中的传家之物 ………………………………………(182)
　三　饮食和餐桌礼仪 …………………………………………(183)
第五节　多姿多彩的民俗与乡间休闲娱乐活动 ………………(184)
　一　葬礼与婚礼 ………………………………………………(184)
　二　宗教和世俗节日 …………………………………………(187)
　二　休闲娱乐 …………………………………………………(189)
本章小结 …………………………………………………………(191)

第六章　富裕的责任:重要纳税人 (195)

第一节　富裕的责任:缴纳世俗补助金 (197)
一　世俗补助金制度 (197)
二　世俗补助金的缴纳主力 (199)

第二节　"另类"标志:缴纳炉灶税 (201)
一　针对富裕阶层的炉灶税 (201)
二　炉灶税的主要承担者 (202)

第三节　承担社会公益:缴纳济贫税 (205)
一　圈地运动引发的贫困现象与济贫税的出现 (206)
二　逐步增加的济贫税税额 (207)

第四节　承担军事义务 (209)
一　克莱西战役的胜利 (213)
二　普瓦蒂埃战役的胜利 (216)

本章小结 (217)

第七章　教堂和学校:重新塑造心灵与头脑 (220)

第一节　富裕农民的思想源泉与心灵归宿 (221)
一　清教教义的核心 (221)
二　清教的教育观 (224)
三　清教的天职观 (225)
四　清教的财富观 (226)
五　清教:不信奉国教者的宗教 (228)
六　富裕农民与清教的契合 (231)

第二节　富裕农民推动教育的世俗化发展 (234)
一　走向世俗的教育 (235)
二　社会角色的转变需要教育 (237)
三　提高生产效率的需要 (239)
四　印刷技术发展对教育世俗化的推进 (241)
五　教育费用 (243)

第三节　阅读和签名:富裕农民普遍达到的教育水准 (245)
一　能够自己签名 (246)

二　写日记和记账 ………………………………………… (250)
　　三　藏书 …………………………………………………… (251)
　第四节　走进学校:富裕农民子弟接受正规教育的途径 ……… (253)
　　一　文法学校 ……………………………………………… (254)
　　二　上大学 ………………………………………………… (257)
　　三　学习改变命运 ………………………………………… (261)
　本章小结 ………………………………………………………… (264)

第八章　乡绅:达到理想归宿完成自我实现 ……………………… (267)
　第一节　乡绅:英国乡村仅次于贵族的阶层 …………………… (268)
　　一　乡绅的内涵 …………………………………………… (268)
　　二　乡绅的数量 …………………………………………… (272)
　　三　乡绅的财富 …………………………………………… (274)
　　四　乡绅的社会地位 ……………………………………… (279)
　第二节　富裕农民向乡绅的融入 ……………………………… (284)
　　一　骑士、士绅和绅士 …………………………………… (284)
　　二　杰出的约曼跻身乡绅行列 …………………………… (285)
　　三　联姻与交往 …………………………………………… (288)
　　四　教育消除等级差距 …………………………………… (291)
　本章小结 ………………………………………………………… (294)

第九章　偶然还是必然? …………………………………………… (296)
　第一节　重新洗牌:自由竞争资本主义市场经济对英国
　　　　　农村固有经济秩序的重塑 ………………………… (297)
　　一　近代小土地持有经营者最后的辉煌 ………………… (297)
　　二　历史对小土地持有经营者的扬弃 …………………… (298)
　第二节　中间阶层 ……………………………………………… (302)
　　一　农业资产阶级的形成 ………………………………… (303)
　　二　身份的趋同:英国中产阶级的形成 ………………… (306)
　本章小结 ………………………………………………………… (312)

参考文献 ………………………………………………………（319）

附录 ……………………………………………………………（335）

后记 ……………………………………………………………（338）

第 一 章

为什么是英国

历史是人们在时间空间中的经验，但它发生在地理空间中。地理学家描述并绘制了地球，也研究人类与他们生活其中的环境空间的不断变化着的互动①。历史又是空间和时间的坐标系上一条起伏涨落不定的曲线，每个民族都留下了自己经历过的动态轨迹。他们的盛衰荣辱和变化不定的命运也是由自己做出的选择，"上帝"决不偏袒任何民族②。在人类文明源远流长的历史中，古老的国度几经风雨，有的沉沦了，有的兴盛了，可是，最终率先实现现代化的国家却是英国。英国第一个迈进现代化社会，在 18 世纪和 19 世纪时它成为世界发展的领头羊。是什么原因使它具有了这样巨大的能量，以致改变了自己，并且影响了全世界呢？在那个变幻的时空中，英国又是以怎样的姿态成长着呢？

从人类历史的整体来看，1500 年前后正是"历史发展为世界历史的重大转折时期"，"在亚欧大陆农耕世界内部，首先在西欧，社会经济发生了前所未有的根本变化"③。正是这一时期，人类从以农本经济为中心的时代开始向工业社会过渡。从英国的历史而言，这个时期正值英国由古代社会向近代社会、农业文明向工业文明过渡、第三等级出现并成为一支主宰政治司法及实施国家政令的新阶级的关键时期。史学界有个说法，叫"长的 16 世纪"，是指英国经历都铎王朝（1485—1603 年）、斯图亚特王朝（1603—1649 年，1660—1714 年）。在这"漫长"的 16 世纪，面向世

---

① ［美］R. R. 帕尔默乔·科尔顿、劳埃德·克莱默：《欧洲崛起：现代世界的人口》，孙福生、陈敦全、何兆武译，世界图书出版公司 2010 年版，第 1 页。
② 王家范：《百年颠沛与千年往复》，远东出版社 2001 年版，第 3 页。
③ 吴于廑、齐世荣主编：《世界史·古代史编》（上卷），高等教育出版社 1994 年版，总序第 23 页。

界发生了 1492 年哥伦布首航美洲，1498 年达·伽马从好望角到达印度。海路大开使西欧资本主义获得了极为有利的外部发展空间。欧洲内部，早期的圈地运动、宗教改革、17 世纪中叶的内战等，包括英国的经济体制、政治体制、社会阶层、文化教育、民众的宗教信仰、民众的生活方式、社会交往范围都发生了深刻的变化。所以沃勒斯坦说，从 1540 年到 1640 年的这一个世纪是一个新的阶层——农业资产阶级——形成的世纪，这个阶级由富裕农民和乡绅组成①。在这一阶段英国初步成为了统一的、稳定的、近代化的国家并建立了相应的国家体制与制度，那么在经济上开拓资本主义的近代农业和近代化的农业市场经济的重任，就历史地落在富裕农民这一群体的肩上。在这些变化过程中，富裕农民的变迁和流动、面对历史性转变，他们的应对、调整、把握和决定个人前途和命运的行为，都深深地影响到英国社会的发展和总体进程。

英国乡村的状况特别是 1500—1800 年的乡村的状态是什么样子呢？从前人的记录与描述中我们可以看到英伦三岛上的乡村生活实录。

早在 13 世纪中叶，圣方济会修道士巴托洛梅乌斯在其编撰的大百科全书——《物之属性》中非常自豪地说："英格兰是一个强大的国家，也是一个顽强的国家，它是全世界最丰饶之角。它如此富有，以致它不需要任何其他国家的帮助。"

1497 年威尼斯驻英格兰大使安德里亚·特雷维萨到来时被英格兰的财富深深打动，在其撰写的报告"英格兰岛记叙或英格兰岛纪实"中说："英格兰之富裕，欧洲任何一国都不能望其项背，不但一位年高德勋、阅历丰富的商人如是相告，我本人也能凭我亲眼所见加以担保。"他认为英格兰的富裕应当归功于"土壤的极度肥沃""贵金属锡的销售""羊毛的非凡丰产"。不管原因何在，反正"每一个游历此岛的人都能马上识得这种丰厚的财富"。他看到，英格兰"小客栈的主人无论多么贫贱，没有不用银碟银杯上餐的。没有一个人不在家中备有银盘银碟，总价至少为 100 镑……不备此物的人被视为无名鼠辈"。而且所有英格兰人"自无可记忆的远古时代即已锦衣华服"。他认为："他们最了不起的财富体现于教堂的宝藏：全王国没有一个教区教堂穷酸到无力拥有十字架、烛台、香炉、

---

① D. M. Palliser, *The Age of Elizabeth*, *England under the later Tudors 1547–1603*, London and New York: Longman, 1983, p. 78.

圣餐盘和银杯。"威斯敏斯特教堂展现的财富、殉教者圣托马斯在坎特伯雷大教堂的豪华坟墓,尤其使英格兰教堂的富丽臻于顶峰,"超乎了一切想象"①。

关于16世纪英格兰的富庶,在埃塞克斯郡的牧师威廉·哈里森1577年发表的《英格兰之描述》中曾有细致入微的刻画,例如在家具、住房、衣着等方面②。哈里森写道:"我们的餐桌每每比其他国家的更丰盛,甚至从远古以来,我们就是这种习惯了。"而15世纪在福蒂斯丘的描述中也见到了这样的反差。

约翰·弥尔顿(1608—1674)在《论出版自由》中有过这样的描述:"我想,我心中看见一个崇高强大的民族,正如壮汉苏醒,摆脱其牢固的枷锁;我想,我看见她如鹰一般歌唱雄健的青春,于正午骄阳下睁开炫目的眼睛。"

在那个时代非常受欢迎的英国诗人之一威廉·库珀(1731—1800)在其诗行中描写了乡村生活的快乐和日常生活的场景:"啊,在乡村享受天伦之乐,有益人们最美的追求,有益人们的思想、德行与和睦!"

18世纪来到英国的索绪尔也用同样的笔触描述了英格兰人的生活,他说:"他们丰衣足食,对我国农民食用的粗粒黑面包,他们根本闻所未闻。每逢星期日,他们的炉前必有一块上好的牛肉,一年到头地窖里必有一桶麦芽酒。"

18世纪和19世纪之交美国最著名的作家华盛顿·欧文把他到达欧洲的见闻记述下来,于1820年出版,即《英伦见闻录》。关于在英格兰的见闻,书中这样写道:

> 外国人若欲对英国人的特性有一个正确认识,切不可将视野局限于都市。他须深入乡间,逗留于大小村庄;游览城堡、别墅、农房、村舍;漫步园林;沿树篱和青葱小道缓缓而行;流连于乡村教堂,参加教区节庆、定期集市等乡村节日,并与身份、习惯和性格各异者交往。③……在乡下,各种书籍、绘画、乐曲、马狗及体育用品,随手

---

① [英]艾伦·麦克法兰:《现代世界的诞生》,上海人民出版社2013年版,第78页。
② 同上书,第83页。
③ [美]华盛顿·欧文:《英伦见闻录》,上海文艺出版社2008年版,第31页。

可获。无论对人对己,他均不强制,真诚待之,热情好客,一心带去欢喜,人人均凭爱好各有所得。在耕作土地和所谓园林术上的情趣,英国人无与伦比。他们潜心研究自然,发现她千姿百态,优美可爱,和谐相融。英国富人雅士的宅邸,颇富意趣,优美雅观,其特征多少为乡村吸取,直至最低阶层。连普通农夫,亦对茅屋和狭小土地作精心修饰。树篱均堪称可人,门前有一草地……欧文认为,世界上最优秀的人种莫过于英国绅士,既雅致漂亮又强壮有力。此为长处户外,兴味盎然所致。他们吃苦耐劳,身体得以锻炼。精神健康活泼,举止果断坦率。不同社会阶层似乎更自由地彼此接近,更易融为一体,互相促进。财富分布至小庄园、小农场。从贵族到中上层人士,到小土地拥有者,到大量农场劳工,直至个体农民,彼此环环相依,秩序井然,贫富两极互相联结,而每个中等阶层者倒具有一种独立精神。①

以上这些前人的记录当中,虽然不吝溢美之词,但从这些充满向往、羡慕、赞许和褒扬的词句中,我们还是可以看到当时英国乡村人们安定富足的生活状况。对富足生活满意的心态,充足的生产资料,持续平安的生产生活环境以及这种长期持续状态带来的财富积累。记录者们虽没有称其为盛世,但反映了当时英国与其他国家乡村的不同和领先的距离。看似平静富足又漫长和平的乡村生活,却正是孕育一个将震撼世界的英国新时代的健壮的母亲。

对英国经济社会发展实践的研究也表明,在传统农业社会向现代化工业社会的转变过程中,农业实现现代化对整个社会现代化的实现是至关重要的。尤其在英国,经历了融合与冲撞,最早实现了从传统社会向近现代社会的过渡,而其中起到决定性作用的角色则是在农村这个舞台上演绎成熟起来的。正是由于农业革命,使英国成为经历工业化的第一个国家。因此,对英国农业近代化进行深入系统的研究,这对理解工业近代化乃至社会近代化将大有裨益。可是,它是在怎样的背景下完成了从古代社会向近代社会的转型?究竟是什么原因让这个原本在海洋中安详飘荡的小岛孕育了超凡的能量,改变了自己,也影响了世界呢?在转型过程中起了重要作用的力量是什么?围绕着这些问题,无不需要从农业和农民问题为起点。

---

① [美]华盛顿·欧文:《英伦见闻录》,上海文艺出版社2008年版,第32—33页。

所以，本书将考察社会过渡时期英国富裕农民群体的经济活动、政治法律地位、日常生活、文化教育、宗教信仰，以及他们在英国走上现代化道路过程中起到的重要影响和作用。

第一节　英国历史转型期

一　选题原因

英国是当今人类社会发展史上工业化社会的首创者。英国的工业革命与工业化将人类社会带入了全新的时代："资产阶级在它不到一百年的阶级统治中，所创造的生产力比过去一切时代所创造的全部生产力还要多。"①。英国可以说是其他国家工业化道路的共同的老师，学习英国在工业化进程特别是由农业国向工业化转型历程上的经验与教训，对今天的我们也还是很有现实意义的。

工业革命不是凭空降临的，而是如诺斯（*Douglas North*）所言，"工业革命并非与我们有时所认为的那种过去根本决裂；恰恰相反，它是以往一系列渐进性变化的积累。"② 这让我们在漫长纷繁的历史长河中虽面对千头万绪，却也同时有了众多的切入点来从个人所关注的兴趣点入手阐述自己的认识和观点，阐幽发微的去探究英国现代化历程中滥觞、缘因、动力及事件，最主要的是人——承担社会前进义务的历史当事人，通过他们历史特定背景下的原生状态的记录与描述，来分析总结历史发展背后的因果。

英国由农业社会经过工业革命演化进入工业化时代，必然有前工业化时代的客观环境——农村与广大农民作为主力来承担社会转型变革前的准备工作，而这个准备也恰如诺斯所言是一个"渐进性变化的积累"，正是这种不断聚集的量变因素，最终不可逆转地导致了逐步的质变——社会转型。所以，研究英国的转型不可不研究英国的乡村，而推动乡村社会经济生活向前发展的又是那些有经济实力的农民——富裕农民。在工业革命前的英国乡村，正是在富裕农民的主导或积极响应与支持下，使英国的乡村

---

① 马克思、恩格斯：《共产党宣言》。
② Douglas North, *Structure and Change in Economic History*, C. C. Norton & Company, 1983, NewYork & London；p. 162

逐渐地丰盈、充实和富裕起来，而正是在广大富裕农民的努力下，经济资本、人力资本以及知识资本得以不断积累、汇集，为未来的工业革命和社会转型默默积淀着物质与智力基础。

另外，工业革命首先发生在英国而不是其他地方，这时的英国工业革命的起因截然不同于其他工业革命国家。其他国家是受英国直接或间接影响，通过学习英国而明晰了工业革命的路线图。而英国作为首发国，无历史经验先例可循，因而可以说英国的工业革命是在一个自己完成的经济循环中生发出来的，从而有着鲜明而独特的"自立性"色彩。这也是我们研究英国经济社会转型更有意义的地方，对于我们持续并不断深化改革与开放的国家发展历程尤其具有现实意义。

作为最早步入现代社会的国家，英国的社会经济发展历来为学者们所关注。因此，我选择了工业革命前1500—1800年即英国社会由传统的农业社会向现代化工业社会过渡的时期作为研究区间，对这一时期的英国富裕农民作为考察、分析和研究的对象。希望能从中拮取些许促进日后英国步入现代化、工业化、城市化的蛛丝马迹，为英国转型史及工业革命史的研究之塔添上一方砖。也希望能为我国社会转型与农村城市化进程提供参考而略尽本人绵薄之力。

二 选题意义

近年来国内关于英国社会转型与过渡的研究成果相当丰厚，然而对于社会转型中富裕农民这一重要群体的方方面面研究仍显单薄，很有必要予以专门的探讨。究竟是什么力量启动了英国农业现代化？是领主、商人还是工业资本家？笔者认为，农业是英国现代化的基础，富裕农民是农业现代化的发动者，是农村社会的"脊梁"。在英国农业资本主义发生的时候，他们是先行者。因此，笔者试图从富裕农民的概念界定出发，以其内涵的演变为切入点来探讨这一群体向资本主义农场主演进的过程。富裕农民作为英国走向现代化时期乡村社会中的精英群体，他们对经济、政治、教育文化、日常生活等方面都产生了深远的影响，是英国资本主义的启动者与忠实的推动者。

那么，先要弄清楚英国资本主义的起源，即英国走向现代化的第一基石是什么。对于英国由中古社会步入现代化社会的转型过程的第一基石到底是什么，史学界众说纷纭。概而言之，大致分为三种说法。

一是以马克思主义经济学家莫里斯·道布为代表的手工工场起源说。莫里斯·道布1946年出版的著作《资本主义发展研究》让其声名大噪，也因此受到广泛关注。该书主要关注和探究英国封建制度瓦解和资本主义起源的问题。他认为，虽然远程贸易的发展对封建经济的解体起了一定摧毁作用，但是资本主义生产方式却是从手工工场开始的。他认为，形成资本主义生产方式的基本因素是手工工场的发展。只有通过手工工场才可以使已经发展起来的商业资本直接变成工业资本，进而成为以雇佣劳动为基础的新生产方式的先驱。从手工工场到工厂，再到机器大工业，资本主义就这样发展起来了[①]。可是手工工场的资本与劳力以及销售市场不正需要发达富裕的农业来提供与持续的推动吗？莫里斯·道布在源头上似乎尚需进一步挖掘。

二是比利时学者亨利·皮朗代表的商业贸易起源说。皮朗在20世纪30年代出版的《中世纪欧洲经济社会史》中首次提出其著名的论断——贸易推动论。他在书中写道："最初的推动力来自外界，在南方是威尼斯的航运，在北方是斯堪的纳维亚的航运。凝固于农业文明中的西欧，倘若没有外界的刺激和范例，是不能如此迅速地习惯于一种新的生活……"[②]皮朗在描述西欧资本主义兴起的主要表现时，首要关注的是商业及商品货币经济。以皮朗为代表的坚持贸易起源说的学者认为，资本主义最先扎根于商业，贸易和国际市场不仅是新旧社会转换的动力，也是资本主义经济的最初载体。在整个中世纪及其向近代经济过渡的时间里，商业始终保持着一种"打头"的地位和"领导"的作用，将资本主义的起源归因于商业的复兴。可是，我们都不应该忽视一个问题，那就是市场巨大的消费能力与购买意愿来自于哪里。这才是商业与贸易活动能够持续得以发展壮大的原动力所在。

三是西方学术界已取得越来越广泛共识的农业起源说。近年来英国农业史的研究成果显示，工业革命与农业革命之间存在明显的依赖关系，农村产生大量剩余产品和剩余劳动力成为工业革命的基本条件，农业资本主义的发展是理解近代欧洲经济的关键。而英国农业的发展是工业和商业发

---

① M. Dobb. *Studies in the Development of Capitalism*, NewYork, 1954, p.47. 转引自侯建新《富裕佃农：英国现代化的最早领头羊》，《史学集刊》2006年第4期。

② ［比利时］亨利·皮朗：《中世纪欧洲经济社会史》，上海人民出版社1987年版，第43—44页。

展的前提和基础，也是使英国走上现代化道路的第一基石。在农本经济社会里，工业和商业的兴盛首先必须以农业经济的长足的持续发展为基础，即首先必须凭借足量的剩余农产品为基础。而农业剩余的增长，或者说超过人口增长速度的剩余农产品增长，是商业和工业发展的基础，也是资本主义发生的基础①。其次，对在英国社会过渡过程中的重要力量——富裕农民——在英国走向现代化进程中的作用作出初步探讨。

前辈的研究成果为本书提供了非常重要的基础。对以上三种起源说进行分析，笔者赞同第三种观点，农业发展是资本主义发展的原动力。而经济的发展离不开人的活动，所以笔者选取了15—18世纪英国富裕农民作为分析的着眼点。通过再现富裕农民这一群体当时的生存状态，分析和揭示这一群体在英国现代化准备开启阶段中的经济地位、生活和消费状况、社会身份、文化教育情况及社会交往、对英国社会变迁的影响等，从而最终论证农民的普遍富裕和农业经济的充分发展是英国完成工业革命、成为第一个工业化国家并引领世界各国走上现代化道路的根源。

三 研究方法

"经济—社会史是历史研究的一个新方向"。"经济—社会史"，首先肯定经济是基础，经济史具有相当重要的地位，但是，"经济史"不足以涵盖和解释全部的社会问题，因此，30多年来我国世界史的发展出现了拓宽经济史而向研究社会方面倾向，而且近年来呈现普遍化的趋势②。一如20世纪60—70年代的欧洲史学界，在中国的世界史研究中社会史分支越来越令人瞩目，并且出现经济史与社会史结合的趋向，即"经济—社会史"（Economic and Social History）的研究。这是新的历史条件下，史学研究对新方法、新学科和新视野的呼唤。而笔者利用经济—社会史研究方法，选取对社会转型时期富裕农民作为考察对象。也是本着关注普通人、关注普通人的日常生活的原则去透视出英国经济与社会发展的重要动力。正如托尼所说，经济的发展是历史变迁的首要动力，同时，社会和经济的同步发展具有更大的重要性。从20世纪90年代以来，社会史成为国内学界备受瞩目的研究领域，以普通民众为主要研究对象，强调普通民众

---

① 侯建新：《富裕佃农：英国现代化的最早领头羊》，《史学集刊》2006年第4期。
② 侯建新：《世界历史研究三十年》，《历史研究》2008年第6期。

在社会经济发展中的重要作用,研究取向渐渐走向普通民众的日常生活,研究普通民众长时段的日常生活,以此来揭示出社会结构变迁的进程和发展趋势。"广阔而不零散,'剩余的历史'不被剩余却因赋予新的内涵而鲜活起来。特别适于宏大、复杂历史题材的研究,例如传统社会向现代社会的转型、农业社会向工业社会的转型之类的问题。"①

在采用"经济—社会史"研究法的同时,笔者在研究中还将注意以马克思历史唯物主义为指导思想,吸收和借鉴经济史、社会史、政治史、教育史、宗教史、文化史等方面的相关研究成果,从实证的历史研究方法出发,广泛搜集资料,仔细甄别,严谨考证,并以运用计量、数理统计、定量分析等为辅助研究方法。

四　研究对象

"关注普通人长时段的日常生活,并以此观察和解释社会结构的变迁与趋向,是经济—社会史的最重要特征。"本书把15—18世纪英国富裕农民群体作为一个整体进行考察,从他们的构成、特征、数量、经济活动、物质生活、公共政治生活、文化教育、宗教等几方面入手,从历史的长时段出发,将静态的历史与动态的历史结合起来,全面地分析这一时期英国富裕农民群体的组成情况、生活场景、动态发展,揭示在英国社会转型与富裕农民群体的关系,力求准确地评价富裕农民在英国社会过渡时期的地位和作用,及其对英国制度变迁的影响。

第二节　对15—18世纪英国社会转型问题的研究

对于工业革命和英国社会转型领域的研究,随着人们对研究对象认识的不断加深,视野不断的变得阔大与深邃,对其研究也就从18世纪的一个相对独立的历史现象,逐步地普遍认为工业革命是英国历史持续发展演进的一个结果,英国的社会转型不是对过往历史的彻底否定与断然决裂,恰恰相反,它是历史前进中不断的、持续的、渐进的发展成果,而其直观

---

① 侯建新、龙秀清:《近二十年英国中世纪经济—社会史研究的新动向》,《历史研究》2011年第5期。

地表现为一系列的历史人物与事件的长长的巨幅画卷,就如《清明上河图》一般。

20世纪80年代末以来,史学研究逐渐拓宽到经济、文化、现代化等领域。而现代化研究是具有综合性又有现实关照的新领域,显然具有非常重要的意义。而关于现代化这一世界性学术问题的研究,中国学者首先是从历史观着手的。罗荣渠先生在其代表作《现代化新论》中提出了"一元多线"的历史发展观。依照一元多线历史发展观解释世界发展进程,重新考察生产力在历史变革中的作用,对人类历史上出现过的原始生产力、农业生产力和工业生产力三种根本不同性质和形态的社会生产力的研究,指出在同一生产力水平条件下,其发展道路可以多模式,社会形态可以是多样的。对根据以生产力标准划分的原始农业文明、古典农业文明、原始工业文明和发达工业文明演进四阶段的总结分析,打破了世界史的传统框架。罗先生的"现代化新论"将理论与历史研究熔为一炉,标志着现代化研究正在成为一个领域①。

一　国内研究

新中国成立至今国内学者对英国走向现代化时期历史的研究大致分为3个阶段。

（一）第一阶段的研究主要接受苏联世界史研究体系的影响

这个研究模式的学术性强,使中国的世界史研究进入了新的学科领域。国内对15—18世纪英国现代化时期的研究主要集中在一些大事件上,包括:圈地运动、17世纪革命、工业革命、宪章运动、工人运动、争夺海外殖民地等。

专门论述关于圈地运动问题的主要代表作有:耿淡如的《英国圈地运动》②对圈地运动进行了定性评论和价值判断;蒋孟引在1963年写的《16世纪英国的圈地狂潮》《英国资产阶级革命前农民反对圈地的斗争》及《18、19世纪英国的圈地》③则运用丰富的史料进行叙述。上述文章均认为圈地运动是通过对农民的剥夺为发展城乡资本主义扫清

---

① 侯建新:《世界历史研究三十年》,《历史研究》2008年第6期。
② 耿淡如:《英国圈地运动》,《历史教学》1956年第12期。
③ 蒋孟引:《蒋孟引文集》,南京大学出版社1995年版。

道路。

论述资产阶级革命的有林举岱的《十七世纪英国资产阶级革命》①、刘祚昌的《英国资产阶级革命史》②、王荣堂的《英法两国资产阶级革命的区别》③、豁然的《十七世纪英国资产阶级革命中人民群众的作用》④、韩承文的《世界近代史为什么从英国资产阶级革命开始? 而不从尼德兰资产阶级革命开始?》⑤ 等,形成了一定的共识:17 世纪的资产阶级革命是一场不彻底的资产阶级革命,但革命最终却为英国资本主义的发展扫除了政治障碍,进而开辟了世界资本主义发展的新时代。

研究英国宪章运动的有健平的《从英国工业革命期间的工人运动看无产阶级早期斗争的发展》和关勋夏的《英国宪章运动失败的原因及其历史意义》,这两篇文章表述了工人运动三个发展阶段的论点。

研究工业革命的有林举岱的《英国工业革命史》⑥,讲述了英国工业革命时期的历史,论述了工业革命期间英国经济与社会政治变化之间的关系,进而论证英国社会发展趋势。再版后增加了从经济角度来观察工业革命的内容。

(二) 第二个阶段是改革开放之后到 90 年代初,进入承上启下的阶段

开始出现对英国通史的写作。史学研究则进入了新的发展阶段,继续研究传统问题,研究历史大事件。

程西筠、王章辉两位先生合写的《英国简史》⑦ 是最早的一部通史,陶松云、郭太风两位先生合著的《英国史话》⑧ 是一本给青少年提供的通俗读物。王荣堂的《英国近代史纲》⑨ 是一部研究英国断代史的代表作,较完整地记叙了 1640—1914 年的英国历史,是中国人撰写的第一部英国近代史,这部书偏重于政治史。而由蒋孟引先生主编,辜燮高、王觉非等

---

① 林举岱:《十七世纪英国资产阶级革命》,上海人民出版社 1954 年版。
② 刘祚昌:《英国资产阶级革命史》,新知识出版社 1956 年版。
③ 王荣堂:《英法两国资产阶级革命的区别》,《历史教学》1959 年第 9 期。
④ 豁然:《十七世纪英国资产阶级革命中人民群众的作用》,《历史教学》1959 年第 11 期。
⑤ 韩承文:《世界近代史为什么从英国资产阶级革命开始? 而不从尼德兰资产阶级革命开始?》,《新史学通讯》1956 年第 12 期。
⑥ 林举岱:《英国工业革命史》,上海人民出版社 1979 年版。
⑦ 程西筠、王章辉:《英国简史》,商务印书馆 1981 年版。
⑧ 陶松云、郭太风:《英国史话》,中国青年出版社 1985 年版。
⑨ 王荣堂:《英国近代史纲》,辽宁大学出版社 1988 年版。

先生参加写作的《英国史》①是"迄今中国学者在英国通史研究方面取得的最好成就",是由中国学者自己撰写的第一部英国通史,是当时国内众多英国史学者心血的结晶,被视为国内英国通史研究的最权威学术著作。书中吸收了大量国内外研究的新成果,从英国远古时代一直写到当代,打破了以往偏重政治史的写法,多角度再现了英国社会发展的全貌,在国内外英国史研究领域具有重大的学术价值和影响。

马克垚先生所著《英国封建社会研究》②是继《西欧封建经济形态研究》之后的又一部对中世纪经济结构进行阐释的著作,叙述了11—15世纪的中世纪阶段政治、法律与农业经济,认为只有通过对农民经济的深入研究才能够厘清西欧中世纪社会发展的规律。刘淑兰教授的《英国产业革命史》③、陈紫华教授的《一个岛国的崛起——英国产业革命》④,以及马嫚教授的《工业革命与英国妇女》⑤,都是关于工业革命的论著。程西筠先生的《关于英国圈地运动的若干资料》⑥、陈曦文教授的《英国都铎王朝早期的圈地运动》⑦、王章辉教授的《圈地运动的研究近况及资料》⑧《英国农业革命初探》⑨、王乃耀教授的《16世纪英国农业革命》⑩等是关于圈地运动论著。王章辉教授论述了农业及土地问题,认为英国的农业革命是从传统农业、即中世纪自给自足的传统农业向近代农业的转变,也是向资本主义农业的转变过程,这一转变经历了一个较长的历史时期。从15世纪后期到19世纪70年代,英国由封建大土地所有制、农民小土地所有制和资产阶级土地所有制等三种土地所有制形式并存的局面逐步向集约化规模经营的农业演进,使得土地所有制形式发生质的变化,最终确立了资本主义农业在英国的主导地位,从而为工业革命创造条件并促进其发展。

---

① 蒋孟引主编:《英国史》,中国社会科学出版社1988年版。
② 马克垚:《英国封建社会研究》,北京大学出版社1992年第1版,2005年第2版。
③ 刘淑兰:《英国产业革命史》,吉林人民出版社1982年版。
④ 陈紫华:《一个岛国的崛起——英国产业革命》,西南师范大学出版社1992年版。
⑤ 马嫚:《工业革命与英国妇女》,上海社会科学院出版社1993年版。
⑥ 程西筠:《关于英国圈地运动的若干资料》,《世界史研究动态》1981年第10期。
⑦ 陈曦文:《英国都铎王朝早期的圈地运动》,《史学集刊》1984年第2期。
⑧ 王章辉:《圈地运动的研究近况及资料》,《世界史研究动态》1984年第5期。
⑨ 王章辉:《英国农业革命初探》,《世界历史》1990年第1期。
⑩ 王乃耀:《16世纪英国农业革命》,《史学月刊》1990年第2期。

(三) 第三阶段从 90 年代开始, 为开拓创新、成果辈出阶段

学者们开始关注社会学和计量史学, 运用了新的研究方法, 开拓了史学研究新领域新视角, 进入全视角、大纵深、重微观的"经济—社会史"研究模式渐成主流的阶段。这个阶段学者们开始关注小人物, 目光向下看开始关注民众的日常生活。这个时期产生的新生代史学家开始思索社会转型时期英国的经济、政治、法律、文化、教育、宗教等问题, 出现了经济社会史学科的热点讨论, 涌现出了有深度有内涵的著作, 从全新的视野和角度来看待社会转型、走向现代化等一系列问题。

1. 转型时期经济社会史中的现代化研究

侯建新教授是对中英现代化道路进行比较研究最为深入的学者之一。其著作《现代化第一基石——农民个人力量增长与中世纪晚期社会变迁》[①] 是第一部对中英两国的现代化道路进行探讨的著作。书中对中世纪晚期社会变迁中农民个人力量决定论的系统阐述, 标志着在国内外此领域研究中一个新的理论派别的最后确立, 后来国内学者对英国现代化问题的研究大都沿用他的观点。在书中, 侯先生从农民个体力量的发展和社会结构变迁两方面进行了思辨性的分析, 考察了英国农民物质力量和精神力量的壮大, 考察了农民的物质生产能力和交换能力的增强及其在现代化道路上的作用, 认为 15—16 世纪英国农民的劳动生产率以及农产品商品率的成倍增长, 导致了农民阶层的贫富分化, 社会结构发生改变, 从而加速了商品货币经济的发展和封建主义的解体, 为资本主义的出现提供了前提。在书中, 为了更加明确农民个人力量的重要作用, 侯先生对中世纪英国农民物质生产能力和交换能力作了进一步的估算。他在论述何为西欧向近代社会转型的问题时提出世界是人创造的世界, 社会制度最终要由人来决定, 从而得出结论: 现实人的个人自主活动能力, 即个人本身力量, 是推动历史发展的更深层次的因素[②]。

侯建新教授的另一部著作《社会转型时期的西欧和中国》[③] 则从民众经济和社会生活的变化中去探求现代化进程中东西方拉开距离的深层原

---

① 侯建新:《现代化第一基石——农民个人力量增长与中世纪晚期社会变迁》, 天津社会科学出版社 1991 年版。
② 同上书, 第 30 页。
③ 侯建新:《社会转型时期的西欧与中国》, 济南出版社 2001 年第 1 版, 高等教育出版社 2005 年第 2 版。

因，认为在资本主义将农民作为一个阶级吞噬掉之前，它是以个体农民物质力量和精神力量的普遍发展为基石的，即农民的普遍富足和商品交换的充分发展，并在此基础上产生了带动农村变革的富裕农民群体，进而在工业革命以前发生了一场持续 200 年的农业革命，"普遍的""静悄悄的""前原始积累"深刻地改变了英国农村社会经济的面貌，从而最终使英国第一个走上现代化道路。而富裕农民的外在形象、打扮、谈吐更使人觉得他们应被称为绅士，而不是庄稼汉。正是由于富裕农民的财富积累并且积极参与圈地、并地，改变经营方式和产权制度，使得英国近代产业化农业真正发展起来。书中对英国与中国农民个体的劳动生产率、商品率的差异以及两国商品化程度的差异作了对比，一方面指出中世纪晚期商品化对西欧向资本主义过渡的作用，另一方面，进一步指出英国商品化具有质变的发展，也就是个体农民力量的发展，并且普遍地、日益引人注目地进入市场①。

侯先生所著《农民、市场与社会变迁——冀中 11 村透视并与英国乡村比较》② 一书是另一部在国内很有影响的经济社会史研究成果。书中分别从环境、人口和教育、土地产权关系及农村产业结构的变迁、农民的日常生活消费方式及市场借贷关系、农户收支核算等方面，对中英两国农村现代化问题进行了较全面而系统的比较研究。书中对英国普通民众日常生活情况进行了深入细致的描述，为研究现代化比较研究提供了非常重要的理论、方法及详实的资料。

另外，在《中世纪晚期的商品化与现代化启动》③ 一文中认为由富裕农民开创的一种新的生产组织形式很快发展起来，到 15 世纪资本主义租地农场出现，并且稳步发展起来，形成新兴资产阶级即"第三等级"，由此英国社会的近代结构开始形成。《西方法律传统与资本主义的兴起》④ 一文中探讨了社会财富积累过程中个人权利与社会发展之间的关系，突出了作者所提出的三个机制之一——法律保障机制的重要作用，即在社会财富积累中为个人权利创造了有利的社会环境和发展空间。《西欧富裕农民——

---

① 侯建新：《中世纪的商品化与现代化启动》，《历史研究》1994 年第 5 期。
② 侯建新：《农民、市场与社会变迁——冀中 11 村透视并与英国乡村比较》，中国社会科学出版社 2002 年版。
③ 侯建新：《中世纪晚期的商品化与现代化启动》，《历史研究》1994 年第 5 期。
④ 侯建新：《西欧法律传统与资本主义的兴起》，《历史研究》1999 年第 2 期。

乡绅阶级形成与资本主义兴起》①一文认为英国中世纪晚期在农村经济的普遍发展的基础上，社会结构发生变化，出现既有一定经济地位又有一定政治地位以富裕农民为主体的"第三等级"，他们是现代农业的发起人，是迈向现代农村社会的载体，是农业资本家或农业资本家前身。《中英封建晚期乡村组织比较》②一文中以社会转型时期的一个重要问题"乡村组织"为视角进行考察，文中对乡村中的精英阶层进行了细致分析，认为中世纪晚期英国出现了一个精英阶层，即乡绅和约曼，他们成为英国现代化的发起人。《工业革命前英国农民生活与消费水平》③一文对15—18世纪英国农民的生活和消费水平进行了研究，揭示了这一个时期人们生活水平的变化。《工业革命前英国农业生产与消费再评析》④一文中，他再次从农民生产与消费水平进行了剖析和评估，并认为农业的高效发展是工业革命的前提。另在《富裕佃农：英国现代化的最早领头羊》⑤一文中指出农业是英国资本主义发生的策源地，在社会财富普遍积累的基础上产生的富裕佃农推动了农业资本主义，是英国现代农业的发起人。这些文章为中国学者对从中世纪向近代转型时期的英国史研究提供了很好借鉴。

陈紫华教授等《梦想与辉煌——西方现代化探索之一》⑥一书沿用了侯建新的农业是现代化第一基石的观点，对西方各国不同的现代化道路作了阐述并以此说明走了不同的农业发展道路，但是最终目标都是实现现代化，认为英国圈地运动是农业变革和现代化的典型道路。陈紫华在此书中对英国自耕农的消失问题作了阐述，对自耕农的概念作了界定，认为严格意义上的自耕农即自由土地持有农，而不是佃农（公簿持有农）、租地农场主，更不是茅舍农等雇农。

王晋新教授的著作《15—17世纪中英两国农村经济比较研究》⑦是20世纪90年代中期一部中英两国农村经济比较研究的著作。书中认为都铎王朝时期农村经济的发展与变革对英国社会经济有着重要的影响，是促

---

① 侯建新：《西欧富裕农民——乡绅阶级形成与资本主义兴起》，《天津社会科学》2000年第3期。
② 侯建新：《中英封建晚期乡村组织比较》，《史学理论研究》2000年第3期。
③ 侯建新：《工业革命前英国农民的生活与消费水平》，《世界历史》2001年第1期。
④ 侯建新：《工业革命前英国农业生产与消费再评析》，《世界历史》2006年第4期。
⑤ 侯建新：《富裕佃农：英国现代化的最早领头羊》，《史学集刊》2006年第5期。
⑥ 陈紫华等：《梦想与辉煌——西方现代化探索之一》，西南师范大学出版社1994年版。
⑦ 王晋新：《15—17世纪中英两国农村经济比较研究》，东北师范大学出版社1996年版。

进英国社会转型的重要因素。该书将农村经济作为一个整体,从土地制度、土地占有等方面,对土地所有权、农业经营方式、农业生产发展进行了考察。他在《论近代早期英国社会结构的变迁与重组》① 一文指出,近代早期的英国社会出现巨大变革,其内部结构在各种历史因素的作用下发生深刻的变迁并组合成新的社会等级构架,认为"社会财富结构尤其是土地财富占有结构出现剧烈的变革,各个阶级、阶层、集团、人群的社会位置发生移位、变动,相互关系也日趋多样化、复杂化。尤其是乡绅、约曼和城市富裕市民集团迅速崛起,构成一个极具实力的社会阶层"②。《近代早期不列颠空间整合及类型论》③ 一文是从社会空间的角度来考察英国的现代化问题,认为从地缘政治战略的角度来看,随着不列颠整体空间结构的形成,英国地缘战略的安全系数大为增强,从而为这个岛国的崛起提供了外部战略主动权和内部发展的安定空间环境。

徐浩教授的著作《农民经济的历史变迁——中英乡村社会区域发展比较研究》④ 是一部中英农村现代化比较研究的专著。从农业生产力的角度来考察了农业现代化的问题,认为英国农村经济的转变是近代早期以来的农村生产力由量变到质变的结果,又是社会进步的最终决定力量。而农业生产力量的主体——农民中有相当一部分参与了商品生产,市场经济的价值杠杆较早地就起了调节经济的作用,从而产生了英国乡村中富有的农民、乡绅及有经济头脑的贵族。徐浩教授在《论中世纪晚期英国农村生产力要素市场》⑤ 中考察了中世纪晚期英国农村劳动力和土地这两种生产要素的市场,对农村生产发展的这两种传统要素进行了分析和论证,认为13、14世纪农村商品化的蓬勃发展导致建立在人身自由和契约关系基础上的雇工劳动力市场和以产权私有化为核心的土地市场的形成,认为中世纪晚期各种人身依附关系解体,雇用劳动力作为一支独立的力量进入市场经济轨道,土地市场活跃,土地产权逐渐明晰,确立了个人土地所有权,

---

① 王晋新:《论近代早期英国社会结构的变迁与重组》,《东北师大学报》(哲学社会科学版) 2002 年第 5 期。
② 同上。
③ 王晋新:《近代早期不列颠空间整合及类型论》,《世界历史》《东北师范大学学报》2006 年第 3 期。
④ 徐浩:《农民经济的历史变迁——中英乡村社会区域发展比较研究》,社会科学文献出版社 2002 年版。
⑤ 徐浩:《论中世纪晚期英国农村生产力要素市场》,《历史研究》1994 年第 3 期。

使得16世纪租地农场得到长足发展，农村生产关系发生根本性变革。徐教授在《地主与英国农村现代化的启动》①一文中认为15—18世纪英国有着一支社会地位和经济力量很强大的人群——地主，包括乡绅、富裕农民等以资本主义生产方式经营农牧业的富有农业阶层，这些人在英国社会转型过程中发挥着领导作用。《畜牧业的突破与中古英国的粮食生产》②《中世纪英国农村的封建负担及农民生活》③《中世纪英国乡村体制构架补论》④等相关文章对中世纪晚期英国农村经济变迁、农民生活进行了一定考察。

陈曦文教授的《英国16世纪经济变革和政策研究》⑤是一部研究都铎时期经济变革的重要著作，认为16世纪的英国正处在从传统的社会向近代资本主义社会转变的变革当中，无论在社会特征、农业、工业和国内外贸易等各个方面都出现了若干重要的转折。而这个转折的催化剂是"价格革命"，使英国经济出现圈地、毛纺织生产和呢绒出口的紧密结合的特点。作者认为这三者彼此促进，使英国农业、工业和商业逐渐构成一个统一整体，分散的城市和地区经济，正逐渐发展成统一的国民经济。圈地运动和毛纺织业的高速发展，使英国的对外贸易建立在坚实的工业基础之上，以致在欧洲贸易竞争中逐渐占压倒优势，呢绒资本的输出推动了海外殖民和商业扩张。海外市场的空前扩大，商业资本的积累，刺激了国内工农业生产的发展，而更丰富的手工制品、舵船、武器和资本又是英国实现进一步"地理发现"、商业扩张和殖民征服的工具，促进了17世纪经济的全面高涨。

王乃耀教授的《英国都铎时期经济研究——英国都铎时期乡镇经济的发展与资本主义的兴起》⑥是研究英国都铎时期农村经济发展的著作。对农村现代化问题，书中持有与侯建新等人相同的观点，强调农业经济在

---

① 徐浩：《地主与英国农村现代化的启动》，《历史研究》1999年第1期。
② 徐浩：《畜牧业的突破与中古英国的粮食生产》，《世界历史》1999年第3期。
③ 徐浩：《中世纪英国农村的封建负担及农民生活》，《贵州师范大学学报》（社会科学版）2000年第2期。
④ 徐浩：《中世纪英国乡村体制构架补论》，《贵州师范大学学报》（社会科学版）2001年第4期。
⑤ 陈曦文：《英国16世纪经济变革和政策研究》，首都师范大学出版社1995年版。
⑥ 王乃耀：《英国都铎时期经济研究——英国都铎时期乡镇经济的发展与资本主义的兴起》，首都师范大学出版社1997年版。

社会发展进程中的重要性，认为都铎王朝时期英国乡镇经济的发展有力地促进了中世纪晚期英国资本主义生产关系的发展，为英国在近代率先进入资本主义社会奠定了基础。王教授在《论英国都铎王朝时期阶级关系的新变化》① 一文中论证了都铎王朝时期社会阶级关系发生的变化。而发生这些变化的原因，主要是由于封建旧贵族的衰落和具有资产阶级倾向的乡绅、约曼阶层的兴起。在《论英国封建地租的演变》② 一文论述了地租形式由劳役地租向货币地租的转变对英国社会带来的重要影响，导致了农奴制解体、农民两极分化的加剧以及封建贵族的衰落和具有资产阶级倾向的乡绅阶层的兴起。

沈汉教授在著作《英国土地制度史》中为我们研究英国圈地运动提供了不可或缺的资料。他在"16世纪早期圈地运动"一章中指出："人们对某个历史事件和历史时期的估计和印象，常常会受到某种有影响作品的重大影响，那些对于历史事件富于感情色彩的文字会使后人在历史评价时发生偏差，人们对16世纪圈地运动的印象一度也处于这种境地。"③ 在论文《近代英国农业的结构和性质问题》中对英国近代农业中所包含的大租地农场、小型家庭租佃农场、大地主地产、庄园制残余等多种经济结构成分进行了分析，并借用斯通的观点指出"自16世纪英国农业中开始出现三层式的体系，此体系由富裕的以地租为生的地主、大租地农场主和无地的劳动者构成"④，因此形成了以土地租佃制为核心的分层土地占有制度。

赵文洪研究员的《私人财产权利体系的发展——西方市场经济和资本主义的起源问题研究》⑤ 一书从私人财产权利体系的发展去探讨了英国资本主义起源问题，即从个人权利中寻找市场经济和资本主义的源头，认为私人对土地权利的发展是土地集中的直接前提。

王章辉教授主编的《工业社会的勃兴》⑥ 一书中把农业革命与工业革

---

① 王乃耀：《论英国都铎王朝时期阶级关系的新变化》，《首都师范大学学报》（社会科学版）1996年第3期。
② 王乃耀：《论英国封建地租的演变》，《首都师范大学学报》（社会科学版）1996年第6期。
③ 沈汉：《英国土地制度史》，学林出版社2005年版，第117页。
④ L. A. and J. C. F. Stone, *An Open Elite? England 1540 – 1880*, Oxford U. P. 1986, p. 282.
⑤ 赵文洪：《私人财产权利体系的发展——西方市场经济和资本主义的起源问题研究》，中国社会科学出版社1998年版。
⑥ 王章辉、孙娴主编：《工业社会的勃兴》，人民出版社1995年版。

命的关系放在重要地位加以论述，认为农业革命是实现工业革命的必要条件，英国资本主义经济发展快、工业革命发生早的重要原因正是其农业革命开始得早而且比较彻底。王章辉教授的《英国文化与现代化》① 则从文化和现代化的关系上来分析英国社会首先实现工业革命的奥秘和近代英国的兴衰，集中论述了文化中政治思想、社会思潮、文化教育、科学技术等方面对经济和政治现代化的重大影响。

毕道村先生与侯建新等人的观点又不同，毕先生在《十五世纪西欧农民个人力量的发展及其影响》② 一文与侯建新等人观点相反。他认为出售产品和劳动力的情况递减，农民的自给性加强；农村的封建自然经济空前地强化，商品经济随之衰落，市场的萎缩和劳动力的昂贵严重地阻碍了商业性农业的进步和资本主义农业的萌生和发展，因此，农民个人力量的发展不是西欧封建自然经济解体的动力。毕先生在《英国农业现代化的主要动因》一文中进一步阐述了农业近代化的主要动因，认为"前工业化，即资本主义工场手工业的产生和发展是英国农业近代化的主要动因和必要条件，没有前工业化，也就不会有英国农业的近代化和农业革命"③。笔者认为，如果没有农民个人力量的增长和社会财富的"前原始积累"，就不会产生资本主义的原始积累，也就不会有工业革命和以后的第三等级在政治和经济生活中的重要作用，那么英国的现代化与民主化就不会走在世界的前列。

2. 转型时期经济政治制度史中的现代化研究

程汉大教授在其著作《英国政治制度史》④ 中认为，英国政治制度发展的过程体现出四大特点，即连续性、渐进性、经验性和灵活性，为国家的发展创造了稳定的政治环境，认为国家的权力在两大主要阶级旧式贵族与新兴资产阶级之间的矛盾中起了重要作用。在《英国法制史》⑤ 一书中程先生把历史学与法学相结合的研究，在系统阐述英国法律制度发展变化的同时，又深刻揭示了蕴藏其中的英国法治传统与法治文明演进的历史轨

---

① 王章辉：《英国文化与现代化》，辽海出版社1999年版。
② 毕道村：《十五世纪西欧农民个人力量的发展及其影响》，《史学月刊》1993年第5期。
③ 毕道村：《英国农业近代化的主要动因》，《历史研究》1994年第5期。
④ 程汉大：《英国政治制度史》，中国社会科学出版社1995年版。
⑤ 程汉大：《英国法制史》，齐鲁书社2001年版。

迹和内在规律，以及它们对英国社会政治经济发展总体进程的影响。

阎照祥教授在《英国政党政治史》① 一书中从政党形成的角度研究了英国政治制度史，认为政治制度的发展是连贯的，有曲折但是总的方向是前进的，因此，能够在不同时期维护新的经济力量的发展，从而为后来的资本主义工商业和科学技术的进步创造良好的社会环境，并使英国最早实现工业革命。

刘新成教授的《英国都铎王朝议会研究》② 一书从议会发展的角度阐释了英国王权与议会的关系，并且证明了英国历史上不同政治派别间既相互对立又互相包容的特点。议会下院议员的选举资格及政治地位的确定，体现了非贵族的民众力量的日益扩大。议会与王权之间的力量的相互制衡和维护，体现了英国近代政治制度形成过程中议会与王权在这时是相辅相成、共存共荣的局面。

沈汉、刘新成教授的《英国议会政治史》③ 一书以议会的起源和发展为主线，论述了中世纪时期议会的政治基础、起源和发展演变、资本主义国家的形成，认为近代国家的形成经历很长的历史过程，法律高于国王，议会拥有财政权和司法权，这是使英国资本主义较快发展的原因。

3. 转型时期经济社会史中的现代化研究

对英国乡绅的研究，除前面已经述及侯建新的文章《西欧富裕农民——乡绅阶级形成与资本主义兴起》《富裕佃农：英国现代化的最早领头羊》等优秀成果，还有若干文章对乡绅加以探讨。比如，李自更先生的《12—16世纪英国乡绅的形成及其在社会经济变革中的作用》④ 和《论乡绅的兴起》⑤，钱家先先生的《从乡绅的构成看16世纪英国的社会经济》⑥。我们应该把乡绅看成英国富裕农民的延伸体，他们都会拥有大量土地，采用新的雇佣资本主义来经营农业和畜牧业，与市场紧密地联系，继而会投资工商业，从事贸易活动等。

---

① 阎照祥：《英国政党政治史》，中国社会科学出版社1993年版。
② 刘新成：《英国都铎王朝议会研究》，首都师范大学出版社1995年版。
③ 沈汉、刘新成：《英国议会政治史》，南京大学出版社1991年版。
④ 李自更：《12—16世纪英国乡绅的形成及其在社会经济变革中的作用》，《肇庆学院学报》2002年第6期。
⑤ 李自更：《论乡绅的兴起》，《山西高等学校社会科学学报》2003年第11期。
⑥ 钱家先：《从乡绅的构成看16世纪英国的社会经济》，《曲靖师专学报》2000年第1期。

阎照祥教授的《英国贵族史》①是国内第一部记述英国贵族起源、贵族制度确定及贵族兴盛、衰落等演变过程的著作。姜德福教授的《社会变迁中的贵族：16—18世纪英国贵族研究》②是对英国社会转型时期贵族的研究。

许杰明教授的专著《十七世纪的英国社会》③考察了17世纪英国的等级社会分层和流动、乡绅自治、作为社会细胞的婚姻和家庭、社会纽带及教育与宗教等方面的问题，认为17世纪的英国孕育着18世纪的物质文明发展、工业革命开端和近代政治制度的基础。

舒小昀博士的专著《分化与整合——1688—1783年》指出这一时期是英国正发生一场静悄悄的革命，社会结构的分化与整合为英国的社会转型创造了条件。

二 国外研究

（一）对英国转型时期农业革命的研究

1. 转型时期以土地所有权关系变革作为核心内容的研究

英国经济史学家托尼1912年写成《16世纪农业问题》④，这是一部从土地产权关系变革的角度来对近代早期的英格兰的社会变化进行详细论述的著作。书中涉及了土地占有状况、耕作模式、地产运动、租佃制度、雇佣劳动、产品结构等内容，对英格兰从维生农业向市场农业转变过程中土地制度由条形耕种的敞田制转变为个人私有权确立的圈地经营，土地保有由原来的小块公簿持有向大规模的租赁农场持有转变等作了细化研究，详细阐述了中世纪农业和社会关系。当时的英格兰正在开始，从维生农业向以营利为目的的农业转变，从条田状的大面积敞地向围上栅栏的小块私人圈地发展，从小的公簿持有到大的租赁农场的转变。书中的叙述从英格兰经过30年谷物价格降低后的贫穷时期开始，当时农业社会正在处于解体的边缘。他认为中世纪敞地条田体制中的小范围农业在英国不是自然消失的，而是由一个不可阻挡的经济力量即农业的商品化，是由随城市需求增

---

① 阎照祥：《英国贵族史》，人民出版社2000年版。
② 姜德福：《社会变迁中的贵族：16—18世纪英国贵族研究》，商务印书馆2004年版。
③ 许杰明：《十七世纪的英国社会》，中国社会科学出版社2004年版。
④ R. H. Tawney, *The Agrarian Problem in the Sixteenth Century*, New York: Harper & Row, Publishers, 1912.

加而发展的市场经济引起的,而且到中世纪晚期,所有权的分配差异日益扩大,一群富裕的农民脱颖而出。他认为 16 世纪价格上涨不可避免地重新调整了原本固定的地主与农民之间的契约关系。托尼认为 16 世纪(15 世纪中期到 17 世纪中期)发生了一场转折性的运动,其原因之一就是 16 世纪早期由于国王解散教会地产而产生了一个新兴的地主阶层。他开创性地分析了农民阶级中不同阶层的经济和法律地位。

托尼的书中将种地转变为牧场的圈地活动以及随之而发生的耕地上劳动力被驱逐的事件。但是,托尼忽视了当时还存在将两三块小块土地合并为一块大土地的并地运动。更为值得注意的是,并地的当事人往往不是残忍的领主,而是农民中富裕的阶层。并地正是他们已经在经济上超过邻居们的经济行为。托尼根据 16 世纪的档案得出这样的结论,即当时在商品力量的作用下存在一个包括出售、抵押和租借等各种内容的"农民土地市场的扩展",体现了"在中古社会末期,乡村生活的一大特征就是对购买土地的渴望"①。对待这个时期土地问题,托尼对盖伊所作的关于圈地运动波及范围的估算提出质疑。盖伊根据官方文件认为在受到圈地影响最大的地区面积只有大约 5% 得到了重新分配。后来的研究证实了托尼的怀疑,重新确立了 16、17 世纪圈地运动在土地所有权向私有和独立转移的过程中的重要作用,并且得出在 16 世纪期间莱斯特郡至少有 1/3 的土地经历了圈地的结论。托尼认为对荒地和公地的圈地作为私有打击了敞地制耕作方式,大大提高了牧场和耕地的价值,到 17 世纪中期圈地促进产出增加,劳动生产率提高。圈地的经济价值也使王权与议会都采取了默许的态度。这个观点得到学者们的普遍赞同。

琼·瑟斯克作为托尼的学生主要研究 16 世纪和 17 世纪英国农业史和农村社会。其出版于 1957 年的《英格兰农民的农耕:从都铎朝到晚近林肯郡的农业史》②是一部优秀的地方农业史专门著作,认为林肯郡农业经济的显著特点是有着深厚的农民农耕的传统,该郡的农业经济具有多样性

---

① R. H. Tawney, *The Agrarian Problem in the Sixteenth Century*, New York: Harper & Row, Publishers, 1912, p. 72.

② Joan Thirsk, *English Peasant Farming*, *The Agrarian History of Lincolnshire from Tudor to Present Times*, London, Roultedye & Kegan Paul, 1957.

的特点。她主编的《英格兰和威尔士农业史》第四卷①中记录了英格兰的农业耕作、土地保有方式、人们的生产生活、工资水平、雇工工资、土地圈地并地等方面极为丰富的。很多约曼成为土地的主人,而他们的父亲或者他们祖父过去却是这块土地上的佃农,由于土地所有权的获得,约曼晋身为乡绅。因为约曼等富裕农民的买卖土地和转让与租赁而形成了土地市场。琼·瑟斯克还研究了这一时期英国农村的雇佣关系情况,认为"在很多农场中,以往那些雇佣关系已经让位于专一的商业性质关系了。这在雇佣大量农工为市场而生产的大规模农场中尤其如此。对农场主来说非常重要的是把眼睛紧紧盯在市场价格和获得利润上,而雇主与雇工间是否出现摩擦对此具有关键的意义"②。琼·瑟斯克对1524年全国财产调查的数据进行了分析。这次调查将全国人口分成有地产者、商人和工资劳动者三大类,在农村中属于工资劳动者的人口便可视为农业雇工。"从总体看,都铎王朝和斯图亚特王朝初期农业雇工的人数大约占全国农村人口的1/4到1/3"③。农业雇工的存在是全国性的,但在各个地区分布的数量差别很大。通常,在畜牧业所占比重较大的北方,农业雇工会少一些,而在农业所占比重较大的中部和南部地区,则农业雇工的数量会多一些。

针对在商品生产环境中的雇佣关系,琼·瑟斯克强调了左右这种关系的力量是商品市场。在她的论文集《英国农村经济论文集》④ 中就收录有21篇论文,内容都是有关土地问题的。如:公地与公地的起源,都铎王朝时期的圈地,王室在王位中断时期出售土地,复辟阶段土地的处置等。

---

① 琼·瑟斯克主编:《英格兰和威尔士农业史》第4卷(Joan Thirsk ed., *The Agrarian History of England and Wales*, Ⅳ., 1500 – 1640, Cambridge University Press, 1967)。始于20世纪50年代编纂的《英格兰和威尔士农业史》共8卷本,资料翔实,展现了英国中世纪农业史的全貌。各卷以农业技术和土地耕作制度的发展为主线,兼及农业自然经济史等内容。每卷大致从农业耕作区域研究、农耕技术、土地市场、地主地产的研究、农业劳动者、乡村人口、农产品市场销售、农产品的产量和价格、农业利润和地租、乡村民居和建筑、土地所有权和地产管理以及政府的农业政策等方面编写,此书是研究英国农业史的必读书。

② Joan Thirsk ed., *The Agrarian History of England and Wales*, Ⅳ., 1500 – 1640, Cambridge University Press, 1967, p. 440.

③ Ibid., p. 398.

④ Joan Thirsk ed., *The Roural Ecomy of England*, Collected Essays, London, 1984.

而琼·瑟斯克在其所著《变化的农业：从黑死病到目前的历史》① 中，列出黑死病爆发的 14 世纪到 1500 年、近代的 1650 年到 1750 年、1897 年至 1939 年、1980 年后的 15 年这四个阶段，是英国农业史上变化明显、表现突出的四个阶段。瑟斯克所著的《17 世纪英国经济文件》②《经济政策和计划：近代早期英国消费社会的发展》③ 等为 17 世纪英国社会的研究提供了重要的资料，是涉及地方社会史的研究。

霍斯金斯在《米德兰农民——一个莱斯特村庄的经济社会史》④ 一书中主要研究了米德兰农民农场主（peasant-farmer）及其在敞地制度下工作的一生。维格斯顿·麦格纳（Wigston Magna）村庄位于英格兰中心地带，距离莱斯特村庄以南大约 4 里。这本书展现了英国经济社会史，不只是一部关于一个村庄的历史。在《1500—1547 年英格兰的掠夺时代》⑤ 这一著作中，霍斯金斯相信约曼依仗着物价持续上涨和支出的相对稳定这一良好时机，在 16 世纪的后半叶进一步巩固了他们在农村社会中的核心地位。约曼逐步地扩张自己的土地，增长自己的财富，而且越来越多的约曼成员晋升到乡绅群体之中⑥。

汤普森是研究 19 世纪英国农业史的著名学者。他的代表作有著作《19 世纪英国的土地社会》、论文《16 世纪以来英国地产的社会分配》⑦。他认为"在 1500—1700 年间的大规模地产转移中，似乎全国地产中的 25% 在全社会各个阶层中流动"⑧，还有相当数量的土地占有权和土地使用权都出现了变革。

---

① J. Thirsk, *Alternative Agriculture, A History from the Black Death to the Present Day*, Oxford University Press, 1997.

② J. Thirsk, *Seventeenth-Century Economic Documents*, Oxford, 1972.

③ J. Thirsk, *Economic Policy and Project, The Development of a Consumer Society in Early Modern England*, Oxford, 1978.

④ W. G. Hoskins, *The Midland Peasant: The Economic and Social History of a Leicestershire Village*, London, 1957.

⑤ W. G. Hoskins, *The Ages of Plunder King Henry's England, 1500 – 1547*, Longman, 1976.

⑥ Ibid., pp. 223 – 224.

⑦ F. M. L. Thompson, "The Social Distribution of Landed Property in England since the sixteenth Century", *Economic History Review*, New Series, vol. 19, 3 (1966), pp. 505—517.

⑧ Ibid., p. 515.

库珀在文章《1436—1700年英格兰土地和人口的社会分布》[①]中认为1500年英格兰富裕农民耕种土地60—80英亩,而1341年英格兰农民持有土地面积最大为30英亩。17世纪时对林肯郡6000英亩土地进行调查结果表明,有59%的人持有土地达60英亩,持有90英亩土地的人占43%。因此,库珀认为,大农场不占统治地位,而持有土地在60—90英亩规模的小农场主经济在农业资本主义生产关系中起了决定作用。而都铎王朝时期农民之间的小规模地产交易十分活跃也说明了这个问题,一些英国史学家们也都持有相同观点。

美国学者布伦纳(R. Brenner)在20世纪70年代发表的文章《前工业化时代英国的农村阶级结构和经济发展》[②]中从分析阶级结构出发,对英法两国的阶级结构作了比较,认为这是导致生产力发展差异的原因,认为农村中阶级和财产关系的变迁促进了农村劳动生产率的提高。他认为大农场才是资本主义的突破口。在英国,领主自营地的出租使农民财产平衡被打破,农民获得人身自由但失去了土地所有权,从而使土地集中到农业资本家手中,为个人财富的积累提供了契机。到17世纪中叶,英国已经存在许多大农场和一个比例很大的农村中产阶级。

芒图在《十八世纪产业革命》[③]一书中对工业革命前的农业变动进行了考察。他认为正是由于土地所有权的变化,使18世纪圈地运动中在经营性质和劳动力的使用方面发生了深刻变化。他认为土地所有权改变后圈地上的农业技术改良标志着农业真正进步的开始。由此,芒图的观点是英国近代农业的变革不是发生于马克思认为的15、16世纪,而是整整两个世纪之后。

塔特在《英国乡村共同体和圈地运动》[④]中坚持把土地所有权关系的变革作为农业革命的核心内容的同时,也不同意马克思把英国农业革命的时间确定在15、16世纪。塔特认为,土地所有权关系的变革应往后推到18世纪中期以后议会圈地运动时期。他的依据是,敞地制残余,自治村

---

① J. P. Cooper, "The Social Distribution of Land and Men in England, 1436–1700", *The Economic History Review*, New Series, Vol. 20, No. 3 (Dec., 1967)), pp. 419–440.

② R. Brenner, "Agrarian Class Structure and Economic Development in Pre-Industral England", *Past and Present*, 70, 2 (1976).

③ [法] 保尔·芒图:《十八世纪产业革命》,商务印书馆1991年版。

④ W. E. Tate, *The English Village Community and the Enclosure Movement*, London, 1967.

社和农民阶级的消灭直到19世纪中叶才完成。他认为，农业耕作技术的改进、土地集中和协作生产等对农业生产发展的推动，都是土地关系变革的结果，而不应被看作农业革命的核心组成部分。

麦克法兰在《英国个人主义的起源》① 中也有与此类似的观点，他认为把农业革命的时间确定在16、17世纪甚至1750年以前都不恰当。他认为农业变革的内涵比较广泛，包括一个已经发达的市场以及劳动力的流动、土地的商品化、完全私有所有权的确立、一个相当广泛的地域及社会流动、租地农场与家庭农场十分明确的差异、合理的清算账目、普遍的利润动机等。英国只有在18世纪中期以后才具备这些条件，而土地所有权的变动是其中最主要的变化。

哈维主编的《中世纪英格兰农民土地市场》② 记述13—15世纪英格兰的诺福克、伯克郡、贝德福德郡、东南达勒姆四个地区的经济发展。全书集中考察了小土地持有者即农民手中的土地转移过程，把这种转移看作农民土地市场的存在。

2. 转型时期以农业生产技术为核心的农业变革研究

埃里克·克里基于1967年出版专著《农业革命》③。克里基重点探讨的是农业耕作技术的变革，认为新的耕作制在16世纪就已经存在，认为"农业革命发生的时间集中在1560—1767年，主要的成就是在1720年以前取得，其中大多数的生产技术革新是在1673年完成。有一些改革或许更早"。农业革命的核心内容是种植粮食作物的耕地和牧草场之间的草田轮作制的流行，这种制度在1673年就明显存在，而主要成就是在1720年以前达到的④。正如他所说："农业革命的脊梁是将永久性的耕地、草场或将暂时性的轮种的耕地，变成时为耕地、时为草场的持久性可耕田"，"这种新型的耕作技艺就是今天人们所说的牧耕作业法或浮动混合作业法"。它的实施使英国农村到处都是草场和耕地互换的可耕田，再也看不到长期无人耕种而撂荒的土地。早在15世纪，英国中部的莱斯特郡就有

---

① A. Macfarlane, *The Origins of English Individualism*, *The Family Property and Social Transition*, Oxford, 1978.

② P. D. A. Harvey ed., *The Peasant Land Market in Medieval England*, Oxford, Olarendon Press, 1984.

③ E. Kerridge, *The Agricultural Revolution*, London, 1967.

④ Ibid., p.328.

人使用这种耕作技艺,到 16 世纪之后,它在广大地区获得普及推广。

戴维·格里格《历史视角下的英国农业》一书对英国农业作概览时提出,在 17 世纪 20 年代至 19 世纪 50 年代发生了两次缓慢但具有决定性的变革,即圈地和新作物品种的引进,构成了农业革命。第一次农业革命是在事实上完成了对散地和公地的圈占,第二次是引入了芜青和苜蓿这两种新作物,并把农作物种植和畜牧业结合到一起,形成了维多利亚早期和中期的混合农耕①。

罗伯特·C. 艾伦也是持有以耕作方法和生产技术的转变为农业变革的核心内容观点的农业史专家。著有《圈地与约曼》② 一书,对资本主义租地农场和家庭农场的规模和产量、圈地与敞地的情况等作了详细考察,认为到 16 和 17 世纪时很多农场主已经拥有土地的长期租赁合同,采用了新的农业技术、引进了新作物品种、培养了新畜种以及采取新的轮种方式等保证了资本主义农场主在土地的雇佣劳动经营中获利,使"约曼的农业革命"于 17 世纪得以实现,"英国 17 世纪的小农场主在他们的散地上完成了英国近代早期生产力增长的绝大部分",而 18 世纪进行的对地主的革命,是在地主、工人和农场主们之间通过圈地进行了收入的重新分配。著作记述了约曼阶层崛起于土地的过程直至 17 世纪晚期至 18 世纪衰落。

《英国的农业革命——1500—1800 年农业经济的转变》③ 是 1996 年马克·奥弗顿出版的专著,强调了要对土地关系加强研究。在奥弗顿看来,土地的私有财产权,农场规模的改变,代替封建时期占有制的长年租赁的租佃制以及雇佣劳动的使用方式等,都属于广义上的农业革命或称之为土地变革。马克·奥弗顿认为,源于劳动生产效率的提高而带来的农作物产量的显著增长是衡量农业革命成功与否的准绳。因为随着劳动生产力的提高可以在增加农产品供给数量的同时不增加劳动力的数量,余出的劳动力是工业革命成为可能的必要条件。

3. 转型时期以中世纪晚期近代早期经济社会史为核心的研究

苏联学者科斯敏斯基在《13 世纪英国农业史研究》④ 中根据百户区

---

① D. Grogg, *English Agirculture*, *An Historical Perspective*, Oxford Basil Blackwell, 1989.

② R. C. Allen, *Enclosure and the Yeoman*, Clarendon Press&Oxford, 1992.

③ M. Overton, *Agricultural Revolution in England*, *The transformation of the agrarian economy 1500-1850*, Cambridge, 1996.

④ E. A. Kosminsky, *Studies in the Agrarian History of England in the Thirteenth Century*, Oxford, 1956.

档案的材料指出，13世纪英国农村中自由持有农持有土地大小差别很大，其原因是贫困者出卖土地、富有者购买土地的结果①。他的研究为后来的学者研究中世纪晚期近代早期的经济社会史提供了丰富史料。"希尔顿的马克思主义方法论（application of Marxism）并非教条，他的杰出贡献是用马克思主义观点研究中世纪社会和经济等多方面的问题并作出了突出的贡献。他的理论是经过实证研究验证过的，他的著作更是在阶级冲突背景下贯穿着从封建主义思想到资本主义思想的转变。"②

他认为分析封建主义结构必须从农业开始，认为中世纪农村社会结构由农民家庭经济、农村公社和封建领地三部分组成。其中，农村公社是农村社会的基层组织，在农民与领主之间矛盾斗争中充当调解人和领导者。其著作《中世纪晚期的英国农民》③首先阐述了农民作为一个整体阶级的观点，认为在中世纪一个社会阶级——农民阶级已经形成，其中的富裕阶层开始形成在14世纪末，他们在乡村中承担管事、庄头、什户长和庄园法庭的陪审员等职务，制定村庄章程，颁布村法，有一定社会影响力。希尔顿的《农奴争取自由》④一书分为两大部分。第一部分论述了中世纪农民社会的总体特征，涉及了农民的经济状况、中世纪期间的农民斗争等问题；第二部分论述了1381年起义的事件经过、社会总体背景、起义波及的地区、参加起义的社会成分、起义的组织及要求等。《中世纪英国农奴制的衰落》⑤一书记述了欧洲中古早期的农奴制尤其是英格兰农奴制的发展历史。到了15世纪末，农奴通过迁徙、赎买等途径使得自身处境大大改善，公簿持有农和自由土地持有农得到法律的保护。此外，他还著有《中世纪英国社会史研究：农民、骑士和异端》⑥等书，为英国中世纪晚期对英国社会史的研究提供了很丰富的材料。

明格著有《18世纪英国的土地社会》。作为著名的研究英国18—19

---

① E. A. Kosminsky, *Studies in the Agrarian History of England in the Thirteenth Century*, p. 255.

② C. Dyer, "A new introduction", in R. H. Hilton, *Bond Men Made Free*, Routledge London, 2003.

③ R. H. Hilton, *The English Peasantry in the Later Middle Ages*, Oxford: Clarendon Press, 1975.

④ R. H. Hilton, *Bondmen Made Free*, London, 1980.

⑤ R. H. Hilton, *The Decline of Serfdom in Medieval England*, London, 1983.

⑥ R. H. Hilton ed., *Peasants, Knights and Heretics: Studies in Medieval English Social History*, Cambridge University Press, 1976.

世纪农业史的学者,明格通过对大英博物馆以及东萨福克郡、东萨塞克斯郡、肯特郡、林肯郡等地方档案馆收藏的与地产相关的档案的研究完成了这部著作。其著作将英国18世纪的土地的所有权作为研究的核心,在内容上则包括了地主阶层的结构、各阶层地主数量的变化和地产的变化,政治、社会、农业和工业发展中地主所起的作用,乡村生活中的农场主和地主等三个部分。

约翰·马丁的著作《从封建主义到资本主义——英国农业发展中的农民和领主》[1]从封君封臣制度的内部结构入手来考察了农民与领主之间变化着的关系,以及1100—1640年英国发生的农业经济转型。

帕利泽的《伊丽莎白时代》[2]是一部经济社会史研究成果,论述了伊丽莎白时代的人口、社会变化、财富情况、经济危机、农业变革及城市工商业、文化、教育、宗教等。

克里斯托弗·戴尔的著作《中世纪晚期英格兰社会变化和生活水平,1200—1520年》[3]主要研究了英国中世纪晚期近代早期民众生活水平和消费形式的研究,是史学界对此领域研究的第一部著作。戴尔的《中世纪的生活》[4]一书考察了从维京人到宗教改革的7个世纪不列颠的经济与社会状况,地理范围涵盖英格兰、苏格兰和威尔士,通过对经济史的考察来了解民众的日常生活。作者聚焦两个问题:经济生活的发展与衰落,短时期内表现为商品价格的波动,长时段上表现为经济水平的升降;经济结构的变化,比如城镇的出现、土地分配的变化、社会阶层之间对农业的控制。戴尔还著有《变化社会中的领主和农民》[5]主要对中世纪早期和中期的社会经济变迁中领主与农民关系的研究。《过渡时代?——英国中世纪晚期的经济与社会》是戴尔教授于2005年出版的一部著作。在戴尔教授

---

[1] J. E. Martin, *Feudalism to Capitalism: Peasant and Landlord in English Agrarian Development*, The MACMILLAN PRESS LTD, 1983.

[2] D. M. Palliser, *The Age of Elizabeth, England under the later Tudors 1547 – 1603*, London, 1983.

[3] C. Dyer, *Standards of Living in the later Middle Ages, Social change in England, c. 1200 – 1520*, Cambridge, 1989.

[4] C. Dyer, *Making a Living in the Middle Ages, The People of Britain 850 – 1520*, New Haven and London: Yale University Press, 2001.

[5] C. Dyer, *Lords and Peasants in a Changing Society-the estates of the Bishop of Worcester, 680 – 1540*, Cambridge, 1980.

看来,对英国过渡问题的研究考察适宜用较长时间段的视角与方法加以关照,至少要从英国中世纪晚期延续到近代英国早期——即 14 世纪晚期至 18 世纪中期,因为戴尔教授认为,资本主义的兴起源于中世纪晚期开始并持续进行的农民内部的分化,而非由于农民被领主所驱赶导致的,而且中世纪也不是人们此前所想象的那般落后。

英国女学者简·怀特以英国诺福克郡的农业为案例研究的《农业资本主义的发展:1440—1580 年诺福克的土地和劳动》①一书,针对诺福克地区的农业发展来讨论农业资本主义在英国发展的一般理论。简·怀特在著作的第一章论述了现有的研究成果的局限性,尤其是农民及农民社会中相关的问题,对于麦克法兰关于在中世纪英国和近代英国缺少农民的观点提出了批评,究其原因在于麦克法兰对农民及农民社会所下的定义太狭窄,甚至认为农民社会内部丝毫没有市场关系的存在。书中的第二章考察了庄园的性质、农奴制、庄园司法和土地保有形式。庄园是领主与农民之间经济与社会利益冲突的中心地区。第三章考察了习惯土地买卖和继承模式,换言之,即农民中的所有权关系。第四章考察了社会分层,土地和财富的分配。第五章考察农业社会中雇用劳动力和手工工人的数量和本质,以及劳工法令及其实施。怀特在书中考察了 1440—1580 年英国乡村社会的发展程度,认为不应该把农民使用非家庭劳动看作他们已经是农业资本家,社会等级的分别和多样性使掌握大土地的农民会雇用小农来劳动,这是耕作农业的劳动力需求的结果,而不是资本主义发展的标志。她认为,从广义上说,中世纪和 16 世纪英国可以被看作农民社会。当农民把谷物当作货币作物来售出的时候,就不能因为他们的雇佣行为而被看作资本家;而只有当为了市场的农业生产凌驾于维持生存的生产之上时,农场主为了市场的买与卖而生产,此时才能被看作农业资本主义生产的开始。有两个历史阶段成为了英国农业资本主发展历程中的两座分水岭:一座分水岭是废除农奴过程的 1380—1420 年,意味着封建主义的终结,也意味着采取更加强硬的手段控制对土地的占有;第二座分水岭是议会圈地运动开展的 17 世纪晚期至 18 世纪早期,意味着小农经济向市场化的资本主义农业漫长的过渡期

---

① J. Whittle, *The Development of Agrarian Capitalism, Land and Labour in Norfolk 1440–1580*, Oxford: Clarendon Press, 2000.

已经结束。关于农民在中世纪复杂的身份问题，在著作的第二章作者进行了细致的区分。

（二）对英国转型时期社会史研究

20世纪对英国社会史的研究都以托尼《乡绅的兴起》一文为开端。托尼在此文中认为贵族衰落的同时，兴起了一个乡绅阶层，他们主要是乡村的中小地主。由于托尼的《乡绅的兴起》一文，掀起了一场关于乡绅的论战，从而涌现出了一批社会史学者。

研究英国近代早期社会史的大师劳伦斯·斯通，认为在英国近代早期发生了最伟大的转变，即从封建主义到资本主义、从一统天下的天主教到多元的基督教以及后来的世俗主义的转变。他在托尼的启发下对英国的贵族作了深入研究，撰写了权威性的社会史著作《贵族的危机》[①]。他承认贵族衰落的观点，认为"在伊丽莎白最后的几年里，有2/3的伯爵和男爵正在滑向或已处在财政崩溃的边缘"[②]。但是，他不赞同托尼把贵族经济衰落的原因归结为经营不力，认为贵族衰落的原因在于贵族生活的奢侈消费，收不抵支，负债累累。

斯通的主要兴趣是英国近代早期的社会结构和变化，主编了以英国社会史为研究对象的《1540—1640年英格兰社会变化与革命》。斯通在《1500—1700年英格兰的社会流动》[③]一文中把16世纪英格兰社会分为最基本的两部分，认为在绅士和不是绅士的人中间进行划分。在16世纪，主管宗谱纹章的官吏认为进入绅士行列必须经过三代人的血统肃清。就是说，一个发财致富的商人购买土地而进入绅士阶层后，必须到其孙子一辈才会得到司宗谱纹章官吏的认可。斯通认为，在16世纪末到17世纪初这段时间，按照绅士与非绅士的划分标准，可将英格兰的人们划分出6个社会等级：拥有爵位的贵族是第一等级，也是英格兰社会结构的顶层，而贵族的爵位又分为公爵、侯爵、伯爵、子爵、男爵五等；从男爵、骑士和准骑士即各郡县的上流人士构成了第二等级；教区级别的小乡绅是第三等级；约曼、工匠、小店主、小商人和农夫则是第四等级；分布城乡村镇靠出卖劳力换取报酬的劳工是第五等级；缺乏甚至丧失劳动能力靠施舍和救

[①] L. Stone, *The Crisis of the Aristocracy, 1558 – 1641*, Oxford, 1965.
[②] L. Stone, *Social Change and Revolution in England, 1540 – 1640*, London, 1965, p. 11.
[③] L. Stone, "Social Mobility in England 1500 – 1700", in *Past and Present*, 33 (1966).

济维生的寡妇、老人、失业者、学徒工和居家仆役则是处于最底层的第六等级①。

劳伦斯·斯通写有一系列关于家庭婚姻的著作，如《家庭和命运》②《1500—1800年英格兰的家庭、性和婚姻》③，成为英国第一批家庭史论著。他的著作还有《开放的精英：1540—1880年的英格兰》等，编辑了《社会视野中的大学：16世纪至20世纪的欧洲、苏格兰和美国》和《学校与社会：教育史研究》等，都为英国社会史的专题研究提供了相当丰富的材料。从斯通的研究可以发现，他更多地关注了上层社会人民的生活和社会而缺少对下层社会民众的关注和研究。

特雷弗·罗珀所著《乡绅，1540—1640》④是对托尼的《乡绅的兴起》作出回应，他回应托尼和斯通的关于乡绅兴起和贵族衰落的观点，认为16世纪的"价格革命"使得乡绅阶层只能依靠中小地产作为收入来源。1953年格雷对托尼的观点提出挑战，格雷认为乡绅在这一时期是衰落而非兴起。在消费品持续涨价的条件下直接经营土地的约曼获得了丰厚的利润，加上平日生活的节俭与积累，约曼的财富与日俱增，所以兴起的是约曼而非乡绅。

朱里安·康沃尔的文章《都铎早期的乡绅》⑤既反驳了托尼的关于乡绅兴起的理论，又不赞同特雷弗·罗珀关于乡绅衰落的观点。

明格在《乡绅——一个统治阶级的兴起与衰落》⑥的专题研究著作看来，作为不争的事实乡绅的兴起显而易见。乡绅的主要特征是拥有土地所有权，因而地产成为了乡绅最主要的财产和政治权力基础。而正基于此又将乡绅们与贵族、约曼区别开，所以形成于17世纪的乡绅阶层由从男爵、骑士、缙绅、可称作绅士的约曼及农场主组成。而那种简单地把乡绅分为地方的与宫廷的研究方式并未认识问题的本质；明格还著有《工业革命

---

① L. Stone, "Social Mobility in England 1500 – 1700", *Past and Present*, 33 (1966), p. 17.

② L. Stone, *Family and Fortune*, London, 1973.

③ L. Stone, *The Family Sex and Marriage in England*, *1500 – 1800*, London, 1977.

④ H. R. Trevor-Roper, "The Gentry, 1540 – 1640", *Economic History Review*, Supplements, Ⅰ (1953).

⑤ J. Cornwall, The Tudor Gentry, in *The Economic History Review*, New Series, 1965, 17 (3): 456 – 475.

⑥ G. E. Mingay, *The Gentry*, *The Rise and Fall of a Rulling Class*, New York：Longman, 1976.

时期的圈地和小农场主》①。另有弗里希蒂·黑尔等人的著作《1500—1700年英格兰和威尔士的乡绅》②。

　　以哈里森、坎贝尔等人的研究代表了对下层民众的关注。哈里森就著有以不为史家所重的寻常百姓作为研究目标的专著《普通民众：从诺曼征服到现在的历史》③。内容是关于占到英格兰90%的寻常百姓在诺曼征服后约900年的漫长时间里的历史。该书记述了普通民众的社会结构、人口统计、维生手段、家庭关系、宗教信仰、地方慈善和人民运动等方面。他们为了维持生存而进行劳作，受着脱离了劳动的人们的统治，他们不是历史的中心，而是一台舞台剧中的幕后背景，是用以衬托持有国家强制力量的国王和贵族的统治的幕后的人。历史是与我们所生活的世界有着联系的过去人类的一段经历，透过历史能够拓宽我们对人类经验和超过我们所生活这个时代和有着不同文化的社会的认识。从这个意义上讲，所有历史知识都是关于我们自己的，我们能够更容易地想象出普通民众的生活。今天，重心是草根民主精神和文化的多元性，贵族开始被怀疑。人们最渴望了解的是过去的普通民众是如何生活的，他们通常被忽视，因为一直被认为他们与社会的发展无关，实际上，这些人对社会创造了许多真正的价值。在此书中，大量的篇幅记述了中世纪的庄园生活、农民战争、圈地运动、宪章运动等内容。书中对约翰·鲍尔的关注超过了对国王狮心理查的关注，对约翰·班扬的关注超过了对奥利弗·克伦威尔的关注。选择的历史事件都是与普通民众生活息息相关的，从他们的劳动、家庭、普遍的心态、乡村组织等方面来透视其生活，把普通民众放在历史的中心位置进行讲述，更加着重地关注他们的劳动和日常生活。历史的延续性特点，劳动生活的延续性也将随着社会的变化而被记载下来：耕作、放牧、手工织布及其他一些手工技艺，都会随着时间的推移而有些变化，新的社会形式也不是突然被替代，而是经过了一个循序的渐进过程。

　　坎贝尔的《伊丽莎白和斯图亚特早期的英国约曼》④ 一书选取了小人

---

① G. E. Mingay, *Enclosure and the Small Farmer in the Age of Industrial Revolution*, London, 1968.

② F. Heal & C. Holmes, *The Gentry in England and Wales*, 1500–1700, Macmillan, 1994.

③ J. F. C. Harrison, *The Common People*, *A History from the Norman Conquest to the Present*, Flaming：FLAMINGO, 1985.

④ M. Campbell, *The English Yeoman*, *under Elizabeth and the Early Stuarts*, New York, 1968.

物为研究对象。她认为英国的普通民众包括约曼、乡绅、绅士、骑士、商人、技工、农村雇工或者流浪者等。历史学家通常注意王室、议会、教会而不是去涉及普通民众。她在书中将历史的焦点转移到普通民众身上，关注小人物的生活。书中所说的"约曼"也是指英国这一时期的富裕农民。书中认为"约曼"一词已经不再被严格地限定在"农场主"这个意义上，而发展为涵盖自由土地持有农、公簿持有农和以盈利为目的的承租人也可称作租地农场主在内的人群。他们是土地的持有人，持有的方式多种多样，可以是自由持有，可以是公簿持有，也可以从别人那里承租土地经营。土地可能是他们自己的，也可以是被他们"控制着的"。书中对约曼的祖先、所处的阶层、对土地的追求、教育状况、宗教生活等进行了系统阐述，是一本关于约曼社会经济状况介绍的详实著述。约曼是英国社会转型时期活跃的群体，经营着土地，也投资工商业，为市场而生产，他们对土地及土地所能带来的一切有着狂热和本能的追求。到都铎王朝时期，约曼已成为"农村中殷实的中等阶层，其主要利害关系在于土地和农业收益，他们是生活在……乡绅与农民之间的阶层"①。

阿尔伯特·茨密德特的《都铎和斯图亚特时期的英国约曼》② 一书中选取都铎和斯图亚特王朝时期即莎士比亚时代的约曼作为研究对象。由于中世纪农民是社会物质财富的主要生产者，而约曼作为这一时期富裕农民的代表，自然纳入作者的视野中。约曼在社会经济，尤其在乡村变化中起着积极的作用。它不是外来的新成员，它生长于英格兰自己的土地上，1577 年出版的威廉·哈利逊的《英国志》中说他们是超群的、杰出的一个群体，通过艰苦的努力富裕起来。后来的"约曼"一词更多地表达了一个经济意义。

玛格丽特·斯普福德《对照的社区——16 和 17 世纪英国村民》③ 是一本研究地方社会史的杰出著作，书中把普通村民作为研究对象，对三个有对照性的村庄，即地处白垩地带的奇朋汉、地处高地黏土地带的奥韦尔

---

① M. Campbell, *The English Yeoman, under Elizabeth and the Early Stuarts*, New York, 1968. p. 66.

② A. J. Schmidt, *The Yeoman in Tudor and Stuart England*: The Folger Shakespeare Library, 1979.

③ M. Spufford, *Contrasting Communities, English Villagers in the Sixteen and Seventeenth Centuries*, Cambridge, 1974.

和地处沼泽地带的威灵哈姆，以这三个村庄为例作为个案考察，对其经济生活、社会结构、初等教育、宗教生活等进行了详细的阐述。作者对三个村庄的农业生产、经济状况、土地分配和继承关系加以研究，并探讨了小土地持有者的消失和三个村庄的社会财富两极化的现象，还考察了村庄日益改善的教育状况和俗人的宗教生活。

来比的《中世纪晚期英国社会等级、身份和性别》[①]是一部中世纪英国社会史方面的著述，从社会阶层、身份地位、等级秩序和性别等元素角度出发，对中世纪英国社会结构进行了考察。书中第一部分首先对中世纪英格兰阶级结构进行分析，阶级冲突是阶级关系内部固有的，谈论了城镇和乡村中的这种冲突的对照的结果。第二部分考察了那些阶级差异与社会不平等的其他形态发生着相互作用，比如贵族和教会的关系、男人和女人之间的关系，以及异军突起的犹太人的情况等。作者搜集了广泛而全面的原始材料和二手资料，在此基础上细致分析了1200—1500年的英格兰社会结构、社会不平等的状态及由此所产生的社会冲突、社会结构的重大变化及引起这些变化的原因等问题。来比对中世纪英国社会的论述是建立在一场激烈的关于社会分层及讨论之上的，使用了大量社会学方法来探讨中世纪英国社会的不平等状态。在书中考察的这300年时间里，领主与农民之间的这一贯穿于中世纪社会的基本阶级关系发生了重大的变化。1200年以后，无论世俗的还是教会的领主，手中掌握着大量自营地，其权利超越于非自由佃农之上、提高地租、降低工资等。到1500年时，领主自营地已经被分租出去，农奴制和劳役地租基本不存在，财富在社会各阶层中重新分配。社会等级的流动是中世纪晚期君主制崩溃的结果，但是与中世纪晚期和近代早期的其他欧洲地区相比，这一变化也是大大依赖于农民对领主斗争的胜利。此时，英国的所谓贵族已经分化成有世袭爵位的贵族和乡绅两部分，所出现的不平等是财富和权利的不平等，而不是出身和爵位上的不平等。

英国社会史的专门著作有屈维廉的《英国社会史》和阿萨·勃里格斯的《英国社会史》[②]，前者未对英国政治史加以论述，后者则进行了很

---

① S. H. Rigby, *English Society in the Later Middle Ages, class, status and gender*, Macmilian, 1995.

② [英]阿萨·勃里格斯：《英国社会史》，中国人民大学出版社1991年版。

好的补充，并充分展示了英国社会发展历史的全貌。对中世纪学校教育的研究主要有斯通的《学校与社会——教育史研究》①与奥黛的《1500—1800年教育与社会——近代早期英国教育的社会基础》②等，是研究转型时期教育与社会发展的重要著作。

在专题研究取得重要进展的基础上，近年来也出现了一些总结性的论著，如布瑞特尔的《英国社会的商业化1000—1500年》③《1050—1530年英格兰与爱尔兰的经济与社会》④，索菲尔德的《中世纪英格兰的农民与共同体》⑤，斯蒂文·爱普斯坦的《中世纪后期欧洲经济—社会史1000—1500年》⑥，以及戴尔的《转型的时代：中世纪后期英格兰的经济与社会》⑦等。

综上所述，国内和国外学者从不同领域和角度对转型时期社会变迁和现代化问题作了深入研究，这些成果对本文的写作提供了非常重要的理论和研究方法，并且提供了丰富的材料。

本章小结

研究这一时期的英国，是因为这是一段影响整个人类历史走向的转型时期。从农牧业的封建庄园经济到工商业的资本主义市场经济，在这一漫长的转型历程中，是一个生产方式与经济基础渐次量变积累而达到质变的过程。这一转变过程发动肇始于乡村。而在乡村中既占有相当数量又具有一定经济资源的富裕农民这一群体，就是英国经济发生转型后的最大受益

---

① L. Stone, *Schooling and Society*, *Studies in the History of Education*, Hopkins University, 1975.

② R. O'Day, *Education and Society*, 1500–1800: *the Social Foundations of Education in Early Modern Britain*, London Longman, 1982.

③ R. H. Britnell, *The Commercialisation of English Society 1000–1500*, Cambridge: Cambridge University Press, 1993.

④ R. H. Britnell, *Britain and Ireland and 1050–1530: Economy and Society*, Oxford: Oxford University Press, 2004.

⑤ P. R. Schofield, *Peasant and Community in Medieval England 1200–1500*, Basingstoke: [a; grave, 2003.

⑥ S. A. Epstein, *An Economic and Social History of Later Medieval Europe*, 1000–1500, Camvridge: Camvridge University Press, 2009.

⑦ C. Dyer, *An Age of Transtion? Economy and Society in England in the Later Middle Ages.*

群体。因此，他们在生产经营上也最积极，成为了农业资本主义发展的重要的推动力量。作为人类历史的一个新的转型阶段首发于英国，也会吸引我们来关注英国能够成为社会转型首发国的原因。这对于我们正在实践的现代化与工业化路途的转型之旅，有着可供参考的历史和现实意义；而研究其转型中乡村富裕农民经历的变迁和自身的适应与发展，对我国现阶段转型中出现的农村未来发展与城镇化等问题又有着积极的借鉴意义。

  对于英国这一阶段历史的研究，国内外都有着众多的专家学者与丰富的研究成果。毋庸置疑的是，国内研究特别是改革开放前长期处于一个一元论下的宏观研究模式。改革开放以后，随着多元化理论指导下以及与海外的交流借鉴，对这段历史的研究呈现百花齐放的局面。其中"经济—社会史"的研究模式，注重关照客观环境和具体生产生活层面细节现象，分析研究揭示其内在蕴含的规律，为历史研究提供了新的路径。本书就是遵循着"经济—社会史"的研究模式，利用国内外相关资料，对这一历史阶段中的一些现象作出的探寻尝试与分析研究。"经济—社会史这一学科赋予历史学的新鲜活力，它对经济与社会互动的强调不仅为许多传统议题提供了全新的视野，也使得历史的解释更富有说服力。"① 对于国外在这方面的研究，在吸取其宏观和微观研究成果的同时，注意分析判断其是否有偏离马克思辩证唯物主义历史观的不足之处，摒弃其唯心主义神秘主义历史观的错误之处，坚持用马克思主义的科学发展观和辩证唯物主义历史分析方法来展开分析研究，鉴别分析采纳国外的研究成果与研究方法并注意加以选择使用。

  本书将通过两条分析研究的思考线索。主线以借助事例分析研究富裕农民的经济活动为主，从他们作为庄园瓦解后自由的土地耕作者开始，经营奋斗成为富裕的农民约曼，进而成为农场主，最后晋身为乡绅的经济成功之路与阶级晋身之路，来力争对英国这一转型时期的社会发展规律加以揭示；另一条研究思索的路径是侧重于精神侧面的，关注的是富裕农民在英国社会转型期的精神心灵的变化以及接受科学文化知识教育的发展历程，即富裕农民心灵与头脑的塑造与充实之路。从天主教的信徒到成为皈依于清教教义之下的"上帝的选民"，从目不识丁到普遍的接受教育，即

---

① 侯建新、龙秀清：《近二十年英国中世纪经济—社会史研究的新动向》，《历史研究》2011年第5期。

围绕着外在社会经济活动和内在的信仰与知识素质的养成，结合具体时代环境下的代表性事例，来反映富裕农民的个体综合素质与整体阶层的社会意识形态渐进的发展之路。这也是一个渐进的由量变向质变的发展过程。从社会主体特定阶层发展映射出时代的转型变迁和历史进步的巨大内在能动力量。

第二章

英国早期农业资本主义市场经济的构建者

英格兰拥有一个开放性的等级体系。罗伊·波特如此描述18世纪的英格兰:"尽管这里的社会等级制不是平等主义的,并且生发出特权(其中有一些是世袭特权),但是它既非坚不可摧,亦非一碰就碎。它能够不断地适应挑战和适应个人流动,包括上下左右的流动。较之任何其他国家,金钱在这里更是一份穿越阶级边境的护照。"① 它的入门条件是美德和能力,外加大量的不断调整的策略和经济力量。

而对于"农民"这一称谓,通常是用来界定那些以农耕为生,很少离开自己耕种的小块土地的人。然而,谁又是英国农业现代化的启动者呢?是领主、商人还是工业资本家?人类社会发展史上始于英国的资本主义的产生与发展,是在其自足的自我经济循环的环境条件下完成的,那么其"自足的"内部经济发展变化必然有一个策源地。在王权主导的农业作为经济活动主要构成部分的封建农业国家中,这种发生于经济领域的活动与变化只能产生于广大乡村的农业生产活动中。因此侯建新教授认为,农业是资本主义的策源地,所以农业资本主义的发生也就是英国整体资本主义的启动②。笔者也同样持这一观点。农业是英国资本主义的基础,这个社会农民群体中的富裕阶层,即富裕农民就是农业资本主义的发动者、是农村社会的"脊梁",也是推进英国农村资本主义发展的核心力量。在英国农业资本主义发生的时候,掘到第一桶金的是富裕农民,因此激发了

---

① [英]艾伦·麦克法兰:《现代世界的诞生》,上海人民出版社2013年版,第111页。
② 侯建新:《富裕佃农:英国现代化的最早领头羊》,《史学集刊》2006年第4期,第42—50页。

他们不断推动向资本主义市场经济发展的巨大热情。他们经历了由颇受束缚的采邑制度下的农民向资本主义市场经济的租地农场主的演进。他们是社会转型时期英国农村的精英群体，他们在经济、政治、教育文化、农耕经营生活等方面的日常活动长期的汇聚，对英国的发展走向产生重大而深远的影响，为英国率先成为第一个资本主义工业化国家提供了最初的、最基本的经济结构基础和政治推动力量，是英国资本主义的启动者。因此，有必要对富裕农民这一群体作出进一步的深入研究。

第一节 土地决定一切：农民富裕与否的判定标准

判断农民富裕的标准应该是：农民的富裕程度首先应该依据其拥有土地的数量来判断。首先，是因为拥有土地面积的大小是判断农民富裕程度的一个重要标准，而不是以农民是否有自由的身份作为判断富裕的标准。身份等级与经济上的富裕程度，在中世纪的英国并不总是一致的。等级地位低下的依附佃农也可以拥有大量的土地和财富。其次，土地持有者经营目的和对这块土地的经营管理水平，也是考察农民富裕程度的标志。即看他们的生产经营是以维生为目的还是以盈利为目的，通过经营手段能否加以扩大土地的拥有量。通常富裕农民会以后者为经营目的，而使用雇佣劳动力的资本主义大农场则是其直观的体现。最后，农民的生产经营活动与市场联系的密切程度，其为市场提供产品并借助市场功能以获取更大利益的能力，也是判断其是否富裕的标准之一。总之，一切决定于土地。

一 拥有多少土地可以算作富裕农民

在农业社会中拥有土地面积的大小，是衡量农民富裕的标准。因为在通常情况下，农民拥有的土地越多收益越大，生活也就越富裕。

中世纪的英国农民无论农奴还是自由农民，都从领主那里领有一块维持生存的份地。理论上份地的大小应该都是 1 维尔格特（折合 30 英亩左右）。通常，一个拥有 30 英亩土地的小农会产出价值 3 英镑 13 先令 4 便士的产量，出去缴纳 12 先令 6 便士的租税和 10 先令的什一税，最后剩余

2英镑12先令10便士。① 但具体份地的大小是不一样的。关于供一个人维持生存所需要的最低食物量是多少，生产这些食物所需的土地面积规模应该达到多大？蒂托在《英国乡村社会》一书中曾提出一个公式②：根据每英亩平均产量、每人每年的粮食消费量、领主的剥削量、因轮作制而增加土地的比例数及每户平均人口等数据，来计算维持每个农民家庭生活所需的最低土地数量。计算的结果为 10 到 13.5 英亩（13 世纪）。还有的中外学者认为大致要 15 英亩的土地才能维持农民的起码生活③。套用这个公式，在 16 世纪末 17 世纪初亩产量增加的情况下，一个普通农户维持生存所需的最低土地量应该是 10—15 英亩。那么，按照这个方法计算，当农民持有 1 维尔格特土地的时候，他的家庭生活所需就会比较充裕④，则应属于富裕农民。

以格罗斯特郡的克利夫地产为例，来看看 15 世纪后半期一个拥有 1 维尔格特（30 英亩）耕地的农户收入。伍德曼考特的威廉·纽曼，他的家庭有两个大人两个孩子。他是该地产上两个习惯佃农中的一个，持有 30 英亩土地。据 1468 年的记录，他采用三圃制经营，每年他要拿出 5 英亩作为短期轮作的草场，15 英亩耕种，如果他的产量能够比 1299 年提高 20% 的话，他应当收获 28 夸特，留出第二年做种子的，剩余就应当是 22 夸特。家庭用于食物和酒要消费 8 夸特的谷物，除去磨坊税他几乎可以卖掉 14 夸特的谷物。当时的谷物价格比 1299 年低 25%，这部分剩余在市场上只能收入 47 先令。纽曼畜养的牲畜可能稍多，因为他有可以畜牧牛等牲畜的短期轮作草场⑤。在克利夫山上，14 世纪万特雷小村庄被废弃后，它的田地被改为草场，公共放牧的草场增加。所以，纽曼可以常年畜养 55 只羊，产出羊毛 60 磅，其中 6 磅要缴纳什一税。考兹沃尔德的羊毛价格在 15 世纪早期的时候已经下降，到 1470 年代又有上扬，所以纽曼似乎可以得到 23 先令的羊毛利润，以及卖出奶制品的 7 先令和卖掉牲畜的

---

① 克莱顿·罗伯茨、戴维·罗伯茨、道格拉斯·R. 比松：《英国史》（上），商务印书馆 2013 年版，第 251 页。

② J. Z. Titow, *English Rural Society*, London: George Allen and Unwin, 1969, pp. 78 – 93.

③ 马克垚：《西欧封建社会经济形态研究》，人民出版社 1985 年版，第 231—233 页。

④ J. F. C. Harrison, *The Common People*, *A History from the Norman Conquest to the Present*, Flaming: FLAMINGO 1985.

⑤ C. Dyer, *Standards of Living in the later Middle Ages*, *Social change in England*, c.1200 – 1520, Cambridge: Cambridge University Press, 1989, pp. 110 – 116.

15先令。他的什一税随着他奶酪和干草的收入而增加,所以他要从4镑12先令的现金收入中拿出26先令缴纳什一税,最后剩下3镑6先令。他的经济收入比较稳定,因为当时很少有歉收的时候,国王也不用为与外国打仗而增加税收。由于他的富裕经济状况,在他死的时候,其领主向他的继承人索要了10先令数额适中的进入罚金①。那么,依照40先令应该是称作约曼的富裕农民年收入的最低限度。上文提到的持有30英亩份地的威廉·纽曼一家就应该是较富裕的农户。

托尼对诺森伯兰等10个郡52个庄园1664个习惯佃农②持有土地的情况作了统计。持有30英亩以上土地的农民在乡村佃农中占有什么比例呢?在这些农民中,无地的茅舍农占10%,拥有1—9英亩土地的人占36%,拥有10—19英亩土地的人占14.2%,拥有20—29英亩土地的人占11.2%,拥有30—59英亩土地的人占17.1%,拥有60英亩以上土地的人占8%,未确定土地面积者占3.3%(见表1)。

表1　　52个庄园中1664个佃农持有土地规模一览表③

	诺森伯兰10个庄园	兰开郡4个庄园	斯特福德郡3个庄园	北安普顿郡2个庄园	莱斯特郡3个庄园	萨福克郡5个和诺福克郡8个庄园	威尔特郡7个庄园和萨默塞特郡1个庄园	南部英格兰其他9个庄园	总量
佃农总数	96	168	103	255	129	391	156	366	1664
无地的茅舍农	—	38	8	30	13	52	3	23	167
2.5英亩以下	10	14	21	53	17	77	5	58	255
2.5—5英亩以下	1	19	16	24	6	40	7	27	140
5—10英亩以下	2	29	14	22	6	69	12	52	206
10—15英亩以下	1	35	6	22	8	28	8	29	137

---

① C. Dyer, *Standards of Living in the later Middle Ages*, *Social change in England*, *c.1200 - 1520*, Cambridge: Cambridge University Press, 1989, pp. 148 - 149.

② 有3个庄园中包括若干自由持有农或者契约租地农。见R. H. Tawney, *The Agrarian Problem in the Sixteenth Century*, New York: Harper & Row, Publishers, 1912, p. 63.

③ R. H. Tawney, *The Agrarian Problem in the Sixteenth Century*, New York: Harper & Row, Publishers, 1912, pp. 64 - 65.

续表

	诺森伯兰10个庄园	兰开郡4个庄园	斯特福德郡3个庄园	北安普顿郡2个庄园	莱斯特郡3个庄园	萨福克郡5个庄园和诺福克郡8个庄园	威尔特郡7个庄园和萨默塞特郡1个庄园	南部英格兰其他9个庄园	总量
15—20英亩以下	3	7	10	13	3	26	7	31	100
20—25英亩以下	1	4	11	22	3	19	27	16	103
25—30英亩以下	12	7	3	5	5	14	16	22	84
30—35英亩以下	27	7	1	10	1	5	14	12	77
35—40英亩以下	13	2	2	3	10	9	10	11	60
40—45英亩以下	10	—	2	7	7	4	12	10	52
50—55英亩以下	—	—	2	5	—	4	7	3	28
55—60英亩以下	—	2	—	2	7	7	2	6	26
60—65英亩以下	1	—	1	7	—	3	4	7	29
65—70英亩以下	1	—	1	2	2	3	3	6	18
70—75英亩以下	2	1	—	2	4	1	4	—	17
75—80英亩以下	1	—	—	2	1	1	1	5	11
80—85英亩以下	—	—	—	2	2	1	2	4	11
85—90英亩以下	1	—	—	—	1	1	1	4	8
90—95英亩以下	—	—	—	—	—	1	—	1	2
95—100英亩以下	—	—	—	—	2	1	2	2	7
100—105英亩以下	—	—	—	—	—	—	—	4	4
105—110英亩以下	—	—	—	2	—	2	—	—	4
110—115英亩以下	—	—	—	—	—	—	—	1	2
115—120英亩以下	—	—	—	—	1	—	—	1	2
120英亩以上	—	1	1	4	1	4	—	18	18
不确定面积	—	2	2	14	7	17	4	9	55

在托尼对土地占有情况的统计表中,显示了持有30英亩以上土地面积的富裕农民所占的比重:诺森伯兰的10个庄园中,持有土地为30英亩以上的富裕农民有66个,占该郡佃农总数的69%;兰开郡的4个庄园

中，有 15 个，占 8.9%；斯特福德郡的 3 个庄园中，有 14 个，占 13.2%；北安普顿郡的 2 个庄园中，有 64 个，约占 25%；莱斯特郡的 3 个庄园中，有 68 个，占 52.7%；萨福克郡的 5 个庄园和诺福克郡的 8 个庄园中，有 66 个，占 16.9%；威尔特郡的 7 个庄园和萨默塞特郡的 1 个庄园中，有 71 个，占 45.5%；英格兰南部其他 9 个庄园，有 109 个，占 29.8%。在这 10 个郡 52 个庄园 1664 个佃农中，持有土地在 30 英亩以上的佃农总数为 473，占总数的 28.4%，即大约有超过 1/4—1/3 的农民生活是比较富裕的，其中还有些人拥有土地多达数百亩，生活相当富裕。

16 世纪中期一个普通农夫平均财产约为 30 镑；大多数富裕农民耕种的土地面积在 85—100 英亩，通常平均持有土地面积 92 英亩，拥有财产 180 镑。持有大约 150 或者 170 英亩农场的农户也不鲜见，而且持有土地的面积没有上限，甚至有一些约曼拥有更庞大的地产。切斯特顿的威廉·萨尔特，持有的土地面积为 320 英亩①。公簿持有农也可以持有大面积土地，偶尔还有一两个有这样身份的租地持有农会持有较大的农场②。1544 年，剑桥郡奇朋汉庄园的 54 个佃农中有 10 人持有 60 英亩以上公簿持有土地，其中一个持有土地面积最大的公簿持有农竟持有土地达 101 英亩③。到 17 世纪，根据林肯郡对 6000 英亩土地进行的调查发现，土地规模为 60 英亩的农民占 59%，持有 90 英亩的农民占 43%④。

对照一下中国的情况，清朝土地情况依照栾成显先生编写的《明代黄册研究》，安徽休宁县清初二十七都五图三甲的编审册，包括顺治八年（1651）至康熙四十年（1701）4 个年度中"本甲各户现有耕地面积的详细产权纪录"⑤。

---

① M. Spufford, *Contrasting Communities, English Villagers in the Sixteenth and Seventeenth Centuries*, Cambridge: Cambridge Univesity Press, 1974, p. 38.

② R. H. Tawney, *The Agrarian Problem in the Sixteenth Century*, New York: Harper & Row, Publishers, 1912, p. 212.

③ M. Spufford, *Contrasting Communities, English Villagers in the Sixteenth and Seventeenth Centuries*, Cambridge: Cambridge Univesity Press, 1974, p. 66.

④ J. P. Cooper, "The Social Distribution of Land and Men in England, 1436 – 1700", *The Economic History Review*, New Series, Vol. XX, No. 3 (Dec., 1967), pp. 419 – 440.

⑤ 栾成显：《明代黄册研究》，中国社会科学出版社 1998 年版。

表2　　安徽休宁县二十七都五图三甲农户占地额分组表

农户占有耕地面积分组（亩）	顺治八年（1651）		康熙六年（1667）		康熙二十年（1681）		康熙四十年（1701）	
	农户	占地	农户	占地	农户	占地	农户	占地
0—5	15	1	13	1	8	1	13	1
5—10	8	2	3	1	13	3	9	2
10—30	64	57	49	31	45	32	38	25
30—50	10	19	23	33	19	24	21	26
50—100	0	0	10	20	11	22	17	37
>100	3	21	2	14	4	18	2	9

以康熙四十年为例：农户有地不满10亩的40%；10—30亩的28%；30—50亩的16.8%；50—100亩的10.2%；100亩以上的5.2%。

表3　　河北获鹿县的土地分配情况（1725—1750年左右）①

各类户别（亩）	户数	%	土地数（亩）	%	平均占地（亩）
0	5331	25.5	0	0	0
<1	888	4.2	439	0.2	0.5
1—5	3507	16.7	10207	3.2	2.9
6—10	3172	15.1	22948	7.3	7.2
11—15	2137	10.1	26157	8.3	12.2
16—30	3332	16.8	70006	22.2	21
31—40	967	4.6	33205	10.5	34.3
41—50	498	2.4	22313	7.1	44.8
51—60	334	1.6	18195	5.8	54.5
61—100	540	2.6	40534	12.8	75.1
>100	340	1.6	71225	22.6	209.5
总数	21046	100	315226	100	15

---

① 方行、经君健、魏全玉：《中国经济通史：清代经济卷》，经济日报出版社2000年版。

可以看出，土地所有权高度分化，大片土地变成差距不大的小块土地。不满10亩的61.5%；10—30亩的30.5%；30—50亩的5%；50—100亩的4.2%；100亩以上的1.6%。"大约1/4的户口没有土地，1/3的只有10亩以下的土地，土地兼并程度并不高。"[①] 辛亥革命之后的情况依照1919年的农商统计数据全国拥有土地不满10亩的有11829123户（40%），拥有10—30亩土地的有8281187户（28%），拥有30—50亩土地的4959899户（16.8），拥有50—100亩土地的有3022101户（10.2%），拥有100亩以上土地的有1456219户（5.2%）[②]。不考虑市亩与英亩的换算，单从绝对数字看，休宁县拥有30—100亩土地的农户占27%；获鹿县拥有30—100亩土地的农户占11.2%；辛亥革命之后全国拥有30—100亩土地的农户占27%。按照托尼的统计，30—100英亩是绝大多数富裕农民拥有土地的数量范围，从绝对数值看中国近现代农村拥有30—100亩土地的农户比例与托尼统计10郡中拥有30—100英亩的农户占28.4%的比例接近，这部分中国农户也应该属于前文所述"超过1/4—1/3的农民生活是比较富裕的"。但是考虑英亩与市亩间1英亩等于6.0702846亩的换算，中国农户的土地占有就要比英国农户大打折扣了。所以在中国虽属于富裕农户，但所拥有的土地实际面积即使不考虑气候、技术、胼胝等因素，只看农户所获取的土地产出就相差超过六倍！所以中国富裕农民与英国富裕农民在真实的富裕程度上相差是较为悬殊的。因此，要求中国农村生长出农业资本主义的市场经济，最起码在剩余产品的积累和交换以及农民自身的消费和购买能力上是力不从心的，就遑论其他了。维持温饱成了中国农村乃至漫长中世纪各家朝廷维持统治的必要条件之一。从这点看，今天我们以占世界7%耕地养活占世界22%人口是一个了不起的成就。

二 富裕农民的生产与经营方式

蒂托在《乡村社会》中描绘了"13世纪英格兰农民阶层的概貌，它的主要成员是小土地持有者，在区区几亩土地上悲惨地生存着"，需要靠

---

① 刘正山：《土地兼并的历史检视》《经济学》（季刊），第六卷，第二期，2007年1月。
② ［日］长野郎：《中国土地制度的研究》，中国政法大学出版社2004年版，第71页。

手艺和打工来贴补收入①。14世纪后期的英国农民经济活动中，英国农村就已经普遍、大量地存在②早期雇佣队伍，这比资本主义雇工队伍的正式形成要早一两百年甚至更早。从东英吉利这一时期的人头税资料看，那里远远超过半数的成年男性人口充任着佣工和劳工。德温特举证说明，14世纪的村庄里有数目众多的无地或者几乎无地的人："显然有许多人——甚至全家人——未能持有规模适当的习惯土地或任何一类土地。"③ 在林肯郡的弗里斯比，1381年有16个家族，他们都是土地承租者。15世纪末期，这里的10户土地承租者中有3户根本就没有土地了，而其中2户所拥有的土地却比其他人家土地的总和还多。

由于土地市场的存在、私有制的存在、交换农业剩余产品与现金市场的存在，富裕农民往往拥有两倍甚至几倍于维持生存所必需的土地。他们不仅自己参加劳动，还常常雇佣农工。一部分拥有经营能力的人还向领主承租自营地，采用雇工经营方式，建立租地农场。麦克法兰曾指出，富裕的农民使用雇工并不令人惊讶。几乎在每一个村庄里，都有一些村民为其他人做工④。波斯坦认为，土地市场的根本作用是使土地拥有均衡分配。然而理查德·史密斯通过对萨福克郡的考察，进一步证实了科斯敏斯基和保罗·梅厄姆斯的观点：土地买卖的作用是扩大贫富之间的永久性和累积性的分化。"对市场成分的分析似乎表明，13世纪后半叶在萨福克郡这一地区，某些导致土地集中于少数人手中的力量肯定在起作用。"⑤

14世纪末15世纪初，由于生产力的发展，商品货币关系的冲击，货币地租已取代劳役地租占据统治地位，而且地租越来越固定，弱化了农村的阶级依附关系。领主为了满足对货币的需求，允许农民赎取其他各种封建义务。于是，农民对领主的人身依附关系进一步松弛，成为事实上的自由民。这一变动释放了下层阶级蕴含的潜在力量，解放了农村的生产力，为农村的经营活动提供了广阔的劳动力市场。同时，随着土地市场的发

---

① 麦克法兰：《英国个人主义的起源》，商务印书馆2008年版，第203页。
② 侯建新：《现代化第一基石——农民个人力量增长与中世纪晚期社会变迁》，天津社会科学出版社1991年版，第162页。
③ 麦克法兰：《英国个人主义的起源》，商务印书馆2008年版，第203页。转引自德温特《土地》，第94页。
④ 徐浩：《论中世纪晚期英国农村生产力要素市场》，《历史研究》1984年第3期，第123—135页。
⑤ 麦克法兰：《英国个人主义的起源》，商务印书馆2008年版，第203页。

展，富裕农民经营活动对雇工的需求日益增长，普遍的雇工成为农村经济运转中不可缺少的要素。于是，在前工业化时代出现了资本主义雇佣劳动的生产方式。这也从一个侧面证明英国工业革命的发生恰恰是一个漫长的准备过程和持续发展积累的结果。

农村雇工队伍的成员最初来自小块土地持有者，如茅舍小农，他们的小块土地不足以维生，于是常常在庄园内外靠招揽零活来补贴生计，是对庄园经济起调剂和补充作用的活跃人群。根据托尼对 10 个郡的统计，在 1664 个农民中，无地的茅舍农占 10%，拥有 1—9 英亩土地的占 36%[①]。这些将近半数的农民完全依靠土地似乎不足以维持生活，因此成为农村雇工队伍的重要来源。一个雇佣劳动者阶层出现了。

15 世纪中期以后，英格兰不少地区的雇工超过村民一半。在一些先进地区，如英格兰东部农村雇工达到了惊人的数量，50%—70% 的男性居民是雇工[②]。随着农民阶级的进一步分化，雇工数量大幅度增加，史密斯依据德比郡地区若干庄园的原始文献，对上述情况提供了清晰的发展脉络（见表 4）。14 世纪中期的黑死病和 1381 年的农民起义使得 16 世纪时雇工队伍超过农村居民的一半。

表 4　　14—16 世纪庄园农夫与雇工数量比较[③]

年代 庄园	1363		1381		1445		1520	
	农夫	雇工	农夫	雇工	农夫	雇工	农夫	雇工
巴斯陆	66	35	58	54	34	14	20	16
哈登	13	11	22	27	4	6		
奥尔波特	14	0	20	0	22	42	18	38
罗斯特	12	10	24	2	14	12	6	4
总计	105	56	124	83	74	74	50	58
佣工所占比例	35%		40%		50%		54%	

---

① R. H. Tawney, *The Agrarian Problem in the Sixteenth Century*, New York: Harper & Row, Publishers, 1912, pp. 64 – 65.

② R. H. Hilton, *The English Peasantry in the Later Middle Age*, Oxford: Clarendon Press, 1975, pp. 30 – 31.

③ 侯建新：《现代化第一基石——农民个人力量增长与中世纪晚期社会变迁》，天津社会科学出版社 1991 年版，第 165 页。

16世纪，从全国范围看英国农村雇工人数占全国雇工人数的 1/4 或 1/3，到 17 世纪末，这一比例已增加到 47%[①]。雇工阶层显然已成为英国农业现代化发展进程中不可缺少的重要一环。雇佣劳动成了富裕农民的租地农场最为引人注目的特征。正如马克思所言，随着自由雇工队伍的发展，"凡是这种自由劳动者的数量日益增多而且这种关系日益扩大的地方，旧的生产方式，即公社的、家长制的、封建制的生产方式等等，就处于解体之中，并准备了真正雇佣劳动的要素"[②]。

古典经济学家亚当·斯密阐释了农村市场扩大，交易日益活跃的经济学原理及意义：对任何一个物品来说，其真实价格，或者说是取得它的实际代价，都是获得它所付出的辛苦和麻烦。如果一个人占有这一物品并愿意用来交换他物，那么它对这个人的真正价值，等于这个人占有它之后省免的辛苦和麻烦。货币或货物与劳动等价，都可以用来购买物品，就像用自己的劳动取得的一样，还能免除相当的劳动。因为它们含有一定劳动量的价值，完全可以用来交换其他有同量劳动价值的物品。劳动作为第一性价格，最初可以用来购买一切货物和财富。在人世间，用来购买财富的，原本就是劳动，而不是金银。所以，劳动的价值，等于一个占有财富并愿用以交换他物的人，用它来购买或支配的劳动量。财产向占有他的人提供的权利，只是购买力，只是支配当时市场上各种劳动或劳动生产物的大小，制约着他所能购买或支配的他人劳动量或劳动生产物的数量。一种物品的交换价值，必然与其可供人们支配的劳动量相等[③]。市场规模不断扩大，意味着越来越多的财富价值进入市场，也意味着越来越多的劳动量在市场中等待新的归宿。那么谁拥有的可支配的自由的劳动量（财富）越多，他就会通过市场获取自己想要的更多的某种财富或权利。虽然工业革命尚未开始，但资本主义市场的运行规律逐渐形成，并在不久得到了专业学者理论化的哲学意义上的阐释。

[①] J. F. C. Harrison, *The Common People, A History from the Norman Conquest to the Present*, FLAMINGO, 1985, p.129.
[②] 马克思、恩格斯：《马克思恩格斯全集》第 46 卷上，人民出版社 1979 年版，第 468 页。
[③] ［英］亚当·斯密：《国富论》（全译本），陕西师范大学出版社 2011 年版，第 49 页。

关于对劳动力的需求与劳动力成本，根据阿瑟·扬等学者对持有 30 英亩以上土地的富裕农民所需劳动力的数量作了估算。阿瑟·扬认为，持有可耕地在 8—25 英亩，所做的农活不会耗费土地持有者的全部劳动力。格里高利·金对 1688 年一般劳动者和不住宿佣工的普通收入进行了推算。按一个家庭平均由 3 个半人组成来计算，一年要花费 15 镑生活费。阿瑟·扬估算在 36 英亩的可耕地上，除收割季节，通常一个劳动力就足够，即耗费一个成年劳动力 93% 的劳动时间。而在 50 英亩的可耕地上，一个成年劳动力承担劳动仅占该农场劳动的 52%；在 60 英亩的可耕地上，一个成年劳动力承担的劳动则降低到该农场劳动的 45%[①]。由此可见，土地达到 50 英亩就需要雇佣一个劳动力了。但是，这一估算忽视了妇女和儿童。例如一个妇女，她可以经营拥有 10 头奶牛的奶品场，但是通常 50—60 英亩的农场规模不会拥有这么多牲畜，她还可以有时间去做点其他的农活。儿童也可以补充一定的劳动力。所以，加上妇女和儿童的劳动，一个家庭农场不使用雇工的农场上限是 50—60 英亩，更趋近于 60 英亩。而当农场将近 70 英亩的时候，即达到一个混合农场使用雇佣劳动力的下限，则雇佣的劳动必将超过家庭劳动力。这里所说的农场指的是包括耕地、草场、牧场等在内的混合农场。因为耕地使用的劳动力要超过牧场和草场的劳动力，如果按照耕地的大小来划定租地农场规模的下限的话，那么，可以确定 50 英亩耕地作为雇有农业雇佣工人的租地农场规模的下限（牧场除外）[②]；至于上限，估计是 200 英亩[③]。所以，按照上面的计算，50—100 英亩的农场要雇佣 1—2 个人，100—200 英亩的农场要雇佣 2—4 个人，大于 200 英亩的农场要雇佣 4 个人以上[④]。

超过 50 英亩土地面积的农场的比例如何呢？根据托尼统计 52 个庄园中 1664 个佃农持有土地的情况，在诺森伯兰的 10 个庄园中有 96 个佃农中，持有土地在 50 英亩以上的佃农有 6 个，占总数的 6%；在兰开郡的 4 个庄园中有 168 个佃农，持有土地在 50 英亩以上的佃农有 6 个，占总数的 3.6%；斯特福德郡 3 个庄园有 103 个佃农，持有土地在 50 英亩以上的

[①] R. C. Allen, *Enclosure and the Yeoman*, Oxford: Clare—4ndon Press, 1992, p. 57.

[②] R. H. Tawney, *The Agrarian Problem in the Sixteenth Century*, New York: Harper & Row, Publishers, 1912, p. 212.

[③] 黄春高：《14—16 世纪英国租地农场的历史考察》，《历史研究》1998 年第 3 期。

[④] 杨杰：《英国农业革命与家庭农场》，《世界历史》1993 年第 5 期。

佃农有7个，占总数的6.8%；北安普顿郡2个庄园有255个庄园，持有土地在50英亩以上的佃农为42个，占总数的16.5%；莱斯特郡3个庄园有佃农129个，持有土地面积在50英亩以上的佃农为42个，占总数的32.6%；萨福克郡的5个庄园和诺福克的8个庄园有391个佃农，持有土地在50英亩以上的佃农为46，占总数的11.8%；威尔特郡7个庄园和萨默塞特郡1个庄园有156个佃农，持有土地在50英亩以上的佃农为30，占总数的19.2%；英格兰南部其他9个郡有366个佃农，持有土地在50英亩以上的为63个，占总数的17.2%。综合以上数字，在52个庄园中持有土地在50英亩以上的佃农为242个，占总数的14.5%。根据学者们的估算，这些持有土地面积在50英亩以上占52个庄园佃农总数14.5%的人都是农场主，他们必须使用雇佣劳动力。也就是说，在持有30英亩以上、占总农户将近1/3的比较富裕的农民家庭，或多或少都存在雇佣劳动关系，其中将近一半的富裕农民（持有50英亩以上）家庭，几乎完全依靠雇佣劳动，后者成为其生产方式的最典型特征。他们兼具农民和资本家双重身份①。同时揭示了占10%的无地茅舍农及占36%的拥有10英亩以下土地的农户的又一生活来源。从中也可以看出英国农村稳定发展下，这种维持长期稳定而又自由选择的雇佣关系正是农业资本主义市场经济的雏形。

据估计，16世纪50%以上农场的面积超过200英亩，25%以上农场的面积超过了350英亩，15%以上农场的面积已经达到500—900英亩②。显然农场经营的面积在不断发展。许多农场的生产经营规模也远远超出了以个体小农家庭为经济单位的范畴，成为有一定规模或较大规模的商品生产组织。在莱斯特郡，"1540—1600年期间，约曼农场主通过市场将成千上万英亩地产握入自己手中。起初，他们往往只握有一两块耕地，以后不断蚕食，特别是16世纪60年代后，常常是吞下整个庄园"③。一个名叫托马斯·贝特的约曼在1543—1551年接连购买了乡邻们的宅院、房舍、

---

① C. H. Williams ed., *English Historical Documents 1485-1558*, London: Eyre & Spottiswoode, 1967, p. 27.

② R. H. Tawney, *The Agrarian Problem in the Sixteenth Century*, New York: Harper & Row, Publishers, 1912, p. 212.

③ A. L. Rowse, *The England of Elizabeth*, *A Structure of Society*, New York: Macmillan Company, 1950, p. 226.

果园和小块地产，最后获得了对全村共计 1000 英亩地产的所有权①。农场的规模发展，促使土地的经营管理更加趋向企业化和商品化。充足的商品化的农产品和自由流动的劳动力充盈于英国的农业资本主义市场间，为工业革命的生发铸就了运行的范式——需求引导下自由而公平的交易——而成为了工业革命待产的温室。

三　逐渐形成规模化的农业资本主义市场

亚当·斯密认为，经济发展的前提条件是市场的扩大。市场和商品化以不同的方式作用于农民经济，16、17 世纪被形容为一个利润膨胀的世纪。市场数目增加、农产品价格上升、农业劳动力工资下降等方面的表现，使得这一时期商品化得到较大发展。随着自营地的出租，领主们纷纷退出生产经营和交换领域，"市场上的农产品供应进一步操纵在独立的农户手中"②。英国农民所开创的近代市场发展的新纪元被格拉斯称为"农民市场"时期③。广大农村劳动者提高了农业劳动生产率，为城市提供稳定的粮食和农副产品，还有相当大一部分劳动力从农业和农村中分离出来到城市去从事工商业活动，农民不仅是城市生产和生活资料的供应者，也是城市手工业产品的销售对象。实行资本主义租地农场的企业化经营方式以后，它预示了英国农村经济的分化，农民中的富裕群体已经开始摆脱传统维生农业的轨迹，从中分离出来，成了为市场而进行生产的资本主义性质的企业主。农业也不再只是传统的谋生方式和手段，而开始成为一个以盈利为目的的、并且受到了"看不见的手"影响与制约的一门产业。

市场作为买卖双方交换商品的公开场所和商品的集散地，使商品在生产者和消费者之间得到重新分配；市场有一定的规范价格，并且通过货币来交换。1500 年，英格兰有 800 个城镇市场，进行交易并重新分配来自周围地区农场的农产品。市场吸引大量买主和卖主，也出现了专门的市场，如"谷物市场"等。1564 年 3 月威尔特郡开办了一个专门的谷物市场。市场也经历了一个发展过程。16 世纪早期伦敦人口大约为 55000，到

---

① Ibid., p. 235.
② 科斯敏斯基：《11—15 世纪英国封建地租形态演变》，《史学译刊》1951 年第 1 期。
③ "农民市场"一词是格拉斯提出来的。见 N. S. B. Grass, *English Corn Market*, Cambridge: Cambridge University Press, 1926。

1600年达到200000①。非农业人口的增多刺激了市场的扩大，从而鼓励、推动了富裕农民的农场经营。市场规模化、规范化、专业化、普及化及均匀分布，这些近现代的市场特征正逐渐形成。

  在生产活动实践中，生产者开始逐步依据市场经济规律来调整生产数量和商品种类，并依季节的变化而及时加以调整。富裕农民的生产目的是为了赚取更多的利润。从畜牧业来看，农民畜养牲畜以羊为主。一般来说，每雅得土地上能够容纳羊群的范围在30—120只，通常在50—60只左右。而为了市场的需求，超过最大极限的例子也不少见。1406年，布莱顿庄园的两个佃农各自畜养了300只羊。威克的记录显示，15世纪70年代和80年代分别有两个较大的牧群，有羊100只和380只；1501年斯特福德郡的一个农夫因为在公地上放牧360只羊而被起诉；克力弗的约翰·劳伦斯在1523年拥有360只羊。戴尔推测，在迪特福德、哈尔顿、斯特彭黑尔、厄普顿、乌恩特里等地都有一些这样的富裕农场主在畜养着大量的牲畜②。16世纪40年代，沃里克郡一个富裕的约曼农场主彼得·特姆珀就是这样为市场而忙碌着，每年春季他会从威尔士买来瘦弱的牛，养肥之后将其运到市场上去出售，从仲夏一直12月份③。从1545—1550年的记录看，一些牲畜还没有进入市场，就被伦敦城来的屠宰商买走了。大批的羊群也会被就地买走供给伦敦城市的市民，也有的会被另外的养羊大农场主如沃里克郡沃姆雷顿的斯宾塞家族买走④。

  进入16世纪，为了适应市场的需要，富裕农民着力改善农产品种类。据1592年密德尔塞克斯的记载，伦敦附近的约曼农场主和妻子每周两次三次往返伦敦，运去市场所需要的牛奶、黄油、奶酪、苹果、梨、母鸡、小鸡、鸡蛋等产品。蜂蜜是人们非常喜爱的食品。德文郡的记载表明当地有许多约曼经常大宗地购买或者出售蜂蜜⑤。除传统的谷物生产外，富裕

---

  ① M. Overton, *Agricultural Revolution in England*, *The transformation of the agrarian economy*, *1500 - 1850*, Cambridge: Cambridge University Press, 1996, pp. 137 - 138.

  ② C. Dyer, *Lords and Peasants in a Changing Society*, Cambridge: Cambridge University Press, 1980, p. 328.

  ③ M. Overton, *Agricultural Revolution in England*, *The transformation of the agrarian economy*, *1500 - 1850*, Cambridge: Cambridge University Press, 1996, p. 19.

  ④ Ibid., pp. 138 - 139.

  ⑤ M. Campbell, *The English Yeoman*, *under Elizabeth and the Early Stuarts*, New York: AUGUSTUS M. KELLEY Publishers, 1968, p. 207.

农民还大量种植时令蔬菜和水果。1637年的一份什一税清单就说明农产品商品化已达到一定程度。在这份清单里,萨里郡的约曼约翰·谢尔曼登列举了他果园里种植物,包括苹果、梨、草莓、覆盆子、醋栗、樱桃、西洋李子、杏、桃、榅桲等。

由于受农业商品化的地区差异影响,农民的分化也有着地区特色。在一些地区大麻和亚麻根据市场需求而种植。在林肯郡和贝德福德郡的约曼家庭用品清单上,都提到过亚麻的种子和一捆一捆的家纺亚麻布,那里的约曼因种植大麻、亚麻而获利,萨福克郡和肯特郡的约曼则种植蛇麻籽赚钱①。东南部低地的农业商品化主要表现为种植业的商品化,农民的贫富分化多与种植产品商品化类型及其程度有关。

农业资本主义市场初步的形成,便开始发挥通过供需关系来加以调节资源和产品的功能。16世纪牛津郡、伯克郡及白马河(White Horse)河谷的富裕约曼开始大面积种植大麦,由于啤酒生产使麦芽的行情看涨。据罗伯特·罗德尔(Robert Lode)估计大麦的播种面积占总数的50%②,当时在这些地区的农场里。葎草是酿制啤酒的重要原料,于1524年传入英格兰,它的种植最早从科尔切斯特发展起来。根据莱基纳德·思科特所写的关于葎草种植的书中说,它适于干性土壤,西部米德兰的部分地区就适合这种作物的生长。一些约曼,特别在萨福克郡和肯特郡的约曼,通过种植葎草而赚取了一定收益。在伊丽莎白和斯图亚特时代,葎草的种植面积稳定地增长。1587年哈里森对埃塞克斯的葎草种植给予了很高评价③。詹姆士一世时期,沃里克郡的约曼就是为了种植葎草而进行圈地,在伍斯特郡和赫德福德郡部分地区也有大量种植。英格兰一直保持着对这个作物极好的市场需求,整个英国啤酒馆数量的大幅度增长,足可以说明这种作物受到欢迎的程度④。

商品化促成富裕的一极兴起。人口增加意味着家庭消费增加,因

---

① M. Campbell, *The English Yeoman, under Elizabeth and the Early Stuarts*, New York: AUGUSTUS M. KELLEY Publishers, 1968, p. 178.

② J. Thirsk ed., *The Agrarian History of England and Wales*, Ⅳ., *1500 – 1640*, Cambridge: Cambridge University Press, 1967, p. 66、174.

③ F. J. Fisher, "The Development of the London Market, 1540 – 1640", *The Economic History Review*, Vol. 5, No. 2 (Apr., 1935), p. 53.

④ Ibid., pp. 180 – 181.

此从人口周期来看，农民家庭必须扩大份地规模。受伦敦城市市场的需求刺激，其周边地区发展出各种类型的较为专业化的生产。萨福克郡向伦敦供应奶酪和黄油，苏塞克斯和肯特供给粮食谷物，诺福克供给麦芽，南米德兰供给肉食，埃塞克斯供给燕麦。这种商品化过程对于农民分化的作用与影响相当明显[1]。例如肯特郡的富裕约曼亚瑟·塞斯（Arthur Seath）拿出一半的资本和100英亩以上的土地专门为伦敦生产小麦[2]。西北部养殖业的发展对农民分化产生了更大的影响。在约克郡的高地山谷，农民们大量养殖羊和奶牛，为市场提供羊毛、羊羔、奶酪、黄油等产品[3]。据记载，1585年萨里郡有种植大青两英亩者，扣除各种费用后可获利5金币（guineas），利润额是种植谷物的6倍[4]。从以上材料可以看出，商品化的发展对于富裕约曼农乃至大租地农场主的崛起确实发挥了重大作用。但是，仅仅商品化这一个因素，还难以解释农民两极分化的复杂性。

值得注意的是，与14、15世纪不同，16、17世纪的农民已不断地意识到土地作为财富的生产"工厂"的重要意义，意识到土地的规模化对降低生产成本提高土地收益的裨益，所以特别提倡保持份地的完整，并逐渐放弃了诸子分割继承土地的传统模式，不再强调诸子分割继承。证据之一就是农民地产继承重新成为土地处置中的重要部分。例如在西米德兰的翰伯雷，农民家庭内部土地转让的比重从16世纪开始逐渐增加，而家庭外部的土地转移则逐渐减少；1480—1499年，两者的百分比分别为13%和22%；1500—1519年则变成37%和3%；1520—1540年更变为77%和0[5]。此外，在米德兰地区，由于长期的经济上升，一些农民家庭开始逐渐有了积蓄；农民家长更多地给不继承土地的孩子以

---

[1] G. Astill & J. Langdon, eds., *Medieval Farming and Technology: The Impact of Agricultural Change in Northwest Europe*. Brill, 1997, pp. 214 – 215.

[2] J. Thirsk ed., *The Agrarian History of England and Wales*, Ⅳ., *1500 – 1640*, Cambridge: Cambridge University Press, 1967, p. 507.

[3] J. Thirsk ed., *The Agrarian History of England and Wales*, Ⅳ., *1500 – 1640*, Cambridge: Cambridge University Press, 1967, pp. 30 – 31.

[4] Ibid., p. 66、174.

[5] R. M. Smith, ed., *Land, Kinship and Life-Cycle*, Cambridge University Press, 1984, pp. 292 – 293.

现金，让其自谋出路，从而使大份地得以保持①。与此同时，富裕的约曼农也随处可见②。相对于英国，中国的现实环境使农民并未意识到也无暇思考保持土地完整规模的经济学意义。"从理论上推断，中国历史上的大地主也不会太多"（吴廷璆的统计指出，清朝具有千顷以上土地的仅有4户，即和珅、百龄、陈朝玉、陈元龙。见吴廷璆等编《郑天挺纪念论文集》，中华书局1990年版），因为弟兄们平分家产的制度使得土地经营规模"细碎化"。由于家境富有者的儿子往往也较多（富人往往纳妾生子），所以每个儿子所分财产就不多。旧时有"好家产顶不住三份分"的俗语，就反映了这一情况。于是，地主很难连续几代都保持大量土地，俗语说"富不过三代"就是这样。③

而英国人为了保持土地的完整对于放弃了土地继承的那些子女，往往采取签订赡养协议的方式予以补偿。赡养协议是农民得以保持土地完整的法律措施，是资本主义农业市场化的有力保障，同时打下了一个经济利益与社会利益兼顾的好习惯。当这种好的习惯在官方和法律的推动下逐步上升为全社会的责任，就成为日后的公共福利和社会保障。

富裕农民不仅是农产品市场重要的提供者④，常常也是最大的买家。他们作为生产者同时又作为消费者参与市场交易，为市场提供商品的同时也促进推动了市场的活跃程度与发展规模，一方面为了满足他们不断增长的多方面的消费，另一方面也是更主要的目的，则为了获取更多的利润。1560年，马的价格每匹30先令，1580年为40先令左右，1590—1610年则为40—50先令，1620年达到54先令。1630—1638年为77—83先令⑤。那里市场的买主多来自英格兰西部和中部，是交易量非常大的市场。在索尔兹伯里集市上，马和牛的价格在伊丽莎白和斯图亚特早期阶段始终呈上

---

① J. Goody, J. Thirsk & E. P. Thompson, eds., *Family and Inheance: Rural Society in Western Europe, 1200 - 1800*, Cambridge University Press, 1976, p. 117、155.

② W. G. Hoskins, *The Leicestershire Farmer in the Sixteenth Century* [M] Harvard University Library, 1945 收藏, pp. 5—7.

③ 刘正山：《土地兼并的历史检视》，《经济学》2007年第1期。

④ 亨利八世的宫廷每年需要的1500头牛、8000只羊、3000夸特小麦就是由约曼农场主来提供。见：M. Overton, *Agricultural Revolution in England, The transformation of the agrarian economy, 1500 - 1850*, Cambridge University Press, 1996, p. 138。

⑤ M. Campbell, *The English Yeoman, under Elizabeth and the Early Stuarts*, New York: AUGUSTUS M. KELLEY Publishers, 1968, p. 204.

升势头。1557年，北安普顿郡的约曼约翰·道布斯一次出资420镑买下1000只羊、500只母羊、500只小羊。可见其购买力相当旺盛。1612—1624年期间，在莱斯特郡的一些市场上，羊的买主多是约曼，他们当中有的人会一次性购买100—200只羊和羔羊。在畜牧业占主导的地区，约曼牲畜交易的规模会更大。据说在威尔特郡的一个庄园里，每个公簿持有农会拥有80—200只羊①。那里市场的买主多来自英格兰西部和中部，是交易量非常大的市场。从1607—1628年，652个买主中有406个约曼、117个商人和手工工匠、94个农夫、35个乡绅、缙绅和骑士②。毫无疑问，约曼是市场上最大的买主。很明显，恰恰是富裕农民提供的产品和富裕农民的需求，使市场产品丰富交易活跃而价格稳定很明显，这一时期以富裕农民作为主体成为英国市场的重要支撑力量，市场因他们而启动，因他们的发展而发展。

第二节　农民阶层构成分析

从法律身份上看，农民有不自由的、有自由的。但是，通常他们的身份并不与其财富成正比，在农村中身份最低的农奴不一定是最贫穷的。在英国的社会经济发展中，富裕农民是乡村中一个重要的阶层。关于富裕农民的构成，按照对土地的保有形式来划分，这个群体包括原本有约曼称号的自由土地持有农、富裕的公簿持有农和土地租期为一年以上的租地持有农等③。根据对土地的保有形式，15—17世纪英国农民大体可以分为自由土地持有农、习惯佃农（含公簿持有农）、租地持有农、农业雇工等。

在中世纪，对土地的保有形式是判断农民身份的依据。典型的中世纪庄园包括四种类型的土地：公地、领主自营地、自由土地和习惯土地。其中，公地是公共的土地，不被任何一个佃农持有，领主和农民都有权利去公地上放牧牲畜和拾柴禾。领主自营地由领主自己直接管理，也可以出租。在直接管理的情况下，由领主的管家指派习惯土地持有农、公簿持有

---

① M. Campbell, *The English Yeoman, under Elizabeth and the Early Stuarts*, New York: AUGUSTUS M. KELLEY Publishers, 1968, p. 205.

② Ibid., p. 206.

③ R. H. Tawney, *The Agrarian Problem in the Sixteenth Century*, New York: Harper & Row, Publishers, 1912, p. 22.

农以服"周工"① 劳役的形式耕种，或者使用农业雇工来耕种，或者两者兼用。如果这块土地出租，领主会根据市场情况以竞争性地租出租给农民，可能租给自由土地持有农，也可能租给公簿持有农，或者无地少地的小农（后来发展为租地持有农）。和土地一样，领主还有庄园上的其他形式财产权利，如磨坊、放牧权等。中世纪的自由土地有几种：教会领、骑士领、索克领和杂役领 4 种。其中骑士领和索克领也由一些土地由自由农民持有，索克领是农民领有自由土地的常见形式。习惯土地是按照习俗保有土地，指奴役性的、依据习惯的或者依据法庭公簿持有的土地。从 16 世纪诺福克郡文件如遗嘱等可知，习惯土地是维兰土地，是奴役性土地，又分为依照领主意愿的持有地和公簿持有土地。持有这些土地的农民，同时持有这些土地上附带的义务和法律权利。

一 自由佃农

自由佃农又称自由土地持有农（free-holder），领有土地的条件是自由的，即领有自由土地，该土地不带有受到奴役的条件，依附性较弱。自由土地持有农保有土地的条件是稳定的，只是向领主缴纳货币地租，偶尔会负担轻微的劳役，即在农忙的季节去给领主做帮工，但不是不确定的周工。他们所领有的土地受到王室法庭的保护，其土地受侵犯时可以向王室法庭上诉。其土地可以转让、买卖。他们有迁徙的自由，可以脱离土地另觅其他领主。在生产和生活上都具有相对的独立性。明格笔下的"小农"包括小土地所有者和租地农场主。这些人在地产估价表上被政府统称为"自由持有农"或"农场主"。自由土地持有农的范围很广泛，除上层农民约曼之外，还包括只持有 3、4 英亩土地的茅舍农②。17 世纪，有关英国乡村社会职业身份集团的三个术语"较富裕的自由持有农""小自由持有农"与"农场主"首次出现在格列高里·金的统计表中。

威廉·配第对 1696 年英国社会各阶层经济状况的分析，大致情况是这样的：第一类为经济状况较好的自由持有农，40000 户，年收入 84 英

---

① 中世纪依附农每周要到领主自营地干两三天农活，称作"周工"，还要使用自己的犁、牛和差役及运输。

② J. F. C. Harrison, *The Common People, A History from the Norman Conquest to the Present*, FLAMINGO Press, 1985, pp. 127–128.

镑；第二类为经济状况一般的自由持有农，140000 户，年收入 50 英镑；第三类为农场主，150000 户，年收入 40 英镑；第四类为雇工和在外做仆工的人，364000 户，年收入 6 英镑 10 先令。①

总体上来说，尽管当时小农场主衰落下去，但并没有从社会上消失掉。"在拉特兰的科特斯莫，一个农场主兼营农牧业，其财产清单造于 1742 年，包括 12 头牛、71 只羊、2 头猪、8 匹马。此外还有粮田 60 英亩。家中有 2.5 夸特麦芽，5 夸特小麦，6 夸特大麦和 4 夸特杂面等。农具有犁、耙，3 辆二轮马车和 2 辆四轮马车，财产总值 285 英镑 16 先令。"②

从职业类别来看，经济状况好的自由持有农是在土地上辛勤耕作的农民，是农民中"受人尊敬的"上等人。根据占有的社会财富和实际收入来考察，自由持有农所占有的土地的年收入超过 40 英镑。1839 年 2 月 11 日，伯纳德·巴顿在一封信中提到："我们的曾祖父……依靠他那微薄的不动产生活，从中获得他自己和他家庭的日常生活所需。除房屋、土地和他可能有的钱财之外，他的积蓄总额估价为 61 英镑 6 先令，而他小小产业的一份许可证上记载，为获得租契收取的地租为 5 英镑，因此我估计这项产业的年值当时约为 2 英镑 15 先令。这是一个世纪以前的事。"③ 尽管 17 世纪自由持有农的重要性逐渐下降，但在 1688 年革命以后，他们仍然人数众多。有人进行了细致地讨论后指出："在英国革命时期，自由持有农加上他们的家人共约占全国人口的 1/8，大租地农场主的数量稍微少些，自由持有农一般也比租地农场主富裕。一百年之后，情况正好相反，甚至自由持有农几乎不再存在。"④

根据格列高里·金的计算，到 17 世纪末，英国仍有 18 万自耕农。在不到一个世纪后，小册子的作者们，甚至像阿瑟·杨那样慎重的著作家，也说实际上小土地所有者已经不存在了。自 1700 年，自耕农阶层开始逐

---

① 侯建新：《农民、市场和社会变迁——冀中 11 村透视并于英国乡村比较》，社会科学文献出版社 2002 年版，第 313 页。

② 同上书，第 308—313 页。

③ [英] 约翰·巴顿：《论影响社会上劳动阶级状况的环境》，商务印书馆 1997 年版，第 3 页。

④ 屈维廉：《英国社会史：从乔叟到维多利亚女王 6 个世纪概览》，商务印书馆 1931 年影印本，第 301 页。

渐消亡，大约从1770年起，这种消亡的速度开始加快。到1770年仍可见到数量众多的自耕农，这有无可置疑的证据。但阿瑟·杨认为，到1778年自耕农在英国大部分地区事实上已经消灭了①。在肯特郡西北角圣·保罗的克雷，有个查普曼家族，在18世纪初已是殷实的自由持有农。他最初拥有400英亩土地，另在克雷和其他临近村庄与城镇购买几百亩。这个过程进行得很缓慢。除拥有土地外，他还有林地、小旅店、磨坊等。至18世纪末，这个家族的成员当选肯特郡的副郡守②。

自由持有农的年收入从40英镑到300英镑不等，但大多数人基本上在60—80英镑，这些收入足以保证他们过上比较富裕的生活。据格列高里·金的估算，1688年，在18万户自由持有农中，有4万户比较富裕，家庭年均收入在84英镑以上。马西估计，至1759—1760年，家庭年均收入达100英镑的富裕户有3万个③。这些收入并不仅仅来自农业一项，有些自由持有农往往还从事工业劳动，例如，自由持有农的妻子儿女间或从事棉毛纺织之类的工作。自由持有农主要靠小规模农业生产和工业生产来生存。他们以家庭为单位，拥有完整的土地财产权利，包括土地的使用权、出租（转租）权、买卖权、继承权。

从自由持有农在社会结构中的位置来看，自由持有农的地位相当明确，高于普通的农夫而低于农场主。较小的自由持有农可以被称为农民，然而这个属性本身在18世纪的英国很少使用。在马格纳村，晚至1765年仍有将近100个地主，其中70个持有土地不足24英亩。18世纪50年代，在赫沃斯教区，76个农场主没人拥有32英亩土地④。格列高里·金所列出的自由持有农和农场主之间的区别在法律方面，而不是在经济方面。自由持有农是土地所有者——使用者，而农场主是佃户，两者都为生计而经营农场，有些自由持有农为解除匮乏还得租用其他财产。

尽管金把农场主列在自由持有农之后，但有些农场主在经济上甚至可以和景况较好的自由持有农平起平坐。1760年，马西意识到这一点，他把农场主分为四类，他们的收入一般在40—150英镑之间。随着物价上

---

① ［俄］约瑟夫·库里舍尔：《欧洲近代经济史》，北京大学出版社1990年版，第66页。

② 徐浩：《18世纪的中国和世界：农民卷》，第335页。

③ P. Mathias, *The First Industrial Nation, the econmic history of Britain, 1900—1914*, London: Routheage Press, 2001, p. 24.

④ 徐浩：《18世纪的中国和世界：农民卷》，辽海出版社1998年版，第282页。

涨，有些自由持有农又兴旺起来，因为不管他们所持有的土地性质如何，他们都是在面向市场进行耕种，他们都能对市场变化应付裕如。根据格列高利·金的统计可知，富有的自由土地持有农（freeholders of the better sort）占整个自由土地持有农总数的1/4①。在16世纪，自由土地持有农约占全国佃农总数的1/5，在东部各郡自由土地持有农人数众多，大约会占1/3强②。而在肯特郡自由土地持有农会高于这个比例；林肯郡的两个沼泽地带的庄园自由土地持有农则分别为53%和31%③。

一部分自由土地持有农（free-holder）被称作约曼。约曼本是一个带有军事性质的职业阶层，但在和平时期和战争间歇期会回到从其领主那里领有土地，成为英国富裕农民的最基本群体。约曼持有的土地可能全部是索克领，也可能是部分为索克领④。因为随着社会经济的发展，约曼会租种其他类型的土地来扩大生产，并到16世纪时已经得到了很高的赞誉，被认为是伊丽莎白时期的乡村精英。从法律意义上看，此时的约曼已经被看作年收入40先令的自由土地持有者，但是更普遍地是被看作地位居于绅士阶层之下的富裕农场主（well-to-do farmers）⑤。在乔叟的书中，这些人以愉悦的面貌活跃于每个故事中，他们住在大约80英亩的地产上，这种地产每年为他们带来20镑左右的收入⑥。

而约曼这个术语更多地具有社会意义，而不具有经济意义，有时候也称作租约持有人、甚至是商人。约曼可能是土地占有者，决定他们社会地位的基本因素是他们耕种土地的数量。有人说，约曼是从13世纪以来产生、发展而形成的一个特殊农民阶层，它是介于富有的乡绅和一般农夫、茅舍农、雇工之间的群体，一般泛指任何殷实富裕的农民，包括自由持有

---

① J. F. C. Harrison, *The Common People, A History from the Norman Conquest to the Present*, FLAMINGO Press, 1985, p. 114.

② Ibid., p. 128.

③ D. M. Palliser, *The Age of Elizabeth, England under the later Tudors 1547–1603*, London and New York: Longman Group Ltd., 1983, p. 174.

④ M. Campbell, *The English Yeoman, under Elizabeth and the Early Stuarts*, New York: AUGUSTUS M. KELLEY Publishers, 1968, p. 113.

⑤ J. F. C. Harrison, *The Common People, A History from the Norman Conquest to the Present*, FLAMINGO Press, 1985, p. 127.

⑥ [法] P. 布瓦松纳：《中世纪欧洲生活和劳动》，潘源来译，商务印书馆1985年版，第327页。

农、公簿持有农和租期在一年以上的契约租地农。在近代早期，作为约曼，一般会经营着数百英亩的耕地和牧场，地产年收入可达300英镑或500英镑以上。约曼在国家，特别是在地方，政治和经济中扮演着举足轻重的角色。以富裕农民的崛起为契机，英国不仅农业生产组织发生了变化，农村的阶级结构也正在进行新的分化与组合。上层约曼和绅士、缙绅、骑士互相渗透交叉，其间的界限已经变得模糊不清，以致当时流行起诸如"宁为约曼头，不做绅士尾"这样的英格兰谚语。乔治·基特是在中东部的萨顿经营畜牧业和乳制品业的约曼，在他的1717年的财产清单中，记载了他财产总额达437英镑6先令9便士。他共有35头牛、151只羊，还制作奶酪；畜牧业是其主要收入来源。此外，他还有耕地2英亩①。

约曼作为一个社会阶层正在消失，一部分富裕的约曼趁农业商品化所提供的机会进入乡绅阶层，另一部分约曼因跨行业和城乡间的水平流动而进入了其他职业群体，在剩下的约曼农中有一部分变成了自由持有农和农场主在诺桑普顿郡的劳恩德斯，有个叫威廉·希恩斯的约曼农，以种粮为主。在1713年5月，他用50英亩土地种豆科作物和燕麦，30英亩种大麦，29英亩种小麦。三项合计共有耕地109英亩。他家存有大麦和小麦余粮价值29英镑，另有4张犁、4只耙、两辆二轮马车，1辆四轮马车，财产总值338英镑5先令。②

历史学家常常把"约曼"一词限定为小土地所有者，但生活在17、18世纪甚至19世纪的人并没有严格遵循这条原则，他们在更加宽泛的意义上使用该词。约曼不仅指大小土地所有者，还包括租地农场主、公簿持有农，在18世纪甚至在工商业中使用③。约曼并不是单纯的农夫，正如以研究约曼著称的坎贝尔所言，约曼并不是仅仅满足于做一个养家糊口，日出而作、日落而息的农民，他们的理想是做无所不作、无所不能、经营广泛的工匠、贩夫和小资本家等行当。他们有的务农，有的做裁缝、木匠，有的养殖兔子，有的开矿贩运、开办工场和商店，凡是能赚钱的行当

---

① 侯建新:《农民、市场和社会变迁——冀中11村透视并于英国乡村比较》，社会科学文献出版社2002年版，第309页。

② 同上书，第308—313页。

③ G. E. Mingay, *Enclosure and the Small Farmer in the Age of Industrial Revolution*, London: Macmillan and Co. Ltd., 1968, p. 10.

他们都不会放过。对一部分约曼来说，农牧业的收入依然是其主要收入来源，也有很多约曼主要依赖工商业①。根据格列高里·金的统计推算，当时英国占有20—100英亩土地的小农约为220000人。"1691年，在拉特兰郡的奥克哈姆，乔治·凯恩有32英亩土地，其他生产资料包括2辆大车，3辆四轮马车。1742年在拉特兰郡的一个中等约曼，有60英亩耕地，农场设备包括犁、耙若干，2辆大车、4辆四轮马车。"② 在17世纪末到18世纪末这一时期，那些小农显然迅速衰落下去。

二 习惯佃农

公簿持有农（copy-holder）又称习惯佃农（customary tenant），占整个农民阶级总数的3/5，但在各地数量并不平衡，存在差异。在米德兰的庄园，习惯土地持有农占农民总数的60%，在威尔特郡、德文郡和萨默塞特郡占77%，在诺森伯兰郡占91%。公簿持有农（copy-holder）又称习惯佃农（customary tenant），习惯佃农的前身是维兰，其持有土地的方式沿袭了维兰土地的依附性和劳役的不确定性。习惯佃农是随着劳役折算的推行由维兰转化而来的③。他们领有份地维持生计，并向领主缴纳人头税、婚姻捐、租地继承税等义务，还要到领主自营地上负担不确定的劳役，是依附性的农奴。

12世纪以后，货币地租日益流行，领主放弃劳役地租，开始折算为货币地租。一部分维兰和佃农缴纳货币地租代替劳役。加之1381年的农民起义对维兰农奴制的废除起到了催化作用，庄园制开始解体。维兰逐渐转化为习惯土地持有农。然而，并不是所有的习惯土地持有农都具有同样的土地权利和义务。一些习惯佃农领有土地的时候都要缴纳一笔进入罚金。在许多庄园，习惯佃农也要缴纳遗产税，这是一种因对死去佃农土地的继承而征收的罚金。有的庄园不用缴纳这项税，比如在诺福克和萨福克的庄园里，就用进入罚金代替遗产税，或者干脆不用缴纳遗产税。在英格兰其他地区，当持有土地的佃农出售土地或者原来佃户死亡引起土地持有

---

① 毕道村：《英国农业近代化的主要动因》，《历史研究》1994年第5期。
② 徐浩：《18世纪的中国和世界：农民卷》，辽海出版社1998年版，第284—285页。
③ 据1086年《末日审判书》记载，维兰占农民总数的41%，占有全部耕地的45%。见钱乘旦、许洁明《英国通史》，上海社会科学院2002年版，第95页。

人变化的时候,都要缴纳遗产税和进入罚金①。

15世纪,这种情况变得很普遍了,当土地由一个人转手给另一个人的时候(有时候是父子之间),佃农会得到一份庄园法庭文书副本(copy)来作为他持有土地的证明,因此,习惯持有土地又获得了另外的名字——公簿持有土地,即"依据庄园习俗和法庭文书副本持有的土地",持有这样土地的佃农被称作公簿持有农。在拉姆齐修道院的账簿中,最早出现"公簿"(copy)字样是在1450年、1451年前后,此后该词出现的频率逐渐增加②。1452年,凯普西几个佃农持有这样的文书副本。同年,汉普顿路西的两次调查中发现了两个佃农的文书副本③。到15世纪末,"公簿持有农"(copy-holder)这个名词已经成为庄园账簿中常用语了。

公簿持有农是根据庄园习惯和领主意愿保有习惯土地的佃农。他们在庄园法庭上取得文书副本意味着法律保障了他们对土地的持有权利,在理论上讲,其土地不能被随意剥夺。15世纪末,国王普通法庭开始保护公簿持有农的利益,如果对公簿持有农征收的租税等违反了庄园的习惯,他可以上诉到普通法庭。这项措施进一步改善了公簿持有农的法律地位。1485—1509年的赫宁汉主教法庭卷档记录了习惯佃农于1485—1503年依据法庭罚金副本持有习惯土地的情况④。所以,爱德华·科克在《完全的佃册农》一书中这样描写道:"现在那些佃册农(即公簿持有农)有着稳固的地位了,他们无须小心地考虑庄园主的不满,他们对每一突如其来的暴怒不再战栗不安了,他们安心地吃、喝和睡觉,他们唯一担心的重要事项,就是小心翼翼地履行对佃册地所规定的而为习惯所要求的那些责任或劳役。除此之外,即使领主皱眉蹙额,佃册农完全不在乎,他们知道自己是安全的,没有任何危险。"⑤

公簿持有农的土地一般分为三种,即世袭保有,或租期为终身,或固

---

① J. Whittle, *The Development of Agrarian Capitalism*, *Land and Labour in Norfolk 1440 – 1580*, Oxford: Clarendon Press, 2000, p. 67.

② E. B. Fryde, *Peasants and Landlord in Later Medieval England*, *1380 – 1525*, Stroud, Alan Suton, 1996, p. 233.

③ Ibid., p. 231.

④ J. Whittle, *The Development of Agrarian Capitalism*, *Land and Labour in Norfolk 1440 – 1580*, Oxford: Clarendon Press, 2000, p. 67.

⑤ [英]克拉潘:《简明不列颠经济史》,范定九译,上海译文出版社1980年版,第282页。

定为几十年，期限为佃农本人、他的妻子和儿子的寿命。这种土地持有方式使土地的保有权利比较稳定。16世纪，一个人因为持有法庭公簿副本而被称作公簿持有农，但是同时这类公簿持有农还可能持有其他类型的土地，比如租种领主自营地或者荒地。他们既依据公簿持有土地，又可能是自由土地持有农，同时可能是租地持有农。他们可能是依照领主意愿持有土地的农民，也可能是租种领主自营地的农场主。有些公簿持有农也会积累财富，成为富裕农民。公簿持有农还有担任庄头的义务，直接参与庄园的经营管理。

三 租地持有农

租地持有农（lease-holder）是依据契约以一定期限持有租佃土地的农民。租地持有农的产生始于15世纪时占全国1/4—1/5耕地面积的领主自营地的出租，租赁的土地没有庄园的惯例负担。租赁持有土地是一种新型的土地持有形式，在租赁期限内土地持有权受到法律保护。租地持有农的外在特征是，他们在实行竞争性地租的情况下租赁领主自营地，或者租赁已经纳入市场轨道的土地，他们将许多小块土地合并建立家庭农场（home-farm）。因此，当土地达到一定规模以后他们又有可能被称为租地农场主。

从数量上看，托尼对亨利八世时期、爱德华六世时期和伊丽莎白时期总计118个庄园的6203个佃农比例情况进行了统计，其中习惯土地持有农大约为持有土地人口总数的2/3，自由土地持有农占大约1/5，租地持有农大约占1/8—1/9。其中，英格兰北部的诺森伯兰郡和兰开郡的13个庄园中比例较高，在全部1754个农户中租地持有农为346户，占19.4%；英格兰中部的斯特福德郡、莱斯特郡和北安普顿郡比例稍低，在1505个农户中租地持有农占14.2%；在英格兰南部的威尔特郡、汉普顿郡和其他10个郡中，有148户租地持有农，占当地佃户总数1580户的9.3%；在英格兰东部的诺福克郡和萨福克郡，1346个农户中有78户租地持有农，占5.7%[①]。1568年，在萨默塞特郡4个庄园和德文郡1个庄园中，租地持有农占农民总数的20%；北安普顿郡的4个村庄的租地持有农几

---

① R. H. Tawney, *The Agrarian Problem in the Sixteenth Century*, New York: Harper & Row, Publishers, 1912, pp. 24 – 25.

乎达到2/3，这个比例是比较高的。1626年，罗齐代尔大庄园有租地持有农315户，而自由土地持有农仅为64户、公簿持有农233户①。

最初的租地持有农经常是庄园管事，持有的土地是非自由的性质，因此还不能完全独立经营，受到领主和庄园法庭的干预。后来在肯特、沃里克和威尔士等郡大多数的租地农场主主要从其他农民中间招募，他们和庄园领主之间不存在人身依附关系，生产经营更加独立。另外，租地农场主还包括乡绅、教士或商人，但他们所承租的农场往往不是由自己经营，而是再转租给富裕的农场主。一些自由土地持有农和公簿持有农也可能租赁领主自营地来扩大生产，所以，他们常常会存在身份上的重叠和交叉。

明格通过计算得出的结论是，到18世纪，21—100英亩的小农场数量减少了一半，100英亩以上的农场相应增加，大部分大农场出现的情况发生在18世纪上半期②。其他一些人研究得出的结论也能反映小农场主的这种发展趋势：从1740—1788年，大农场的数量增加了③。17世纪初，在牛津郡的24个教区中，占有100英亩以下土地的自由持有农、公簿持有农和终身佃农有482户，到1785年减少至212户，他们占有的土地面积减少了2/3以上。在同一历史时期，格洛斯特郡的10个教区中类似的农民从229户减少到80户，他们占有土地的面积减少到不足原来的1/5④。18世纪，在诺丁汉、斯特福德、贝德福德和苏萨克斯等郡，占地21—100英亩的土地持有者人数减少了一半⑤。

从一些农场的规模来看，相当一定比例的农场规模都比较大，这就需要有稳定的劳动力即农业雇工。有时候，自由持有农和公簿持有农也会采用竞争性地租向领主租种自营地或者其他农民的土地，具有了租地持有农的身份。这些租种领主自营地的租地持有农通常会采用雇佣的方式，雇用

---

① R. H. Tawney, *The Agrarian Problem in the Sixteenth Century*, New York: Harper & Row, Publishers, 1912, p. 284.

② G. E. Mingay, *Enclosure and the Small Farmer in the Age of Industrial Revolution*, London: Macmillan and Co. Ltd., 1968, p. 160.

③ [苏] 塔塔里诺娃：《英国史纲：1640—1815年》，生活·读书·新知三联书店1962年版，第286页。

④ A. H. Johnson, *The Disappearance of the small Landowner*, London: The Merlin Press, 1909, pp. 132 – 133.

⑤ M. E. Turner, "Pariamentary Enclosure and Landownership Change in Buckinghampshire", *The Economic History Review*, Vol. XXVIII.

农业雇工，开办大规模农场，成为农场主的一部分。旧有的租佃制的经营模式随着租地农场的发展而在英格兰瓦解，而无论是农业的管理方式还是生产方法都产生了巨大的革命性的变化，整个农村的经济以市场导向为其发展方向，农业已经变成了商业化的农业。

四 农业雇工

早在13、14世纪前后，英国就已出现了大量的农业雇工。据统计，每3个英国人当中就可能有两个茅舍农或农工。这些人来自社会金字塔的最底层，他们人为工资而工作，他们又是支撑富裕阶层开展生产活动不可或缺的劳动力群体。

雇佣劳动者在英格兰的出现，马克思认为他们产生于14世纪后期，而雇佣劳动者当中有一部分是由小农转化而来的。根据自身特征，雇佣劳动者可分为两种类型：一种类型是利用农闲时间为更大的土地所有人打工的农民；另一类型是数量不多但却是独立的即真正的雇佣劳动者，他们也可以是自耕农，除工资以外他们也拥有一些土地和小屋。并且他们也同农民共同利用公有土地饲养自己的家畜。

15世纪最后30年农民阶层逐渐被摧毁，表现为他们被强制地同自己的生存资料分离，土地被剥夺，劳动力被抛向了市场。亨利八世和后来的伊丽莎白一世一系列济贫法案的颁布，说明了土地被剥夺的事实，也证明了没有土地但"自由"的劳动者首次在全国涌现。而土地也作为流动的商品，实际上也成为资本主义生产方式发展的结果。约曼在15世纪末之前的雇佣方式是雇工生产，约曼每次雇佣的雇工为7人[1]，算下来全国范围内约曼的雇工不会超过11万人。

16世纪初，农业雇工是来自持有土地不到5英亩的佃农，他们为了维持生活而依靠打工收入来补充，其他的则来自茅舍农、园丁等[2]。他们一般会租种一英亩或两英亩田地，生活非常艰辛，也很不稳定。他们住在一个房间的农舍里，通常只有10英尺长8英尺宽。如果遇到丰收年，面包的价格少许便宜，他们就能够生存，如果不是这样，他们可能会挨饿，

---

[1] M. Campbell, *The English Yeoman*, *under Elizabeth and the Early Stuarts*, New York: AUGUSTUS M. KELLEY Publishers, 1968, p. 212.

[2] J. F. C. Harrison, *The Common People*, *A History from the Norman Conquest to the Present*, pp. 128 – 129.

也可能会被疾病夺取生命（15世纪人们的平均寿命只有35岁）。尽管生活艰辛，但定期的宗教节日弥补了这一点，还有大量便宜的淡啤酒可以饮用。一些中下层农民本身持有土地，但是也会给别人打工来增加收入。

到了16世纪前期全国的雇工数量已达到人口总量的1/4；而到了17世纪的后期这个比例达到了人口总量的1/3①。1522年，卢特兰约有30%成年男子为雇工，9%为仆农。这证实了16世纪20年代英格兰南部约有20%—25%的成年男子外出做雇工这个数字。这里所说的成年男子指年龄为16岁以上。如果加上男孩、女孩和妇女劳动力，那么做雇工的人口大概会占1/3或1/2，其中年龄在15—24岁的约为60%。一个堂区中约有72%的约曼和47%的农夫会使用雇佣工人劳动。根据格列高利·金的统计，到17世纪末，劳工阶层，包括外出打工的仆工、茅舍农、贫民等超过总人口的一半（764000个家庭/1360586个家庭）②。

全国人口数量有了快速增长，16世纪早期至17世纪后期，英国人口由230万人增长到520万人，而雇佣工人则增长了3倍达到173万人，而这其中近50%即86万人为农业雇工，这几乎是15世纪后期的8倍；而到了1750年雇工中的无地者多达187万人，形成了乡村中数量最多的群体。他们虽然没有土地，但由于受到庄园习俗的保护还享有许多权利：拥有使用公地的权利来放养羊、牛、猪和鹅等家畜，也可以在公地上捕猎鸟兽、拾取烧柴、采集欧洲蕨和茅草，构建木屋甚至还可以采石造屋，挖煤取暖。

以上这些农民各个组成部分的数量比例在各地区存在差异，持有土地的状况也不尽相同。通常，一个自由土地持有农可能还会拥有公簿土地，或者租地；公簿持有农也可能持有自由土地和租地；而租地持有农同时也可能持有自由土地和公簿土地。农民的身份存在交叉与重叠。当然，各地各阶层农民的比例也存在着差异。

第三节　英国乡村富裕农民群体的形成

随着封建庄园经济的瓦解，与之伴随的新的生产方式的逐步确立，围

---

① B. Coward, *Social Charge and Continuity in Early Modern England 1550 – 1705*, Longman Group Ltd., p. 53.

② M. Overton, *Agricultural Revolution in England*, *The transformation of the agrarian economy*, *1500 – 1850*, 1996, p. 41.

绕对土地这一核心生产资料的拥有与支配程度的不同，以及相关的生产经营的开展，英国乡村的劳动者们呈现出"八仙过海，各显神通"的努力致富的局面。在致富的过程中，原有的封建特色的人与人之间的种种关系，逐渐被新型的简单的经济关系慢慢取代，原有的乡村阶层的划分也模糊起来。英国乡村社会开始重新依照成员们的经济水平对他们加以归类。作为占有一定土地、努力生产经营致富而受人尊敬的富裕一族，无论他曾出身农奴还是佃农，都被归为富裕农民—约曼这一中间阶层。富裕农民是英国向近代社会过渡时期农村的重要社会阶层，是英国农业现代化的发动机。

一　自由佃农

富裕农民——约曼，不仅指富裕的自由持有农，也包括富裕的公簿持有农、租地持有农，只要他们达到一定的经济地位，即有一定的社会地位，就被称为"约曼"。那么何谓"约曼"？它的身份是什么？拨开历史迷雾，我们发现，"约曼"的概念经历了颇为复杂的演变过程。

1. 从"富兰克林"到"约曼"

"富兰克林"是中世纪早期和中期自由农民的总称。从当时用英语写的文学作品如《格罗斯特的罗伯特编年史》（1298年）、《布鲁尼的罗伯特编年史》（1327年），《农夫皮尔斯》和乔叟的《坎特伯雷故事集》等书中发现当时一些强健有活力的、有着可信的地位和财富的自由人，其地位居于骑士和缙绅（esquires）之下，这些人就是"富兰克林"。直到15世纪早期，"富兰克林"开始被两个新的表示身份的名词所取代，即"乡绅"和"约曼"。15世纪早期，人们就发现"乡绅"这个词越来越广泛地用来指代位居骑士和缙绅之后的群体，通常包括他们的儿子或者贵族的其他幼子，还有那些老"富兰克林"家庭的后裔们，他们可以要求盾形纹章及其他方面，以表明他们是不同程度的悠闲的乡村阶级。其他的富兰克林就等级而言来自乡村的不同阶层，是较小的土地所有者，经营和耕种他们的土地，他们没有资格加盖盾形纹章，也不期待提出这个要求。但是，他们在乡村中拥有一定的财产和独立的地位。15世纪时，他们已经越来越多地被看作"约曼"，有时他们还互相指代。旧有的词汇仍然在一些地区使用，而在其他地区，新的词汇已经开始被广泛认同。乔治·希特维尔爵士曾经在埃金顿的卡德维尔庄园关于威廉·史密斯的记录中发现，

1443 年他被称作"乡绅",1446 年被称作"富兰克林",1465 年被称作"约曼",但是没有证据表明他的境况发生过什么改变。福特斯科把那些居于缙绅和骑士之后的人称作"富兰克林""自由土地持有者""约曼"①。事实上,人们发现最晚到伊丽莎白和詹姆斯一世时期的一些作家偶尔还会使用"富兰克林"这样旧的称谓,但是总的来看,到那个时候约曼肯定已经取代"富兰克林",成为表示社会身份的概念。

"约曼"不是"新来的人"②。其最初的含义主要不是一种社会身份,而是一种职业。早在 13、14 世纪,约曼主要用来指扈从(retainer)、侍从(attendant)或者随员(servitor),从事着具有荣誉感的服役。在法语里写作 vadlet,valet,varlet,在拉丁语文献中写作 valettus 或者 valectus,valectus。在英语中写作 yoman,zeman,yogman,yoman 等。在官方和半官方文件中,以及《坎特伯雷故事集》和《农夫皮尔斯》等当时流行的文学作品中都曾出现该词③。又据乔治·希特维尔爵士考察,14 世纪时"约曼"这个词的含义具有军事性质④。事实上,在战场上约曼往往作为骑士的侍从出现。除了服军役,"国王的约曼"(The King's yeoman)和其他领主的约曼常会被派遣执行特定的任务。

军役问题不能不联系到英国中世纪的采邑制度。封君封臣制度以及以庄园为依托的采邑制度,是西欧社会政治生活的基础,它所带来的作用与影响是全方位的。11 世纪威廉一世靠征服夺得王位,因而他本人获得数量极为庞大的王室领地,直接从威廉手中获得封土者,被称作国王的直属封臣,他们领有国王封赐的土地,同时以特定的义务进行回报。直属封臣再将一部分土地甚至大部分土地转封,以致层层分封,层层相属,附庸获得土地,领主获得回报。在公权几近丧失的动荡年代,战争司空见惯,附庸最重要的义务就是为领主服军役,军役是各种义务的核心。当然,军役有时间限制,不能无限期延长,一般规定一年 40 天。按规定,除附庸本

---

① M. Campbell, *The English Yeoman*, *under Elizabeth and the Early Stuarts*, New York: AUGUSTUS M. KELLEY Publishers, 1968, p. 391.

② A. J. Schmidt, *The Yeoman in Tudor and Stuart England*, Folger: The Folger Shakespeare Library, 1961, p. 2.

③ M. Campbell, *The English Yeoman*, *under Elizabeth and the Early Stuarts*, New York: AUGUSTUS M. KELLEY Publishers, 1968, p. 8.

④ Ibid., p. 9.

人奉召亲自服役外，视受封土地大小还要带上他的封臣，在这里，骑士常常成为封臣的重要组成部分，是职业的战斗人员。在实际的战斗中，只有骑士是不够的，还需侍从和一般的士兵。侍从与骑士同样结成主从关系即领主附庸关系。在这种情况下，那些不能成为骑士，也没有能力担负骑士军事义务的自由人，总是依附于一个骑士或者等级较高的领主并在其旗帜下作战。这些侍从往往被称为约曼。

在和平时期，一些约曼留任在领主家中乃至王室中。所以，人们在文献中发现，约曼又不总是与军事义务相联系。"国王的约曼"（The King's yeoman）和其他领主的约曼常会被派遣到这里或者那里去执行特定的任务，接收和传递钱物，传送特定的口头或书面消息，还可能作为他的领主或者领主的朋友的日常随从。1292 年，一个特别通行证颁发给"维斯顿的彼得，他是格兰迪索诺的奥托的约曼，奥托的一些朋友差遣他去希普卢斯地产，为奥托带回一匹马及马驮着的布匹和其他物品"。1312 年，弗勒斯特的拉尔夫也得到在因奇尔伍德森林的潘勒希地区的通行证，把他从那片林地收到的所有的钱传递给国王的约曼哈特拉的约翰。1332 年，一个赦免令被颁发给"国王的约曼和膳食管事"理查德·卡尔沃。在这些或者类似的记录中，多次遇到国王的约曼或者其他领主的约曼的字样[①]。不过在和平时期，或在战争间歇时期，更多的约曼不是留在领主的宅第中，而是回到他们的土地上。事实上，很多人会从他们为之服军役的领主那里领有一块土地，并通过保有土地的义务来维系这种关系。当他们追随其领主作战的时候，被称作"约曼"；当他们回到家乡，回到土地上，仍然使用这个名字，继续被称作"约曼"。

当战争逐渐减少，国家王权力量的增强也导致对这种军事团队的禁止，大部分的小土地所有者群体和他们的领主一样，离开军事服役，而将精力投放在他们的土地和地方事业上。更重要的是，随着经济社会的发展，特别是市场条件和农业雇佣劳动的发展，作为自由人出身又有一定财力基础的约曼逐渐在农村社会中脱颖而出，成为既有一定经济地位又有一定社会地位的佼佼者，成为富裕农民群体的主干。处在这样位置的人不再是以前严格意义上的"约曼"。但是，这个名词仍然被用来指代大多数来

---

① M. Campbell, *The English Yeoman, under Elizabeth and the Early Stuarts*, New York: AUGUSTUS M. KELLEY Publishers, 1968, p.389.

自这一曾经做过约曼职业的人,并且逐渐取代了那个古老的名词"富兰克林"(Franklin)。

2. "约曼"的转义

实际上,我们今天所说起的"约曼"其内涵与外延都已经发生了变化。14、15 世纪是这一变化的重要时期。

"约曼"的内涵核心是以经济为基础的社会地位,而与以前的职业、身份的联系越来越疏远。庄园制的瓦解和农奴制的消失释放了下层阶级的潜在力量,虽然不是所有的约曼或者任何阶层都得到发展,但是经济社会的发展使原来社会阶层的划分越来越模糊了。此时英国的身份已经与货币经济密切相关,在相当多数的情况下一个人的经济地位也意味着相应的社会地位。虽然他们不会像绅士一样被称为 Master,也不会像骑士那样被称为 Sir,但是,他们会被称为 Goodmen(好人)①,比如 Goodman Smith(好人史斯密)等,或者被称为 good yeomen(好人约曼)②。在法律上他们可以称呼为某某约曼,比如 Edward Montford, yeoman 等。有了这样的称呼,他们就摆脱了下层和普通人的地位③。显然这里的"富农"也指的是约曼,"约曼"已经代表了经济上的意义。

同理"约曼"的外延也大不一样。以前从事约曼职业的农民,现在可能分流为雇工,不再被称为约曼;而习惯佃户、后来的公簿持有农,由于土地经营状况良好,收入丰厚,完全可能被认为是约曼。明格指出,此时的约曼是一个标志社会地位的概念,指介于乡绅和农夫、茅舍农、雇工这些主要靠出卖劳动力为生的贫农之间的等级,其来源包括经营良好的自由持有农、公簿持有农和租期在一年以上的契约租地农④。从土地的保有方式上看,约曼的土地并不总是自由持有土地.法律身份是自由农的人持有的土地不一定是自由的;而法律身份是非自由农的人也可能拥有大量的自由土地,被他的邻居们称为约曼。在伯克郡的一份法庭卷宗中,一个被

---

① Wm. H. Hulme, "Yeoman, To the Editor of Mod. Lang. notes", *Modern Language Notes*, Vol. XII, No. 7, (November, 1897), p. 442.

② Ibid., p. 7.

③ 齐思和、林幼琪选译:《世界史资料丛刊初集·中世纪晚期的西欧》,商务印书馆 1962 年版,第 206 页。

④ G. E. Mingay, *England Landed Society in the Eighteenth Century*, London: Routledge and Kegan Paul, 1963, p. 88.

称作"约曼"的人就是持有法庭公簿副本的佃农①。

乔叟在《坎特伯雷故事集》中曾25次提到约曼②。在"庄头的故事"里，一个擅长赛跑的人说"他不想随便娶妻，除非她教养得好，并且是个闺秀之女，因为他是个乡士之辈"，他将娶的教养很好的妻子能帮助他打理其约曼地产；而他的妻子自认为是"上等人家的人，并且在修道院中受了教育的，妇女们都该奉承她"③。在"修道僧的故事"中，乔叟提到了一个约曼的装束："他身边一副弓，还有尖利明亮的箭，穿着一件绿色大氅，头上戴一顶黑花边帽子④。"这两个例子似乎都在暗示他们经济上的富足。16世纪的威廉·哈里森概括说："约曼通常有相当于6、7年收入的储蓄，有很多家畜，很好家具、器皿，有4、5床鸭绒被、地毯、银盐罐、高脚酒杯和成打的汤匙等。"⑤ 约曼一般的经济收入究竟如何呢？

1429年以前，所有自由人都可以作为郡里选举的骑士来参加议会。但是，那一年的法律限定了自由人晋身的资格，要求每年要有40先令以上的收入。而且，持有自由土地的年收入达到40先令又是他们约曼身份的主要基础，这在伊丽莎白时代大约相当于6镑。这样，这个群体里有大量的，甚至可以说较大量的人都可以参加骑士选举⑥。1463年一项禁奢令提到的社会阶层中有土地年收入40先令的农民，这样的农民即为约曼⑦。这里所说的40先令应该是称作约曼的富裕农民年收入的最低限度。根据一些数据显示，14世纪后期到15世纪后期，英国小麦价格大约在每夸特5—7先令波动。以平均每夸特小麦价值6先令计算，40先令能够买到6.7夸特或者53.6蒲式耳小麦，大约折合为1168.5公斤小麦。由此可

---

① R. H. Tawney, *The Agrarian Problem in the Sixteenth Century*, New York: Harper & Row, Publishers, 1912, p. 134.

② M. Campbell, *The English Yeoman, under Elizabeth and the Early Stuarts*, New York: AUGUSTUS M. KELLEY Publishers, 1968, p. 10.

③ [英]乔叟：《坎特伯雷故事》，方重译，人民文学出版社2004年版，第65页。

④ 同上书，第112页。

⑤ 施脱克马尔：《16世纪英国简史》，上海外国语学院编译室译，上海人民出版社1959年版，第6页。

⑥ M. Campbell, *The English Yeoman, under Elizabeth and the Early Stuarts*, New York: AUGUSTUS M. KELLEY Publishers, 1968, p. 12.

⑦ R. H. Hilton, *The English Peasantry in the Later Middle Age*, Oxford: Clarendon Press, 1975, p. 25.

见，40 先令的纯收入是相当可观的①。根据约翰·福特斯科所说，在 1450—1475 年，一年净收入为 5 镑就可以为富裕农民提供一份良好的生活，恰好反映了禁奢令中提到的 40 先令的标准。这大致可以认为是 15 世纪中后期判定富裕农民的标准。休·拉蒂默主教在 15 世纪后期对他的约曼父亲作了如此描述："我的父亲是一个约曼，他自己并不拥有土地。他只有一个农场，每年在农场上能得到最多 3 或 4 镑的收入，他耕种着这块需要 6 个劳动力耕种的土地。"②

英国学者估算了 1450—1650 年一个占地 30 英亩的农场的收入和产出情况。假定该农场土地质量肥沃程度适中，年景正常，这样的情况下小麦收获量通常每英亩为 12 蒲式耳，大麦收获量每英亩 16 蒲式耳。按照 17 世纪早期的价格水平，这个农场上每年的地产毛收入为 42 镑 10 先令，生产性支出为 23 镑 15 先令 9 便士，什一税支出 4 镑 5 便士，最后净收入为 14 镑 9 先令 3 便士③。据估计，伊丽莎白时期约曼占有土地规模当在 100 英亩左右④，其收入就相当可观了。从 16 世纪一个叫威廉·戈德温约曼的遗嘱得知，他的财产总值达 1050 镑⑤。托马斯·威尔逊的著作中提到 1600 年约曼的年收入可达 300—500 镑；1669 年罗伯特·张伯伦说 40—50 镑收入的约曼是很平常的，而在一些郡有 100—200 镑的收入的约曼也不少见，在肯特郡最富裕的约曼年收入高达 1000—1500 镑。理查德·巴克塞特说那些"上等的自由土地持有农"（注：better sort of freeholders，实际上就是指富有的约曼），特别是伦敦附近的这类人，其土地年收入为 200—500 镑。1630 年，托马斯·威斯特考特估计德文郡的约曼收入约在 40—100 镑，然而相比康沃尔的约曼每年 200 镑的收入就低得多了⑥。

罗斯指出，约曼"有时比他们的乡绅邻居还富有……他们改革耕作，

---

① 侯建新：《社会转型时期的西欧和中国》，高等教育出版社 2005 年版，第 71 页。
② E. Miller ed., *The Agrarian History of England and Wales*, Ⅲ., 1348 - 1500, Cambridge: Cambridge University Press, 1991, p. 526.
③ J. Thirsk ed., *The Agrarian History of England and Wales*, Ⅳ., 1500 - 1640, Cambridge: Cambridge University Press, 1967, pp. 652 - 653.
④ A. L. Rowse, *The England of Elizabeth*, *A Structure of Societ*, New York: Macmillan Company, 1950, p. 231.
⑤ W. S. Holdsworth, *A History of English law*, Vol. I., London: Methuen, 1923, p. 314.
⑥ M. Campbell, *The English Yeoman*, *under Elizabeth and the Early Stuarts*, New York: AUGUSTUS M. KELLEY Publishers, 1968, pp. 217 - 218.

与乡绅一样也是农业改革家，一心追逐利润"①。霍斯金斯也认为，在 16 世纪后半叶富裕农民阶层凭借着相对固定的支出和不断上涨的物价所提供的良机，巩固了自己在农村社会中的核心地位。他们一块一块地扩大着自己的财产，并且以更高的比例跻身于乡绅的行列之中②。

二 习惯佃农

1. 富有的维兰

按照中世纪法律身份，维兰属于非自由人，后来叫作习惯佃农，意思是说按照庄园法庭的习惯保有份地和承担义务。他们转移土地的时候，必须得到领主的同意，并要缴纳一定数额的进入罚金。维兰会持有一块份地，份地没有固定面积。维兰虽无人身自由但可以租种领主的土地，租种的土地可能达到几十亩，而大部分只是 10—15 英亩。当然，属于非自由人的维兰当中也有富裕者。尤其随着劳役地租转变为货币地租，英格兰社会发生剧烈分化。有些富有的维兰会花钱赎买人身自由。富裕的维兰有的会将从土地上的收入投资工商业。1435 年，威尔特郡著名的纺织业中心卡斯尔库姆有一个名叫威廉·海恩斯的人，出身于维兰，在嫁出女儿之前，据说还须得到领主的许可。但正是此人死后留下了一笔 3000 马克（合 2000 镑）的惊人遗产。

富裕的维兰担任庄头，参与庄园事务的管理。中世纪晚期以前，英国庄园管理主要依靠庄官制度。庄头（reeve）实际管理庄园事务，与农民日常生活接触最多。庄头必须具有农奴身份，一般都是殷实富裕、办事练达的维兰。他们参与庄园的经济管理，没有年薪，一般都是从公共土地中专门拨出一定量的土地作为庄头额外的职田，同时减免一定的税收和劳役，以鼓励农奴出任管事。因而，庄头的生活水平与一般佃户相比还是较高的。1377 年，沃里克郡汉普顿村庄伍斯特庄园的庄头沃尔特·塞尔由于欠了其主教领主 20 多镑的债务而逃跑。他就是一个维兰，持有自己的宅地，也耕种另外一码土地，这是分给他的职田。因此，他耕种的土地面积是很大的，有 35 英亩。其中 16 英亩耕种了冬季作物——8 英亩小麦，

---

① A. L. Rowse, *The England of Elizabeth*, *A Structure of Societ*, New York：Macmillan Company, 1950, pp. 231 – 232.

② W. G. Hoskins, *The Age of Plunder King Henry's England, 1500 – 1547*, London and New York：Longman, 1976, p. 223.

8英亩裸麦，20英亩耕种春季作物。显然，他是一个富裕的农民①。

2. 富裕的公簿持有农

14—15世纪，庄园领主放弃传统的经营方式之后，允许赎得人身自由的农奴在交纳货币地租的前提下，以持有公簿的形式取得对原来份地的继续占有权。又由于"15世纪期间，需求量低，劳动力短缺，使得领主自营地的经营很不景气，领主们被迫放弃了直接的经营，将大量的或者全部的自营地分配给佃农来耕作；其中有些是出租，更多的是由那些习惯佃农以在庄园法庭登记过的公簿副本的方式来占有"②。由于从持有维兰份地向根据法庭公簿持有土地的变化，土地占有者成分也发生变化，也意味着土地占有的数量结构的转变。这从16世纪以后英国公簿持有农占地面积的变化中可以得到证实。托尼对16世纪莱斯特郡、威尔特郡及英格兰南部三个地区19个庄园的686个公簿持有农占有土地的状况作了较详尽的研究，认为这三个地区中占有15英亩以下的公簿持有农分别为农户总数的17.7%、26.8%和43%，大体平均为30%弱；而占地15英亩以上者分别为82.3%、73.2%和56.5%，平均为70%强；其中占地30英亩以上者占农户数量的比例已接近50%③，这些比较富裕的公簿持有农都有可能发展为约曼。

据威廉·哈里森说，一些公簿持有农掌握大量土地。随着农民的两极分化，越来越多的土地集中到少数人手中。在英格兰南部地区，这种分化更为明显，有的公簿持有农只占有1/4维尔格特土地，而有的却占有4维尔格特，甚至更多的土地④。他们虽然是公簿持有农但同样被称为约曼。1575年，威灵汉姆村庄就有28个相当富有的公簿持有农，在遗嘱中他们自称约曼。这些遗嘱中也提供了16世纪最后15年的财富情况⑤。因为富有，所以公簿持有农也可能被称作约曼，即意味着他们作为当地的富裕农

---

① R. H. Hilton, *The English Peasantry in the Later Middle Age*, Oxford: Clarendon Press, 1975, pp. 41–42.

② 转引自王晋新《15—17世纪中英两国农村经济比较研究》，东北师范大学出版社1996年版，第36页。

③ R. H. Tawney, *The Agrarian Problem in the Sixteenth Century*, New York: Harper & Row, Publishers, 1912, pp. 64–65.

④ R. H. Hilton, *Peasants, knights, and heretics: studies in medieval English social history*, Cambridge & New York: Cambridge University Press, 1976, p. 250.

⑤ M. Spufford, *Contrasting Communities, English Villagers in the Sixteenth and Seventeenth Centuries*, Cambridge: Cambridge Univesity Press, 1974, p. 192.

民而得到尊重。

在一个庄园里的一名富裕的约曼农，可以同时拥有自由持有土地和公簿持有土地，当然也可以在两个不同的庄园里分别拥有自由持有土地和公簿持有土地。格拉斯先生所描述在汉普郡克罗雷庄园里乐于进取的约曼"是自由人但是他们不是自由土地持有者"①。一项对德文郡的研究表明在那里有这样的情况。德文郡的农夫休斯被邻居们看作约曼，在1593年的法庭证词中他也自称约曼，然而，他的年收入不仅来自自由持有的土地，还包括在布兰斯库姆的一块公簿持有土地②。

托马斯·盖恩福德写于1618年的关于英国社会状况的书中说约曼是自由土地持有者也是公簿土地持有者。1630年，德文郡的乡绅托马斯·韦斯科特说有些约曼持有自由土地，但是有些人则根据法庭公簿持有土地③。萨福克郡的一个约曼尼古拉斯·弗拉格就拥有散落在4个庄园的自由持有和公簿持有的土地。沃里克郡的一个约曼爱德华·阿特伍德拥有他自己的一块自由持有土地和将要从他父亲那里继承到的公簿持有土地。萨福克郡的约曼罗伯特·霍尔伯鲁在他的遗嘱中提到了他的租地、自由持有土地和公簿持有土地。罗伯特·亚德利是赫特福德郡的一个约曼，描述了他的土地是契约租地和自由持有土地。在斯普拉特对东英格兰庄园的研究中，他估计在12788英亩土地中有7231英亩土地被佃农以这两种方式持有。在23个苏塞克斯庄园里有19个庄园里既有自由持有农又有公簿持有农④。但是，有些地区则以公簿持有农为主，或者全部都是公簿持有农。1619年莱斯特郡的普雷斯科特庄园里84个佃农，其中至少有38个是约曼，但是他们所有土地都是公簿持有土地，因为这个庄园没有自由持有农。在罗森代尔地区的北部，那里很多约曼不断扩大着他们的土地，也都是公簿持有土地。

---

① M. Campbell, *The English Yeoman, under Elizabeth and the Early Stuarts*, New York: AUGUSTUS M. KELLEY Publishers, 1968, pp. 119–120.

② 汉丁顿郡一份手抄材料，第2123页。转引自M. Campbell, *The English Yeoman, under Elizabeth and the Early Stuarts*, 1968, p. 23。

③ M. Campbell, *The English Yeoman, under Elizabeth and the Early Stuarts*, New York: AUGUSTUS M. KELLEY Publishers, 1968, p. 23.

④ Ibid., p. 119.

3. 富裕的租地持有农

有些约曼是以一种固定的地租从大土地所有者那里租到一块土地。休·拉蒂默（Hugh Latimer，约1490—1555年）出生于莱斯特郡，是英国著名的主教，是宗教改革的主要推动者之一。他对爱德华六世的讲道词是研究15世纪和16世纪社会状况的重要史料。休·拉蒂默的父亲就是一个租地"农场主"，是租地持有农也是约曼，成为租地农以前可能是庄园的习惯佃农，也可能是自由农。拉蒂默的父亲是15世纪的约曼。

拉蒂默描述了他家在亨利七世时期的生活。他的讲道词说："我父亲是一个约曼，他没有自己的土地，只有一个农场，年租3镑，或最多4镑，于是他雇了6个人来耕种这么多的土地。他亲自放牧100头绵羊，我母亲则要给30头奶牛挤奶。我父亲很能干，在他前往战场可以领取国王的薪饷之前，他确实给他自己和他的马装备了铠甲，为国王服务。我能够记得，在他去布莱克西斯战地时，我替他扣紧了马具。他送我上学，要不然此刻我就不能在陛下面前讲道了。他嫁出我的姐妹们，每人花5镑，可见他是以虔诚和敬畏上帝的心情，把他们养大的。他对待他的贫穷的邻居们落落大方，殷勤好客，而且对穷人还乐善好施。他的所有这些所作所为，其费用万千来自这个农场。"拉蒂默说的这个农场的经济情况是1500年以前的[①]。

同一时代的人们之所以把他们称为约曼，是因为这些租地持有农不但殷实富裕，还可以为国王征战沙场。所以在15世纪后期尤其是在亨利七世时代，无论是自由持有农还是公簿持有农，也包括契约租地农都被称为约曼。

三 富裕农民与约曼内涵的融合

富裕农民——约曼，不仅指富裕的自由持有农，也包括富裕的公簿持有农、租地持有农，只要他们达到一定的经济地位，即有一定的社会地位，就被称为约曼。在这里，约曼的含义扩展变化了，而约曼的本质——富裕而有地位——却更加明确，在一定意义上与富裕农民的含义融合并有了新的内涵，是浴火重生的新"约曼"。所以，笔者把约曼作为英国农村所有富裕农民的统称，即因为富裕而有了这个传统的受人尊敬称号的新农

---

① 蒋孟引：《英国史》，中国社会科学出版社1988年版，第267—268页。

民群体。传统的约曼因跟随贵族、骑士活动,很多人虽然并不富裕但受到普通农民们的羡慕与尊重。随着庄园经济的解体王权的瓦解农业资本主义的发展,富裕成为受人尊敬的标志。而约曼这个名词依然是为农民尊敬的称呼,这样二者就逐渐相互融合了:约曼代表受人尊敬的富裕农民,在农村受人尊敬的必要条件是富裕。新的"约曼"就成了英国农村富裕农民们——无论他们曾出身传统的约曼、佃农、租地农——的代名词了。所以对新兴的这一群体我们不妨称之为"富裕农民"。

从土地的保有方式上看,通过根据遗嘱、契约、地契和其他相关文件,可知富裕农民以各种方式持有土地。富裕农民保有的土地并不总是自由持有土地,法律身份上是自由的人持有的土地不一定是自由的土地,有许多绅士和约曼都持有公簿持有土地①,却仍然被他的邻居们称为约曼。所以,称作约曼的人不一定是自由人,可以是公簿持有农,可以是租地持有农;可以是自己拥有土地,也可以是租种领主自营地。由于庄园的记录并不能从农民的土地持有情况来确定他们的身份,所以也就不可能在公簿持有农和自由持有农中确定约曼的比例。沃里克郡的约曼爱德华·阿特伍德拥有他自己的一块自由持有土地和将要从他父亲那里继承到的公簿持有土地。萨福克郡的罗伯特·霍尔伯鲁在他的遗嘱中提到了他的租地、自由持有土地和公簿持有土地。罗伯特·亚德利是赫特福德郡的约曼,描述了他的土地是契约租地和自由持有土地。这些案例不是唯一的。在斯普拉特对东英格兰庄园的研究中,他估计在 12788 英亩土地中有 7231 英亩土地被佃农以这两种方式持有。在 23 个苏塞克斯庄园里有 19 个庄园既有自由土地持有农又有公簿持有农②。可见土地持有方式不是划分约曼的标准,看的是富裕与否。

从经济状况来看,他们是乡村中富裕的农民群体,拥有数量较大的土地,有着丰厚的年收入。自 15 世纪中期,约曼因其在经济上的富足使他们赢得了一个特殊的社会地位。提起"约曼"首先让人们想到乡村中富裕的以农业经营为主要收入来源的农民。各个时期土地规模不同。在西部诸郡,从 15 世纪之后,也出现了小地产阶层的萎缩和较大地产(30—100

---

① M. Campbell, *The English Yeoman*, *under Elizabeth and the Early Stuarts*, New York: AUGUSTUS M. KELLEY Publishers, 1968, p.120.

② Ibid., p.119.

英亩）数量明显增长的趋势①。即使在英国农民经济特征较为明显的莱斯特郡，16 世纪后半叶典型的地产面积是 45 英亩，这大约是前几个世纪农民占有地产面积的 4 倍。许多约曼成为他们父辈以佃户身份耕作的土地的主人，并跻身于乡绅的行列之中。1558—1642 年，约克郡有一些人通过金钱的手段晋身为乡绅，这些人就是约曼②。1603—1642 年，约克郡被赐予乡绅身份的 57 人中一半以上是富有的约曼③。据格利哥里·金估计，1688 年，在 18 万户自由持有农中有 4 万户是比较富有的，家庭年均收入为 84 镑。罗伯特·贝克维尔是一个与阿瑟·杨有私交的约曼，他出生于 1725 年。1760 年继承其父在莱斯特郡迪施利一个 400 英亩的农场。10 年后，阿瑟·杨前去拜访他，发现在 440 英亩土地中，110 英亩用来种草饲养 400 只羊和 6 匹马。作为一个牧场主，他所培育的莱斯特羊，因个头小价值高而大获成功。通过出租新品种公羊，贝克维尔使其他农场主收益，自己也获利不小。在一个季中，一只出租公羊可挣到 1 至 2 个畿尼，从 1789 年起，因新品种杨声名远播，一只公羊租金高达 400 畿尼，这一年仅此项收入使他净挣 3000 畿尼④。1749 年威廉·李收到法国同行寄来的瓜子种包裹⑤。

从生产方式上看，富裕农民是新生产方式的代表，是农业资产阶级。有英国学者说，任何一个富裕的农民都是资本家。这句话也不无道理。都铎王朝时期，约曼阶层那些旧有的农民成分正在日趋消退，一种新的社会属性正在与日俱增，在这个阶层中，不断地产生出大批富裕的农场主，成为英国农业资本家阶级的一个重要组成部分。正如沃勒斯坦所说："似乎 1540—1640 年这一阶段是一个阶级形成的阶段：形成了一个资本主义的农业阶级（其中富有成员被称为'乡绅'，下层成员被称为'约曼'）。"⑥

---

① R. H. Hilton, *The English Peasantry in the Later Middle Age*, Oxford: Clarendon Press, 1975, p. 40.

② D. M. Palliser, *The Age of Elizabeth*, *England under the later Tudors 1547 – 1603*, London and New York: Longman Group Ltd., 1983, pp. 90 – 91.

③ J. Thirsk ed., *The Agrarian History of England and Wales*, Ⅳ., *1500 – 1640*, p. 303.

④ E. W. Martin, *The Secret People*, *English Village Life After 1750*, 转引自侯建新《农民、市场与社会变迁——冀中 11 村透视并与英国乡村比较》，第 313—314 页。

⑤ J. Thirsk ed., *The Agrarian History of England and Wales*, Ⅳ., *1500 – 1640*, p. 257.

⑥ 伊曼纽尔·沃勒斯坦：《现代世界体系（第 1 卷）：16 世纪的资本主义农业与欧洲世界经济体的起源》，高等教育出版社 1998 年版，第 321 页。

威廉·兰巴德在《肯特郡的漫步》(Perambulation of Kent, 1576)中把肯特郡的约曼描述成快乐和自由的一群人,具有新的农业资本主义气象的新"约曼"。1615 年托马斯·欧文勃利爵士发表的著作中总结了新"约曼"们的特点:"虽然他(约曼)是一个农场主,但是他们不会命令他的仆农'去地里干活',他会说'让我们一起去干活';他们不仅关注着羊群如何更加肥硕,也关心着农牧业方式如何更加进步。"① 威廉·哈里森在 1577 年写作的《英国志》中说这些新"约曼""比劳工和工匠都更加超群和令人尊敬,这些人住着良好的房屋,经过不懈的努力获得了财富"。"他们也是接近绅士的最大部分的农场主。""许多约曼从那些挥霍浪费的绅士手中购买地产,并经常将他们的儿子送进学校、大学和律师协会,或者给他们留下足够的地产,使其无须劳作便可生存。"② 亚当·斯密认为约曼阶层在绅士和劳动者之间充当了一级台阶。他历数了英格兰享有的种种优势,"比所有这些因素更为重要的是,英格兰的约曼阶层获得了法律能够保障的最大安全,独立和尊重"③。哈里森对这个群体的性质做出了一份很有价值的描述:"约曼是那些根据我国法律叫做 legales homines 的人,是生来自由的英格兰人,可以支配一份岁入 40 先令(合每年 6 镑)的自有土地。……这类人享有已一定程度的卓越地位,比劳工和普通技工更受人尊重,而且大都生活富裕,住有良宅,以勤劳而致富。其中大多数是农人(farmers),甚至是绅士,至少是技工。他们放牧牛羊,频繁出入市场,雇佣佣工,积累了大宗财富,因此大多有能力从一班不知节俭的绅士手中购买土地。他们经常将儿子送去读小学、中学,甚至大学和律师学院(Inns of the Court),或者给儿子遗留足够的土地,让他们无须劳作就能维生;总之,通过这些手段让儿子最终成为绅士。"真是一幅活生生的农业资产阶级的素描。

英国农村单一的"新约曼"阶层的形成充实了英国的阶级构成,使农村的阶级结构顺序更加清晰明了,"新约曼"阶层的形成简化了英国农村阶级成分:乡绅—约曼—农民的依财富多寡而形成的新的简单清晰的阶

---

① A. J. Schmidt, *The Yeoman in Tudor and Stuart England*, Folger: The Folger Shakespeare Library, 1979, p. 2.

② D. M. Palliser, *The Age of Elizabeth*, *England under the later Tudors 1547 – 1603*, London and New York: Longman Group Ltd., 1983, p. 90.

③ [英]麦克法兰:《现代世界的诞生》,上海人民出版社 2013 年版,第 102 页。

级结构替代了从前经济地位与政治身份交织混杂不清的状态。"新约曼"阶层的形成简化了对阶级判断标准，拥有的土地（财富）成了一个人在社会上地位的主要甚至唯一的判定标准。

更为重要的是"新约曼"阶层的形成使农村充满了对资本主义自由市场经济的鼓励和向往，使英国整个国家阶级构成呈现更加明显的资本主义性质。致富并成为约曼也成为农民向上层身会流动的通道，为英国资产阶级革命的进行和君主立宪制的最终建立，以及更加解放生产力的工业革命的到来在思想意识形态上做足了准备。

一个人通过致富成为约曼，这种身份反过来反映出在他的教育、品味、住房、饮食和着装上的阶级趣味并影响着英国农村的发展与进步。用当代术语来说，约曼阶层算是一个"现代的"阶层吧，即"中中产阶级"（middlemiddle class）。如同贵族阶层和绅士阶层一样，我们看到了又一个依靠努力获取物质成功而赢得尊重的身体团体。他们通过持有土地，或者通过制造业和贸易，对生产资料拥有较强的控制力，由此获得并提升、维持了自己的地位。而且，他们还将生产活动中赚得的财富转化成了儿子的晋级社会地位的阶梯。

本章小结

土地似水，农民如鱼，海阔凭鱼跃。庄园经济的瓦解预示着封建制度赖以存在的经济基础已经发生了质的改变，那么新的上层建筑必然会随着新的经济基础的形成而相伴随生长。新经济基础的生成有赖于新的生产方式的普遍施行。而新的生产方式——替代庄园经济——摆脱人身依附的自由耕作与土地经营的生产模式应运而生。主宰这一生产模式的操盘手主要就是富裕的农民约曼。

新生产方式下，旧的生产关系被打破，新的生产关系渐次生成。旧有的复杂的带有王室封建色彩和人身依附的各种人与人之间的关系也被打破，代之以新的更简单也更加赤裸裸的物质利益的人与人之间关系——金钱关系——逐渐形成。衡量人们社会地位及人与人之间关系的首要因素不是贵族的头衔、王室的封号以及高贵的血统，而是你所拥有的经济实力——经济资源如土地等动产与不动产——可直接支配的有多少。在乡村拥有土地的多寡成了身份地位的最重要也是最明显最易辨识的标准。土地也就成了广大英国乡村各阶层成员竞相追逐的首要物质目标。而传统的乡村平民能够拥有的和贵族有着沾亲带故关系的尊号"约曼",也就由原来的封建色彩与内涵演变成了经济的外在形象与内在本质,最终能否拥有这一尊号被拥有经济资源——土地——的多寡决定了。富裕农民不但有了几十上百英亩土地的身家,还获得了"约曼"这样一个尊号。数量众多的富裕农民遍及全国各地,成了英国庄园经济瓦解,举国步入转型之路的最大的推动力量和受益群体。所以,在经济地位上他们是富裕的农民,而在社会地位上这些后来者,成了乡村中受人尊敬的约曼。所以今天看来,赋予他们一个准确的称呼应该是:富裕农民。因而他们也是英国转型变革历程中最积极最热情的支持者和巨大的动力来源。

我们要注意的是,在英国中世纪庄园经济逐渐解体,乡村"富裕农民"这一新的阶层的形成过程中,有着其结构成分上的复杂性和生成过程上的漫长性。在农村的亲自参与经营耕作土地的持有土地阶层中,包括了自由佃农即自由土地持有者,习惯佃农即公簿持有农,租地持有农,这是发展成为富裕农民的主要来源。在庄园经济时代这些人有的有人身自由,如自由佃农即自由土地持有者,前身有的较有社会地位,就是约曼;有的依附于庄园主,如习惯佃农,包括维兰和农奴;租地持有农是庄园解体后的产物,和土地之间靠租地契约产生责任与义务的关系。在庄园经济瓦解后,他们或租或买用不同的方式逐步拥有土地,聚集着财富,成为乡村中持有土地的富裕阶层,最终衡量他们的标准就是拥有土地财富的多少。乡村富裕农民的形成,既是上述各个身份的农民不断发展演变合流而来,但也是经历了一个较长时期渐渐形成了农村的新阶层。他们合流而成为富裕农民的过程,经历着摆脱原有身份,打破原先中世纪对他们原有社会身份的定位,在社会上逐步形成新的以财富为唯一标准的新的界定,再加之他们依靠财富地位逐步取得了相应的社会地位如治安法官、济贫官等之后,使他们的经济实力与社会地位的结合并获得了"约曼"这原先对贵族骑士之下有自由并稍有财产受人尊敬者的称呼,不过赋予了新的内涵。

随着富裕农民对土地的辛勤耕耘与经营,"看不见的手"开始发挥作用,对于遵循规律者给予经济效益的回报;土地的集中,大农场的出现,乡村物产的商品化,产品交易的市场化,农业资本主义市场经济建立起来,英国乡村的农业资本家们俨然登场了。

第三章

富裕农民的生产经营

　　以货币形式开始实行的货币地租导致了庄园经济瓦解。农民逐步摆脱了对庄园的依赖和对庄园主的人身依附。农民的生产热情也随之提高，那些有能力有技术又有经营头脑的农民开始依靠自身力量，抓住时代变迁所给予的历史机遇，逐步地扩展自己的事业，增加积累创造新的财富，而他们自己也在努力开拓自己事业的奋斗中，成为了富裕农民。全面审视他们发展致富的道路不难发现，他们走过的是一条牢牢依靠土地、紧紧把握土地、殷殷经营土地，不断发展创新的致富之路：他们趁着庄园经济的瓦解开始依靠个人的能力去租种更多的土地；在有了一定的积蓄之后，依靠自己积累的资本去通过土地市场的竞争，来进一步扩大可供自己经营耕作的土地，并根据资产规模扩张的情况，雇用无地或少地农民来为自己经营的土地工作；随着经营思路的不断拓展，也随着个人拥有资产的不断积累，作为生产资料的土地面积的累加，这些富裕的农民中有人开始经营起了土地与雇工均达到一定规模的生产单位——农场。从主动租地——竞争获地——经营农场，就是一个从庄园经济中解放出来的自由的英国农民，经过不断的努力经营土地而成为英国农业资本家的成功过程。而这一现象在英国普遍存在的状况，则是英国农村经济由封建庄园经济向近现代资本主义农业经济迈进的历史进程。摆脱庄园经济束缚的自由农民依靠掌握先进的农业经营生产方式，让他们从自由的租地，自由的竞租竞买土地，到创办自己自由经营的农场而自己当上老板，成为农业资本家。靠山吃山，富裕农民紧紧围绕赖以生存最大资本——土地，在庄园经济瓦解的历史大机遇下，不断拓展经营思路创新营方式，在法律政策的推动下，无论从思想认识上还是经营方式上地道的自耕农逐步成为农业资本家——农场主。富裕农民围绕土地的一番经营、思想与身份的演变，就是围绕农业资本主义市场经济从无到有、从小到大、从量变到质变的历史转型的缩影。从另外看，富裕农民也通过经历这个转型过程认识了、学会了并熟练了农业资本主义市场经济的规律和操作方法。以市场为导向的资本主义雇佣经营方式，为满足市场需求进行的社会再生产，并且是市场商品的重要供给者。正是在这样的社会经济条件下、农业资产阶级重要组成部分的富裕农民逐渐发展起来。农民离不开土地，土地是那些富裕农民依靠自己的能力积累财富的唯一舞台。在土地舞台上上演了一幕从封建庄园经济向资本主义市场经济演进的转型大戏，主角就是富裕的农民约曼。

因此，侯建新先生认为："富裕农民的形成和发展必须以村民的普遍相对富足（而不是普遍贫穷）为基础，因为只有广大农民的劳动生产率有相当程度的提高，农民经济普遍进入商品交换市场，才能促进商品流通总量的增长和使产品（包括劳动力）获得接近自己价值的市场价格，最终使货币地租的确定不可避免。货币地租的实行势必使佃农和土地所有者之间的人身依附关系淡化，逐渐转化为契约关系和货币关系；换言之，当一切产品以至土地、劳动力作为一种商品大规模地进入市场时，封建主的超经济统治也就失去了基本依托，以人的依赖关系为特征的乡村旧社会也就走到了尽头。这是富裕农民产生的历史前提，也是西欧中世纪农村阶级关系发生质变的契机。"[①]

第一节 庄园经济的衰落与新生产方式的兴起

英国的庄园经济实行的是农本经济社会中的采邑制，是自给自足的自然经济。在这种经济模式下，农民不必将生产的农产品进入流通领域进行商品交换，而依靠自给自足的经济模式也能够生活。因此，农产品就不会通过商品流通领域进行再分配，即农民直接向土地的领主缴纳地租使其获取所需的农产品和其他服务。英国同中世纪欧洲一样为 50% 的地租率。土地领主对租种其土地的农民征收的地租主要有三种：劳役地租、实物地租和货币地租。

---

① 侯建新：《西欧富裕农民—乡绅阶级形成与农业资本主义的兴起——兼与明清绅衿阶层比较》，《天津社会科学》2000 年第 3 期。

一　货币地租逐渐盛行

无论是劳役地租还是实物地租，都是自然经济特色下盛行的土地租赁模式。劳役地租就是农民要在固定的时间里，到土地领主的农场或者家中进行一定量的无偿劳动来作为租种土地的地租；实物地租则是农民直接向土地领主缴纳一定数量的农产品实物作为租种其土地的地租；而货币地租是直接向土地领主缴纳一定额度的货币作为地租的。与实物地租相比，货币地租是土地领主以土地占有权获取回报的更加灵活的方式。伴随着生产力水平的进步和提高，劳役地租渐渐为实物地租所替代，农奴与土地领主之间法律上的依附关系也不再紧密，农奴也越来越成为具有自主性独立性的劳动主体，各式各样的实物地租、劳务地租慢慢简化为单一的货币地租。实际上，货币地租体现的并不是土地的实际价值。

诺思认为，货币地租大约开始出现于 12 世纪，领主逐渐无条件地按年度把应付给他们的每周两三天的劳役折算成固定的货币支付。领主们也愿意将其领地的一部分出租以得到固定的货币支付①。领主在其承租人提供的个人义务之外，获得生产公共物品的手段；而承租人则在管理和生产方面有了自由。在 13 世纪的英格兰，货币地租占 2/3 以上②。到 1352 年，威尔特郡卡斯库姆庄园的劳役地租全部折算成货币地租③。实行货币地租之后，农民的劳动力就由自己支配，与市场的联系逐渐增强，从而促使农民阶级的分化和庄园经济的逐渐解体。尤其在黑死病之后，人口大量减少，地租一度下降，许多领主不再直接经营自己的土地，而以优厚的条件及低额的地租把土地出租给农民，货币地租开始增多。实行货币地租，将采邑制下的义务折算为货币来支付，对承租者和领主两方面都是有利的。这一事实具有相当重要的历史意义④。

---

① ［美］道格拉斯·诺思等：《西方世界的兴起》，厉以平等译，第 2 版，学苑出版社 1999 年版，第 53 页。

② E. A. Kosminsky, *Studies in the Agrarian History of England in the Thirteeth Century*, R. H. Hilton ed., Translanted from the Russian by Ruth Kisch, Oxford: Basil Blackwell, 1956, p. 194.

③ E. M. Carus Wilson, "Evidences of Industrial Growth on some Fifteenth Century Manors", *The Economic History Review*, New Series, Vol. XII, No. 2 (1959), pp. 190 – 205.

④ ［美］道格拉斯·诺思：《西方世界的兴起》，学苑出版社 1999 年版，第 54—55 页。

二 雇佣经济的发展

中世纪晚期，英国几乎每个村庄都有一群雇工。13、14 世纪前后，就已出现大量的农业雇工。根据科斯敏斯基对英国东部亨廷顿、剑桥、贝德福德、白金汉等郡雇佣工人情况的研究，13 世纪时庄园里少地农民（只有 5 英亩和不足 5 英亩者）占总数的 50%①。当他们不能完全依靠土地为生的时候，越来越多地出卖劳动力，受雇于人，其中相当一部分受雇于富裕农民。货币地租实行以后，农村劳动生产力得到一定程度的解放；一部分富裕农民得到土地的用益权和占有权而可以自主支配更多的土地，发展农场雇佣经济形式。而随着资本的不断增加，对雇佣劳动的需求也在增加，使得富裕农民的雇佣经济得到发展。在农村中与富裕农民经济同时发展的还有雇工阶层。根据 1380—1381 年人头税册，希尔顿认为在东英格兰的村庄中有 50%—70% 的男性村民都做雇工②。这个比例已经相当大了。因此说，雇佣工人作为一个阶级于 14 世纪下半叶就已经产生③。1524 年的英国财产调查将全国人口分成土地所有者、商人和工资劳动者三大类，其中在农村中属于工资劳动者的人口就可以看作农业雇工。所以，瑟斯克认为："从总体看，都铎王朝和斯图亚特王朝初期农业雇工的人数大约占全国农村人口的 1/4 到 1/3。"但是各地存在差异。例如，1608 年，格罗斯特郡的农场雇工为当地总人口的 1/5，而更多的人则成为该郡庞大的纺织工人队伍的一员；1638 年诺森伯兰郡东部 10 个百户区农业雇工大约占人口的 31%④。

正如亚当·斯密所说："在能够使用资本的一切方法中，农业投资是对社会最有利的。"⑤ 富裕农民主要通过租赁和购买土地以发展雇佣方式的

---

① E. A. Kosminsky, *Studies in the Agrarian History of England in the Thirteeth Century*, R. H. Hilton ed., translanted from the Russian by Ruth Kisch, Oxford: Basil Blackwell, 1956, p. 294.

② R. H. Hilton, *The English Peasantry in the Later Middle Age*, Oxford: Clarendon Press, 1975, p. 37.

③ 马克思：《资本论》第 1 卷，《马克思恩格斯全集》第 23 卷，人民出版社 1972 年版，第 806 页。

④ J. Thirsk ed., *The Agrarian History of England and Wales*, Ⅳ., 1500 – 1640, Cambridge: Cambridge University Press, 1967, p. 398.

⑤ [英] 亚当·斯密：《国民财富的性质和原因的研究》上卷，商务印书馆 1983 年版，第 334 页。

大农场。李维斯附近的普鲁姆普顿庄园是亨利八世授予贵族科鲁一家的。1555年,苏塞克斯一乡绅用400镑买下这个庄园的领主自营地。1596年,这个乡绅家族又将这块包括庄园宅邸、葎草园、鱼塘等大约700英亩的地产,以每年150镑的地租出租给维斯顿的菲利普·贝内特,他被称为约曼,显然是一个富裕农民[1]。正是依靠雇佣劳动力,富裕农民直接经营这些土地、发展起资本主义农场经济,从而在农村首先孕育了资本主义生产关系的胚胎,为农村经济向产业化、市场化迈出了具有决定性意义的一步。

在适宜放牧的地区,比如,英格兰西部和北部就有着大规模的牧场,东英格兰也分布着不少大规模的奶品场,还有在罗姆尼沼泽地区广阔的高地草场上放牧的羊群[2]。很多富裕农民主要凭借养殖牲畜来赚取利润。对富裕农民经营状况的考察,则可以凭借租地农场的牲畜承载量反映出来。平均雅德土地上能承载大约30—120只羊,经常为50—60只。在怀特斯通和威克,拥有1雅德土地的佃农饲养120只,这样该处持有半雅德土地的佃农理论上最多可以饲养60只羊(见表5)。

表5　　　　　　　1443—1539年牲畜承载量[3]

庄园	时间	持有土地规模或佃农类型	承载牲畜量
布莱顿	1501	茅舍农	1个牲畜
克里弗	1538	1雅德土地	30只羊
弗莱德伯里	1537	1雅德土地	60只羊、6头公牛
汉普顿	1488	1雅德土地	60只羊、4头公牛、3匹马、2头奶牛
汉普顿	1504	茅舍农	1头奶牛或者别的牲畜、1头母猪或猪
汉伯里	1478	1雅德土地	2匹未拴着的马
哈特利伯里	1462	牧区司铎	100只羊
哈特利伯里	1479	1雅德土地	60只羊
哈特利伯里	1504	1雅德土地	60只羊、12头猪、1头母猪等
哈特利伯里	1539	1雅德土地	10头猪

---

[1]　M. Campbell, *The English Yeoman, under Elizabeth and the Early Stuarts*, New York: AUGUSTUS M. KELLEY Publishers, 1968, p. 75.

[2]　Ibid., p. 197.

[3]　Ibid., p. 325.

续表

庄园	时间	持有土地规模或佃农类型	承载牲畜量
肯普西	1443	所有佃农	米伽勒节之后 3 匹两岁口的马或母马
	1505	1 雅德土地	60 只羊
利伯里	1520	1/2 雅德土地	15 只羊
斯托克	1539	1 雅德土地	80 只羊
斯特拉特福德	1499	1 雅德土地	50 只羊、8 头牛和马
	1501		
怀特斯通和威克	1447	1 雅德土地	120 只羊、30 只四蹄牲畜、2 匹马

根据法庭记录，1406 年两个布莱顿的佃农有羊 300 只；15 世纪 70 年代和 80 年代的威克，有两个佃农有 100 只羊，另有 1 个佃农有 380 只羊；1501 年在斯特拉特福德曾有一个佃农将其 360 只羊放牧到公地上；1523 年，克里弗的约翰·劳伦斯也曾将 360 只羊放牧到公地上①。这说明个别土地上的牲畜数量会大大超出其承载量。

在羊毛贸易的早期阶段，英国的羊毛大宗地供应欧洲大陆市场。到了伊丽莎白时期，羊毛生产在西部和东部、北部都有很好发展，带动周围的市镇富庶起来，也给社会上的中等阶层带来更多财富。畜牧农场主的收益主要是取决于羊毛市场，以及牛羊的价格和奶品的生产等因素，还受到羊羔出生、剪羊毛季节等因素的影响。如果布商需要羊毛，那么畜牧农场主就可以增大其农场上羊的养殖规模，从而使羊毛工业同无数约曼雇佣经营的租地农场紧密联系在一起。

"超越劳动者个人需要的农业劳动生产率，是一切社会的基础，并且特别是资本主义生产的基础。"② 16 世纪中期到 17 世纪中期大约 100 年

---

① C. Dyer, *Lords and Peasants in a Changing Society*, Cambridge: Cambridge University Press, 1980, p. 328.

② 马克思：《资本论》第 3 卷，《马克思恩格斯全集》第 25 卷，人民出版社 2001 年版，第 918 页。

间，富裕农民的财富平均增加了一倍①。

三 领主自营地的出租

14世纪黑死病之后欧洲出现了劳动力紧缺、工资上涨的现象，迫使许多庄园领主调整土地保有形式，并且缩减自营地，将自营地分成许多小块租给农民。

领主自营地出租时常是在佃户中间分割。例如，1373年诺福克庄园领主自营地首先打算整块被出租，但是这个计划没有顺利执行。后来到15世纪初期，这些领主自营地开始被分成小块出租②。在整个15世纪，领主自营地不断被分割成小块出租。1436年，安布里斯伯里有两块教会领主自营地由几个佃农租赁，同时出租的还有8英亩草地和400英亩牧场；同年，在温特伯恩有两块教会领主自营地、6英亩草地和300英亩牧场被租赁③。1568年，多默汉姆几乎整个庄园的土地被3个大农场主租赁④。1516年，奥姆斯比庄园领主持有219英亩土地，而这些土地在不久以后就被6个佃农分割租赁了⑤。1568年，一个调查员对西部郡的6个庄园进行了登记，发现一男爵自营地已经在习惯佃农中间被分割租赁很多年。同样的事情也发生在诺森伯兰伯爵的庄园上，在那里土地一块块地从领主自营地上被租赁给佃农。1567年，威尔特郡的南牛顿有大量的伯爵自营地被佃农持有⑥。在接下来的两个世纪里，由于自营地的分割出租，许多贵族持有的自营地不断减少，从英格兰和威尔士的主教领地数量看，呈现逐渐减少趋势，1535年主教庄园642个，到亨利八世死的时候减少到591个，到爱德华死的时候减少到450个，虽经过玛丽女王恢复天主教而使主教领地增加到571个，然后到伊丽莎白死的时候又减少到452个。

---

① J. Thirsk ed., *The Agrarian History of England and Wales*, IV., *1500 – 1640*, Cambridge: Cambridge University Press, 1967, p. 305.

② R. H. Tawney, *The Agrarian Problem in the Sixteenth Century*, New York: Harper & Row, Publishers, 1912, p. 209.

③ Ibid., p. 94.

④ Ibid., p. 283.

⑤ Ibid., p. 260.

⑥ Ibid., pp. 94 – 95.

在1535—1603年，主教领地减少了几乎30%①。而被卖掉或者出租的土地大部分流转到富裕农民手里。

领主自营地有时也集中出租给一两个有实力的大户。1516年，一个领主将整个庄园的全部财产都出租给一个富裕农民，由他去经营这个租地农场。这份契约内容如下：

> 本契约成立于国王亨利八世7年10月6日。立契约人圣彼得修道院长威廉为一方，理查·柯克斯和他的妻子凯塞琳……以及理查和凯塞琳的儿子威廉和约翰为另一方。双方约定：上述男修道院与女修道院院长以坐落于格罗斯特郡的阿勃洛德庄园出租给理查、凯塞琳、威廉和约翰，归他们经营管理。随同庄园租佃的是：庄园的全部住宅、建筑物、耕地、草地、牧场、饲料、鸽房、水堰、水源、鱼池和养兔场以及庄园所属的一切什物、家畜及其他动产和不动产。此外该修道院长还把庄园上的绵羊三百二十头出租给承租人，每头以十六个便士计价，总计21镑6先今15便士。连同出租的还有喂养绵羊所需的草地、牧场和一切附属的建筑物。此外，该男修道院和女修道院院长并租给承租人以庄园所属的大小田地、领主自营地、草地。根据本契约背面的租折，上面明白地规定：上述庄园的田地和草地目前虽由长期占用的佃户使用……但承租人理查、凯塞琳、威廉和约翰，或他们中的任何一人都可以根据自己心意在上述的、现在已经住有佃户的一切领地上迁入新的佃户，在上述的转让手续完成后即可实行。②

有能力租赁整块领主自营地的，通常都是有巨大财力支持的乡绅、骑士或商人，而更多的时候，这些自营地的承租人就是一个富裕农民。剑桥郡维尔博顿庄园的领主自营地包括246英亩可耕地和42英亩牧草地，这是中等庄园自营地的典型规模，结果在1426年以每年8镑的租金租给了

---

① D. M. Palliser, *The Age of Elizabeth, England under the later Tudors 1547–1603*, London and New York: Longman, 1983, p. 103.

② 齐思和、林幼琪选译：《世界史资料丛刊初集·中世纪晚期的西欧》，商务印书馆1962年版，第206—207页。

该庄园一个富裕的约曼①。1554 年，克尼顿整个庄园也被出租给一个农场主，连同庄园上 6 个习惯佃农的货币地租和劳役地租②。在这一时期，租金一般是固定的，而且偏低的，通常会提前明确地写进合同中③。1567 年，诺森伯兰郡的图格豪尔庄园领主自营地被出租给一个农场主，而这个农场主正是这个庄园原来的管家，还曾经为领主收取货币地租和劳役地租④。正如欧洲中世纪史学家庞兹指出："如果一个合适的承租者能够那么容易地物色到，那反倒让人觉得奇怪了。因为他们首先必须是有技艺的和经营状况良好的农夫，还要有一大笔资金用以垫付以进行大规模土地的经营。这样的人大概只有在较富裕的上层农民中才能够找得到。"⑤

随着自营地被领主们分解和出租，领主的收入和庄园持有数日渐减少，而富裕农民以市场为目标进行的经营收入却不断增加。又由于领主自营地的不断削减，许多领主被排挤出生产管理和商品流通领域，成为纯粹的收租人。有这样的一个数据就说明了在沃里克郡这种情况发展的程度：1559—1602 年，沃里克郡富裕农民的收入增加了几乎 4 倍；但该郡 63 个贵族的收入大约下降了 26%，每个贵族家庭所拥有庄园的数量也由原来的 54 个减少到 39 个。在当时的法律制度下，由于土地的货币租金是固定的，随着土地产出的增长，贵族领主获得收益的比例也逐渐降低了。因此，到 1585—1606 年英国大领主贵族的财政危机达到了最顶点。虽然贵族的收入曾有过回升，到 1641 年时已经达到了 1559 年时的水平，但是他们家庭持有庄园的数字仍在下跌⑥。16 世纪，领主贵族所获得的土地租金收入与同一块土地承租者所获得的收入对

---

① E. P. Cheyney, *An Introduction to the Industrial and Social History of England*, New York: Macmillan Company, 1923, p. 128.

② R. H. Tawney, *The Agrarian Problem in the Sixteenth Century*, New York: Harper & Row, Publishers, 1912, p. 283.

③ 布瓦松纳：《中世纪欧洲生活和劳动》，商务印书馆 1985 年版，第 329—330 页。

④ R. H. Tawney, *The Agrarian Problem in the Sixteenth Century*, New York: Harper & Row, Publishers, 1912, p. 260.

⑤ N. J. G. . Pounds, *An Economic History of Medieval Europe*, New York: Longman, 1974, p. 218.

⑥ P. Kriedte, *Peasants, Landlords and Merchant Capitalists*, *Europe and the World Economy*, *1500 – 1800*, Leamington: BERG PRBLISHERS LTD, 1983, p. 56.

比，其比例为1：10①。换言之，大领主贵族在土地长期出租的收入上就要损失90%。据施脱克马尔统计，16世纪大领主贵族采用新方法经营农场者总共不过5—8家。只有在领主成功地使地产管理适应竞争要求和市场价格变化的那些地方，其庄园才能生存下来。不过成功的例子实在太少。

戴尔就据此指出，尽管领主自营地承租者成分复杂，但在相当长时期内，"农民阶层在承租者中当然占压倒优势的比例"②。这样，不仅农民内部土地占有平均化局面日趋被打破，而且随着领主自营地不断被肢解，由富裕农民开创的新的雇佣生产经营结构迅速地发展起来。到15世纪，"资本主义租地农场主出现在土地所有者和实际从事劳动的农民之间"③。富裕农民自身经济实力在增强，伴随而来的还有社会地位的提高。

第二节　扩大土地规模的市场之路

从12世纪起，土地买卖已成为领主转移地产的主要方式④。土地的转让可以发生在领主和租种土地的人之间，也可以发生在持有土地的佃户之间。这样的持有份地不平等的现象在英格兰的东南部表现较为严重⑤，说明土地市场的萌芽集中产生在那里。

虽然中世纪的英国农民无论自由农民还是非自由农民，都会从领主那里领有一块份地。但是从11世纪英国农民土地持有情况开始发生变化，出现了均势被打破、持有土地不平衡的趋势，可以说明土地在持有者之间出现了流动的情况，也说明当时农民中间已经出现贫富分化⑥。甚至在13

---

① 施脱克马尔：《十六世纪英国简史》，上海外国语学院编译室译，上海人民出版社1959年版，第48页。
② C. Dyer, *Lords and Peasants in a Changing Society*, Cambridge：Cambridge University Press, 1980, pp. 209 – 210. farmer一词在英语中含义不很固定，有时指租地农场主，有时指一般农民。这表明实际上租地农场主和农民区分得不是很清楚，因为有相当大一部分农场主就是来自农民。
③ 马克思：《资本论》第3卷，《马克思恩格斯全集》第25卷，人民出版社2001年版，第901页。
④ 侯建新：《现代化第一基石——农民个人力量增长与中世纪晚期社会变迁》，天津社会科学出版社1991年版，第195页。
⑤ 马克垚：《英国封建社会研究》，北京大学出版社2005年版，第204页。
⑥ 同上书，第203页。

世纪之前通过转让或者出租的方式使土地频繁地改变持有者也绝不罕见。例如汉丁顿托斯兰的富裕农民威廉，拥有的160英亩土地来自4个庄园的13个土地持有者。他每次买进或租进的土地几乎一半都在1.25英亩到1/4—1/2维尔格特①之间②。习惯持有的土地要经过法庭，即将到期的佃农放弃他的承租权，新租到土地的佃农正式得到庄园大管家的承认。当一个农民离开庄园或者死后没有继承人的时候，其他有能力购买的佃农就形成一个小的土地市场，大家纷纷出价来买这块土地的全部或一部分。从此，土地的全部或者部分依据法庭习俗以一定的频率改变着它的持有人，能持有更多土地的富裕农民提供给领主以更高的地租，从而得到对这块土地的持有权。科斯敏斯基指出，13世纪英国农村中土地规模的分化是因为贫困农民出卖土地，而富裕农民购买土地③。富裕农民就是这样不断地凭借市场的手段购买和租赁土地来发展对土地的占有权和用益权。

富裕农民阶层的日渐形成，主要通过三种形式不断地增加土地的持有数量：买下他们邻居的全部或部分的土地；在村庄周围未被占有的土地上拓殖开垦；把曾经是领主占有的小块习惯土地增加到自己的土地持有中，这是因为领主由于这样或那样的原因发现，把这块土地出售或者出租给他的佃农更加有利可图。

一 买卖与租赁土地

12、13世纪时，随着采邑、领地制开始出现衰落的征兆之后，富裕农民土地买卖才崭露头角，并在很短的时间内扩大了影响。而在英国相当长的中世纪社会时期内几乎没有土地买卖的记载，采邑制的框架笼罩在整个土地关系之上。到了16世纪，土地的流转和买卖已经成为富裕农民阶层扩大土地面积的主要手段之一，渴望拥有更大面积土地的富裕农民很愿意、显然也能够付得起已经纳入市场轨道后呈现的高价。托尼也对16世纪档案里屡见不鲜的土地出售、抵押和租赁的现象进行了耐心的解释。他说这是"商业力量在习惯土地承租者阶层所发挥的一种作用，因为人们

---

① 1维尔格特大约相当于30英亩左右，1英亩相当于6.2市亩，富裕农民威廉160英亩土地已是不小的面积。

② E. A. Kosminsky, *Studies in the Agrarian History of England in the Thirteeth Century*, R. H. Hilton ed., translanted from the Russian by Ruth Kisch, Oxford: Basil Blackwell, 1956, p. 261.

③ Ibid., p. 255.

热切地购入土地——我们注意到这是中世纪末乡村生活的一个表征，也因为购入者之间发展着一种与习惯规则并行不悖的金钱关系"[1]。霍斯金斯也在其著述中描述了 16 世纪大威格斯顿的土地契约就非常详实地记载着为数众多的土地交易，"威格斯顿的自耕农之间过去存在，而且有档案记载以来一直存在大量的土地买卖活动"[2]。因此，坎贝尔曾经说过，这是一个对土地如饥似渴的时代，再没有谁比富裕农民更贪婪于追求土地了[3]。

富裕农民首先通过追逐小农的土地来扩大地产，尤其在他们刚刚起步的早期阶段。这种购买小农的小块土地的情况在英国东部地区尤为盛行。从伍斯特大主教的法庭档案中分析，那些发生在 1394—1495 年的持有小块土地的土地买卖，约占土地买卖总额的 20%，而在 1465—1540 年发生的交易则增长到 45%[4]。诺福克郡有个使用雇工经营农场的约曼里恰德·杨格，他持有 21 块分散的小块土地，其中只有 6 块是他从家里继承而来，其余的地块都是在不同时期分别买入的[5]。格拉斯先生提到汉普郡克罗雷庄园的富农约曼的时候说，（约曼）通过经济的程序从他们的邻居那里挤压得到的土地成为他们自己的[6]。这种情形不仅仅在汉普郡，各地的富裕农民都通过这个方式来取利。一个名叫托马斯·贝特的约曼在 1543—1551 年接连购买了乡邻们的宅院、房舍、果园和小块地产，最后获得了对全村共计 1000 英亩地产的所有权[7]。

根据现存 4000 多份购买契约和其他文件可知，1570—1640 年，在 27

---

[1] R. H. Tawney, *The Agrarian Problem in the Sixteenth Century*, New York: Harper & Row, Publishers, 1912, p. 72.

[2] W. G. Hoskins, *The Midland Peasant*, *The Economic and Social Historu of a Leiceshire Village*, London: MACMILLAN & CO LTD, 1957, p. 115.

[3] M. Campbell, *The English Yeoman*, *under Elizabeth and the Early Stuarts*, New York: AUGUSTUS M. KELLEY Publishers, 1968, p. 72.

[4] C. Dyer. *Lords and Peasants in a Changing Society*, Cambridge: Cambridge University Press, 1995, p. 302.

[5] 侯建新：《现代化第一基石——农民个人力量增长与中世纪晚期社会变迁》，天津社会科学出版社 1991 年版，第 199 页。

[6] M. Campbell, *The English Yeoman*, *under Elizabeth and the Early Stuarts*, New York: AUGUSTUS M. KELLEY Publishers, 1968, p. 73.

[7] A. L. Rowse, *The England of Elizabeth: A Structure of Societ*, New York: Macmillan Company, 1950, p. 235.

个郡里有 3103 个约曼买卖土地，土地价格从 9 便士到 2100 镑不等。在这些土地交易中，交易价格超过 500 镑的有 262 次，占总数的 8%；交易价格在 200—500 镑的有 441 次，占总数的 14%；交易价格在 100—200 镑有 573 次，占总数的 19%；绝大部分是交易价格在 100 镑以下的小块土地交易，共计 1872 件，占总数的 60%；而其中交易价格在 50 镑以下者又占据多数，为 1152 次①。富裕农民常常就是使用这种经济手段从他们的穷邻居、从小的公簿持有农或者其他小租地农场主那里寻找更好的机会。

富裕农民还会购买破产绅士的土地。他们买来的绅士的土地常常是他们以前曾做佃农时耕种过的那些土地。威廉·哈里森在 1577 年就曾讲过："许多约曼从那些挥霍浪费的绅士手中购买地产。"② 肯特郡约曼约翰·理查德在 1587 年、1589 年先后两次从多富尔的破落绅士伊德利家族分别买入 200 英亩和 124 英亩的土地③。一份交易价格 600 镑的契约表明，这个约曼 1587 年从伊德利家族买到的土地面积在 200 英亩以上。1589 年，伊德利家族的约翰·伊德利又放弃了他在 124 英亩土地、3 个宅院和几个果园以及其他附属于地产上的权利，把土地转让给这个约曼约翰·理查德，而这个约曼此时已经租赁持有那些土地了④。有进取心的约曼都准备投身于这项事业中。1588 年，苏塞克斯沃尔德隆庄园的约曼约翰·法克纳从蒙塔古子爵安特尼·布朗手中买到这个庄园，价格为 500 镑。1605 年，潘设斯特的约曼威廉·拉尔夫以 1225 镑的价格从约翰·爱士伯汉爵士手中买到土地，第二年又从这个爵士手中买到一块土地，价格为 540 镑。1610 年，苏塞克斯富有的约曼罗伯特·派台特花了 1100 镑从一个苏塞克斯人那里买到土地和宅邸。1616 年，另一个苏塞克斯的约曼尼古拉斯·杜朗特花了 1100 镑从克里斯托弗·沃耐特购买土地。1588 年，苏塞克斯的约曼约翰·阿克赫斯特从罗伯特·西德内爵士手中购买价格为 110 镑的土地，他只经营了 9 年就以 240 镑的价格将这块土地卖给了一个肯特郡的

---

① M. Campbell, *The English Yeoman*, under Elizabeth and the Early Stuarts, New York: AUGUSTUS M. KELLEY Publishers, 1968, p. 78.

② D. M. Palliser, *The Age of Elizabeth*, England under the later Tudors 1547 – 1603, London and New York: Longman, 1983, p. 90.

③ Ibid., p. 91.

④ M. Campbell, *The English Yeoman*, under Elizabeth and the Early Stuarts, New York: AUGUSTUS M. KELLEY Publishers, 1968, pp. 73 – 74.

富有约曼,在短时间内就获得了丰厚的收入①。托马斯·威尔逊1600年对乡绅和贵族的年收入作调查之后写道:"我发现了几乎每年都有很大的变化,世事如此易变。"②

约曼还会购买教会地产,因此到16世纪后期原来的教会地产又获得了再次分配。教会地产在宗教改革之后的去向大致是这样的:国王把教会土地作为礼物赠予大土地领主,或者奖赏给向国王效忠的那些人,或者出售。而最主要的流向是市场,即大量的土地还是流入市场,最终落入富裕农民或乡绅等手中。1566年,德文郡的约曼伯那德·鲁克斯顿以400镑的价格买走了哈特兰德修道院的阿伯特汉庄园。在约克、苏塞克斯和温切斯特等郡也都出现了约曼购买教产的情况③。林肯郡许多约曼就是经过获得教会地产而提高自己的地位。伍斯特郡的约曼威廉·潘利斯的土地就是从博德斯里修道院购买来的。

除了新增加土地的交易外,从土地买卖情况来看,使用着的土地面积总额几乎没有发生变化,但是土地交易次数的增多表明,在市场经济影响下土地转手交易频繁地进行,许多地产不止一次进入市场。1570年以后,买卖土地的浪潮骤然兴起,直到1602年逐年高涨,没有一年停止增长。比如有相当数量的教产在王室处置大批教产之后,被首批买主再次投入市场。到1558年,汉普郡被王室出售的124个修道院庄园中就有35个庄园被转卖。德文郡130个修道院庄园中有22个庄园被转卖,其中6个庄园曾先后两次被转手易主,2个庄园先后3次被转手易主,还有一个庄园竟然被转手倒卖达到5次之多④。在莱斯特郡,"1540—1600年期间,约曼通过购买将成千上万英亩的地产握入手中。起初,只是一块两块耕地,而以后特别是60年代之后,则是整个庄园了"⑤。1577—1602年有28项罚

---

① M. Campbell, *The English Yeoman, under Elizabeth and the Early Stuarts*, New York: AUGUSTUS M. KELLEY Publishers, 1968, p. 76.

② Ibid., p. 73.

③ Ibid., p. 71.

④ J. Thirsk ed., *The Agrarian History of England and Wales*, Ⅳ., *1500 – 1640*, Cambridge: Cambridge University Press, 1967, pp. 349 – 350.

⑤ A. L. Rowse, *The England of Elizabeth: A Structure of Societ*, New York: Macmillan Company, 1950, p. 226.

金记录，表明了同一块土地在不同时期的交易状况①。

英国的土地买卖到 16 世纪已经成为土地所有权更替的主要表现形式。英国的土地买卖推动了富裕农民经济的发展，同时加速了庄园经济的崩溃和土地私有化的进程，它与商品经济的诸条件相结合，不断为旧有土地所有制向新的土地所有制的转变提供条件。

如果无法或无力购买自己想拥有的土地，约曼可以通过土地市场租赁土地来获得自己所中意而又非自己持有土地的使用权，进而通过经营租来的土地获取经济效益。在 1500—1640 年价格革命期间，由于农业产品价格普遍上涨，领主为确保自己的地租收入，并进一步获得更高的地租，逐渐放弃原来佃农租赁土地的条件和形式，重新确定租赁条件，包括租赁时间、租金、租赁形式等。租赁土地的租期以年来计算。有学者认为，在 17 世纪上半期，民间私有土地租期转向按年计算，而不再以终身为限。租赁这些领主自营地的承租人以富裕农民居多。根据《抵押文书集》中收录的 1570—1649 年苏塞克斯的 67 份租地契约显示，土地承租人中有 30 个约曼、18 个绅士（包括骑士和乡绅）、12 个商人、3 个农夫②。

租土地的租期在很多地方都是 31 年，大多数还是以 21 年为标准。1560—1650 年，在英格兰南部苏塞克斯的 144 个地租契约中，约曼作为契约当事人，在其租赁契约中，租期在 21 年以内的有 55 个，租期为 21 年的有 64 个，租期在 21—99 年的有 10 个，租期为 99 年或者更长的有 15 个③。由此可见，在苏塞克斯郡，此期间的土地租约以 21 年期居多，稍次的是 21 年期以下的租约。但有时候土地租赁期限会相当长。苏塞克斯的约曼约翰·斯克特租到爱德华·厄普斯里绅士一块土地，租期为 10000 年。1613 年，诺福克的约曼租赁土地租期为 5000 年。威尔特郡的金斯伍德庄园一些土地租约期限都为 1000 年或者 2000 年有类似租约的土地总是在租期到来之前就被再次转租出去了，一些甚至还会经过很多次转租④。

从地理分布来看，租期有一定差异，西南部的以长租期为主。在德文

---

① W. G. Hoskins, *The Midland Peasant*, *The Economic and Social Historu of a Leicershire Village*, London: MACMILLAN & CO LTD, 1957, p. 116.

② M. Campbell, *The English Yeoman*, *under Elizabeth and the Early Stuarts*, New York: AUGUSTUS M. KELLEY Publishers, 1968, p. 81.

③ Ibid., p. 82.

④ Ibid., p. 79.

郡、康沃尔郡、多塞特郡和萨默塞特郡的约曼参与租赁的 240 份契约中，租期在 21 年以内的有 3 份，租期为 21 年的契约为 23 份，租期在 21—99 年的契约有 26 份，租期为 99 年或者更长的契约有 188 份。北部的土地租期也一般较长。王室土地租期也呈现这样的地理差异。伊丽莎白和詹姆士一世时期，在英格兰南部的肯特郡和苏塞克斯郡的王室土地租赁的 103 份契约中，有 84 份契约租期为 21 年。而伊丽莎白时期，英格兰西南部的德文郡、康沃尔郡、格罗斯特郡和萨默塞特郡的王室土地租赁契约中租期为 3 代人或者 99 年的占了很大的比例，在 200 份租约中租期为 99 年或者更长的租约有 108 个，其他的契约中租期为 21 年的有 69 个，租期在 21 年到 99 年不等的有 24 个，而租期在 21 年以内的租约根本就没有①。在坎伯兰和威斯特摩兰 79 个王室土地契约中，有 54 个租期为 21 年，25 个租期更长些。

通常，租赁通常是购买土地的垫脚石。1583 年，林肯郡的约曼罗伯特·菲利普租赁了威申顿庄园，租期 17 年，首付 45 镑，以后每年付租金为 8 镑 8 先令 2 便士。1585 年，这块土地租约还有 15 年才到期的时候，菲利普又以 1006 镑 10 先令的价格买下了这个庄园和另外的一块土地。1603 年，由于勤奋经营，土地收入颇丰，菲利普积累了一大笔财富，地位也随之上升，开始被称为"绅士罗伯特·菲利普"。1627 年，苏塞克斯的约曼亨利·查特菲尔德从威廉·高梅爵士手中租到 66 英亩土地，租期为 21 年。1641 年还有 7 年到期的时候，他的继承人巴纳德·查特菲尔德以 480 镑的价钱买下了整块土地②。

约曼也会把地产出租给别人谋取利益而不是一味地自己租赁土地，或者以惊人的大面积出租，或者小块出租从中盈利。1582 年，伯克郡的约曼约翰·雷塞姆把宅第和 200 英亩的土地以 100 镑的首付租给绅士乔治·鲍尔，租期 10 年，每年地租为 50 镑。内申尼尔·富勒是萨福克郡布雷德菲尔德的约曼，于 1644 年以 350 镑的价钱买了一小块地产，很快就租给了别人，每年收取地租 20 镑。德文郡的约曼威廉·霍尼维尔在 1605 年 2 月的日记中记载了他把已经承租 5 年的土地分成 19 块出租。他可以获得的地租为每块从 2 先令到 9 镑不等，总计每年他的地租收益为 48 镑 1 先

---

① M. Campbell, *The English Yeoman, under Elizabeth and the Early Stuarts*, New York: AUGUSTUS M. KELLEY Publishers, 1968, pp. 82 – 83.

② Ibid., pp. 80 – 81.

令6便士。1664年，多塞特的约曼托马斯·朗格把一个农场和水磨以754镑的价格租给一个绅士，租期为27年，以后每年租金为80先令。萨默塞特的约曼把他手中一半的格拉斯顿牧区土地出租，租金为400镑①。

马克思、恩格斯认为，土地的自由流通和自由交易促进了地产的集中，而地产的集中是现代大农业发展的重要条件。我们可以看到在16世纪和17世纪早期，使众多富裕农民的商品化土地增多的主要途径是：修道院的解散，其土地被辗转拍卖；王室的土地买卖②；林地、荒地和沼泽地的开垦和圈地。持续地侵占土地、圈地，特别是新土地的开发，从林地、荒地和沼泽中开垦新土地，都大大增长了土地市场的供应③。大量的林地被开垦出来挪作他用。在17世纪早期，至少有6次王室委员会被任命去处理这样的事情。在詹姆士一世时期也开始开垦沼地的活动。协议换地、租地和卖地一直到内战时期并持续到内战开始。许多乡村社区在新圈地、林地或者从荒地开垦来的土地上发展起来。王室、教会、贵族大地产和小农的小地产衰落的同时，作为乡绅和约曼所拥有的地产开始在全国土地所有制结构中占据着主导地位。这种主体结构的形成对当时的农业生产、农村经济和社会生活都有着重要的意义。上述情形表明，在15—17世纪，英国土地所有制的旧有结构被冲垮。恩格斯指出："正是由于土地所有权的完全自由，才有办法使得在个别情况下的确会在某些地方被这种自由完全破坏的一切再度完全取得平衡。"④ 开展较大规模的劳动分工的前提必须是土地的集中，这样才能让农业与工商业相辅相成共同迈进。农业的产业化以及近、现代农业的不断发展，生产力的逐步解放无不得益于紧紧围绕土地进行的自由流通和由此形成的土地集中。这一过程对我们今天的农业现代化转型和农村的城市化是有着历史借鉴意义的。

二 竞争性地租的发展

farm（农场）一词的最初含义就是指"一笔固定的租金"。英国中世

---

① M. Campbell, *The English Yeoman, under Elizabeth and the Early Stuarts*, New York：AUGUSTUS M. KELLEY Publishers, 1968, pp. 81 – 82.

② Ibid., p. 70.

③ Ibid., p. 72.

④ 恩格斯：《恩斯特·莫里茨·阿伦特》，《马克思恩格斯全集》第41卷，人民出版社1982年版，第144—160页。

纪有一本以问答形式写成的书——《财政对话集》，该书中将 farm 写作 firma，也表示了"农场"是与"固定的、不能改变的租金"的含义联系在一起的概念。竞争性地租不同于庄园传统保有地的地租，而是按市场供需而形成的、体现了土地的真正价值的租金。竞争性地租是在租地契约协定的时间内承租人向出租人缴纳的地租。因此，其价格明显高于传统地租，并呈现出上涨的趋势。

地租额度改变的原因之一是 16 世纪价格革命的影响。1500—1640 年价格革命期间，农业产品价格上涨超过 600%。1566 年，埃塞克斯的土地租金为每英亩 2 先令多。16 世纪最后 10 年里，诺福克和萨福克的可耕地租金为每英亩 1 先令 8 便士。当时每英亩小麦的平均产量约为 10 蒲式耳，小麦的市场价格在 10 年内随收成好坏在每夸特（合 8 蒲式耳）36—92 便士之间浮动[①]。对领主来说，平衡他们的收入的唯一办法就是提高承租土地的租金。

土地地租上涨的另一个重要因素是圈地运动的进行。圈地的租金使土地更能体现其市场价值。最保守的估计也是圈地后每英亩的价值肯定超过未圈地的土地价值，一些作家还有更高的估计。现在作一下比较，从 16 世纪开始，英国土地出租者就以提高接纳金的方式变相增租。在一个庄园里，未圈地上进入罚金是 4 先令，而同一个庄园围圈地上的接纳金则是 13 先令 4 便士，相当于 3 倍之多。这是这个时期的主流，土地朝着圈地方向发展成为大趋势。对土地持有者来说，圈地总比敞地有更高的价值。16 世纪早期，特别是米德兰各郡，圈地通常会发生耕地变为牧场的情况。约翰·斯宾塞爵士在东南部的沃里克郡租赁土地作为牧羊农场，他沿用先前这个方法继续购买了沃尔姆雷顿、沃里克郡、奥尔索普、北安普顿郡的土地圈地牧羊。同一个地区的约翰·伊沙姆通过在伦敦作生意和放贷而发家，他谨慎地在土地买卖和交易中周转手中的资金，把新买到的兰波特的土地合并起来圈地，作为牧场来养羊。16 世纪末，年轻的托马斯·特里斯汉姆仍然圈围他在北安普顿郡的地产作为牧场，以便安置他那些快速增长的牲畜群。1596 年，托马斯爵士把他在哈尔瑟伯切的几千亩自营地变为牧场来蓄养牲畜，驱逐了先前租种他的土地的佃农。17 世纪中期，这样的圈地在米德兰地

---

① Stratton, *Agriculture Records*, *A. D. 220 – 1968*, New York, 1969, p. 44.

区和类似林肯郡那样的高地地带继续进行①。养羊所需的劳动力很少。正如托马斯·莫尔所说的那样,一个牧羊人能够顶多个耕作这些土地的劳动力,由于土地贫瘠或者运输费用高昂,养羊比耕种土地更加有利可图。一个呢绒商心满意足地自我表白:"我感谢上帝,永远感谢,多亏羊群,赐我一切。"②

即使作为非畜牧用土地,进入市场后也同样创造高利润。在沃里克郡,某些土地的地租从1556—1640年增长了1031%,同期某些草场的地租增长833%③。在德比郡的一处地产中从1543—1584年,草场地租提高了4倍多,而耕地地租上升幅度更大④。无论耕地还是畜牧用地都表现出相当程度的生产专业化与交易市场化。

特别是从16世纪后半叶起,英国地租普遍出现增长的趋势。除了公簿持有地的地租一时难以提高外,领主自营地和租地农土地的租金都可以按照市场价格交易。1608年肯特郡的理查德·诺顿在法庭证词中陈述,他最初持有伊维奇切堂区土地的时候,地租为每英亩7先令6便士到10先令左右,但是现在地租已经达到了每英亩20先令左右。诺福克和萨福克的可耕地地租从16世纪后20年的每英亩1先令8便士增加到1640—1650年的每英亩10先令。同期,牧场的地租额也由4先令6便士增加到12先令。草场的地租额度从1590—1600年的每英亩4先令6便士增加到1630—1640年的11先令8便士。埃塞克斯的土地地租在1566年每英亩略高于2先令,到1651年时地租略高于9先令⑤。在沃里克郡,1556年时一定数量的土地地租合计2镑8先令6便士,到1613年这块土地的租金已经上涨到8镑11先令,到1648年又涨到25镑。同样,在沃里克郡土质较好的地方,1556年的地租合计8镑,1613年则达到了24镑,到1648

---

① F. Heal & C. Holmes, *The Gentry in England and Wales*, 1500 – 1700, London and Basingstoke: Macmillan Press LTD, 1994, pp. 108 – 109.

② 阿萨·勃里格斯:《英国社会史》,陈叔平等译,中国人民大学出版社1991年版,第112页。

③ M. Campbell, *The English Yeoman*, under Elizabeth and the Early Stuarts, New York: AUGUSTUS M. KELLEY Publishers, 1968, pp. 84 – 85.

④ J. Thirsk, *The Agrarian History of England and Wales*, Ⅳ., 1500 – 1640, Cambridge: Cambridge University Press, 1967, p. 693.

⑤ M. Campbell, *The English Yeoman*, under Elizabeth and the Early Stuarts, New York: AUGUSTUS M. KELLEY Publishers, 1968, p. 84.

年达到66镑13先令4便士。约克郡的土地租金额度也有这样的上涨趋势①。地租的上涨使那些经营土地的人相信这种地租的上涨还会继续，所以更加积极地租进土地。1610年议会的文件当中提到，北安普顿郡的王室庄园租金总量为861镑16先令，而此前则为771镑13先令4便士，此后由于羊毛价格的上涨，土地租金也上涨到980镑6先令8便士。在一份对莱斯特郡1637年的252英亩土地出租的陈述中说，这些土地租期为9年，前5年里地租为每英亩8便士，后4年则为每英亩12便士，当租赁到期后，该土地地租可能会达到每英亩16便士②。

租地农场主对所承租土地的实际占有权不断强化。富裕农场主到处寻求租赁更多的土地，所以通常不惜高价租赁。例如，1568年，威尔特郡5个庄园的地租情况：租赁自营地的农场主缴纳的地租分别为每英亩1先令6便士、1先令7.75便士、1先令5.75便士、1先令1.75便士、1先令5.5便士；而这5个庄园中习惯佃农缴纳的地租则分别为每英亩7.5便士、5便士、1先令0.75便士、5.75便士、5.75便士③。对新地租上涨的幅度，英国学者克里基认为，地租上涨幅度超过了物价的上涨幅度。他将16世纪至17世纪英格兰地区新地租额的上升幅度与同期的农副产品的价格上涨幅度进行了对比（见表6）。

表6　16—17世纪新地租指数与农业产品价格指数对比④

年代	新租地的租金	小麦价格	大麦价格	羊毛价格
1510—1519	100	100	100	100
1520—1529	95	127	112	93
1530—1539	202	123	133	110
1540—1549	210	154	147	129
1550—1559	308	253	320	171
1560—1569	349	263	214	167
1570—1579	435	288	233	202

① M. Campbell, *The English Yeoman, under Elizabeth and the Early Stuarts*, New York: AUGUSTUS M. KELLEY Publishers, 1968, pp. 84 – 85.

② Ibid., p. 85.

③ R. H. Tawney, *The Agrarian Problem in the Sixteenth Century*, New York: Harper & Row, Publishers, 1912, p. 256.

④ J. Loach and R. Tittler, *Mid-Tudor Policy*, New York: Macmilliam, 1980, p. 101.

续表

年代	新租地的租金	小麦价格	大麦价格	羊毛价格
1580—1589	329	329	353	188
1590—1599	548	455	415	262
1600—1609	672	435	468	262
1610—1619	829	495	501	1610—1625 年降至 175，1625—1650 年降至 233，1650—1685 年降至 177
1620—1629	699	513	437	
1630—1639	881	612	557	
1640—1649	649	654	516	
1650—1659	845	573	452	

由于富裕农民的努力耕作和勤于经营，单位土地所创造的价值在提高，当然也由于人口的增加导致的价格革命和毛纺手工业的发展。而本质上，整个英国已经逐步迈入资本主义自由竞争性质的市场经济。在工业革命前，土地就是最佳的投资领域，而伴随经营方式、耕作技术等水平的提高和相应的市场体制的强化，就使得土地的附加效益越来越大，因此有经营能力的富裕农民对经营土地的需求也就越大，这就导致土地的租赁价格不断攀升。而这一形势又反映了自由竞争的资本主义市场化进程的深度与广度的持续加强，市场的成熟与完善不断地得到改进和提高。

第三节　农业资本扩张之路

对于英国农村的阶级状况，马克思恩格斯认为农民阶级内部的社会流动和阶级分化，使农村居民中出现了三个不同的社会阶层。即：第一个阶层是属于农村资本家的富裕农民阶层，属于农村资本家阶层；第二个阶层是农民的大多数；第三个阶层是属于无产阶级的雇工阶层。马克思明确指出：“在16世纪末，英国有了一个就当时情况来说已很富有的'资本主义租地农场主'阶级，是不足为奇的。"① 14 世纪货币地租已在英国占据统治地位，农村经济与城市市场发生密切联系，农奴制随之瓦解，到 15

---

① 马克思：《资本论》第 1 卷，《马克思恩格斯全集》第 23 卷，人民出版社 1972 年版，第 813 页。

世纪英国富裕农民已经有了很大发展。商品生产的进一步发展加剧了农村居民的两极分化,一部分农民富裕起来,购买土地雇工进行经营,变成经营资本主义农场的农场主。在这个过程中,他们不断地扩大土地规模,通过经济手段等不断蚕食周围小块土地或者租赁领主自营地,从而推动圈地运动,最后把大片土地改造成资本主义农场或牧场。富裕农民就是由于农业商品化发展所带动而产生两极分化的过程中应运而生产生。他们是顺应市场需要的那部分农民,投身于商品化的农业生产,从而形成16世纪杰出的富裕农民阶层。

一 农场规模

土地经过市场的流转,土地所有权转移越来越频繁,土地产权结构发生了激烈的变化,土地越来越多地集中到一些乡绅、富有的约曼农场主手中,大农场数量不断增多。随着商品货币关系进一步发展,货币地租逐渐代替劳役地租,大量土地进入市场,进而出现土地集中的趋势。

16世纪,租地农场规模有向大中型发展的趋势。根据托尼对16个庄园的土地使用情况的考察,16世纪中叶以后,英国租地农场特别是大中型农场的发展越来越快。所考察的16个庄园中有8个庄园的租地农场占地在2/3以上,其中7个庄园的农场用地已超过所在庄园面积的3/4。16个庄园土地总计12882英亩,实行租地农场制经营的面积为7481.25英亩,占土地总数的58%(见表7)。托尼还统计了16世纪英国52个庄园中67个农场的经营规模,结果发现50%以上农场的面积超过200英亩,已经达到相当大的规模,一小部分农场(15%以上)达到500—900英亩(见表8)。

表7　　　　　　16世纪英国16个庄园中农场所占土地比例[①]

庄园	庄园土地(英亩)	农场土地(英亩)	农场占地比例(%)
唐尼顿	1523.5	418	27.8
萨尔福德	856	295	34.4
埃斯维顿菲费尔德	1160	484.5	41
维托维斯顿	715	301	42

---

① R. H. Tawney, *The Agrarian Problem in the Sixteenth Century*, New York: Harper & Row, Publishers, 1912, p. 259.

续表

庄园	庄园土地（英亩）	农场土地（英亩）	农场占地比例（%）
南牛顿	1365	632	46.3
沃适尔尼	1249	707（在领主手中）	56.6
克尼顿	452	268	59.2
比什普斯顿	1280	805	62.9
甘林格默顿	283.5	199.75	70.3
温特伯恩巴塞特	708.5	532	75.1
比陵福德	666	507	76.1
甘林格埃温耐尔斯	531.75	420.25	79
多默汉姆	960.5	824.5	85.8
埃维尼	473	428	90.5
博顿斯堡	190	190	100
瓦德堡	469	469	100

表8　16世纪英国52个庄园中67个农场的规模①

农场面积	诺福克6个庄园18个农场	威尔特郡23个庄园31个农场	若干郡13个庄园8个农场	总计52个庄园67个农场
50英亩以下	—	4	2	6
50—99英亩	2	2	3	7
100—149英亩	2	4	3	9
150—199英亩	3	4	1	8
200—249英亩	1	3	3	7
250—299英亩	—	4	2	6
300—349英亩	3	3	1	7
350—399英亩	1	—	—	1
400—449英亩	—	2	—	2
450—499英亩	2	1	3	6
500—549英亩	3	1	—	4
550—599英亩	—	—	—	—
600—649英亩	—	—	—	—

---

① R. H. Tawney, *The Agrarian Problem in the Sixteenth Century*, New York: Harper & Row, Publishers, 1912, p. 212.

续表

农场面积	诺福克6个庄园18个农场	威尔特郡23个庄园31个农场	若干郡13个庄园8个农场	总计52个庄园67个农场
650—699 英亩	—	—	—	—
700—749 英亩	1	—	—	1
750—799 英亩	—	—	—	—
800—849 英亩	—	1	—	1
850—900 英亩	—	2	—	2

从上述两组数字可以看出当时英国领主经济的衰落、租佃经营规模的扩大和租地农场扩大的趋势。租地农场不仅侵蚀领主经济，也不断侵吞小农的土地。

根据奇朋汉1560年的地租册显示，奇朋汉原来54个佃农持有的土地已经由29人持有，持有小块土地的人数骤减，无地农户的数量猛增（见表9）。

表9　1544—1712年英格兰剑桥郡奇朋汉农民持有土地规模①

土地面积	1544年		1712年	
	数量	比例（%）	数量	比例（%）
90 英亩及以上	2	3.0	7	14.3
60—75 英亩（2—2.5 雅得）	8	12.1	2	4.1
30—45 英亩（1—1.5 雅得）	11	16.7	0	0
15 英亩（0.5 雅得）及以下	10	15.2	4	8.2
2 英亩以上	31	47.0	13	26.5
2 英亩及以下	14	21.7	5	10.2
无地家庭	21	31.8	31	63.3
总量	66	100.0	49	100.0

最大的变化是领主手中126英亩的土地租给富裕农场主经营，其中包

---

① P. Kriedte, *Peasants, Landlords and Merchant Capitalists, Europe and the World Economy, 1500 – 1800*, Leamington: BERG PRBLISHERS LTD, 1983, pp. 55 – 56.

括过去每年 8 先令地租的半雅得公簿持有土地，租赁农场主现在要付给领主每年 20 先令的竞争性地租。1560 年以后，持有 60 英亩以上土地的公簿持有农没有受到影响，但是，面积大约 15 英亩到 45 英亩左右这样的中等地产几乎完全消失了①。同时，90 英亩或者更大面积的地产所占比例由 3% 增加到 14.3%；没有土地的家庭也由 32% 增加到 63%。

在临近奇朋汉的另一个堂区斯内维尔，1525 年有农户 26 个，1560 年该村庄有 12 个自由持有农和公簿持有农。到 1664 年，该村庄缴纳炉灶税的仍然是 26 户，其中有 3 个农场面积超过 130 英亩，3 个农场为 61—91 英亩，还有 3 个面积为 18—25 英亩的地产处于不断萎缩的地位，另有 3 块地产面积在 10 英亩以下。而不断扩张的农场主马丁·瓦伦支配着 348 英亩耕地，包括习惯土地和自由土地②。简·怀特对诺福克郡的黑文翰比绍普斯庄园 1509 年和 1573 年的地产情况作了细致比较和分析，结果显示：黑文翰比绍普斯庄园中持有 50 英亩以上土地的佃户数从 0 增加到 3，占总佃户数的 7.6%；持有 1 英亩以下土地的佃户数则从 3 增加到 7，从占总数的 5.8% 增加到 17.9%，表明这里产生了比较突出的两极分化现象，该庄园持有大规模土地的富裕农民和无地或者少地的农民数量都呈现明显增加的趋势③。1660—1669 年，各地约曼的财富调查证明了这一点。现存伊里的 340 份法庭记录显示约曼的平均财富为 40 镑；在剑桥郡，约为 180 镑；而在齐朋汉郡，约曼的平均财富则是 299 镑④。

二 租地农场是支撑近代市场经济活动的物质基础

城市人口的增长也意味着有很多英国人需要的食物和衣服比以前更多，使基本农业产品的价格大幅提高。扩大的市场需要更大的农业生产来满足日益增长的需求。富裕农民不仅是谷物市场的重要供应者，也大力发展畜牧业，为市场提供丰富的肉类和乳制品，进而促进纺织工业的发展。

---

① M. Spufford, *Contrasting Communities*, *English Villagers in the Sixteenth and Seventeenth Centuries*, Cambridge: Cambridge Univesity Press, 1974, pp. 66 - 69.

② Ibid., pp. 70 - 71.

③ J. Whittle, *The Development of Agrarian Capitalism*, *Land and Labour in Norfolk*, *1440 - 1580*, Oxford: Clarendon Press, 2000, pp. 182 - 190.

④ M. Spufford, *Contrasting Communities*, *English Villagers in the Sixteenth and Seventeenth Centuries*, Cambridge: Cambridge Univesity Press, 1974, p. 72.

从 1540—1650 年，英格兰人口从 277 万增加到 528 万。1500—1640 年，农业价格上涨超过 600%，1500—1650 年谷物价格增加了 7 倍，其他耕种的谷物增长 650%①。在 1500—1509 年到 1590—1599 年，羊毛的价格增加了两倍，同期谷物的价格增加了 5 倍②。16、17 世纪是一个利润膨胀的世纪③，土地的价值、地租和富裕农民的财富都有相当程度的增长。

根据经济史学家对关税账册提供的数字测算，英国 1540—1547 年共输出法定标准呢绒 1171000 匹。每包羊毛重 364 磅，出自 260 头羊，可织标准呢绒 4.25 匹。由此可以推算出，在此期间，英国出口呢绒平均每年消耗羊毛 34600 多包，30 年代以后，羊毛原料的出口每年约 4000 包，总计 38600 包羊毛产自 8000000 头羊。经济史家波顿假定供国内市场消费的羊毛是总量的 1/3，因此他认为英国的存栏羊近 11000000 头，而实际数字会更高。

16 世纪，形成了北达苏格兰、南抵英吉利海峡、东接北海（其近海运输对伦敦的日常生活至关重要），西连威尔士和康沃尔郡的市场网络④。埃塞克斯和萨福克郡的牛奶和新鲜的黄油贸易因为城市市场的需求而得到很大发展；贝德福德郡和北安普顿郡的农场则是一些城市鸡蛋和肉食用家禽的重要产地⑤。兰开郡的很多富裕农民住在高地区域，经营着农耕和织布。许多林肯郡富裕农民的遗嘱和财产清单也表明他们经营着利润稳定的羊毛工业。在林肯郡、贝德福德郡和其他地方，一批批的亚麻布和羊毛呢布一样同时出现在财产清单中。林肯郡的亨利·波尔顿死于 1632 年，他死时在家中没有来得及出售的物品仍然有 80 码亚麻布、40 码新亚麻布、50 码新布，16 码亚麻和毛混纺的布、14 码羊毛呢布⑥。

---

① F. Heal & C. Holmes, *The Gentry in England and Wales*, *1500 - 1700*, London and Basingstoke: Macmillan Press LTD, 1994, p. 101.

② Ibid., p. 108.

③ J. Thirsk, *The Agrarian History of England and Wales*, Ⅳ., *1500 - 1640*, Cambridge: Cambridge University Press, 1967, p. 609.

④ 费尔南·布罗代尔：《15 至 18 世纪的物质文明、经济和资本主义》第 2 卷，顾良译、施康强校，生活·读书·新知三联书店 1993 年版，第 19 页。

⑤ F. J. Fisher, "The Development of the London Market, 1540 - 1640", *The Economic History Review*, Vol. 5, No. 2 (Apr., 1935), p. 51.

⑥ M. Campbell, *The English Yeoman*, *under Elizabeth and the Early Stuarts*, New York: AUGUSTUS M. KELLEY Publishers, 1968, p. 165.

羊毛的质地因当地的土壤、水草、气候等条件而有所不同。质量最好的短羊毛产自威尔士地区，特别是赫里福德郡、索尔兹伯里和布里奇诺斯附近；米德兰和林肯郡的羊毛也是传统的质量优良的短羊毛产地。而为了适应市场的需要，从苏塞克斯到康沃尔的南部英格兰各郡则在努力改进着羊毛的品种和质量。据说，1582年，康沃尔的羊毛已经比过去好得多了。另外，北部地区的羊毛质量也普遍粗糙，只能用来供应本地织布的需要①。

富裕农民还是乡村工业的组织者。在乡村工业当中有相当一部分企业主是这些被称为"约曼"的富裕农民，他们控制着许多行业。例如，在柴郡，富裕农民基本控制了制盐业。在兰开郡和约克郡，他们又热衷于明矾矿的开采。最普遍的还是从事毛纺织业。德文郡是英国羊毛工业中心之一，很多农场主经营农业同时开辟出若干店铺经营家庭纺织业。一个叫霍尔的农民在1615年去世的时候，既被称为约曼又被称为呢布制造商，仅动产就达数百镑。同一时期，德文郡的另一位经营呢布业的约曼干得更出色，甚至不惜花重金巨款买到男爵爵位，从此跻身贵族行列②。肯特郡的约曼贾斯珀·杰索普1617年的遗嘱证明，他有这样几间作为店铺的房子，还有织布机、工具等动产。在约克郡也有很多这样的约曼呢布商。其他有着资本去投资的人也会投身这项工业，扩大生产规模，成为企业创办人和管理人。他们的事业并不都是成功的，因为羊毛贸易在16世纪后期和17世纪早期经历了几次萧条期。但是它仍然使很多家庭富裕。德文郡的诺斯科特一家是老约曼家庭，就是由于羊毛贸易而非常富庶，于1641年得到了准男爵的头衔。德文郡另一个古老的约曼塞尔温一家在詹姆士一世时期有权利备有武装，这个家庭就是因织布业而发迹。兰开郡威斯特莱的理查德·希尔顿被描述为一个富有的约曼和呢布制造商。威廉·马考龙是布匹出口商，他的父亲是黑尔索温的约曼，他的儿子则成为阿勒雷的乡绅③。

富裕农民还是城市市民肉类供应者。斯托在《伦敦巡游》中描绘的1598年伦敦东便宜坊是个肉市。肉铺店主住在街道两边，还有一些出售

---

① D. M. Palliser, *The Age of Elizabeth*, *England under the later Tudors 1547–1603*, London and New York: Longman Group Ltd., 1983, p. 170.

② M. Campbell, *The English Yeoman, under Elizabeth and the Early Stuarts*, New York: AUGUSTUS M. KELLEY Publishers, 1968, pp. 160–161, 165–166.

③ G. E. Mingay, *The Gentry*, *The Rise and Fall of a Rulling Class*, p. 8.

熟肉的烤肉铺①。1548—1600 年，谷物和羊毛的价格都在上涨，对肉类的需求同样提高。牛是最重要的能够提供肉类的牲畜②。养牛还能够提供乳制品。都铎和斯图亚特时期城里人餐桌上的乳制品相当丰富③，这就是农民供应城市的很好证明，而这些产品都来自那些富裕而勤劳的乡下人。

富裕农民同时成了精于买卖的商人，他们的经济活动使得商品市场非常活跃。在英国所有地区的所有人（除了贵族和穷人）都高度关注农产品市场。在萨福克，纳撒尼尔·巴纳迪斯顿爵士是该郡最富有的人，可能每周都会出现在黑弗里尔或者克莱尔的市场上。在林肯郡，卡雷比的约翰·哈切尔习惯于在斯坦福卖出去势的羊，在纽瓦克卖掉去势的大公牛，同时他会到斯皮尔斯比买来肉用的小公牛，到波士顿可以买来改善伙食的鱼，到波恩买来酒，到伦敦买来一些奢侈品。彼得·特姆珀是16世纪沃里克郡一个富裕的农场主，春天的时候从威尔士买来几头瘦弱的牲畜，养肥了以后，再把它们卖出去④。在肯特，像奥克森登和特怀斯登那样的家庭已经预见到坎特伯雷是一个正在兴起的活跃市场，梅德斯通是最好的水果市场，阿什福德是一个富庶的牛贸易中心。在兰开郡，高索普豪尔的沙特尔沃斯一家会到普雷斯顿和奥姆斯柯克市场卖掉他们的豆子和小麦，再到帕迪厄姆卖掉带来的肉，到威根卖掉马，到布莱克本卖掉（未曾生育过的）小母牛，到哈斯灵登卖掉羊，到伦敦卖掉阉割过的动物（尤指马）⑤。经营有成就的富裕农民会名声远扬而成为王室供应者（the purveyoy of the king's household）。担任了此职务的富裕农民会被要求征收牲畜和其他食品来专门供应王室生活。供应德文郡以牛肉和羊肉的约曼克里斯托福·沃尔顿，1593 年被要求担任王室供应者，为王室提供 40 头肥公

---

① ［法］费尔南·布罗代尔：《15 至 18 世纪的物质文明、经济和资本主义》第 2 卷，顾良译、施康强校，生活·读书·新知三联书店 1993 年版，第 19 页。

② D. M. Palliser, *The Age of Elizabeth*, *England under the later Tudors 1547 – 1603*, London and New York: Longman Group Ltd., 1983, p. 170.

③ A. J. Schmidt, *The Yeoman in Tudor and Stuart England*, Folger: The Folger Shakespeare Library, 1979, p. 22.

④ M. Overton, *Agricultural Revolution in England*, *The transformation of the agrarian economy*, *1500 – 1850*, Cambridge: Cambridge University Press, 1996, p. 19.

⑤ J. Thirsk ed., *The Agrarian History of England and Wales*, Ⅳ., *1500 – 1640*, Cambridge: Cambridge University Press, 1967, p. 501.

牛、300头胖羔羊①。可见，这些富裕农民早已熟知市场规律而且还有可能操控着各地的专门市场。

随着城市和市场的不断发展成熟，富裕农民越来越适应市场、熟悉和依赖市场，他们依照市场规律经营，完全懂得利用市场规律来争取获得最大利益。他们早已不是仅仅立足于土地上淳朴的耕作者，而是依靠土地又从土地走向市场，一手握犁杖锄头一手抓市场规律的富裕农民加商人的混合体——农业资本家了。富裕农民所展现的经营方式的演变，实际上也是资本主义市场经济从产生发展到成熟定型的过程，是一种可视的经济转型的直接展现。另外从市场的角度看，农场与城市构成了市场经济这枚硬币的两面：供给——需求。城市的需求推动农场的生产年复一年周而复始，农场为满足城市消费者的消费需求所提供的充足物资供给从不间断。资本主义市场经济下前工业时期的社会再生产模式运行起来。现代意义上的资本主义市场经济已初步形成。同时也生成了精明的近代商人群体与各种早期服务业。农村中的商品生产如同一架运转不停的机器不断为城里提供各种商品同时也为作为农场主的富裕农民带来丰厚的回报。

富裕农民与乡绅一起构成了英国的农业资本家阶级。农业资本家阶层的形成，意味着封建庄园经济通过自由农民和自由市场两个车轮向资本主义市场经济成功的转型了，也意味着英国农村农业经济基础质的改变。英国此时已经为更大范围的资本主义经济体制的建立做着充分的物质准备工作，静待工业技术进步的火花在堆满资本主义市场经济干柴的广阔帝国上燃起熊熊之火。

本章小结

富裕农民在他们的土地经营中，逐渐地熟悉和遵循市场经济规律，不断地摸索与探寻生产经营之道，从小到大由弱到强。他们在具体的经营过程中，经历了一系列的经营模式的转变，不断形成更有效率也更有效益的商业化模式，不断丰富着农业资本主义的内容并使之成熟和壮大。他们由

---

① M. Campbell, *The English Yeoman, under Elizabeth and the Early Stuarts*, New York：AUGUSTUS M. KELLEY Publishers, 1968, p.347.

货币地租发展到使用雇佣劳动力,这就有了成型的资本家与雇佣工人的关系模式,有了资本主义的雇佣传统。随着生产经营规模的扩大,他们有了租赁土地建立农场扩大经营的生产模式,并随着资本的积累通过土地市场来进一步做大做强,这就形成了资本主义的社会化集约化生产经营的先期模式;而在参与土地的市场化经营过程中,又逐渐熟悉和掌握了看不见的手的规律与作用;竞争地租开启了竞争经营之路,地租上升在于土地出产的附加价值增多,促使人们探索更加高效的生产模式,这也是未来工业革命生产力突进的动力之源。最终随着土地的集中农场主出现了,真正资本主义意义上的资本家——农业资本家出现了。

在这一历史时期。随着庄园经济的瓦解,土地的流动形成了土地的交易市场。土地的所有者、承租者、耕作者和经营者们在土地的交易中,逐渐地熟悉了市场交易和经营的规律并从中获得了远高于单纯耕作的收益。不仅如此,土地的市场交易和市场经营还带来了种类更多、规模更大、服务范围也更广泛的各种其他种类的商品市场的兴起。而在土地等各类市场上纵横驰骋的主人公就是从土地交易中崛起的富裕农民。在和平稳定的外部大环境之下,市场规律一旦得以运行,在人们趋益逐利的主观能动意识的推动下,这种抛开了血统、等级及身份的,只由金钱起作用的更高效、更便捷的市场交易模式,便如潮水般的逐渐在英格兰蔓延开来。感谢英国近代的史家与研究者们,留下了众多的原始使记录和调研资料,让我们得以直接感知富裕农民在自由市场模式下的经营成就。勤劳聪明的富裕农民如鱼得水,在这种自由的经营交易的市场海洋中自由遨游,频频出击,收获颇丰。他们不但在土地市场上屡有斩获,还占据和掌握着多种手工制造行业和城市农产品的供应。可以这样说,在工业革命发生前,英国市场经济中的最活跃阶级和中坚力量就是英国的富裕农民。

这一时期虽然是工业革命的前夜,但随着农民个体的解放和经营的自由,孕育成了前工业革命时期资本主义性质的农业资本主义经济与市场经济的生产方式和经营模式。也就是说资本主义生产方式与生产关系下的市场、市场规律、生产经营方式、商品交易方式、有自由无恒产的受雇佣农业雇工、有土地的富裕农民和资本更加雄厚的农场主们,资本主义生产关系的主要条件与当事方都已具备,资本主义生产关系已经逐步形成。正是资本主义生产关系的逐步形成,万事俱备,才有后来生产力爆发式突飞猛进的工业革命以及后来称霸主宰海上贸易的日不落帝国。这让我们想起伟人的话：农业是基础，工业是主导。在没有近现代工业的时代，一切基本由农业包办了。正是在英国的富裕农民推动英国的农业资本主义在漫漫发展积累过程中积蓄力量，并最终迎来了伟大的工业革命。

第 四 章

富裕农民的公共生活

　　宗教改革以前，英国重要的官职通常由教士来担任。当时最突出的代表是沃尔西，他既是红衣主教，又是大法官，对英国的内政外交都起着重要影响，实际统治英国达14年之久。由教士担任国家公职，是因为在当时只有教士才有受教育的机会，从而具有较高的文化素养与能力，而且因为教士担任教职已有薪俸，也可以节省开支。文艺复兴和宗教改革之后，英国的政治领域呈现世俗化倾向。这一改变体现在英国国家的政治力量构成发生了重大变化。沃尔西倒台后，教会势力控制国家行政的状况发生了改变，托马斯·莫尔被亨利八世任命继任大法官职务。莫尔的继任明显地带有对传统的叛离，标志着开始打破由宗教界垄断国家高级职务的局面，大法官一职也第一次由世俗人士担任。而且从此以后包括亨利八世与伊丽莎白时期的大法官也都由世俗人士担任。也只是爱德华与玛丽时期教会人士短暂拥有过这一职位。伊丽莎白即位以来，算是一个例外的就只有詹姆斯一世时期的威廉斯主教。除了大法官职务外，其他许多当时的重要职务已逐渐开始由俗界人士担任，我们可以追根溯源，看到宗教改革已经产生了重大影响。这更好地保证了一定程度上英王拥有的权威。世俗化倾向是英国这一时期政治力量构成的一个重要而鲜明的特点，这种政治力量构成也是英国建立民族国家的内在要求，就如同新兴中等阶级力量的克伦威尔之类成为英王主要借助的势力来最终完成改革一样。

　　霍布斯认为，财富就是权力。而事实上，并不是获得或继承了大宗的财产之后，人们就拥有了政治权力，不管这一权力是民政还是军政方面的。财产是获得政权的一种手段，不是决定因素，人们未必能靠它获得政权①。但拥有财富是拥有政治权力的一种资质。从都铎王朝起,就富裕农民们这个阶层来说,富裕农民日渐消退了旧有的农民的本质特征,赋予富裕农民这个阶层来说的一个新的社会属性逐渐诞生。在富裕农民生活的黄金时代里,其社会生活的方方面面往往都随着频繁的土地交易而发展,即与土地市场的发展、土地的集中及近代资本主义农场经营同时发生着改变。所以有位英国学者说:"任何一个富裕的农民都是资本家。"②

所以最迟15世纪中期,富裕农民成了对广大乡村居民最具直接影响的人物,顺理成章地成为乡村中的头面人物,并实际上控制了乡村的公共事务③。试想,土地在英国乡村作为最有价值的财富必然为万众瞩目。随着富裕农民持续地努力经营着土地,参与土地交易,持久的聚集财富,那么他们在广大农民的眼中必定是极具个人魅力与公共影响力和号召力的"能人"甚至"英雄",时势造英雄,在农业资本主义新生和发展的时期,在英国乡村富裕农民是代表这一社会发展趋势的时代弄潮儿,也正因此,人们才称呼努力致富的富裕农民为"约曼",而不是原来贵族骑士的侍从啦。正如英国史学家希尔顿指出:"介于领主和个体农户之间者是村庄共同体,而实际上代表村庄共同体的都是乡村头面人物;他们是富裕农民(well-to-do husbandmen)的杰出人物,没有他的合作,领主就难以进行管理。领主不仅需要强权,而且需要中介。我们读过许多描写庄园大总管、总管等执事人员的著作,但事实上农村共同体的管理权不在这些领主的代表手里。庄园的或领主的法庭由富裕农民控制,他们解释惯例,解决争端,制定公共法则,颁布细则,拒绝村外陌生人等。一般来说,他们为领地庄官或领主本人与农户共同体之间的交往提供了基本原则和限度。"④他们作为农民头面人物相当的具有权威性,在村庄公共事务的管理中的作用举足轻重。因此从更广泛的视角来看,在全国范围内,在王权所依靠的中等阶级中,富裕农民的作用不可忽视:一方面他们成为宗教改革后王权赖以最终施行的最后一公里的"操盘手",国王或议会的决定最终一定要

---

① [英]亚当·斯密:《国富论》(全译本),陕西师范大学出版社2011年版,第17页。

② J. P. Cooper, "In the Search of Agrarian Capitalism", *Past and Present*, No. 80 (Aug., 1978), pp. 20 – 65.

③ R. H. Hilton, *The English Peasantry in the Later Middle Age*, Oxord: Clarendon Press, 1975, p. 54.

④ R. H. Hilton, "A Crises of Feudalism", *Past and Present*, No. 80 (Aug., 1978), pp. 3 – 19.

通过这个操盘手传达给被统治的对象——广大的农民。富裕农民在这里的作用就如同最低等的公务员，如同中国古代的胥吏们。如果国王是大脑，那他们就是完成大脑意识指令末端的手指。另一方面，富裕农民又得益于通过宗教改革之后的土地市场而更加富裕，因此，必然会为维护自己已经获得的改革的成果而更加拥戴国王维护王权。在王朝的中枢国家管理机构议会中，英国中等阶级已经开始跻身其中，使得议会在16世纪成长起来并逐渐改善着国家管理人员的构成成分。具体而言，依据富裕农民所处的社会阶级构成的位置序列，作为排在乡绅下面的富人他们大有作为的空间在乡村：参与地方公共事务管理，担任警员、高级警员、教会执事等职务，参加郡议会成为议员，并有机会参加国会议员的选举。与此相一致的是，富裕农民的受教育状况也相应得到了极大的改善。

第一节 权力的手指：参与地方行政管理

作为英国国家政治生活中的一个显著特点，都铎和斯图亚特时期的政府，对最普通的地方生活也给予了极大的关注：地方的每个郡的管理和监督都由一套有着几百人组成的行政管理机构，体现出鲜明的地方自治的英国政治生活特点。由熟悉本地的风俗民情与习惯且有浓厚的乡土情结，同时生活根植于他所在的社区的本地人担任地方官吏。从本乡本土中选举乡村地方官吏的做法，对地方自治传统的形成及对地方情结的养成有着重大的意义。若既担任地方官吏还能够不拿薪俸，一定是既有经济地位和社会地位又在农民中具有影响力和号召力的头面人物——富裕农民。通过对英国乡村自治体制的考察，我们发现就如同人体完成一个行为活动一样，大脑的思想意识最终靠身体的肢端动作来实现。担负管理职责的最底层官吏——富裕农民就如同国家权力的手指，将国王的命令、议会的决议及法律的实施与维护等各种权力的意志，最终传达给农民并督促广大农民来实现与完成。许多地方职务都由富裕农民担任，他们在维护国家正常运转的同时，他们自己也成为构筑国家完整安定的基石。

正如人们经常说的那样，如果说郡区行政管理的中坚力量是乡绅，那么富裕农民就既是乡村堂区政府的中坚力量又是这个力量来源。在英国地方各郡，除郡守和他们的副执行官，每个郡还有负责监督国会和私人委员会政策执行的治安法官。每个堂区治安法官下面，是数量众多的堂区官员大多由富裕农民担任。最主要的包括乡警、堂区执事、陪审员、堂区委员会和济贫监管员等。这虽然是郡内行政管理机构中较小的组成部分，但是数不尽的堂区中公共事务，最终还要依赖于这部分来自富裕农民阶层的人执行。事实上富农民约曼在分布于堂区行政管理的每一个细节的记录上，都记载了他们对地方政府的贡献。富裕农民在地方各个堂区主要担任下面一些行政管理职务。

一　乡警（constable）

富农民约曼在堂区担任的首要的职务就是乡警，这也是他们可能在堂区出任的四五个职务中最重要的。作为唯一的堂区负责治安的官员，乡警一职1242年设立①。最初乡警的任命，首先每年通常在米迦节或者复活节选举，由民事法庭（court leet）负责根据惯例从本地人当中选出，任期一年，少数的村庄会任命两名乡警，任期两年。而实际上乡警产生的具体的情况是千差万别的。在有庄园民事法庭的地方，选举乡警就会由参加法庭的诉讼人（或称为陪审员）在庄园民事法庭上选出，如切尔西庄园就是这样在14世纪时任命乡警的。如果这个地方没有民事法庭，就由该地方有威望和富有的人们集体选出，如苏塞克斯郡的李维斯堂区，就是用这样方式选出的乡警。在肯特郡的埃顿布里奇堂区，1644年是由两个治安法官选出本堂区的一个约曼来担任乡警的。而赫里福德郡则由当地的缙绅托马·考宁比直接指派任命了两个乡警②。

治安法官在法律上虽没有任命乡警的权限，但乡警受治安法官的管辖。治安法官将斯特普纳村庄的一名乡警予以免职，另行任命了一个乡警，王室法庭1612年审理了这一案件：法官指出治安法官，虽有权去免除或任命一名高级乡警，但却无权任命一名低级警察——乡警③。由地方堂区选举与任命乡警一直到1662年。议会法案1662年才做出如此授权：若在任的乡警去世或从职位上卸任，或者假设庄园民事法庭已不复存在，

---

①　E. Mill & J. Hatcher, *Medieval England Rural Society and Economic Change*, 1086 – 1348, London and New York: Longman Group Ltd., 1978, pp. 101 – 102.

②　M. Campbell, *The English Yeoman, under Elizabeth and the Early Stuarts*, New York: AUGUSTUS M. KELLEY Publishers, 1968, pp. 318 – 319.

③　J. R. Kent, *The English Village Constable*, 1580 – 1640, *the nature and Dilemmas of the Office*, Oxford University Press, 1986, p. 34.

则新的乡警可以由治安法官加以任命。乡警行使职权的根源在于他就生活在这个堂区,能够得到堂区居民的协助,他也不得不应对当地所遭受到的各种各样因素的影响,如果他希望成为一个完成自己职责的乡警。

对乡警的工作,有一首歌谣加以描述道:"假如我们做得不好,法官会责怪我们;假如我们执行任务的话,居民们会发怒,如果他们能的话,许多人会吊死我们。"① 乡警如果希望完成自身的职责,就需得到堂区居民的协助。正如肯特所阐述:"简而言之,在都铎王朝晚期和斯图亚特王朝早期,乡警这一官职继续植根于当地的习惯中,同时他也是国家权力机构的一个部分。"② 对英格兰的乡警有人这样评价:"议会是一个伟大的机制,而不取任何报酬的堂区警察则令人印象更加深刻。"③

但是乡警这个职业,因为"这项工作如此占用时间以至于担任乡警的人一些重要的私事都被忽视。这个职务没有福利也不会带来乐趣,又不可想象的疲劳",所以绅士们经常逃避担任此职,认为这一工作并非他所爱也不适合他的身份;其实,约曼也不喜欢担任这个职务。商业店主、旅馆业主和贸易者虽然也可以担任乡警,偶尔可能还会有绅士担任,但是,根据流行的观念和习俗,担任乡警成了约曼这个阶层的公共义务。约曼担任乡警的数量超过了其他群体,正如治安法官职务由其邻居乡绅来担任一样,担任乡警几乎都成了约曼的义务。琼·肯特的分析表明在 1583—1642 年,斯特福德郡帕丁汉村担任乡警的 81 人里,就有 63 人是富裕的约曼④。根据当时代的文献记载,财富和能力均低于约曼的人不准担任这个职务。约曼在当时被认为比其他能够获得此职务的人更称职⑤。1618 年麦克尔·道尔顿所写的《乡村法官》一书中谈道,乡警对他所从事的工作要有一定的理解力,有一定的能力、财富和地产,并且能够勤奋工作;

---

① J. R. Kent, *The English Village Constable*, 1580 – 1640, *the nature and Dilemmas of the Office*, Oxford University Press, 1986, p. 222.

② Ibid., p. 23.

③ M. Campbell, *The English Yeoman*, *under Elizabeth and the Early Stuarts*, New York: AUGUSTUS M. KELLEY Publishers, 1968, p. 318.

④ J. R. Kent, *The English Village Constable*, 1580 – 1640, *the nature and Dilemmas of the Office*, p. 34.

⑤ M. Campbell, *The English Yeoman*, *under Elizabeth and the Early Stuarts*, New York: AUGUSTUS M. KELLEY Publishers, 1968, p. 319.

一个乡警应该忠诚地履行其职责,没有怨恨和偏袒。

作为一名乡警的职责是:(1)执行对地方事务直接的监督和管理。(2)对所有闹事者或者破坏王国安宁的人予以逮捕;逮捕所有重刑犯和讼棍,前去追赶并以高呼捉拿的方式来示警,当他们试图逃跑到另一个堂区的时候;逮捕所有不法之徒、无业游民、夜游者和其他嫌疑犯。15、16世纪一系列巨大的震荡和变革在英国社会发生了,都铎王朝时期存在的普遍而严重的流民问题,不安的社会统治秩序给都铎王朝造成了巨大的影响和威胁。乡警们的这些职责与当时的这些社会背景息息相关。1495—1628年,根据统计为解决流民问题英国都铎政府所发布的法令竟多达53个。当时英国政府针对流民问题的指导方针是"恩""威"并济,即一方面采取严厉惩罚的手段,另一方面实行救济政策以安抚民心。而具体处理这一问题时中央政府又鞭长莫及,只能依靠和强化地方基层政权。而富裕农民作为比较了解地方民情的乡里头面人物无疑是合适的执行上述政策的人选。(3)防治不法行为和饮酒过度,监视经营啤酒馆、旅店的业主;视这些行为轻重程度的不同将其送交不同的法庭。由于16、17世纪啤酒馆问题是英国普遍关注的社会问题,清教徒在宗教改革之后反对酗酒,认为这是最违背神意和教规的。新兴中等收入者阶层对这种抨击和管理啤酒馆的观点产生了共鸣,在乡村中这个阶层以富裕农民为代表,是近代资产阶级的前身。他们在市场经济环境中产生,勤劳节俭,精于计算,办事井井有条。由富裕农民担任监督管理啤酒馆的乡警正是反映了这个阶层的立场。(4)逮捕所有不参加英国国教仪式的天主教徒及其不定期参加教会仪式的孩子和仆人。(5)乡警还应该坚持练习箭术。(6)在农忙季节应该为帮助邻居收割谷物而协助邻居寻找劳动工人。(7)复活节一周期间,监督堂区教徒选拔此期间的公路检查员。(8)依照法令的要求检测麦芽的质量和数量。(9)应该执行治安推事、本郡治安法官和其他上级长官的所有规定和授权法令。另外附带一项:"乡警必须做所有乡警职务分内的其他事情。"这里所说的"其他事情"从乡警的记录中可知通常指在特定时间或者地点发生的事情。如有时候战争结束后,乡警要收税用以修桥;征收给残疾士兵的救济金。此外还有着不计其数的琐事,从修理本村的足枷,到援助那些路过本教区的持有乞讨许可证的不幸者,这都是乡警的职责范围①。担任教区警官的是这些个"中间阶层",包括约曼、农夫,以及大批工匠和商人。他们没有武装,是乡村共同体中的一分子,他们轮流坐镇。如果他们失职,互相勾结或串通,其上司治安推事可以教训他们,治安推事是由绅士阶层来担任的。

还有一个职业是高级乡警(high constable)。高级乡警或者百户区乡警通常被认为是由乡绅担任,也多为约曼担任。作为高级乡警,其职责一方面帮助治安法官在堂区中执行法令,另一方面又负责呈递下级的报告,实际上也由约曼充斥其间。高级乡警可在3—10的任期内年担任四季法庭大陪审团成员,还有选举国会议员的权利。约翰·默莱斯海德是德文郡的一个约曼,根据他孙子的记载,他担任斯坦伯里百户区乡警长达20年。德文郡的另一个约曼托马斯·帕考克做了8年克莱迪顿的百户区乡警。德文郡法庭文书中记载了很多担任过这一职务的约曼的名字。1572年埃塞克斯郡丹伯里的约曼托马斯·埃默里请求法庭同意他辞去柴姆斯福德百户区高级乡警的职务,因为他已经担任长达10年②。约曼沃尔特·赫尔纳是萨默塞特郡卡汉普顿的百户区乡警,1609年时曾抱怨担任此职务的繁重工作。威廉·希尔是莱斯特郡诺顿的约曼,在1624年担任他所在百户区的高级乡警。尼古拉斯·布莱斯是一个约曼,1633年担任库克汉姆百户区的高级乡警。诺福克约曼菲利普·库里耶是伊丽莎白时代一个好心肠的高级乡警。英国历史悠久的法治精神在这里也得到了相应的体现。

通过对1500—1720年一个靠近苏格兰边境的英格兰教区的遗产清单的考察,麦克法兰发现,这里的乡警不但大多忠于职守,而且当地有90%的人家连狩猎的武器都没有,说明民众在支持着国家的警察系统。麦克法兰借泰纳之口这样的表述:"我的朋友补充说,在这里,但凡一个被铺者刚刚开始挣扎,现场的民众就会询问这是怎么回事,如果他们断定警察没有越权行事,就会搭他一把手。同样,但凡有骚乱发生,各阶层都会提供志愿治安人员。总体说来,我们法国人忍受我们的政府,而英国人却

---

① M. Campbell, *The English Yeoman, under Elizabeth and the Early Stuarts*, New York: AUGUSTUS M. KELLEY Publishers, 1968, pp. 320 – 321.

② Ibid., p. 345.

支持他们的政府。"① 这显然是有利于建设乡村的安全。人身是安全的，还表现在他不必担心无端被捕："除重罪以外不被拘捕的权利是英格兰独有的一项权利。如果你不巧受到不公正的拘捕，你绝对可以起诉治安推事滥用职权，而他惹来的巨额赔偿一定使他不敢再贸然犯同样的错误。"奥威尔专门指出："人人都认为尊重现存法律是理所当然，对不尊重法律的行为则义愤填膺。'他们不能那样做，因为那是违法的'——诸如此类的评论弥漫在英格兰的空气之中。"托马斯·奥福伯里爵士说道，一个挤奶女工竟敢在夜间独自去打开羊栏，不惧怕任何邪恶，因为她毫无恶意。此前的威廉一世时代，曾有一位教会执事记载道："人人都可以钱囊满满地走遍英格兰而毫无威胁。"可想而知严刑峻法与公序良俗导致安全的环境与人身保障，对于自由的市场经济的发展起到的一定是事半功倍的效果。

二　教会执事（churchwarden）

富裕农民担任的还有堂区的教会执事，这同样属于重要职务。教会执事如同乡警一样，所负的职责常常重叠，这两个职务联系较多，所以也从富裕农民中选拔产生。起初，教会执事这个职务由教会任命，随着它的职能逐步的转变为世俗化，后来改为由地方治安法官任命。作为教会一个单位的堂区发展为一个世俗单位之后，教会执事也成为民间的世俗职务就和教会的工役一样。牛津郡奥维斯考特堂区16世纪早期的两名教会执事，他们就由堂区委员会任命②。依照堂区体系通常设有两名教会执事，并且依照教会的规定他们大多数由教区居民选出，但是具体的情况也有不同，这与地方的习俗习惯有关③。一些大城镇的商人和小乡绅虽然也向往这一职务，但是大多数的教会执事还是由约曼担任的。因为与乡警一样，约曼具有担任此职务的优先权。

教会执事的职责是：（1）堂区的一些人死后，教会执事负责管理死者对教会的遗赠物品。物品不分巨细一律经过教会执事之手，从价值2便士的摇铃的绳子或者圣餐仪式上盛面包用的银盘子，到相当大数量的土地

---

① ［英］艾伦·麦克法兰：《现代世界的诞生》，刘北成译，上海人民出版社2013年版，第223页。
② http://www.oxfordshirepast.net/alv4.html.
③ S. Webb & B. Webb, *English Local Government From the Revolution to the Municipal Corporations Act*: *the Parish and the County*, London and New York：Longman，1906，pp. 21–23.

和钱财①。经常的情况是遗赠者将所遗赠的财物交给教区执事自行处理，有时这项工作还要有乡警和穷人的监护人的参与。（2）对教会的修缮、家具等开销的资金安排负责分配，并且为了这些用度还要从乡村征收税款。还要做一些令人厌烦的、不必要的烦琐工作。教会执事在财务上会受到本堂区居民的监督，花销是否超标、是否浪费与不合理会被检查。堂区居民曾经与教会执事产生争吵的一个例子，发生在埃塞克斯郡的钦格福德堂区。事情的起因是，上级要求堂区要重新装修圣坛所，教会执事认为这次行动得花销40先令，而居民们则指出没有必要花费如此多的钱，他们把这一工程交给了其他的手工艺者。居民们后来还对教会执事在其他的项目上造成的浪费予以了指责②。（3）办理堂区公共事务，和乡警一起来维持令状的执行。伍斯特郡卡来亚德堂区在1609年，有3个约曼，他们中一个担任乡警，其他两个担任教会执事，因为却没有按照要求选出公路监管员，并且没有在规定的时间修缮道路而被提交法庭③。虽然未完成任务，但这个案例证明了教会执事须要由富余的农民约曼担任，他们的主要职责之一是负责办理本堂区的公共事务。

三 济贫监管员（overseer）

地方上之所以重视济贫事务的管理工作，是因为他们把对穷人的管理作为管理他们自己地方的重要任务，这是建设地方的方法之一。只要有足够的方法进行社会治理，贫困自身就会与不敬、不洁的行为一同被克服掉。他们认为如果懒惰被铲除掉，酗酒、私通、破坏公共财产及其他恶行就会消失。在中央的济贫管理体制尚未建立时，地方上是以教区为单位的济贫管理体系。当时就有对穷人的统计列表，内容包括济贫院和贫困儿童学校、医院、救济穷人的公办企业（它们的利润用来救济穷人，而且为很多赤贫穷人提供养老金）等情况④。

---

① M. Campbell, *The English Yeoman*, *under Elizabeth and the Early Stuarts*, New York: AUGUSTUS M. KELLEY Publishers, 1968, p. 327.

② N. J. G. . Pounds, *A History of the English Parish*, New York: Longman, 1974, p. 183.

③ M. Campbell, *The English Yeoman*, *under Elizabeth and the Early Stuarts*, New York: AUGUSTUS M. KELLEY Publishers, 1968, p. 331.

④ P. Slack, *The English Poor Law 1531 – 1782*, New York: Cambridge University Press, 1995, p. 16.

而在地方济贫管理体系中，济贫监管员就是一个非常重要的职务。济贫监管员一般是教区中被公认为是正直谨慎而且有一定财力交纳济贫税的人。它是约曼在堂区中担任的主要职务，根据1597年的济贫法而设置。济贫监管员由地方政府任命，并无薪俸。济贫监管员与其说是一项职务，不如说是一项义务。他们的权力是广泛的，由他们负责把济贫税按情况、分种类分发给贫民，应该发给谁、不发给谁、给予他们什么种类的救济是由他们自己决定的，他们定期制作账目以备查验。1598年之后，由治安法官来批准教区济贫官的任命并查看他们的账目。

他们的工作负担是非常重的，一位名叫苏塞克斯（Sussex）的济贫官在日记中记录了自己的工作情况，他在18世纪中期的济贫事务中工作了4年。他的工作有发放捐助物、处理流浪汉和安排住房、保管账单、票券，向治安法官出示他的账目、向教堂法衣室会议（vestry）① 出示他的养老金发放情况等。他看来是个非常认真谨慎的人，但他仍要在治安法官面前解释为什么他拒绝了某些人的救济申请、抵制"对我们的家人不利"的指控。在17—18世纪的一个世纪的时间里，有很多像他这样的教区济贫官，他们知道得很清楚如果他们不去操作这些，他们的邻居和他们的丈夫妻子们就会出来干涉了，他们明白在济贫制度下自己的权力和责任。因为在教区内这样的一项事务远非与个人感情无关，教区济贫官本身来自群众，对周围的贫困情况有切身的感受。贫困救济是一件教区济贫官在他们的邻居们中间面对面操作管理的事情②。他们还必须使其救济物尽其用。诺福克约曼约翰·沃特斯在特林顿堂区担任济贫监管员，1630年被谴责给不该救济的人以救济③。除了救济，济贫监管员还要监管民间对慈善事业的捐助。

从事这些带有社会公益色彩的约曼的心情如何呢？他们为大众服务办事，地位自然已高于大众，因此在他们的心目中，自己俨然是不同凡响的能号令普通农民的人。根据约翰·斯梅尔在哈利法克斯的考察，在他看

---

① 教堂法衣室会议：16—18世纪英国地方教堂在每年复活节举行的会议，由各界人士参加，主要对济贫账目进行审查、处理纠纷，由于经常在法衣室内举行，故名。

② P. Slack, *The English Poor Law 1531–1782*, New York: Cambridge University Press, 1995, p. 20.

③ M. Campbell, *The English Yeoman*, *under Elizabeth and the Early Stuarts*, New York: AUGUSTUS M. KELLEY Publishers, 1968, p. 332.

来，在这里的一些拥有大片土地的殷实的"乡绅"其实并不是真正的乡绅。他认为，虽然史蒂芬·埃利斯、亚伯拉罕·豪尔和乔书亚·迪尔登都拥有大片土地的所有权并且在遗嘱中自认为绅士，但是他们中没有一个人可以被定位真正的乡绅。埃利斯曾经担任过这里的教会执事和济贫监管员这些职务，而这些职务不能与绅士地位相配①。据此，似乎从一个侧面可以说明，不曾拥有乡绅家族徽章的约曼等富裕农民在心安理得地从事着地方基层管理并对自己工作的成果充满自豪。

他们给任何申请救济的贫民以救济金和各式的不定期救济，这被认为是济贫费用上涨的原因。1692 年的一项法律就试图限制这些教区济贫官的权力，使他们不至于给予任何申请人他们自己认为适当的救济。教堂法衣室会议被授以在每个复活节（Easter）检查接受救济的人员名册的权力，并由他们批准哪些人适合领取捐助物；任何其他例外情形则必须由治安法官予以批准。这样一项法令连同其后的 1723 年和 1744 年法令都没有起到期望中的作用，因为实际上教堂法衣室会议和教区济贫官对贫困的感受是同样的，前者也会犯后者经常被指控的"错误"②。

随着济贫费用的上涨，让中央政府不得不继续寻找新的济贫管理人员以监督教区的济贫支出。贫民救济委员（Guardian）出现了，他们的身份是政府正式官员。贫民救济委员也是地方济贫管理的一个重要职务。

1782 年《托马斯·吉尔伯特法》明确规定教区济贫官只负责济贫税的征收，贫民救济委员的任命权由治安法官掌握。这就意味着公共权力开始向拿薪水的政府官员转移，这是对教区济贫官乃至地方政府的权力都是一种制约，他们的独立存在和运作是不受欢迎的，甚至受到抵制③。

贫民救济委员每三年选举一次，到 1892 年只有那些每年交纳财产税达到 40 镑或更多的人才有资格被选举为贫民救济委员，这就排除了所有的体力劳动者和大部分妇女。在工人组织运动的压力之下，标准减少到 5 镑，到 1894 年完全废除了。当选的唯一条件是在当地居住满 12 个月，除

---

① ［美］约翰·斯梅尔：《中产阶级文化的起源》，陈勇译，上海人民出版社 2006 年版，第 34 页。
② P. Slack, *The English Poor Law 1531−1782*, New York: Cambridge University Press, 1995, p. 37.
③ M. J. Daumon, *Progress and Poverty*, London: Oxford University Press, 1995, p. 451.

了接受救济的人之外，所有交纳济贫税的人都被包括在内①。

18世纪初，波士顿有48名贫民救济委员从教区的纳税人中选举出来，此后伦敦又做了类似的尝试，建立了由52个贫民救济委员组成的贫民局，其中10人是地方官员，其余42人则从城市各区中选举产生。这个专门的济贫机构从两个方面对教区的贫民救济委员进行监督：其一，根据实际情况对发放的济贫税确定最高上限；其二，也是主要的监督工作，即组织联合济贫院，任命拿薪俸的济贫员负责对济贫员的救济。在它的影响下，越来越多的大教区和联合济贫区以贫民救济委员取代堂区的济贫监管员，来决定济贫税收的分配和管理工作，而堂区的济贫监管员则按贫民局的指示来做事②。

四 公路监管员和桥梁监护人（highway and bridgeward en）

对道路和桥梁的看护也是各郡的堂区的主要工作之一，堂区负有选派公路监管员和桥梁监护人的责任。根据1555年的法令，公路监管员和桥梁监护人这两个职务由警官和教会执事与教区居民协商后，在约曼中选出并正式任命，担任这个职务的人会在复活节那一周的周二或者周三由乡警选出③，他们要向治安法官负责。根据记录显示，9/10是约曼担任此职务。偶尔还会有小乡绅担任这个职务，特别是一架重要的桥梁正在施工的时候。

五 协助金高级征收官

这是一个讲究诚信和责任感的工作。虽然这个职务大多数由乡绅担任，但是也相当多地落在约曼的肩上。档案记载中在许多地方都可以发现很多约曼担任过这个职务，如伯克郡、剑桥郡、康沃尔郡、德比郡、德文郡、赫特福德郡、汉普郡、汉特郡、肯特郡、林肯郡、诺福克郡、苏塞克斯郡和威尔特郡等④。

---

① P. Thane, *Foundation of the Welfare State*, New York: Lonman Publishing Company, 1982, p. 31.
② P. Slack, *The English Poor Law 1531–1782*, New York: Cambridge University Press, 1995, p. 39.
③ M. Campbell, *The English Yeoman, under Elizabeth and the Early Stuarts*, New York: AUGUSTUS M. KELLEY Publishers, 1968, p. 334.
④ Ibid., p. 346.

六　担任其他公共职务

郡守执行官几乎所有地方都是由约曼来担任的。郡守执行官负责列出自由土地持有农供选拔陪审团的名单，执行郡守的授权法令，尽其职务应有的职责。与市政机构的治安法官一起工作，有投票权或者市政当局的职务是另一个类型的执行官。1605 年，格罗斯特郡约曼威廉·德文鲍特在齐朋卡姆丹城镇担任此职。根据当时一个最新的特许状规定，授权约曼威廉·德文鲍特和约翰·普莱斯绅士有行使法律和惩治违反法律者的权利[1]。约曼还会被任命担任监狱看管人、犬马看管人等。在许多郡，特别是南部和西南部各郡，约曼也会担任一些职务低下的工作。

第二节　"折磨"司法：参与陪审团

一　陪审团制度

英国的司法体制中有陪审团制度，陪审团由陪审员（juror）组成。起初，作为行政手段之一的陪审团主要出现于中央政府和地方政府的行政管理过程中。针对具体问题，当地政府会召集一些对情况熟悉的人，向他们了解有关问题的具体信息。在刑事审判与民事审判中陪审团有着不同的名称：jury 是在刑事案件审理中对陪审团们的称谓，而 jury 又有着（大陪审团）grand jury/ jury of presentment 和（小陪审团）petty jury 之分；the assize（相当于大陪审团）与 the jurata（相当于小陪审团）[2] 则是陪审团在民事审理中不同的称谓。

成为陪审员是有一定的限制条件的。如依照 1584 年法律规定成为陪审员的人应有一定的个人财产，其下限为年收入 4 镑。而对非自由土地持有农该法律并未声明其不能担任这一职务。德文郡担任陪审员的资格，从该郡四季法庭 1597 年法庭记录中的记载看到的是自由土地持有农才有资格担任该郡的陪审员。林肯郡郡长 1630 年给其执行官下达了一道规定入选陪审团成员资格的命令：自由土地持有农年收入应达到 20 先令；公簿

---

[1] M. Campbell, *The English Yeoman, under Elizabeth and the Early Stuarts*, New York：AUGUSTUS M. KELLEY Publishers, 1968, p. 346.

[2] W. S. Holdsworth, *A History of English Law*, Vol. I, London：Methuen, 1923, p. 321.

持有农应达到相当于 4 个贵族的年收入。由于缺乏这方面的资料而对这些资格难以判断，但对于林肯郡那样的情况有一点可以肯定，大多数持有自有土地的约曼与富有的具有约曼身份的公簿持有农，全都具有担任陪审团成员的资格①。由出身于富裕的农民家庭且具显赫地位的地方头面人物，来担任陪审员一职是毫无疑问的。从乡村走来的众多的富裕农民，组成了英国各级法庭的陪审团。

二 成为大陪审团成员

通常，大陪审团（grand jury）大部分由当地乡绅组成，但若没有足够数量的乡绅来充当陪审员的话，所缺少的陪审员则由本地富裕农民中产生来补足。根据英国当时各郡法庭记录的相关内容，斯特福德郡和埃塞克斯郡，约曼占据了陪审员中的多数，正如克沃尔在 1607 年记载的信息中描述的那样："一个大陪审团由 24 个富有的大乡绅或者若干个约曼组成。"② 但有些郡却并非如此，汉普郡的大陪审团成员中约曼只占了少数而乡绅占据多数，诺福克郡和德文郡也是如此；而在兰开郡和柴郡的大陪审团名单中根本就没有约曼的名字，陪审员都是由当地的乡绅来充当的。

然而在肯特郡、多塞特郡、埃塞克斯郡、德比郡、诺森特斯郡、萨默塞特郡、诺福克郡、威尔特郡和约克郡等地，作为地方管理机构的组成部分，也属大陪审团（jury of presentment）的百户区陪审团相当活跃③。在对 18 个百户区的 179 名陪审员的财产进行审查后，科斯敏斯基发现这些陪审员大都是富裕的自由农民。这些人的土地几乎都分散在多个村庄与庄园，而只局限在一个村庄或庄园拥有土地反而是极其偶然的情况。汉丁顿托斯兰百户区陪审员威廉就是个典型的例子，富裕的威廉拥有约 160 英亩土地④。诺斯莱丁在约克郡有长期的法庭记录，记录显示约曼的名字多次

---

① M. Campbell, *The English Yeoman, under Elizabeth and the Early Stuarts*, New York: AUGUSTUS M. KELLEY Publishers, 1968, pp. 342–343.

② M. Campbell, *The English Yeoman, under Elizabeth and the Early Stuarts*, New York: AUGUSTUS M. KELLEY Publishers, 1968, pp. 340–341.

③ Ibid., p. 341.

④ E. A. Kosminsky, *Studies in the Agrarian History of England in the Thirteenth Century*, R. H. Hilton ed., Translatnated from the Russian by Ruth Kisch, Oxford: Basil Blackwell, 1956, p. 261.

出现在许多百户区的陪审团成员名单中①。因而，富裕农民占据陪审团成员的多数的情形，分析百户区陪审团的组成才更加具有说服力。

然而这还不是富裕农民出席最多的陪审团。审理陪审团（trial jury）才是约曼最经常出席的。当托马斯·富勒谈及约曼时说："约曼是这个国家陪审团的主要成员。"② 霍兹豪斯也说："陪审团作为普通法中最独特——在那些多次经历陪审实践具有丰富经验的人眼中——最有价值的部分。"③ 富裕农民常年参与司法，裁决的对象往往是不守法纪的邻居，他们本人也许因此不受欢迎，但陪审团的参与司法及行政管理，使各方信息得以交流与整合，既减少了司法与行政成本，也有利于提高普通民众的政治素养和政治热情。

因为富裕而符合陪审员资格的条件要求，许多富裕农民能够成为陪审员，从而影响当地的司法，进而产生干预和控制地方事务的结果，所以富裕农民通过陪审团制度对地方造成的影响是不容低估的④。"法律折磨穷人，富人折磨法律。"⑤ 这便是当时情形的真实写照。

第三节　初尝参政滋味：取得地方议会选举权

一　平民构成的下议院

中世纪英国的议会由贵族把持，这在一定程度上使世俗的权力对王权加以制约，在 14 世纪时就是由贵族把持和控制咨议会。爱德华三世时期，集体请愿制度得到了发展，"平民代表作为一个整体正式提出意见"⑥，就像 1327 年时候一样把意见作为议会法令加以确认，在议会中明显的形成

---

① M. Campbell, *The English Yeoman*, *under Elizabeth and the Early Stuarts*, New York: AUGUSTUS M. KELLEY Publishers, 1968, p. 341.

② M. Campbell, *The English Yeoman*, *under Elizabeth and the Early Stuarts*, New York: AUGUSTUS M. KELLEY Publishers, 1968, p. 341.

③ W. S. Holdsworth, *A History of English Law*, Vol. Ⅰ, London: Methuen, 1923, p. 299.

④ R. H. Hilton, *The English Peasantry in the Later Middle Age*, Oxford: Clarendon Press, 1975, p. 54.

⑤ [英] 阿萨·勃里格斯：《英国社会史》，陈叔平、刘城、刘幼勤、周俊文译，中国人民大学出版社 1991 年版，第 213 页。

⑥ [英] 温斯顿·丘吉尔：《英语国家民族史略》，新华出版社 1985 年，薛丽敏、林林译，第 319 页。

了"下议院"。1343年当贵族与教会显要们在威斯敏斯特宫的白厅召开议会时,骑士与市民代表则在彩宫议事。而对于贵族控制咨议会的现实,议会下院却是通过特殊的方式来扩大下院的权力。

15世纪,英国议会通过了一系列的有关选举的法令。第一个选举法于1406年颁布。它规定:郡长必须按照正当的选举程序组织选举,选举应当是完全自由的,选民不受外界压力的影响。而后又作出补充规定,授权大法官监督各郡选举,对违犯选举法的郡长处于惩罚或监禁①。1429年的选举法又明确规定了郡选民的财产资格,凡年土地租金收入达40先令的土地持有人拥有选举权。1432年,又申明选举人必须在参选郡中居住或在该郡拥有地产。至于享有被选举权的资格,1445年法规宣布:各郡竞选议员者的社会地位必须在骑士之上,当选骑士应有20镑以上的年收入②。

依1436年纳税人登记簿估算,全国的选民约10000—15000人。15—16世纪之交,有选举资格的约30000人左右③。

下院利用其日益稳固的地位联合占有大量土地的影响力日增的乡绅在1430年共同促成了一个法令。为了维护议会作为专属于地主、商人等有钱人的机构,此法令规定在郡县选举中,契约租地农和公簿持有农这些"财力微弱和没钱的人"被有效地剥夺了投票选举权。正是由于下院的重要作用,导致赞助者愿意在自治市镇中积极谋求选举权。原来在自治市镇当选的议员只有当地的杰出公民才有机会,而在法令颁布后,王室官员、公职人员、绅士和律师也可以当选了。珀西和内维尔两个家族控制着约克郡的议会选举,而诺福克公爵则控制着诺福克郡的选举④。当选议员的大多数都出身富裕之家的见解独立且有思想的大土地所有者,而非仅从自身的利益出发不顾政治利益的贵族的应声虫,所以他们就不会在咨议会和议会中经常支持贵族们的观点了。

---

① C. Stephenson and F. George Marcham ed, *Sources of English Constitutional History*, *A Selection of Documentsfrom A. D. 600 to the Present*, New York and London, *1937*, pp. 275–276.
② 阎照祥:《英国政治制度史》,人民出版社1999年版,第85页。
③ 刘新成:《英国都铎王朝议会研究》,首都师范大学出版社1995年版,第36—37页。
④ [美]克莱顿·罗伯茨、戴维·罗伯茨、道格拉斯·R. 比松:《英国史》上册,潘兴明译,商务印书馆2013年版,第229页。

二 参与议员竞选

议会成员组成结构的改变是英国资本主义市场经济基础初步形成的上层建筑的直观反映。著名议会史专家哈斯勒认为，伊丽莎白女王一朝议员"在阶级成分方面，就家庭出身而言，在2603人中，6%出身于贵族，1%为无封号的显要大臣，57%为乡绅、骑士或缙绅，2%为律师，17%为商人，2%为自耕农以下阶层，15%不详①。"来自于面积最广大的乡村的乡绅、骑士或缙绅及自耕农以下阶层占据了议会的59%。这当中显然包括了少部分的富裕农民；另外，依1436年纳税人登记簿估算，全国的选民约10000—15000人，15—16世纪之交，有选举资格的约30000人左右②，除去乡绅、骑士或缙绅、律师、商人，真正的约曼如同凤毛麟角少得可怜。

"光荣革命"之后，1710年通过的选举法，使掌握土地财富的阶层取得了在议会和内阁中的支配地位，如治安法官在乡村中的地位一样，而且将各郡选区中的选举权统一授予所有每年地租收入40先令的自由土地持有农和开放选区的市镇居民③。这是一种不同于其他下层农民的政治权利。在选举记录中能够发现，富裕农民热衷于参加选举，主要充当他们的乡绅朋友竞选的助手④。富裕农民会参加郡议会骑士的选举，其后代也将大大受益于这一职责。

议会下院代表的是英国社会中非常小范围的精英，他们均拥有财产，主要是拥有土地。在下院的开会地点圣斯提文斯教堂的座席上，坐着来自乡下的士绅们。其中以大土地持有者最具优势，1/5议员是贵族出身，1/6是从男爵或者从男爵的儿子，其他的大多数来自绅士阶层。而大土地持有者论人数虽然占比较小，仅占英国人口的0.5%⑤，但是他们的财力却非常强大。当时约400户大土地持有者掌握了全英国20%耕地，年收

---

① Hasler, P. W., *The House of Commons 1558–1603*，第1卷，伦敦1981年版，第12—13页。
② 刘新成：《英国都铎王朝议会研究》，首都师范大学出版社1995年版，第36—37页。
③ [美] 克莱顿·罗伯茨、戴维·罗伯茨、道格拉斯·比松：《英国史》下册，潘兴明译，商务印书馆2013年版，第43页。
④ M. Campbell, *The English Yeoman, under Elizabeth and the Early Stuarts*, New York: AUGUSTUS M. KELLEY Publishers, 1968, p. 353.
⑤ [美] 克莱顿·罗伯茨、戴维·罗伯茨、道格拉斯·比松：《英国史》下册，潘兴明译，商务印书馆2013年版，第15页。

入从 5000—40000 英镑不等；约 700—800 个土地持有者掌握了 30% 的耕地，年收入从 3000—4000 英镑不等。他们构成了土地阶层的精英，经济非常富足，他们凭借其经济实力影响和操纵本选区的议员选举。比他们地位稍低的持有 30% 的 3000 户绅士阶层，在选举中也在经济上寻求同盟者，希望介入政治①。当然，席位上也偶尔有一些军官或者商人，但是为了把这些人挤出去，士绅们控制议会通过了《1711 年财产资格法》，规定乡村议员必须拥有价值 600 英镑的地产、市镇议员每年必须拥有 300 英镑的财产②。这也使得英国国会下院变为乡绅阶层的禁脔，成为乡绅阶层在国家政治事务中的代言人③。恩格斯对英国国会下院更是一针见血地指出"无非是一个不依赖人民的关门的中世纪同业公会。"④ 中世纪英国议会就是"纳税人的代表机构"，是"以财产为基础的权力机构"；"议会成员是纳税人的代表"⑤。虽然 16—18 世纪中叶这一长时段而言，英国贵族在经济实力上并未出现整体滑跌的局面，贵族阶层仍是英国社会中的最富有者。从土地依然是财富的主要内容上看更是如此，1700 年贵族拥有英国土地财富的 15%—20%，1780 年为 20%—25%⑥。

因此，虽然来自乡下的士绅们取得了参政议政的地位，但约曼有所提高的政治地位，更多地体现在参与地方事务管理事中，参与国家政治活动只能由更有钱更富裕的乡绅们代表。"在 18 世纪，不仅下院议员选举制度与中世纪相差无几，其组织状况和立法程序也无多大变化。"⑦ 直到工业革命基本完成之后的 19 世纪的议会改革才逐步被改观。1832 年中小资产阶级获得选举权，1867 年使产业工人获得选举权，1884 年使农民获得选举权，

---

① [美] 克莱顿·罗伯茨、戴维·罗伯茨、道格拉斯·比松：《英国史》下册，潘兴明译，商务印书馆 2013 年版，第 49 页。

② [美] 克莱顿·罗伯茨、戴维·罗伯茨、道格拉斯·比松：《英国史》上册，潘兴明译，商务印书馆 2013 年版，第 15 页。

③ 王晋新：《论近代早期英国社会结构的变迁与重组》，《东北师范大学学报》2002 年第 5 期。

④ 《马克思恩格斯全集》（第一卷），人民出版社，第 687 页。

⑤ 赵文洪：《中世纪英国议会私有财产神圣不可侵犯原则的起源》，《世界历史》1998 年第 1 期。

⑥ 王晋新：《论近代早期英国社会结构的变迁与重组》，《东北师范大学学报》（哲学社会科学版）2002 年第 5 期。

⑦ 阎照祥：《英国政治制度史》，人民出版社 1999 年版，第 270 页。

到 1928 年则最终实现了男女平等的普选制①。富裕农民步入真正的参政之路还要在工业革命之后资本主义国家政体制制度的完善中才最终得以实现。

第四节 慈善与公益

济贫活动源于较长的转型时期发生的重大历史变故，导致了人们原有社会地位的改变与财产转移，有人富裕而更多的人变穷了。

一 对贫困现象认识的逐步深化

首先是早期圈地运动。总的来看虽然规模并不大，但冲击了农民份地制，动摇了封建土地所有制。被剥夺土地的农民成为一无所有的流浪汉。他们迫于政府法令出卖廉价劳动力。而物价上涨的最大受害者正是靠薪资生活的劳动者，即便就业状况处于比较充分的情况下。受雇佣的劳动者发生贫困化的主要原因即源于此。沃勒斯坦说："16 世纪欧洲的世界经济体的最明显的特征之一是长期的通货膨胀，即所谓的价格革命。"② 英国对价格革命有着强烈反应，物价的持续上涨充斥着 16 世纪的全程乃至以后一段时期。1511—1550 年粮食的价格的上涨幅度达到了 60%，到 1560 年的 10 年间又上涨了 55%。而工资的增长幅度却低于粮价上涨的幅度：1550 年工资的涨幅只相当于大麦价格涨幅的 15%，1550—1560 年也仅相当于大麦价格涨幅的 30%，工资的涨幅低于粮食涨幅约 50%。通货膨胀让雇主们受益匪浅，靠着对廉价劳动力的剥削和产品高价出售获取了巨额利润，而雇佣劳动者却变得日益贫困。当雇佣劳动者的基本生活不足以靠微薄的收入来维持时，他们如果不依靠施舍便只能乞讨流浪。

其次是英国 16 世纪自上而下开始的宗教改革运动。教会财产遭到没收，这些寺院用来救济贫民的原来年收入的相当大的部分被夺走，自 1536—1539 年总共解散了 608 座寺院；下层群众贫困化和流浪人口增加的又一个因素就是修道院被解散教产被夺取，原来依靠年金生活的修士修女、下级教士以及为数众多的寺院的雇工、仆役也陷于贫困，甚至沦为乞

---

① 陈文滨：《西方近现代民主政治的中世纪基础》，《江西科技师范大学学报》2005 年第 5 期。

② [美] 伊曼纽尔·沃勒斯坦：《现代世界体系》第一卷，高等教育出版社 1998 年版，第 81 页。

丐，加入流浪大军。再加上其他种种原因使社会上形成一支人数众多的流浪大军。这其中有正在寻找工作的也有无论如何也不愿工作的，后者则是流氓。流氓人数每郡约 300—400 人，他们两两三三成组或四、五十人结队①。这样的人群中不乏有人沦落为罪犯，抢劫、杀人、群起暴动时有发生。他们虽为人所同情，但更多的是使人畏惧。当时有哄孩子的小调儿就唱道："听！听！狗儿在咬了，乞丐来到镇上来了！"于是有人给他们些白面包，有的给他们些黑面包，有的则给他们一顿鞭打，并把他们往镇外赶跑②。这样一种贫困的状况与对待贫困的态度就是当时社会发展变化过程中的真实写照。

  不同历史时期统治阶层对待贫困表现形式也各不相同。教会作为中世纪社会的精神领袖，在竭力进行劝导以使穷人安于贫困的同时，也竭力对社会上层加以鼓吹行善积德以达永生不死。所以，社会常常对于能够安于贫困的穷人给予普遍的赞赏，许多富人时常向教会和穷人捐赠自己的财物以达到"赎罪"的目的。但在都铎王朝后期，自 16 世纪以后，加剧的社会贫困程度以及日趋增加的贫民数量已经对现实社会秩序存在严重的威胁，社会富有的上层对于贫困的看法以及对待贫民的态度也由此发生了很大的变化。教会的说教看起来苍白无力，富人日益将穷人当成他们自身存在的巨大威胁，于是他们频频向政府要求对穷人施以严厉的限制措施，对身强力壮的流浪者强制其参加劳动，救济无劳动能力的穷人。然而在如何处理和解决社会大量存在的贫困问题上，人们从各个角度提出了许多不同的看法。

  人文主义者们在 16 世纪 20 年代即致力于对贫困威胁社会的问题的研究。他们认为物质贫困是造成社会犯罪的根源。而人的懒惰又导致了人的物质上的贫困，因此对于游手好闲和无所事事的贫民们，要通过制定法律加以严厉的限制，解决因贫困而产生的社会犯罪，加强对贫民的教育，以使他们普遍存在的懒惰的习性得以改变，并达到让他们能够安分守己的工作的目的。到了亨利七世和亨利八世时代，得到了国王赏识的人文主义者们关于解决贫民问题的这些主张，随着人文主义者地位的提高便很快上升

---

  ① ［英］克莱登·罗柏兹、大卫·罗柏兹：《英国史》，贾士蘅译，五南图书出版公司 1986 年版，第 413 页。

  ② ［英］屈勒味林：《英国史》，钱端升译，商务印书馆 1930 年版，第 356 页。

为主流观点而流行于上层社会。如托马斯·莫尔等人文主义者作为亨利八世的吹鼓手和教师曾接受聘用。托马斯·莫尔以当时社会中大量存在流浪问题为立足点，写下了著名的《乌托邦》一书，揭露了16世纪初存在于英国社会的弊端，他在书中明确主张禁止行乞、所有身强体壮的穷人将被强迫参加劳动。

而"御用"的一些思想家提出，作为一个由相互依赖的由各个组成部共同构成有机体的社会，国王的功能就如同人的心脏和大脑，而起到眼睛功能的是法官、起到手的功能的是手工业者，起到脚的功能的是农民，在社会这个运行的有机体中他们各自所应有的作用都得以发挥出来，因此，富人们必须承当起对穷人的救助并向穷人们提供就业机会的职责，以达到对社会上游手好闲的穷人的限制，让构成社会的各个组成部分不会无所事事，使社会的正常运转得以维护和保证。

二 王国颁布济贫法令

都铎王朝时期的政府从一开始立法就采用了这样手段：采取惩治贫民的措施，特别是对那些游手好闲而又身强体壮的穷人[①]。

16世纪30年代以后，是政府推行济贫法令的一个极为重要的阶段。正是由于议会与国王关系在这一时期的发展，济贫法多是国王通过议会制定的。

1495—1531年政府一直把制止和反对贫民流浪作为制定各项立法的主要内容，在1531制定的惩治流浪者法令在1531—1572年一直施行。但此法令曾依据1536年法案进行了进行了修改：1536年法案通过每个教区的管理机构如教会执事（church warden）统一控制所有的慈善性施舍[②]；除了强调对于违法者要严惩不贷，还第一次规定对有劳动能力而又进行劳动的乞丐应付给薪资；每周必须有教区执事或两位其他官员收集用于贫民救济的居民们自愿捐赠的救济物品；设法为有劳动能力的乞丐找工作是市长、警官和其他城市官员应尽的职责。这一法令开救济贫民乃官方政府应尽职责之先河，政府的济贫政策已明确地转向惩治与救济相结合而不再是

---

① A. L.Beier, *The Problem of the Poor in Tudor and Early Stuart England*, London, 1983, 附录。

② P. Slack, *The English Poor Law 1531 – 1782*, New York: Cambridge University Press, 1995, p. 9.

单一的惩治政策。

在流浪者人数多得惊人的爱德华六世时期，专门成立了一个隶属于国王的由 24 人组成的专门委员会来研究如何解决流浪与乞讨问题。委员会研究决定根据流浪者不同的类型来设立相应的救助机构，包括慈善救济院、儿童学校和感化院等。1547 年，为进一步打击流浪犯罪国王颁布了新法案，新法案规定当首次被判犯有流浪罪时，犯人不但要被罚做两年奴隶，还要在他的胸口烙上一个"V"字形印记；如果无人收留犯人为奴就要将犯人送去做工，可以送到教区也可以送到城里，不愿意劳动则要加重惩罚的力度：烙一个代表奴隶身份的"S"形印记在他的额角或脸上并处死或使之终生为奴。流浪者在被监禁期间如果获得一份遗产，或者通过做工赚到钱，就可以获得自由。对于那些没有流浪的无劳动能力者、残疾人、老年人和失业者，地方官员们对他们进行救济，每周都要集中所收集起来的救济物品于教区教堂，同时还设法为这些流浪者提供住处。1550 年时开始强行征收济贫税，但并没有普及到所有教区。一些地方征收济贫税的先行举措以后被视为推广性办法在 1552 年的法令中体现出来。该法令命令各个城镇和乡村的教区任命收税官向本教区的教民收取救济金（alms）并负责分发的工作。

1552 年，政府为筹措救济经费而把救济义务制度引入立法中。当时据此而制定的法案强制要求每一户居民，要根据各自财产与收入的现状每周都必须对贫民施以救济，若经过教区执事的劝告仍然坚持拒不捐赠的居民，将被向主教报告。而到了 1563 年与此相关的法案又有了更明确的进一步规定，经劝告后仍然拒绝对救济义务予以承担的居民将受到法律的惩罚。而对救济物品的收集无能为力的政府官员同样也会受到一定的惩处。议会 1572 年的立法，区分了找不到工作的人和流民并加以区别对待，立法规定对于找不到工作的人政府应该将工作的机会提供给他们。对于流民，该法律又恢复了施之以严刑酷法的规定，第一次流浪者，将被施予鞭打、耳朵穿孔之刑而第二次流浪者将被判重罪，第三次流浪者将被处以死刑。

1572 年到 17 世纪初是政府推行济贫法令的一个极为重要的阶段。此间正处在伊丽莎白女王执政的时期内（1558—1603）。这一时间段里，政府颁布了一系列较为系统的济贫方面的法案，1572 年的济贫法令指示所有的教区都有权强行征收济贫税。治安法官负责登记各教区的贫民人数，并对所需的救济款额做出估计。征税的具体工作则指定教区济贫官完成。

此后，帮助、指导穷人寻找工作和安排就业以及贫困儿童强制学艺的规定在 1576 年以及 1597 年议会颁行的法令规定中得以体现。

1576 年新立法规定，对失业者中身强体壮的要使其有活儿可干，各个自治市与特许集市要为其提供原料；对于那些不愿意工作的人各个郡的治安法官都要为他们建立感化院。"禁止流浪汉、流民和身强体壮的乞丐"法案制定于 1598 年，该法案恢复了 1531 年法案制定前的那些严刑峻法，强调将系在马车后鞭打那些被查获的流浪乞讨者，再强制性的把他们送回家。对于屡教不改者治安法官有权将其送进感化院或投入监狱，也可将其罚做划船的苦工直至放逐出本国。法案还要求各个教区都要设立一名专门负责征收济贫税的救济员，负责付报酬给那些参加各种劳动的身强体壮的穷人们。至此，对于社会贫困和贫民流浪问题，都铎王朝从中央到地方的一整套制度与方法，围绕着"阻止和惩罚贫民流浪，对应该受到救济的穷人"施以救济这一核心，于 16 世纪末基本建立起来。

在历史上声名卓著具重大意义的是伊丽莎白女王制定的 1601 年济贫法。此法令与以前的法令相比内容上并无太多新颖之处，伊丽莎白女王只是将 1601 年以前的全部济贫法加以编纂而形成法典。政府将已经成为公共负担的大批乞丐分成两种，即没有劳动能力的人和体格健全的懒人，强迫后者进入教养院（Houses of Correction）从事劳动，由各个教区负责管理。

都铎王朝颁布和实施济贫法，表明在 1601 年前后社会贫困与贫民流浪问题已使英国政府意识到是一个对其统治的严重威胁。英国政府开始通过慈善救济措施自觉或不自觉的尝试对这一问题加以解决。从内容上来看 1601 年济贫法采取家长制式的单向的、自上而下的发放的福利给付方式。是对个人和社会间权利与义务关系以及福利的自由选择的否定，贫民最终难以获得真正稳定可靠的生存保障，因为对于分配社会福利规则仅仅由社会上层国王等少数人的好恶来决定。但是，英国政府实施济贫制度的基本格局在都铎王朝最后时期，即整个 17 世纪以及其后相当长的时期内，皆由此法律所确定，这个世纪里英国一直实施着这种早期的规范方式。

事实表明：加强封建专制政府控制社会生产，维护稳定的社会秩序，保持统治阶级的统治，是都铎王朝时期的慈善救济制度的历史与阶级的实质。即便如此，采取这一系列措施的意义在于：国家和政府用法律的形式将对贫民的贫困应承担的责任加以确定，而且，对贫民在一定程度上加以救济，就可以使"应该受到救济的穷人"有了起码的生存保障，从而对社会生产活动提供了保证，也就对社会经济发展起到了促进作用，使社会秩序的相对稳定得以维护，也让都铎王朝的专制主义统治得到进一步巩固，特别是为都铎王朝奠定了社会政策的基础并以此造就了都铎王朝在英国封建社会时期的繁荣和强大①。从解放生产力、维护社会的良性的可持续发展的角度来看是具有相当的进步意义的。从人类社会发展的角度来看是作为人类文明的一大进步而彪炳史册的。

三 慈善救济活动

伴随着15世纪印刷革命在欧洲的发生，英文版《圣经》在英国得以被普遍的阅读。《圣经》里面那些鼓励人们开展捐助行为的箴言对社会自觉自愿的开展捐助活动起到极大地鼓动作用。威灵顿的克莱恩斯的叫威廉·奇彻雅德的人在遗嘱中将他的钱用来捐赠该地的穷人过冬用的50双袜子。约翰·莫梅福德在1536年济贫法颁布后也响应，留给该堂区的穷人5先令②。

1601年济贫法的实施，将作为国家社会问题与负担的贫困人口问题转移分解到教会的各个教区。此法律规定，各个教区负有责任救济居住在本教区的贫民，而本教区的贫民特指出生于本教区或居住于本教区已满三年的贫民；而如下情况贫民的登记资格将被取消：贫民能够从父母或子女、丈夫或妻子以及亲戚处获得赡养；由治安法官推举救济员设立于各个教区，救济员的主要责任是收取济贫税，对贫民递交的救济申请接受并加以审查是否符合救济条件，对贫民的生活情况加以调查，对进入感化院或济贫院中的贫民组织其加入生产劳动中去等。出于对加强贫民救济管理的需要该法将贫民分为三类：身强体壮的为第一类，此类贫民不但得不到任何救济还须强制进入济贫院劳动，拒绝劳动将受到木枷或监狱的囚禁；残疾人、病人、孕妇、老年人和精神病患者等不能参加劳动的贫民，是无劳动能力的第二类，救济员将直接向他们发放燃料、衣服和食物，这叫作"院外救济"，也可以由济贫院直接收容；第三类是弃婴、孤儿或父母贫

---

① 滕淑娜、吕洪涛：《都铎王朝赋税的来源与用途》，《辽宁大学学报》（哲学社会科学版）2011年第3期。

② C. Dyer, *Lords and Peasants in a Changing Society*, Cambridge: Cambridge University Press, 1980, p. 351.

困无力抚养的儿童等不能自立的儿童，若有人愿意收养则交由领养者收留，若无人领养就由愿意出低价的家庭抚养，通过签署契约，有劳动能力的 8 岁以上的儿童免除抚养费典当给富裕的居民，跟随师父学习手艺的男孩子要工作到 24 岁，而给人家做仆人的女孩子要工作到 21 岁才可结婚。1601 年济贫法的全面实行，使得在各个教区作为负责组织与解决各项教区事务骨干的富裕农民，因此增加了一项重要的社会公益责任。

从济贫机构看，根据 1598 年和 1601 年"济贫法"，每个堂区要任命两名以上济贫官员，他们负责赡养失去劳动能力的老弱病残者；提供原材料，如亚麻、大麻、羊毛等，安置有劳动能力但没有谋生手段的穷人工作；资助贫苦家庭的孩子当学徒。所有费用均向当地居民和土地所有者征收，数额多少视需要而定。"济贫法"的实施，使救助的人数和救助的标准都有了提高。按照戴尔的统计，中世纪晚期伍斯特市各种慈善机构总共只能救济 120 个人，占总人口的 3%[1]。他们不但要向本堂区的穷人们提供最基本的住宿，甚至还要提供作为生活用品的衣物和燃料。

在施鲁斯伯里郡的相关市政记录中，1635 年在该郡的 15 个堂区里由约曼担任济贫监管员堂区多达 10 个[2]，而这一比例在那些偏远贫穷的乡村地区会更高。由众多约曼担任的济贫监管员的责任[3]主要是：（1）对穷人们开展救济，无论是残疾人、病人、老人还是丧失劳动能力的人，只要属于本堂区都应提供救助。对那些身体强壮但失去工作的人提供就业的机会。对于有劳动能力而又缺少劳动技术的人，济贫监管员还要负责提供羊毛、亚麻或大麻作为生产原料。至于那些游荡在本堂区的无业游民、流浪汉及乞丐们，如果他们出生于本堂区就有权力从这里获得一份工作。1634 年曾有 5 个担任伍斯特郡一个堂区济贫管理员的约曼被指控既未给无处谋生的强壮劳动力提供大麻、亚麻、羊毛、铁具等原料，也未安置这些人去工作[4]。（2）培养穷人的孩子学习手艺，帮助孤儿和贫困家庭的孩子寻找

---

[1] C. Dyer, *Standards of Living in the later Middle Ages*, *Social change in England*, *c.1200 – 1520*, Cambridge: Cambridge University Press, 1989, pp. 74 – 75.

[2] M. Campbell, *The English Yeoman*, *under Elizabeth and the Early Stuarts*, New York: AUGUSTUS M. KELLEY Publishers, 1968, p. 331.

[3] C. Cook & J. Wroughton, *English Historical Facts 1603 – 1688*, Totowa, N. J.: Rowman and Littlefield, 1980, pp. 95 – 96.

[4] M. Campbell, *The English Yeoman*, *under Elizabeth and the Early Stuarts*, New York: AUGUSTUS M. KELLEY Publishers, 1968, p. 333.

合适的雇主去做学徒,费用来自本堂区土地所有者缴纳的济贫税。(3)将没有居住权的乞丐遣送回原来居住的堂区。对这些外来的流浪者,济贫监管员有权处理,把他们的衣服除去,带到中心广场鞭打,直到流血,然后将其送回他出生的堂区。(4)说服堂区中富裕农户缴纳济贫税,合理评估和征收济贫税,济贫监管员每个月要开会,并与其他官员和堂区中值得信赖的居民一起,商讨下个月的工作计划。他们必须使其救济尽其用。诺福克约曼约翰·沃特斯在特林顿堂区担任济贫监管员,1630年被谴责给不该救济的人以救济[1]。除了救济,济贫监管员还要监管民间对慈善事业的捐助。

由于济贫法的规定,人们要缴纳济贫税。所以到伊丽莎白时这期已成为英国人最沉重的税收负担。因而作为济贫税的主要承担者的乡绅和中等收入者,对他们所在堂区的穷人数目的增加非常敏感。从斯特福德郡季审法院的诉状中可以看出他们的担心。1613年鲁奇利有三个居民要求治安法官将堂区的啤酒馆数目减少一半,理由是:"本堂区按周领取救济金的穷人已有120余人,远远超出了本堂区所能供养的能力",但由于"过多的啤酒馆作祟,穷人的数目还在大量增加",因为啤酒馆诱使当地居民"将他们整个的时间和产业花费在酗酒上,一旦陷入贫困,男人沦落为贼,他们的妻儿则被迫乞讨"[2]。在农业资本主义以及城市化进程发展到一定时期而工业革命尚未开始之前,财富的集中与贫富分化产生的大量需要救济的穷人,这让济贫监管员们操心不已,也让富裕农民忧心忡忡。

伊丽莎白之后的两个世纪英国社会济贫政策的法律基础就是1597年和1601年的济贫法,而济贫官这一职务也逐渐地为人们熟悉起来。济贫行动的普遍实行需要众多的济贫监管员,而约曼阶层为此负担了高额的济贫税而且捐赠了财务并提供了大量的济贫监管员合适人选。

---

[1] M. Campbell, *The English Yeoman, under Elizabeth and the Early Stuarts*, New York: AUGUSTUS M. KELLEY Publishers, 1968, p. 332.

[2] 转引自向荣《啤酒馆问题与近代早期英国文化和价值观念的冲突》,载于《中世纪晚期 & 近代早期欧洲社会转型研究论集》,人民出版社2012年版,第160页。

本章小结

　　随着富裕相伴而来的是对行政管理的参与。作为乡村让人羡慕的富裕者，代表着新生产方式的发展方向，朝气蓬勃受人尊敬，自然成为乡村地方排解纠纷、组织集体行动的组织者领导者，参与本地的行政管理也是必然。但在以财产为标准的社会上，富裕农民还没有达到登堂入室参与国家政治的地位，但协助乡绅掌握地方选举进而使土地富豪占据下院，富裕农民也是功不可没。富裕农民参与国家的社会管理和社会公共事务，今天看来是极其具有参考和借鉴的现实意义的。

　　首先，发挥农村中起到表率作用具有号召力的先进分子的力量，起到引导广大农民认清发展方向，进而形成农村的整体发展模式与导向，建立对农村农民地位认定的统一标准。财富的多寡就是认定的唯一标准。这一标准的确立是对努力致富的先进富裕农民的直接肯定和巨大鼓励。富裕农民作为英国农村中靠个人努力和智慧富裕起来的农民代表，在广大普通农民群体中有着巨大的影响力与号召力。认识他们的力量，利用他们的力量，激发他们积极主动地参与国家管理和公共事务，完成作为国家成员应尽的责任与义务，可以使中央的意志准确高效地贯彻到国土每一个角落、落实到每一个农民的身上。在国家大厦的基础中他们起到的是混凝土中钢筋的作用。

　　其次，高素质的农村带头人对农村、农业和农民的发展提高具有巨大的带动效果与推作用。富裕农民在致富与扩大经营的过程中，靠着努力扩大与提升了自己的经验和阅历，也通过不同途径提高了个人的文化素养，提高了处理公共事务的管理能力和领导决策能力，完全是一个合格的基层乡村行政领导者和劳动经营的带头人。他们在宣介、推广、执行国家的法律政策时，能够以自己透辟的理解用农民易于接受的方式传达给广大农民，起到了其他阶层人士所起不到的作用，他们是国家权力巨人深入乡村的手指，成了国家机器在乡村最有效的结构组成部分。

　　最后，与中国传统的自然经济下的农村社会不同。中国传统的农村社会靠的是有血缘关系的家族体系、宗法组织以及传承的道德思想，来维系整个农村社会的超稳态下的和谐与发展。英国较早的就经过了一系列限制王权、限制教会等的斗争，较早的走上了资本主义性质的农业经济发展之路，也较早的确立起了摆脱人身依附与人身依赖的新的生产关系。在这种早期的资本主义市场经济下的生产关系，维系人与人之间关系的不再是血缘亲缘、家族宗法而是国家制定的法律。在较早的就实施依法施政治国的大环境下，用富裕农民作为乡村的骨干力量，来维持国家治理的正常运行，来解决邻里乡民的纠纷、矛盾，来表率农民发展生产努力致富，来帮助救济贫困与无家可归者等等，无论是在组织机构形式上，还是经济实力与实际效果上，富裕农民都可以说合格地完成了作为"约曼"的社会责任，也完成了作为新兴的资产阶级组成部分的历史使命。

今天在我们推进现代化建设发展之际，针对农村城市化、农业市场化、人口老龄化、城乡贫富差别化、构建法治化社会等方面，了解研究英国转型时期乡村发展建设中富裕农民的社会角色与历史角色，对服务于现实还是有着现世的参考和借鉴参照价值的。

第五章

富裕农民的物质生活

从中世纪晚期开始，英国大众消费水平逐渐得到提高，消费品生产逐步扩展。根据戴尔的研究，在1375—1420年英国社会大部分人口的收入增加，消费能力上升。黑死病之后，食品和制造品的消费模式发生了决定性的变化，每个人的食物、饮料消费和种类都增加了，下层民众的生活日益接近贵族家庭的日常饮食，服装形成了新时尚，农村房屋建筑追随城市风格，在建筑、金属用品制造、服装加工、陶瓷工业等行业都出现了消费导向的生产[1]。传统社会地位的首要衡量标准是慷慨，是作为享乐主义者美德的慷慨。它包括身着华服、居住着坚固结实装饰精美的房屋、有大量侍仆等，最为重要的，还是保持餐桌的丰盛，以欢迎任何有适当社会地位的人光临。这是英国贵族和重要缙绅极力称颂的慷慨的标准，这也是他们非常渴望子孙后代能够牢记在心的东西[2]。贵族生活风尚中的华衣锦食为富裕的农民约曼们所向往并趋之若鹜。

根据消费经济学的观点，物质生活的消费水平可以用货币表现，即价值消费量，如人均消费额、消费支出的多少等等；也可以用实物表现，即实物消费量，如人均多少粮食、多少肉类产品、奶类产品、禽类产品、蔬菜、水果等。马克思把消费分为生产消费和生活消费两种。所谓生活消费就是指人们为满足个人生活需要而消耗各种物质资料和精神产品。它是恢复和发展劳动力、使人们得以生存和发展的必要条件，因而也是保证生产过程不断进行的前提。马克思认为，消费是人类社会生产的重点和终极目

---

[1] C. Dyer, *An Age of Transition: Economy and Society in England in the Later Middle Age*, Oxford University Press, 2007, pp. 126–157.

[2] ［英］劳伦斯·斯通：《贵族的危机：1558—1641年》，于民、王俊芳译，上海人民出版社2011年版，第27页。

的,而在生产与消费的相互作用的分析中,马克思强调了消费者在社会再生产过程中的重要作用。本章主要关注英国富裕农民在物质生活方面的消费水平、消费的分类与分析,着重考察他们在吃、穿、住的消费及民俗节庆休闲情况。

15世纪中叶,约翰·福蒂斯丘爵士在旅居法国许多年之后,在回忆英格兰的时候说:"有地产者比比皆是,村落再小,也能发现那里居住着一位骑士、一位候补骑士,或者一位通常叫做乡绅的房主,他们一概广富财产。此外还居住着其他类型的自有土地持有者和人数甚众的约曼,如上所述,这两类人家道殷实,故能组成陪审团。英格兰的众多约曼中,每年花销可达100镑以上的人不在少数。"①

17世纪末,由于国内市场的强劲需求,进口的食品增长迅猛,导致价格也在不断下降,使得以前是富有人家享用的奢侈品,现在变成了大众消费品。以糖为例,在1630—1680年,人均糖的消费量增加了4倍,零售价格下降了一半。到1750年,有近100万英担的糖在英国市场出售,占进口总量的近90%。同样,到1750年共有300万磅重的茶供英国人购买和饮用②。能够获得的食品种类不断增多,来自于阿拉伯半岛的咖啡,来自于中国的茶,出自于东方的香料,来自于葡萄牙的马德拉葡萄酒,来自于西班牙的葡萄干、无花果和橙子,来自于意大利的橄榄油,所有这些物品的进口都极大地改变了大部分英国人的消费方式和饮食习惯。英国每年进口大量的梅脯、无花果、黑醋栗、葡萄干、柠檬、橙子,然后派送到各地的杂货店。据威廉·斯托特估算,在兰切斯特,一家杂货店在夏季的月份里,一周能够卖出一英担梅脯。新奇物品如茶、咖啡、巧克力等在英国特别是在伦敦越来越流行,17世纪90年代开始,专业的咖啡馆进入消费者生活中,逐渐普及开来③。据格雷戈里·金估算,1695年国内生产的水果和蔬菜价值高达120万英镑④。

---

① [英]艾伦·麦克法兰:《现代世界的诞生》,刘北成译,上海人民出版社2013年版,第72页。

② B. Coward, *Social Change and Continuity: in Early Modern England 1550 – 1705*, Longman Group Ltd., 1977, p. 80.

③ L. K. J. Glassey, ed., *The Regime of Charles II and James VII & II*, Macmillan Publishers Limited, 1997, p. 194、200、204.

④ J. Thirsk, *Economic Policy and Project*, *The Development of a Consumer Society in Early Modern England*, Oxford, 1978, p. 163.

从 17 世纪英国人的消费行为来看，英国已经进入了消费社会。此时英国人的消费超越了物质享受层面，特别是中等阶层在衣食住、休闲娱乐等方面的炫耀性消费十分强劲，开始追求时尚，讲究品位，攀比和模仿成风。消费已不仅是一种满足生存的需要，更成为一种身份的诠释，提高社会地位的标志行为。过去的身份等级消费已经转变为经济富足阶层的心理满足消费。琼·瑟斯克认为，"消费社会"的范畴，"不仅涵盖了贵族、乡绅和富裕的约曼，还包括卑微的农民、劳工和仆人"①。到了 1690—1750 年前后英国最终形成了以"中等阶层"（the middle ranks）②为消费主体的大众消费。

一个庞大而富有的中产阶级正在积极地消费国内的制造品，从而刺激了生产。事实上这场"消费革命"发轫于中世纪，洪波涌起却是在后来的几百年间。持续到 18 世纪时，它最终成为英格兰经济发展的一个中心表征③。

第一节　小麦和浓啤酒：饮食结构的改善

丰富的食物是人间天堂盛大场面的一部分，也是某些至上尊者所拥有的财富的一部分④。烹调术发明之后，可能是食物历史上的第二次革命。地理、气候和土生土长的动植物基本决定了餐桌上的食物。在寒冷的冬天，谷物、根块类蔬菜和腌肉是人们过冬的食物。食物不只是身体生长的必要物质，更具有象征意义和魔力。虽然人们在饥饿的时候食用食物，但是每个人吃东西并不是单纯为了活下去，在任何地方，饮食都是一种文化的转化——有时是一种魔力的转化行为。它有着本身的规律，它将个体融入社会，将体弱者变为强健，它改变了人的性格，净化世俗行为；它起初

---

① J. Thirsk, *Economic Policy and Project*, *The Development of a Consumer Society in Early Modern England*, Oxford, 1978, p. 8.

② 虽然"阶级"一词在 18 世纪已经出现，甚至当时人们也使用"中产阶级"（the middling class）这一概念，当代不少学者也认为在 18 世纪英国已经形成了"中产阶级"。但这个阶层在当时并没有形成稳定的阶级，所以用 rank。

③ [英]艾伦·麦克法兰：《现代世界的诞生》，刘北成译，上海人民出版社 2013 年版，第 91 页。

④ [美]菲利普·费尔南德斯·阿莫斯图：《食物的历史》，何舒平译，中信出版社 2005 年版，第 126 页。

看起来像仪式,最终变成了一种仪式;它可以使食物变得圣洁或恶毒;它能释放能量;它代表着胜利或者喜爱;它能使人们获得认同。正像历史上发生的其他革命一样,当饮食超越了本身的物质意义时,它就变成了一种仪式。①

炫耀性的消费是制造声望的机器,部分是因为其本身就已经很惹人注目,也因为其确实行之有效。富人的餐桌正如财富分配机器的部件,他们的需求促使供应源源不断。食物的分配是礼品互赠和社会巩固的一种基本形式,食物分配链也正是社会的桎梏②。食物分配使得社会各阶层互相依赖。因此直到整个19世纪以及20世纪早期,西方社会中都把放满美味佳肴的餐桌看成一种地位的象征,种类日益繁多的食物也使得菜式花色倍增。

从总体看来,在1485—1603年,英国中下阶层民众的衣食变化不是很明显,而富裕的阶层在这100多年间却有很大的不同③。社会地位和经济地位的差别反应在平均卡路里的摄入量和食物中辅助品种的分配上。由于收入的不断增加,所以生活水平也随之不断提高。食物消费上的差别,从富有阶层的遗嘱、财产清单和其他资料中可以清楚地看到。

依据欧洲中世纪农产品生产种类和当时饮食的方式与习惯,人们所消费的食物种类基本上包括禽类、肉类、酒类、蔬菜、水果等。在每年十月各家各户自己种植的蔬菜和水果就都可以收获品尝了,还可以把苹果酿成酒。如果收成好,啤酒花和大麦还能酿酒,摆上手头宽裕的农场主的餐桌。农民的饮食中含有非常大量的碳水化合物,即主要来自大麦和燕麦做成的食物和饮料中。在很多文化中,主食都被神化了。在今天的西方,人们说起食物,总是想到面包。在基督教中,每当祭祀时,只有用小麦制成的面包可以用作圣餐④。但是在中世纪早期,优良的小麦面包并不能摆上农民的餐桌,而只能见到粗糙得像皮鞋一样坚硬的黑面包。配上豌豆汤,和用大麦或者燕麦发酵后酿制的没有荜草的浓啤酒。豌豆和豆类、蒜、洋

---

① [美]菲利普·费尔南德斯·阿莫斯图:《食物的历史》,何舒平译,中信出版社2005年版,第34—35页。
② 同上书,第127页。
③ 陈曦文:《英国16世纪经济变革与政策研究》,首都师范大学出版社1995年版,第2页。
④ [美]菲利普·费尔南德斯·阿莫斯图:《食物的历史》,何舒平译,中信出版社2005年版,第34—35页。

葱等是农民食物的基本内容。肉类由于太少和太高的价值，普通的农户并不经常吃到，仅能偶尔吃到鸡肉、腌猪肉、鸡蛋等富含蛋白质的食物。

根据世界卫生组织出版的《热量和蛋白质摄取量》一书，一个健康的成年女性每天需要摄取1800—1900卡路里的热量，男性则需要1980—2340卡路里的热量，即包括摄入形成这些热量的必要的脂肪、蛋白质、碳水化合物、纤维素等。其中，蛋白质摄取量应为人体每日所需热量的10%—15%，碳水化合物摄取量不能不少于人体每日所需热量的55%，脂肪的摄取量不能超过每日所需热量的30%。另外，每天摄取的盐不能超过6克，膳食纤维每天的摄取量应不少于16克。但对于从事体力劳动较多的中世纪农民来说，需要摄取的卡路里就要多一些。奇波拉曾对农民和其他接近社会下层的人们日常消费作出统计，认为每人平均每天所需热量应略高于2000卡路里，中等农民可以达到大约3000卡路里，那些相当富裕的人也许达到4000卡路里或更多①。这个数字对比可以说明他们的食物消费中含有较大成分热量大的肉类等食物。但是，卡路里的高低虽然可以反映出食物好坏，但是还需要看饮食搭配是否合理。

艾贝尔所说的家庭为一个六口之家，对土地的占有面积达90英亩，人均15英亩。而对当时的小土地所有者来说拥有6—10英亩至15英亩土地，他们这一阶层算作中等富裕农民②。艾贝尔给出较富裕农民家庭每天所需要的食物热量约为3000卡路里，这是他针对17世纪或18世纪的农村真实生活水平得出的，而且奇波拉所得到的统计数据也与此相符。

戴尔依照现代标准对一个农民家庭估算了其食物所需量，在一个五口之家，作为成年男性父亲需2900卡路里，而作为成年女性母亲需2150卡路里，3个孩子大约需6000卡路里，每天这个农民家庭总共约需11000卡路里。将这一数量转换为现代人的食物结构，这家农民每年需要的谷物达6夸特5蒲式耳。其食物结构为：大麦、小麦和燕麦加上面包和汤，能提供每天9000卡路里；剩下的2000卡路里由每年产自1头奶牛的牛奶和奶酪、两条腌猪肉、菜园中的蔬菜及大麦酿造的3夸特浓啤酒所提供③。

---

① ［意］卡洛·M.奇波拉：《欧洲经济史》第1卷，徐璇、吴良健译，商务印书馆1988年版，第87页。

② 同上书，第86—87页。

③ C. Dyer, *Standards of Living in the later Middle Ages*, *Social change in England*, c.1200-1520, Cambridge: Cambridge University Press, 1989, pp.134-135.

虽然依靠推算得到了这些计算结果,但所提到的各种谷物、食物的结构比例,是以13世纪一个中等农民家庭消费的食物(见表10)为证据来当作参考标准的。

表10　　1240—1458年赡养协议中规定的谷物量百分比分析①

	小麦	麦芽	黑麦	大麦	糖	燕麦	麦类②	豌豆豆子	总量
贝德福德郡(6)	41	—	—	40	—	5	—	14	100
剑桥郡(11)	40	—	4	33	6	—	—	17	100
埃塞克斯郡(18)	73	1	—	2	—	16	—	8	100
汉普郡(35)	36	3	2	48	—	8	1	2	100
汉丁顿郡(7)	51	—	—	21	2	7	—	19	100
诺福克郡(5)	—	—	—	74	—	5	—	—	100
萨默塞特郡(8)	63	8	8	4	—	10	—	13	100
萨福克郡(11)	43	—	—	43	—	—	—	14	100
萨里郡(6)	72	—	—	16	—	12	—	—	100
伍斯特郡(13)	37	3	11	13	8	24	—	4	100

在戴尔收集的1240—1458年141个村民家庭赡养协议中,体现了个人的食品消费情况。即被赡养者每人每年被保证供给谷物9—16蒲式耳,其中多数为12蒲式耳以上。戴尔认为,12蒲式耳的大麦和小麦每天的混合食物约合1.5磅或1.75磅,这对一个成年人来说足够了。在现代的饥荒救济中,每人每天1磅的谷类食物足以维持生命,1.75磅能产生大约2000卡路里,足以让一个退休后的人有体力做些轻活,而干重活的年轻人大约需要2.5磅。根据表12,13世纪末格罗斯特郡中等农户每年的食物消费大约6夸特5磅的谷物,其中小麦2夸特2磅、大麦4夸特、燕麦3磅。

一 一个中等农户家庭的饮食收支状况

罗伯特·李·金的耕地的一半种植大麦、1/3种植小麦,其他的部分种植豌豆和燕麦。他的土地如果采取二圃制,那么会收获23.5夸特谷物;如果采取三圃制,他会收获28夸特3蒲式耳谷物。如果减去留做第二年

---

① C. Dyer, *Standards of Living in the later Middle Ages*, *Social change in England*, *c. 1200 - 1520*, Cambridge: Cambridge University Press, 1989, p.153.

② 包括小麦、大麦和燕麦。见 J. N. Pretty, "Sustainable Agriculture in the Middle Age: The English Manor", *The Agriculture History Review*, Vol. Ⅰ, 1938, pp.1 - 91。

种子的谷物,他可以剩余约为 17 夸特 5 蒲式耳或者 20 夸特 4 蒲式耳的谷物①。假定他的一家是有两个大人和 3 个孩子的五口之家,孩子的年龄在 5—12 岁,他们的食物供应来自面包和浓汤,大概需要 6 夸特 5 蒲式耳小麦、大麦和燕麦,及 3 夸特用来做成麦芽酿酒的大麦,所酿的浓啤酒是自己家里饮用。磨这些谷物需要交纳的磨坊税大概为谷物的 1/24,那么大概需要 3 蒲式耳的小麦和大麦。这样他就剩余 7 夸特 5 蒲式耳或者 10 夸特 4 蒲式耳的谷物,按照当时市场价格,这些谷物大概可以卖到 32 先令或者 46 先令。金还可以从蓄养的牲畜中得到些现金收入,假定他蓄养了 2 只奶牛和小牛犊,30 只羊和一头猪。羊毛重 3—4 石,可以卖到 20 先令,要把 3 只羊身上的全部羊毛来交纳什一税,罗伯特·李·金会剩余 18 先令。2 头奶牛能产 160 磅的奶酪,一半留作家里人食用,其余的卖掉大约可以有 3 先令 4 便士收入。那头猪给这个家庭提供腌猪肉、荤油和动物内脏。那些小牛和小羊蓄养起来代替老牲畜,一些还可以和屠宰了的牲畜一起卖掉。从这个来源估计每年收入大约 12 先令,留出一些钱买牲畜,例如每年养肥的小猪。大牲畜如马和牛,至少要买 2 头公牛和 1 匹马或者 2 匹马,也会给罗伯特·李·金带来一点现金收入②。从上面的估算中可以看出,罗伯特·李·金的五口之家一年收获的谷物和牲畜肉类,除了自己食用、留出第二年的种子、酿啤酒、缴纳的税款等支出外,尚有些盈余。

表 11　1299—1300 年格罗斯特郡克里弗的罗伯特·李·金耕地收支③

(1) 二圃制 (15 英亩种植面积) 下耕种情况

生产	小麦	大麦	豆类	燕麦	总量
谷物面积	5 英亩	7.5 英亩	2 英亩	0.5 英亩	15 英亩
每英亩种植率	2 蒲式耳	4 蒲式耳	3 蒲式耳	3 蒲式耳	
种子总量	1 夸特 2 蒲式耳	3 夸特 6 蒲式耳	6 蒲式耳	1.5 蒲式耳	5 夸特 7.5 蒲式耳

---

① C. Dyer, *Standards of Living in the later Middle Ages*, *Social change in England*, *c.1200 - 1520*, Cambridge: Cambridge University Press, 1989, p. 112.

② Ibid., pp. 114 - 115.

③ Ibid., p. 113.

续表

生产	小麦	大麦	豆类	燕麦	总量
产出率（种子：谷类、什一税被扣除）	3.6	4.4	2.6	3.0	
收获的谷物（什一税被扣除）	4 夸特 4 蒲式耳	16 夸特 4 蒲式耳	2 夸特	4.5 蒲式耳	23 夸特 4.5 蒲式耳
消费					
第二年被扣除的种子	1 夸特 2 蒲式耳	3 夸特 6 蒲式耳	6 蒲式耳	1.5 蒲式耳	5 夸特 7.5 蒲式耳
剩余	3 夸特 2 蒲式耳	12 夸特 6 蒲式耳	1 夸特 2 蒲式耳	3 蒲式耳	17 夸特 5 蒲式耳
被扣除作为食物的谷物	2 夸特 2 蒲式耳	4 夸特	0	3 蒲式耳	6 夸特 5 蒲式耳
剩余	1 夸特	8 夸特 6 蒲式耳	1 夸特 2 蒲式耳	0	11 夸特
被扣除作为饮料的谷物		3 夸特			3 夸特
剩余	1 夸特	5 夸特 6 蒲式耳	1 夸特 2 蒲式耳	0	8 夸特
被扣除的磨面的费用	1 夸特	2 夸特			3 夸特
剩余	7 蒲式耳	5 夸特 4 蒲式耳	1 夸特 2 蒲式耳	0	7 夸特 5 蒲式耳
每夸特的价格	6 先令	4 先令 4 便士	2 先令 8 便士		
从卖出谷物收获的现金	5 先令 3 便士	23 先令 10 便士	3 先令 4 便士		32 先令 5 便士

第五章 富裕农民的物质生活 / 151

（2）三圃制（20英亩种植面积）下耕种情况

生产	小麦	大麦	豆类	燕麦	总量
谷物面积	7英亩	10英亩	2英亩	1英亩	20英亩
每英亩种植率	2蒲式耳	4蒲式耳	3蒲式耳	3蒲式耳	
种子总量	1夸特6蒲式耳	5夸特	6蒲式耳	3蒲式耳	7夸特7蒲式耳
产出率（种子：谷类、什一税被扣除）	3.2	4	2.3	2.7	
收获的谷物（什一税被扣除）	5夸特5蒲式耳	20夸特4蒲式耳	1夸特6蒲式耳	1夸特	28夸特3蒲式耳
消费					
第二年被扣除的种子	1夸特6蒲式耳	5夸特	6蒲式耳	3蒲式耳	7夸特7蒲式耳
剩余	3夸特7蒲式耳	15夸特	1夸特	5蒲式耳	20夸特4蒲式耳
被扣除作为食物的谷物	2夸特2蒲式耳	4夸特	0	3蒲式耳	6夸特5蒲式耳
剩余	1夸特5蒲式耳	11夸特	1夸特	2蒲式耳	13夸特7蒲式耳
被扣除作为饮料的谷物		3夸特			3夸特7蒲式耳
剩余	1夸特5蒲式耳	8夸特	1夸特	2蒲式耳	10夸特
被扣除的磨面的费用	1蒲式耳	2蒲式耳			3蒲式耳
剩余	1夸特4蒲式耳	7夸特6蒲式耳	1夸特	2蒲式耳	10夸特4蒲式耳
每夸特的价格	4先令4蒲式耳	4先令4便士	2先令8便士	2先令9便士	
从卖出谷物收获的现金	9先令	33先令7便士	2先令8便士	8便士	45先令11便士

依据学者们的统计，持有 30 英亩以上土地的农民就应该算是富裕农民了。那么上面所说的以持有土地中包括 30 英亩可耕地的中等农户罗伯特·李·金的例子（见表 11），看看他持有土地上的收支，我们就可从中了解他们家食物供应情况。

我们再对比一下城市的相关开支。17 世纪早期，伦敦一个面包师的记账本上显示了他的收入和食物的支出。他每周需要支付的工资是 3 美元，要养活一个 13 口之家——妻子、孩子、帮工、学徒和仆人，这需要花销 12 美元。他的食品支出占全部支出的 4/5[①]。

工业革命之前，生产力水平尚低。但富裕农民所拥有的较多的生产资料，使他们即便在恩格尔系数较高的消费结构下仍做到仓有余粮，食有酒肉且略有余钱，他们过着超越小土地所有者的富足生活是不争的事实。余钱还可以供他们进行超出日常劳作消费的额外花销。

二 谷物的消费

"请赐给我今天的面包"一直是所有祈祷者最常用的语言[②]。谷物是人们获取卡路里的重要来源。著名中世纪史专家克里斯托弗·戴尔搜集的来自中世纪许多家庭两代人之间达成的赡养协议中，常有被赡养者应得到的"食物与饮料"一项[③]。因此，对中世纪英国富裕农民生活水准的评估可以从制作食物和饮料的原料——谷物——的消费数量和种类来考察。很多个世纪以来，用谷物做的面包一直是中世纪英国农民日常生活中的主要食品，因此面包的多少是衡量中世纪英国农民生活水平的主要标准。

1500 年前后，英国农场主种植的用于制作面包的谷类作物主要有 4 种：小麦、黑麦、大麦和燕麦。其中大麦更多的是用来酿酒。其他作物还有豌豆和豆类，虽然主要用来作为牲畜的饲料，但在饥馑年代也是充饥的食物。这些传统的谷类食物和较少的豌豆和巢菜常被用来做成面包、麦糊

---

① ［美］乔伊斯·阿普尔比：《无情的革命：资本主义的历史》，宋非译，社会科学文献出版社 2014 年版，第 70 页。

② J. F. C. Harrison, *The Common People, A History from the Norman Conquest to the Present*, FLAMINGO Press, 1985, p. 46.

③ C. Dyer, *Standards of Living in the later Middle Ages, Social change in England, c.1200 - 1520*, Cambridge: Cambridge University Press, 1989, p. 151.

或像浓汤一样的淡啤酒来消费①。甜菜根、马铃薯、芸苔（可作饲料，种子可榨油）、芜菁、芜菁甘蓝等也在 16 世纪的作物列表中出现，除了甜菜根以外都是大约 16 世纪中期引进的②。这些得益于日渐兴盛的海外贸易的开展。

  谷物有着不同种类，面包也品种繁多。1362 年法国普瓦提埃的面包被分成四种，即无盐的司铎面包、有盐的司铎面包、全麦面包和麦麸面包。不论有盐与否，所谓司铎面包就是用经过细筛的面粉烤制的。全麦面包（这个名称至今还在使用）保留不经细筛的全部麦面③。究竟有多少人能够吃到精制的白面包，杜普雷·德·圣莫尔说："在法国、西班牙和英国的全部居民中，吃精麦面包的人不超过 200 万。"④ 被称作司铎面包的精麦面包和白面包长期被视为上等食品，古谚语说："司铎面包不宜先吃掉。"不管这种面包在英国叫什么名字，它很早就已经出现，只是一直被富有之家所享用。因此，农民在谷物消费中的差异就是表现在他们日常是吃白面包还是吃黑面包。哈里森曾经指出过人们之间经济身份的一种最为显著的差异，即富有的绅士们能够吃上小麦制成的面包，而"他们的仆人和贫穷的邻居食用黑麦或大麦制成的面包，在饥荒的年月甚至食用……豆类或燕麦制成的面包"⑤。

  根据《罗马书》亨伯特的训诫，当志愿者在圣坛上被问到"你有什么追求"时，他会回答"经常吃白面包"⑥，在很长一段历史时期里，白面包被看作精致优雅的体现。比起黑面包，白面包的制作过程更长，需要更多的人力，也会造成更大的浪费，而且还要精美的香料。白面包通常需要精细昂贵的面粉。小麦的亩产量在当时是很低的。因为小麦的稀少所以

---

 ① ［意］卡洛·M. 奇波拉：《欧洲经济史》第 1 卷，徐璇、吴良健译，商务印书馆 1988 年版，第 150 页。
 ② M. Overton, *Agricultural Revolution in England*, *The transformation of the agrarian economy*, *1500－1850*, Cambridge: Cambridge University Press, 1996, p. 10.
 ③ ［法］费尔南·布罗代尔：《15 至 18 世纪的物质文明、经济和资本主义》第 1 卷，顾良译，施康强校，生活·读书·新知三联书店 1992 年版，第 155 页。
 ④ 同上书，第 157 页。
 ⑤ ［英］阿萨·勃里格斯：《英国社会史》，陈叔平、刘城、刘幼勒、周俊文译，中国人民大学出版社 1991 年版，第 134 页。
 ⑥ ［美］菲利普·费尔南德斯·阿莫斯图：《食物的历史》，何舒平译，中信出版社 2005 年版，第 152 页。

显得珍贵,这一在当时尚属于稀缺资源的面粉做出来的白面包因为被视为是最好的,是普通的下层农民消费不起的奢侈品。11世纪格列高里主教吃大麦面包苦修。在法国直到近代晚期,人们都认为吃黑面包意味着社会地位的丧失。在取得工业化的烘焙技术使人们可以更容易地获得白面包之前,白面包在英国优越性是毫不容置疑的。

然而,因为小麦产地不同,加之环境、气候等因素,所以对小麦的消费也因产区而存在差异性。直到16世纪早期,英国才有一半人可以每天吃到小麦面粉做的面包,那吃白面包的一半人分布也是不均匀的。但可以肯定这些实际消费小麦的人恰恰又来自较为富裕的阶层,其中就包括富裕农民。因为小麦主要产区位于英国的南部,所以那里有更多的富裕农民就主要吃小麦粉烘烤的面包。而汉普郡和伍斯特郡的农民小麦的消费占很低的比例。东部的诺福克郡赡养协议中并未提及小麦,那里的农民以裸麦和大麦烤制的面包为主食①。剑桥郡奇朋汉生产的谷物也是裸麦和大麦各占一半的耕种比例。莱斯特郡以种植豆类和大麦种植为主,小麦生产仅占很小的种植面积。伍斯特郡的小麦、大麦和豆类各占1/3的面积②。英国西部和北部产出燕麦,在那里人们的食物就以燕麦为主。燕麦、豌豆和菜豆则是浓汤的基本成分。用燕麦可以煮出粗糙的、历史比欧洲更加古老的③面糊,用燕麦煮粥的习惯在今天的英格兰还保持着。大麦也用于制成麦芽作为酿制浓啤酒和淡啤酒的原料。还可以经过水的浸泡或者碾压使其变软来作为牲畜的饲料,有些地区也用燕麦作为马的饲料。英国每年有20%的谷类被牲畜所消费④。按照能量转换原理,这些谷物转化之后再用于人的消费,其卡路里值应该有了变化。

从一些较慷慨的赡养协议中也可以看出提供膳食的农户的富裕程度,他们往往给退出劳动后的长者提供的食品有小麦、浓汤和啤酒等。比如,按照赡养协议规定,1437—1438年,贝德福德郡卡兰费尔德村庄一位老

---

① C. Dyer, *Making a Living in the Middle Ages*, *The People of Britain 850 – 1520*, New Haven and London: Yale University Press, 2001, p. 171.

② D. M. Palliser, *The Age of Elizabeth*, *England under the later Tudors 1547 – 1603*, London and New York: Longman, 1983, pp. 167 – 168.

③ [法] 费尔南·布罗代尔:《15至18世纪的物质文明、经济和资本主义》第1卷,顾良译,施康强校,生活·读书·新知三联书店1992年版,第156页。

④ M. Overton, *Agricultural Revolution in England*, *The transformation of the agrarian economy*, *1500 – 1850*, Cambridge: Cambridge University Press, 1996, p. 14.

人艾玛·德·鲁德每年获得 12 蒲式耳小麦（相当于每天 2 磅面包）、2 夸特麦芽（2 夸特相当于 16 蒲式耳，酿成啤酒合每天可消费 2.5 品脱浓啤酒）、1 配克的燕麦片（用于做汤）。又例如，1380 年诺丁汉郡一位妇女，每 3 周就可获得 1 蒲式耳小麦和 2 蒲式耳麦芽，这是一个较大的数量。而在一些较吝啬的赡养协议中，会提供没有制成麦芽的大麦，因为用它酿制啤酒后谷物的价值就会降低，所以没有麦芽，不提供啤酒，因此被赡养者只有吃大麦制成的面包和浓汤[①]。从这些赡养协议中可以看出，富裕农民能够提供麦芽而不是大麦，发酵的麦芽价值要高于未发酵的大麦价值，而且表明富裕农民这一时期已经能够有规律地饮用浓啤酒[②]。

总的来看，14 世纪和 15 世纪以后英国农民的饮食发生了变化，虽然大麦仍然是主食，但小麦的消费在农民的饮食结构中已有所改变，占据相当高的比例，据统计平均达到 41.7%。根据后来在沃尔斯汉姆·莱·威洛发现的一份赡养协议，在以大麦为主要食物的北部诺福克农业地带，小麦的消费有一定的增加[③]。农场的仆农也获得了小麦补贴而且不断增加。农民烤面包比煮谷物更多了，很多家庭里有了单独的烤炉，而不再是依赖庄园公共烤炉，这也促使富裕农民在新建的房屋增加单独的厨房。

随着小麦面包需求量的提高，也刺激了小麦亩产量的提高。1615 年，富裕农民罗德在他的日记中记载他的伯克郡农场小麦产量情况，尽管受到气候等因素的影响，小麦产量仍然能够稳定增长。根据他的日记中记载，1612—1621 年产量较高，其中 1613 年每英亩产量 13.7 蒲式耳，1619—1620 年达到每英亩 35 蒲式耳。产出与种子的比率由 1613 年的 5.5∶1 提高到 1620 年的 14.6∶1。罗德在日记中也体现了因产量变化而产生的满足心情。1614 年，他看到 1 蒲式耳种子产出 13 蒲式耳谷物，就欣喜地说："又是一个大丰收。"[④]

---

① C. Dyer, *Standards of Living in the later Middle Ages*, *Social change in England*, *c.1200 - 1520*, Cambridge: Cambridge University Press, 1989, p.153.

② Ibid., p.157.

③ Ibid., p.156.

④ M. Campbell, *The English Yeoman*, *under Elizabeth and the Early Stuarts*, New York: AUGUSTUS M. KELLEY Publishers, 1968, p.179.

三 酒类的消费

酒类的消费也能够体现贫富的差异。和谷物食物一样，酒在富裕农民的生活中占据了重要的地位。一些酒既是必需又有益于健康。白葡萄酒、雷尼士葡萄酒、（产于希腊、西班牙、马德拉岛等地的）浓烈的甜葡萄酒、麝香葡萄酒和很多其他葡萄酒都被当时的人们所渴望，但是英格兰并不是产葡萄的国家，所以葡萄酒通常属于奢侈消费，人们很少购买，不过人们总会看见一些富裕的约曼在喝这样的酒。浓啤酒是最经常的饮料，由谷类、一般用大麦发酵酿成的。在极少情况下也有用蜂蜜酒代替浓啤酒[1]。蜂蜜是当时人们食物和饮料中主要的甜味添加成分。由发酵了的蜂蜜和水制成的蜂蜜酒虽然不太浓烈，但是仍然是被大家喜欢的酒。将迷迭香、海索草、百里香叶等放在水里煮，然后放上蜂蜜，就可以改善蜂蜜酒的味道。

酒的消费开始成为农民饮食的一部分，由此带动了许多村庄永久性啤酒馆的涌现，店主持有庄园领主的许可证[2]。当时在诺福克和西南部地区则用燕麦发酵后酿制[3]。在 14 世纪后期和 15 世纪早期，在汉普顿、汉伯里和肯普西大约有一半佃农酿酒[4]。酿酒的人包括各种佃农，其中不乏无地的茅舍农和租赁领主自营地的富裕农场主。这些大土地所有者从事酿酒显然是他们处置大麦的一个办法。酿酒的利润也是很丰厚的。按照 1300 年的价格计算，3 蒲式耳麦芽酿出 22.5 加仑浓啤酒，出售后会得到 5 便士的剩余[5]。所以，酿酒者的数量随着年成的好坏而有变化，丰收的年头会多些。

15 世纪晚期，专业的酿酒商出现。从经济意义上看，专业酿酒商的

---

[1] ［意］卡洛·M. 奇波拉：《欧洲经济史》第 1 卷，徐璇、吴良健译，商务印书馆 1988 年版，第 88 页。

[2] C. Dyer, *Lords and Peasants in a Changing Society*, Cambridge: Cambridge University Press, 1980, pp. 346–349.

[3] C. Dyer, *Making a Living in the Middle Ages*, *The People of Britain 850–1520*, New Haven and London: Yale University Press, 2001, p. 171.

[4] C. Dyer, *Lords and Peasants in a Changing Society*, Cambridge: Cambridge University Press, 1980, p. 348.

[5] C. Dyer, *Making a Living in the Middle Ages*, *The People of Britain 850–1520*, New Haven and London: Yale University Press, 2001, p. 170.

出现意味着浓啤酒的酿制不再是村民们的副业。15 世纪最后 25 年，在克里弗、汉伯里、哈特尔伯里和肯普西都出现了专门的浓啤酒酿制商①，为村民中的啤酒消费者服务。许多酿酒者会把卖掉啤酒赚回来的钱再投入到生产中，买进大麦进行新一轮的酿制。专业酿酒商的酒馆里主要的消费者是那些家里没有酿酒设备的小土地所有者和工资劳动者。1490 年代，汉伯里的一个持有 3/4 雅德土地的农户乔治·安德希尔曾在一个店铺一次购买了一些浓啤酒、面包和肉②。

大多富裕的农民约曼平日饮用自家酿制的啤酒、浓啤酒、蜂蜜酒、苹果酒、梨酒。14 世纪以后，较富裕的农民还可以定期喝到啤酒。啤酒通常被认为比浓啤酒更有益于健康。由大麦混合了燕麦麦芽制成的啤酒，比只用大麦麦芽制出的啤酒要好得多。在较富裕农户很慷慨的赡养协议中都会提到啤酒的消费项目。1483 年，汉伯里的老妇人海伦娜·路德罗将她持有的半雅德土地转让给约翰·梅耶。作为回报，梅耶要给她提供食物和饮料，以及一间卧室。他们之间的赡养协议内容如下：梅耶提供足够的用于取暖的烧柴，一周一次特别补贴的大面包、奶酪和 1 加仑（4.5 升）布里斯托尔城最好的浓啤酒，现金每年 6 先令 8 便士，价值相当于每码 10 便士的绿色羊毛织物 2.75 码，果园里收获物的一半③。从这个赡养协议可知，约翰·梅耶是一个较富裕的农民，从中可见其通常的饮食结构。但是，这样慷慨的赡养协议并不多，因为在 15 世纪早期和中期，大多数的赡养协议还不能做到如此慷慨④。

由于对酒的消费量较大，乡绅的妻子和约曼的妻子都学会了在家酿酒。威廉·哈里森是一个小乡绅，他的妻子和仆人每个月酿一次酒。一般约曼和乡绅家里自酿的酒都可以满足自家的消费，也足够拿出来殷勤好客地宴请一下宾朋。擅长精打细算的富农哈里森计算过家里自己酿酒的花销，对此他还是很满意的。每个月酿酒大约要用 10 先令的麦芽、用于烧柴的花费大约 10 先令、葎草 20 便士、香料 2 便士、仆人的工资 2 先令 6 便士、酿酒器具的损耗 20 便士，制出 200 加仑的酒总共花费

---

① C. Dyer, *Lords and Peasants in a Changing Society*, Cambridge: Cambridge University Press, 1980, p. 349.

② Ibid., pp. 348–349.

③ Ibid., p. 351.

④ Ibid..

20 先令①。这里提到的葎草,在 16 世纪初和宗教改革、鲤鱼与啤酒同一年到达英格兰②。加了葎草的酒带有啤酒的苦味和酒花的香味,颜色鲜亮,不容易变质,很受人们的欢迎。一位生活在斯图加特王朝早期的作者估算,1 蒲式耳麦芽只能产 8 加仑麦芽酒,但却可以生产出 18 加仑啤酒,这样的生产效率的结果是啤酒的价格大大下降,使得啤酒成为普通人包括雇佣工人在内的普通民众都能消费得起的大众消费品③。

富裕的约曼家里通常都有很丰盛的酒肴招待客人。1624 年 12 月的一天晚饭后,德文郡的约曼约翰·塞姆威兹一家坐在炉火旁,喝着蜂蜜酒,吃着烤熟的用蜂蜜酒浸泡过的苹果,晚饭还有一锅煮沸的牛奶加上几把葡萄干。其他记录也说明这是当时乡村居民很喜爱的晚餐。如果家里有客人,或者在某个宗教节日里,准备的食物和酒会很多。神职人员纽伯里给肯特的约曼讲道时,就得到了他们殷勤的招待,他大加赞扬所受到的款待:"和在最好的乡绅家一样的开心,不在于膳食的品种的多少,而是他们家里的每一样食物都么充足以及他们亲切友好的招待。"④

酿酒的专业化及饮酒成为普遍的生活方式。这也意味着农村整体的饮食结构的改善与质量的提升,也形成了新的生活习惯乃至享受方式的养成。"更待菊黄佳酿熟,共君一醉一陶然",这是一种看得见的普遍的富裕景象。

四 蛋白质的消费

在乔叟 14 世纪写成的《坎特伯雷故事集》的"修女与神父"的故事中,农村穷寡妇吃的主要是黑面包和牛奶,有时也吃一点烤肉和一两个鸡蛋,显然,农民饮食中的蛋白质类食品是不足的。人们的蛋白质来源于肉类和蛋类、奶制品,而肉产品和乳制品的食用是能够说明人们生活水平的另一个表现。黑死病前的饮食最主要的缺点在于动物蛋白的短缺。1577

---

① M. Campbell, *The English Yeoman*, under Elizabeth and the Early Stuarts, New York: AUGUSTUS M. KELLEY Publishers, 1968, pp. 250 – 251.

② 转引自向荣《啤酒馆问题与近代早期英国文化和价值观念的冲突》,载于《中世纪晚期 & 近代早期欧洲社会转型研究论集》,人民出版社 2012 年版,第 150 页。

③ P. Clank, *The Alehouse and the Alternative Society*, Oxford: Clarendon Press, 1978, p. 97.

④ M. Campbell, *The English Yeoman*, under Elizabeth and the Early Stuarts, New York: AUGUSTUS M. KELLEY Publishers, 1968, p. 249.

年哈里森提到牛奶、黄油和奶酪是穷人摄取蛋白质的唯一来源,而富裕之家还可以食用肉类和鱼。由于穷人和富人饮食的差别,所以,在都铎王朝时代由于维生素 A 和 D 缺乏各个阶层普遍患有坏血病的情况下,富人还更多的患有牙齿疾病,而穷人则会发生胃病或者消化道疾病①。

经过了 14 世纪,面包等谷类食品的重要性减弱,浓啤酒的消费、特别是肉类的消费在增加。在戴尔提供的一些赡养协议中提到了肉产品和乳制品。例如,在诺福克郡,村民约翰·斯塔波在 1347 年得到了一头猪和 1/4 的公牛,从而获得了足够的肉食供应,每天可食肉 0.5 磅(大约相当于 0.225 公斤)。由于英国缺少新鲜食物,不仅在夏天,咸牛肉在冬天也是标准菜②。因此,咸猪肉、香肠和奶酪成为农民理想的食物,不仅因其是高营养的调剂品,而且能保存一段时间。

到 14 世纪末 15 世纪初,猪的饲养业是很普遍的。就连很多茅舍农和退休的农民也往往拥有 1—2 头猪,他们的咸猪肉消费可以自给自足。在偶尔进行的商品价值的税额评定中,总是将咸猪肉包括在内,可见它在农民家庭饮食中的重要性。虽然农民会杀猪,在家里储存腌猪肉,但是他们会把其他的牲畜卖给肉商。在农民的居住地发现很多骨头,可能表明农民消费肉的遗留物。1394 年,肯普西村庄一半佃农至少饲养一头猪,可以有大量的剩余来供应市场上的猪肉需求。据当时的记载,那个村庄 55 个佃农中有 14 个人饲养猪达 10 头或者超过 10 头,有一个佃农还饲养了 18 头猪。这样的生产能力是富裕农民才能够做到的。同年,在汉普顿的主教领地上,约翰·奥尼雷放牧了 48 头猪;1383 年,汉伯里的托马斯·厄尔芬有 16 头猪③。这几个佃农应当是村庄中的富裕村民。从普遍饲养猪这个情况看,对猪肉的消费有了总体的提高,其中不论是猪群的饲养还是猪肉的消费,富裕农民都走在前面。

富裕农民在不同时期的肉食消费,都比普通农人多。他们可以享用大量的肉、鱼和家禽。诗人约翰·泰勒选择了一个约曼作为他作品中的美食

---

① D. M. Palliser, *The Age of Elizabeth*, *England under the later Tudors 1547 – 1603*, London and New York: Longman, 1983, p. 114.

② [法] 费尔南·布罗代尔:《15 至 18 世纪的物质文明、经济和资本主义》第 1 卷,顾良译,施康强校,生活·读书·新知三联书店 1992 年版,第 229 页。

③ C. Dyer, *Lords and Peasants in a Changing Society*, Cambridge: Cambridge University Press, 1980, p. 328.

者。这个约曼名叫尼古拉斯·伍德,住在肯特郡。作品中提到他因为饭量大而闻名,一顿饭会吃7打野兔或者一整只羊,加上3配克(相当于2加仑或者9升)西洋李子①。跟其他民俗作品一样,它来源于生活,并非完全虚构。

英国北部和苏格兰连小麦也没有,穷人只能吃燕麦,但富裕的阶层却可以享用种类繁多的菜肴。一本保留下来的家庭账目为我们提供了一份贵族在主显节宴会上招待宾客的食物清单。他有450位客人,总共吃了678块面包、36块牛股肉、12只绵羊、2头小牛、4只猪、6只乳猪、1只羊羔、许多鸡和兔子,以及牡蛎、鳕鱼、鲟鱼、比目鱼、大鳗鱼、鲽鱼、鲑鱼、天鹅、鹅、养鸡场的阉鸡、孔雀、苍鹭、野鸭、云雀、鹌鹑、鸡蛋、黄油和牛奶,还有若干葡萄酒和259壶麦芽酒②。从这个清单上我们可以看到,在当时对大多数人来说物质稀缺的世界上,还是存在一些生活富足的人群。看来富裕农民与乡绅贵族可以用是否奢侈来加以区分。

根据《圣经》,人们相信,上帝召集他的信徒来到盛产甘露、牛奶和蜂蜜的地方③。乳制品是廉价的蛋白质来源,是欧洲民间的主要食物。从赡养协议、遗嘱等来看,大多数佃农拥有1头奶牛,而较富裕的农民通常拥有2头奶牛。它们主要提供了农民"白色的肉"(牛奶、黄油和奶酪等)的消费④。柴郡的牧场就主要用来提供市场所需的黄油和奶酪⑤。

至于对海产品的享用,在现代西方社会吃牡蛎意味着社会地位的高升,然而其中还有一个更复杂的历史。在古罗马及中世纪,牡蛎绝对是上佳美食。普林尼评价其为"更精致的海味"。15世纪的英格兰将牡蛎放在加了香料的杏仁汁及酒中煮熟了享用。1787年格洛斯特有一条地方法规

---

① M. Campbell, *The English Yeoman*, *under Elizabeth and the Early Stuarts*, New York: AUGUSTUS M. KELLEY Publishers, 1968, p. 250.

② [美]乔伊斯·阿普尔比:《无情的革命:资本主义的历史》,宋非译,社会科学文献出版社2014年版,第64页。

③ [美]菲利普·费尔南德斯·阿莫斯图:《食物的历史》,何舒平译,中信出版社2005年版,第49页。

④ C. Dyer, *Lords and Peasants in a Changing Society*, Cambridge: Cambridge University Press, 1980, p. 327. D. M. Palliser, *The Age of Elizabeth*, *England under the later Tudors 1547 – 1603*, London and New York: Longman, 1983, p. 170.

⑤ D. M. Palliser, *The Age of Elizabeth*, *England under the later Tudors 1547 – 1603*, London and New York: Longman, 1983, p. 170.

规定，学徒每星期吃大马哈鱼不许超过两次。在 1749 年以前，人们通过在餐桌上摆放的食物来表现他们的阶级所属。

1590 年布兰登堡法学家和律师保罗·亨茨纳访问英格兰的时候，看到"英格兰居民消费面包较少，消费肉食更多，而且喜欢在饮料中加很多糖"①。1750 年，英国的饮食中有 1% 的热量来自食糖②。

第二节　呢绒和丝绸：服饰中的时髦成分

穿着打扮体现了人们的财富和社会生活的差异。都铎时代和在其他时代一样，通过一个人的穿着打扮可以判断出这个人的身份和职业。时尚和品味成为 17 世纪英国人穿着的标准。17 世纪一位瑞典访客就对英国普通人身上展现出的时尚深感震惊，特别是假发让他十分感兴趣："我相信，几乎没有一个国家会看到如此多的假发。我不想说几乎所有显要的女士和部分普通的家伙都带着假发。我只想说戴假发的男人、农场仆人、庄稼汉、日工、农夫——一句话，所有干活的家伙每天都头戴着假发度过一天的劳作，……我问他们为什么不喜欢或看不上自己的头发呢，回答是没什么，只不过是一种习惯或时尚。"③ 中等阶层的英格兰人则乐此不疲地追逐时尚，追逐舒适的感受。瑞士观察家索绪尔对 18 世纪初英国中产阶级着装形象的记载是这样的："一般衣着朴素，服装上很少披金戴银，而是穿一种叫弗洛克的修身小外氅，上面不加镶边和褶饰，顶部带有一个短斗篷。几乎人人都戴一顶小小的圆形假发和一顶朴素的礼帽，手里拿一支拐杖，他们的棉和麻是最优质和最精良的。"富裕使人们有能力去改善服饰的条件并追求时尚，同时会对缓慢但有力的持续冲击着传统的等级体制。

一　英国日常生活中主要服饰种类

随着生产力水平的逐步提高，也体现在普通人服饰的逐渐变化上。逐渐的由通用型向着功能型、专业性分化，反映了产品的丰富，生活渐趋富

---

① ［英］艾伦·麦克法兰：《现代世界的诞生》，上海人民出版社 2013 年版，第 76 页。
② ［美］乔伊斯·阿普尔比：《无情的革命：资本主义的历史》，社会科学文献出版社 2014 年版，第 64 页。
③ Pehr Kalm, *Kalm's Account of His Visit to England on His Way to America in 1784*, London: 1892, p. 52.

足，手工业规模的扩大和生产加工技术的精良，但在服饰上还是能够明显看出富裕程度以及城乡间的差别。

（一）外套。这是最能体现穿着者的身份和职业的衣物。外衣会体现穿衣者的财富和社会地位。16 世纪时，大多数人都穿羊毛衣物，所以当时所说的"布"都是指羊毛织出来的布料①。劳动着的人们穿一种羊毛质地的坎肩，或者短上衣，即长及膝盖的有袖外衣，腰间束着带子。值得一提的是此时出现了有毛皮衬里的贵重外衣，价值 6 先令以上。赡养协议中，较富裕农民一般每年的服装价值为 4 先令 6 便士：一件长袍 3 先令，鞋子 6 便士，亚麻布 1 先令。长袍如果隔一年换新的话，每年的衣服可折价约 3 先令。

（二）衬衫。所有人都穿衬衫，除了领子略微的变化之外，这是几乎唯一多年不变的衣服。但是首先都必须干净，干净也是一个人值得被尊敬的标志。"一个穿戴肮脏的妇女既不会得到陌生人的尊重，也不会得到丈夫的爱。"② 贵族和富裕阶层的人则会穿着丝绸布料或者优质亚麻质地的衬衫，而普通人的衬衫是由羊毛或者亚麻质地的布料制作的③。富人们会有许多件亚麻衬衫，由专门的洗衣女工来清洗。

（三）男式紧身上衣。除了衬衫，男人上半身要穿紧身上衣。有的紧身上衣会做成无袖的，有点像今天的西装马甲；有的紧身上衣则做成有袖子的，款式和风格有一些变化。富裕阶层的人则通常穿着昂贵布料精心制作的紧身上衣，普通人的紧身上衣的布料是羊毛织物，或者一种粗糙的帆布，即羊毛混纺的一种叫作克尔赛手织粗呢（kersey）的布料④。

（四）紧身裤（齐膝短裤）。这样的裤子从腰际一直到脚踝都是紧紧的，包着大腿，显露出身体的曲线，但是外阴部位会被一个叫做遮阴布的三角形布料遮盖起来。直到 1540 年，人们下半身穿着的紧身裤（齐膝短裤）大约有 300 多年的历史了。当时的紧身衣裤和现在的不大一样，紧身的衣裤都会打孔，然后用绳子穿起再收紧⑤，直到 19 世纪有弹性的布

---

① A. Sim, *Pleasures & Pastimes in Tudor England*, Stroud：SUTTON PUBLISHING，1991，p. 36.
② Ibid.，p. 34.
③ J. Ridley, *The Tudor Age*, Woodstock & New York：The Overlook Press，1990，p. 163.
④ Ibid..
⑤ Ibid..

（五）鞋。1329年，富裕农民威廉·莱尼的遗嘱清单里并没有提到鞋子的消费。但根据当时的情况，一般农民都穿城里人制作的实用的皮鞋或者皮靴，每双价值6便士①。在都铎时代之初，富裕阶层人们穿着的鞋子开始变得比较宽，而且鞋尖很小的样式。在16世纪早期开始，鞋子被制成比现代的鞋子轻便很多的式样，鞋面有带子穿过加以固定，鞋底是用皮革制成而不是用硬质地如木板做成，而且都没有后跟，所以更像现代人在室内穿的拖鞋②。常在农田里干活的人们，尤其冬天的时候，通常要穿一种结实的靴子。而贵族和绅士则为了方便骑马和在户外行走，则要穿马靴③。1595年，伊丽莎白女王颁布了第一部授权法令，允许制作带有足底弓形状的高跟鞋。1600年死去的富有约曼约翰·沃尔顿在他的遗嘱中没有提及他送给他朋友塞缪·霍维尔的那双"崭新的鞋子"是什么样子，但是，可以确定的是这个富有的人拥有很多种样式的鞋子④。

（六）袜子。16世纪中后期，裹脚布被袜子取代了，伦敦还出现了织袜厂。男人和女人为了腿部保暖，都会穿长筒袜。长筒袜是用特别织出的布做成，起初是羊毛和亚麻，后来发展成丝缎，但是这只是富人的圈子里的时尚⑤。

（七）帽子。这时有一种带沿的帽子，以及便帽和头巾。英格兰人酷爱帽子，"一位英格兰人在教堂的长椅上坐下，然后冲着帽子里面念祷告，是一个稀松平常的景象"⑥。据19世纪的美国人奥利弗·温德尔·霍姆斯对此有过这样的描述，英格兰人对帽子的感情在外国人眼里像是一种迷恋，一个北美印第安人认为那不过是他自己药袋子的替代物。

---

① C. Dyer, *Making a Living in the Middle Ages*, *The People of Britain 850 – 1520*, New Haven and London: Yale University Press, 2001, p. 173.

② A. Sim, *Pleasures & Pastimes in Tudor England*, Stroud: SUTTON PUBLISHING, 1991, pp. 41 – 42.

③ J. Ridley, *The Tudor Age*, Woodstock & New York: The Overlook Press, 1990, p. 163.

④ A. Sim, *Pleasures & Pastimes in Tudor England*, Stroud: SUTTON PUBLISHING, 1991, pp. 41 – 42.

⑤ Ibid., p. 42.

⑥ [英] 艾伦·麦克法兰：《现代世界的诞生》，上海人民出版社2013年版，第89页。

二 服装服饰穿着的僭越现象

早在 14 世纪 40 年代,新风格的服装风靡整个欧洲贵族阶层,人们既追求华丽又追求体现身份的穿着,并逐渐渗透到社会的其他阶层。而当时相当一部分中下层平民的物质水平,有可能消费上层社会的服饰,因此出现了等级社会所不允许的"僭越"现象。

1463 年和 1483 年,爱德华四世时期议会分别颁布限制服饰法令,规定具有骑士以上等级身份的人及其夫人方可穿着丝绒和锦缎衣饰①。

1510—1533 年亨利八世统治时期,先后颁布了 4 个法令禁止奢侈的服装,限制超越本阶层界限的奢华穿着。法令具体规定:地位低于骑士和贵族之子的人不能穿着丝绸衬衫,除非他拥有年地租 20 镑的土地;如果年租不足 5 镑,则不能穿猩红色或者紫罗兰色的衣服。违反者将被处以罚金②。

1554 年菲利普和玛丽时期的议会连续颁布了好几个法令:地位居于骑士的儿子阶层以下的人,只有拥有年地租 20 镑的土地,或者拥有价值约 200 镑的动产,才可以穿戴丝绸面料的帽子、有带子的便帽、睡帽、束腹紧身衣、紧身裤等。如有违反,就要被处以 3 个月的监禁,并按照穿着的天数计算,每天处以 10 镑的罚金③。

在伊丽莎白时期,法律规定:地位居于骑士的长子以下的人都不能穿天鹅绒的坎肩、紧身裤或者紧身上衣,也不能穿缎子、塔夫绸做成的外套、长服或者其他最重要的衣服;骑士等级以下的人的妻子不能穿天鹅绒或者丝绸的刺绣衣服,或者丝质的袜子。

1579—1580 年颁布法律对上述条款作了稍许调整,富裕起来的中等阶层得到特许。法律特许了富裕商人和富有约曼的妻子和女儿可以根据自己的钱包自由地穿衣服,而不限于他们的社会身份了④。于是,在那个浓妆艳抹备受崇尚的时代,富有阶层的人们可以穿上等呢绒、优质亚麻和丝绸,而贫穷的下层人民则穿皮革和粗质的衣衫。然而,总体看来,英国及

---

① J. Ridley, *The Tudor Age*, Woodstock & New York: The Overlook Press, 1990, p. 186.
② Ibid..
③ Ibid., p. 187.
④ M. Campbell, *The English Yeoman*, *under Elizabeth and the Early Stuarts*, New York: AUGUSTUS M. KELLEY Publishers, 1968, p. 252.

其他西欧农民较高的购买力使他们有条件接受较贵重的服装。上层富裕农民的妻子会用银扣环等饰物装饰丝巾和腰带,这在当时似乎显得有些奢侈。可是不久,下层农民也纷纷效仿。因而,对富有的人和贫穷的人来说,服饰消费是一项比较大的开支,以至于很多人会购买富裕之家的二手旧衣①。

衣服和食物及酒类一样,同样还可以家庭自制。约曼家庭的女人都懂得如何勤俭持家②。这些乡村家庭主妇们精通一切伺候家庭成员吃穿用的方法,她们会竭尽全力让家里人穿得暖和而且漂亮。有些人用亚麻制衣服,但是主要的还是用自家羊背上的羊毛来纺织加工。主妇们要自己剪羊毛、洗羊毛,自己染色或者送到染匠那里染色,然后梳毛、擦油、再梳毛。之后,就用自家纺纱线的机器来纺线,织成布,做好衣服。这些过程并不都在家里完成,所以各个环节的劳动和花销无法计算。衣服穿破了也要打补丁。

1560年托马斯·史密斯爵士以简洁的语言论述到:"在英格兰,绅士的名分大大贬低了","凡是——无所事事的非体力劳动者,只要具有绅士的举止风度,承担绅士的职责,就可以被视为人上人"。在他看来,正在发生的变化进程太快了。爱德华六世曾说,"商人在变成地主之后"便自称为"绅士,虽然他们仍是粗野之人"③。在都铎王朝时期,社会等级比土地所有权有着更为明显的外在表现。比如,向什么人脱帽致意,在教堂应该坐在什么位置,身着什么衣服。然而,虽然法律规定对违反者有着种种规定的限制服饰法律,但是,频频的法律限制,正说明了那个年代存在服饰上的"僭越"。面对法律的规制,一名暴发的新贵托马斯·多尔曼不无骄傲地想以古典名句装饰他新落成的府邸入口:"无齿者嫉妒进食者的牙齿。"④ 穿着打扮的"僭越",是一种基于经济地位改善的历史性进步,是对封建等级不可避免的冲击,是新的阶级秩序形成中的直观现象。

---

① A. Sim, *Pleasures & Pastimes in Tudor England*, Stroud: SUTTON PUBLISHING, 1991, p. 41.

② M. Campbell, *The English Yeoman, under Elizabeth and the Early Stuarts*, New York: AUGUSTUS M. KELLEY Publishers, 1968, pp. 251–252.

③ [英]阿萨·勃里格斯:《英国社会史》,陈叔平、刘城、刘幼勒、周俊文译,中国人民大学出版社1989年版,第130页。

④ 同上书,第129页。

三　富裕农民的穿着

和前面所说的约翰·沃尔顿不同，绝大多数的富有约曼会把更多的钱投入农业技术和农具的改良上，而只有一套最好的衣服，有时候他的妻子也会有一套，只有在重要的节日或者婚礼上才穿用。他们并不追求奢华，平时还是以既实用又质地好为着装标准。着装者的财富程度不仅体现在衣料的质地，还表现在颜色上。鲜艳的颜色，比如非常明亮的红色是用昂贵的染料染成。通常，猩红色的羊毛布匹是质地最好的衣料，通常被王室和贵族穿戴。还有特别染成的黑颜色衣料也是很昂贵的。乡村中富裕的农民约曼，他们平日劳作时穿的衣服就是这种黑色的布料。因为黑色是很完美的颜色，既能够显得昂贵，又很实用，使他们在田间劳动的时候不会轻易弄脏衣服。节日里，他们会穿颜色鲜艳的服饰。在皮埃特·布洛赫绘画的《一个农民的婚礼》[①] 中可以看到下层农民的衣着打扮，每个人都穿上了自己最好的衣服。他们在布料的染色方面是很节俭的，经常穿"白色"，即羊毛织物未经染色，呈现了纯羊毛本来的黄褐色与灰色[②]，绝不是被染出来的那种深深的黑色。乔叟对庄头夫妇在节日里的服饰描述就是一景，"他（庄头）走在她（那位教养好的妻子）的前面，罩衣的尾段缠在头上，她在后面跟着，深红的裙子，和他的袜子配得同样的颜色"[③]。所有的布料都能够染上比较贵的颜色，因此，贫穷的普通人穿戴的衣服颜色就大大被禁止了。

服饰是受到人们喜爱和呵护的生活必需品，而且置办服饰会有很大的开销。又因为服饰的价值足以使它们得以代代相传，所以在一些遗嘱中通常会出现死者将留下的衣物赠予他人的内容。1329 年，萨福克郡一个农民威廉·莱尼死去，留有 37 英亩土地，从而可以判断出他是一个较富裕的农民。在他的遗产中，还有 10 码价值 9 先令赤褐色的布，价值 13 先令的衣服，4 个床单和地毯（价值 14 先令），2 条桌布（2 先令），2 条毛巾（16 便士）。他的大箱子里的织物比大多数的农民都多。当被邀请参加庄

---

① A. Sim, *Pleasures & Pastimes in Tudor England*, Stroud：SUTTON PUBLISHING, 1991, p. 39.

② C. Dyer, *Standards of Living in the later Middle Ages*, *Social change in England, c.1200 – 1520*, Cambridge：Cambridge University Press, 1989, pp. 151 – 157.

③ ［英］乔叟：《坎特伯雷故事》，方重译，人民文学出版社 2004 年版，第 64 页。

园领主的圣诞节晚餐的时候，由于被邀请者要自带桌布，所以大多数农民都去市场上去买来廉价的布，而威廉·莱尼的遗嘱中显示他为此买了最低也要 11 便士的赤褐色的布，而且一次就买了 10 码①。

1600 年埃塞克斯郡卢姆福德的约曼约翰·沃尔顿死去，从他的遗嘱中记载了他内容丰富的衣柜，可以看出他是一个相当富裕的人。

> 那件最好的衬衣和最好的小领子衬衫送给托马斯·维莱斯。最好的紧身上衣和次好的小领子衬衫送给威廉·贝茨。一件坎肩送给爱德华·特纳。那条绿色马裤送给托马斯·唐纳。那条粗布马裤送给约翰·本尼斯特。一个精致的皱领和一双崭新的鞋子送给塞缪·霍维尔。最好的那双长筒袜和一件浅绿色的斗篷送给路西·库珀兰德。一个细棉布的小领子衬衫送给安妮·维尔斯。一件浅绿色斗篷送给约翰·库珀兰德，两个小金戒指送给他的妻子珍·库珀兰德。那顶天鹅绒面料的帽子送给托马斯·诺拉斯裁缝。另一件最好的小领子衬衫送给理查德·德伯纳姆。次好的小领子衬衫和一根绿色羽毛送给我的教子布兰特伍德的威廉·富洛尔的儿子。一个金银线缝制的钱袋送给乡绅托马斯·拉盖特。②

这份遗嘱记下了这个富裕农民穿过的衣物的细节，其中，宽而硬的皱领和天鹅绒面料的帽子都属于奢侈品。毫不夸张地说，处理他的这些遗产着实给法庭带来过于繁重的负担。早在都铎时代之初，贵族和绅士穿的衬衫都有一个小领子，大约 1 英寸宽，有时候带有褶边，刚好从男士紧身上衣的领口露出来。

1540 年以后开始出现更高更精致的带褶的领子，以后皱领变得更大，1585 年很多时尚的贵族和绅士都戴着很大的皱领。最后到 1570 年的时候，出现了能拆分的皱领，大约 3 英寸宽，戴在衬衫外面，护着脖子。到都铎最后十年，皱领达到最大的程度，能够盖住整个肩膀，把脖子都围住，共有 32 个褶。这样的时尚皱领流行了 25 年，到 1610 年皱领开始被

---

① C. Dyer, *Making a Living in the Middle Ages*, *The People of Britain* 850 – 1520, New Haven and London: Yale University Press, 2001, p. 173.

② A. Sim, *Pleasures & Pastimes in Tudor England*, Stroud: SUTTON PUBLISHING, 1991, p. 41.

一种能够下翻的花边、能够伸展到肩膀的亚麻领子代替①。但是，从上述遗嘱内容可知，作为奢侈品的皱领并不是贵族的专利，富裕的农民约曼也可以穿戴。

在1607年死去的兰开郡约曼托马斯·爱迪生的遗嘱中也提到"上好的皱领"和"上好的短上衣""上好的紧身上衣""上好的紧身裤"等。他所说的这些东西都是当时在绅士中间很流行的样式②。很显然，约曼也有了与绅士们同样的穿戴。1619年萨福克的富裕约曼宙西弗·福斯特临终时，将他的装饰着银扣子的粗棉布紧身上衣、一件绿色的斗篷、一条绿色的紧身裤遗赠给他的一个男性亲戚。有很多约曼都有一套最好的衣服，在婚礼或者其他很重要的场合穿着，这使他们和他们的乡绅邻居站在一起毫不逊色。在约曼的遗嘱中都可以看到这样的字样："蓝色的裤子""紧身裤""上好的红色斗篷""那件新的绿色紧身上衣"③。鞋的材料也体现了贫富之别。大多数人都穿着普通的皮革做的鞋，而富人则会穿更好看的鞋子。比如，他们会用丝缎和天鹅绒做鞋，有的甚至还在鞋子上刺绣。

从上述遗嘱的内容可以看到，当时绅士的时尚打扮在富裕农民中也同样流行着。1550—1650年，衣服的式样变化不大。妇女的衣服主要有亚麻内衣、带有褶饰的罩衣、衬裙（衬裙最普遍是红色的，偶尔也有绿色和蓝色）、用于特殊场合的长服、围裙、围巾和大衣。男人的衣服主要有紧身上衣、紧身裤（后来发展为膝下束紧的短裤）、长筒袜、坎肩以及大衣。1551年一个约曼的衣物清单里有：大衣、厚而结实的粗棉布紧身上衣、紧身裤等④。

格列高利·金于17世纪后期对英国民众的服饰总体年消费作了估计。他估计每人每年平均日常服饰消费约有10先令：每年售出1000万双长筒袜（以平均每人每年两双计），800万副手套，600万副鞋带和鞋上的装饰扣；49.1万顶各式各样的帽子（几乎每人一顶）；400万条皮带和男用围巾，或简单或精致；200万条领巾和餐巾，或有网眼花边或平淡素雅。

---

① J. Ridley, *The Tudor Age*, Woodstock & New York: The Overlook Press, 1990, p.178.

② M. Campbell, *The English Yeoman*, *under Elizabeth and the Early Stuarts*, New York: AUGUSTUS M. KELLEY Publishers, 1968, pp.254–255.

③ Ibid., p.254.

④ K. Wrightson, *Poverty and Piety in an English Village: Terling*, *1525–1700*, New York, San Francisco, London: Academic Press, 1979, p.39.

所有这些消费总价值达到2302375镑，以上所列的项目被各个阶层的人们所购买。显然，其中对衬衣、裙子、膝下束紧的短裤、男用紧身上衣、外套和鞋这些基本服装的需要估计过高。但是，他估计将有4万镑用于制作装饰的丝带、流苏、金、银和精纺毛织透孔织品、刺绣及项链，特别是透孔织品和丝带，而其主要消费者就是来自富裕农民和手工工匠等阶层。①

第三节 独立的厨房和卧室：居住条件的改观

黑死病之后的数十年里，英国居家房屋和教会建筑都发生了变化。到了社会转型时期，过去那种房子的主人和雇佣家臣们一起在大厅里用餐的一体感没有了，而且雇佣的家臣可以随意被使唤。富裕农民家里也是如此，他们确立了自身的地位。从建筑物看，在1480—1540年，英国兴建了大量的教堂建筑，同时在进入16世纪后，英国风气的转变使得贵族与绅士开始竞相营建别墅，一些富裕农民也热衷于为自己筑屋建家，这一切成了建筑业兴盛的基础，被称为乡村"伟大的重建"。

16世纪末英国富裕地主阶层中，最典型的是两层楼高的建筑，有地下室和阁楼。地下室是食材库，阁楼是佣人的卧室，在通用的遮风避雨的基本属性之上增加了专门的功能性和装饰性，是当时上等住宅的典型结构。这个两层建筑中，有大厅、主楼梯、客厅、玄关、食材室、厨房、筛粉室、有炉灶的面包房等各种功能的房间②。曼德维尔认为建筑是英国奢侈最大泛滥的现象之一③。在1670—1730年，英国兴起了一个建筑热潮，家居奢侈蔚然成风。

一 房屋建筑结构上的变化

1180—1320年，建筑者就地取材，建房时开始使用本地材料——花岗岩、白垩、燧石、石灰岩，在石头缺乏的地方则用20—30块石头作地基，然后上面用木材建筑。随着石头地基的采用，乡村的建筑方式已经发

---

① J. Thirsk ed., *The Agrarian History of England and Wales*, Ⅳ., 1500–1640, Cambridge: Cambridge University Press, 1967, p.176.

② ［日］后藤久：《西洋住居史》，清华大学出版社2011年版，第137页。

③ ［荷兰］伯纳德·曼德维尔：《蜜蜂的寓言》，肖聿译，中国社会科学出版社2002年版，第90页。

生很大变化。很显然,石头虽然增加了建房的成本,但是这样的方法可以延长房屋的寿命,尤其潮湿地区房屋的寿命。墙的材料使用麦秆或者芦苇与黏土或者动物粪便混在一起来抹墙,这样的泥巴墙很容易用手完成。但是整个房子使用的木材量很大,购买木材的费用、长途运输的费用、给建筑者的工钱等加在一起,建成一座房屋的费用增加了。1312 年德比郡一个住宅的建筑花费高达 40 镑①,这在当时应该是很罕见的。

木材框架的具有一定规模和非常舒适的住宅在肯特郡现在仍然保存,足见当时该郡经济的急剧增长状况。据说在 14 世纪后期到 16 世纪早期,大约有 1000—2000 座这样的房子,大都由小乡绅和较大的约曼建成。这样的房屋在当时全肯特郡各处都会发现,而且在邻近的萨里郡及苏塞克斯郡也在慢慢地推广这样的建筑。今天所见到的大都是 15 世纪晚期到 16 世纪早期的遗留建筑②。虽然在米德尔塞克斯看不到建筑上的发展,但是,伦敦流出的财富使得该郡在 1334—1520 年经济迅速增长。在德文郡和康沃尔郡,经济富庶在建筑上的体现在每个堂区都可以见到。而且,几乎所有的教堂都在不断地扩建和重建。德文郡的房子也和肯特郡的一样,经过了后来修建和材料的填充,而这些大都是乡绅的幼子或者经济不断上升的约曼进行的③。

随着农民富裕程度的提高,对不同房屋的需求凸现出来,房屋的结构也持续经过了一个演变的过程。13 世纪,最普遍的农民的房屋叫"长屋",没有分开的房间和牲口房,家庭所有人口和牲畜都处在一个屋檐下④。随着农业生产和经济水平的提高,对房屋的舒适性、整洁性和私密性的要求提高了。14 世纪初,在布洛克雷的尤普敦便出现了一批新的建筑,即把住宅与农业用房分开来了。但是,各地有一定的差异。根据记载,1408 年,在肯普西的农民长屋里,还是人畜同住在一个屋檐下⑤。在

---

① C. Dyer, *Making a Living in the Middle Ages*, *The People of Britain 850 – 1520*, New Haven and London: Yale University Press, 2001, p. 171.

② W. G. Hoskins, *The Age of Plunder King Henry's England*, *1500 – 1547*, London and New York: Longman, 1976, p. 26.

③ Ibid..

④ J. F. C. Harrison, *The Common People*, *A History from the Norman Conquest to the Present*, FLAMINGO, 1985, p. 48.

⑤ C. Dyer, *Lords and Peasants in a Changing Society*, Cambridge: Cambridge University Press, 1980, p. 317.

康沃尔郡，较古老的茅舍是"用泥土建墙、用茅草盖屋顶、没有玻璃窗，也很少有烟囱，只是在墙上掏一个窟窿来放烟"①。家畜和家禽在屋子里出出进进，粪便的恶臭和烧火的烟灰在空气中弥漫②。

14、15世纪以后，新兴的富裕农民和乡绅阶层的住房在规模上比以前有了明显的改变。乡村住宅中，通常在房屋主人持有地产的中心建有家用住宅和农用建筑。住房的规模主要取决于居住者持有财富的支付能力。通常，富裕的农民约曼会建有不同功能的房舍，除了住房以外，还有谷仓、羊栏、猪圈、烘烤房、麦芽窖、厨房等。根据1474年一个离开农业生产的佃农的赡养协议的记载，通常，建有谷仓是富裕农户房舍的特征③。

家用住宅房屋建成两层，房间划分更细，并被赋予不同的职能，牲畜移到屋外。1483年，汉伯里的一份协议中有两层房屋的记载④。到15世纪，在英格兰的整个东部和东南部，双层建筑随处可见；在西部，从达尔文到沃里克郡，双层建筑正在取代旧式的农民住房⑤。1350—1520年农民住房小规模的改进在许多方面为1570—1640年"伟大的重建"作了准备⑥。农民的房屋有了更为有效的取暖和排烟设施，比如敞开的厅堂以炉床取暖，有时在炉床的上方吊着排烟罩，还有房顶上预留的排烟用的烟孔或百叶窗。屋顶开始使用石板瓦，甚至陶瓷瓦，一个更结实的木结构支撑着它，这样房屋造价也上涨了。通常，房屋的修缮要花费很多钱，如果没有领主提供现金和建筑材料，农民的一处3个房间的住宅将需要支出至少3镑到4镑⑦，而这往往是他们一年的收入。

在16世纪以后住房空间的真正发生变化，不仅有量的变化，且有质的提高。1570—1640年，英格兰农村住房的标准和舒适程度得到了更大

---

① J. Thirsk ed., *The Agrarian History of England and Wales*, Ⅳ., *1500 – 1640*, Cambridge: Cambridge University Press, 1967, pp. 443 – 445.

② A. H. Halsey, *Change in British Society*, Oxford & New York: Oxford University Press, 1986, p. 25.

③ C. Dyer, *Lords and Peasants in a Changing Society*, Cambridge: Cambridge University Press, 1980, p. 317.

④ Ibid., p. 318.

⑤ 侯建新：《社会转型时期的西欧与中国》，高等教育出版社2005年版，第361页。

⑥ 侯建新：《农民、市场与社会变迁——冀中11村透视并与英国乡村比较》，中国社会科学出版社2002年版，第221页。

⑦ C. Dyer, *Lords and Peasants in a Changing Society*, Cambridge: Cambridge University Press, 1980, p. 319.

规模的改善。最引人注目的变化是楼房数量的增加和经济状况较好的富裕农民住房的重建①。所以,所谓"伟大的重建"在农民中更大程度上是富裕农民房屋的重建。

二 双层住宅是富裕农民房屋重建的重要特征

双层住房的出现,可以扩大下层房屋的空间。楼下的起居室被扩大了,这个空间本来是为了储藏和给孩子们居住的。有的家庭有两三个这样的房间,只扩大一个,其他的仍然留给孩子居住。莱斯特郡威格斯顿村庄在1560年代有了二层住房,即上层建有卧室的双层房屋。在约克郡或肯特郡等地区,也修筑了二层房舍,住房分为大厅、卧室、储藏室等不同功能的房间。在埃塞克斯、肯特、萨里和苏塞克斯也出现了独特的"豪华"建筑②。这表明上层的富裕农民在建筑上已经采用较雄伟的建筑风格。中间是厅堂,其两侧则是双层房间,这样富裕农民有了6个、7个、8个不等的房间③,而在以前一般只有2间或3间;厅堂还装饰了现代风格的屋顶。许多这一时期的建筑一直保留下来,如约克郡山谷附近的石砌农舍,正面门楣上常常用大写英文字母雕刻着建筑日期。南部肯特郡和苏塞克斯郡的农舍大厅,在伊丽莎白时代就已经现代化了。而西米德兰郡的农舍以黑白相间的木质结构闻名。在这样的两层房子里,一般中间是厅堂,两边是双层的房间,一共5个房间,而以前的房子平均只有两三间,每间通常30乘15英尺或者45乘15英尺的面积④。

但是,这种双层住宅的上层更多的是用来储存物品,比如罗伯特·布拉布森的房子,上面的4间卧室中,在厅堂上面那间用来储存大量的豌豆、燕麦和黄油,在厨房上面的那间则用来存放羊毛和其他用具⑤。

---

① 侯建新:《农民、市场与社会变迁——冀中11村透视并与英国乡村比较》,中国社会科学出版社2002年版,第222页。

② 安德烈·比尔基埃等主编:《家庭史》第1卷,下册,袁树仁等译,生活·读书·新知三联书店1998年版,第561页。

③ J. Thirsk ed., *The Agrarian History of England and Wales*, Ⅳ., 1500-1640, Cambridge: Cambridge University Press, 1967, p. 442.

④ C. Dyer, *Lords and Peasants in a Changing Society*, Cambridge: Cambridge University Press, 1980, p. 318.

⑤ W. G. Hoskins, *The Midland Peasant*, *The Economic and Social Historu of a Leiceshire Village*, London: MACMILLAN & CO LTD, 1957, p. 299.

完全的二层结构的新式建筑方式，到 17 世纪 30 年代的时候，威尔特郡的房屋有一半采都用了这种新建筑方式，大部分是重建或者新建的。1631—1632 年，威尔特郡建有双层房屋的农民数量给我们提供了一个非常有价值的资料：在 355 座房屋中，有超过一半（188 座）的房屋的一层上面全部加盖了房间，形成完整的双层结构房；有 1/3（116 座）的房子仅在个别房间上面加盖了卧室；尚有 1/7（51 座）房屋还是地面一层的房子，未加盖顶层房间。通常农民的住房能够展现他们的经济水平，但是也有例外。比如威尔特郡福文特村庄一个持有 54 英亩的农场主，他的谷仓、干草房比他居住的房子还大，可是他仅在房屋的一间上面加盖了二层房间。他的一个邻居，持有 40 英亩土地，他的房屋一层有 5 个房间，他仅在一个房间上面加盖了二层[①]。

双层房屋的出现导致楼梯的出现。但是可以确定的是，当双层房屋最初建筑的时候，通往上层的唯一通道，就是在上层地板的边缘搭一个梯子，以便由此处上楼。莱斯特郡威格斯顿村庄的记录中只有一个这样的房子：那些上层完全建房间的房子留一处开口，在那里嵌上或者活动或者固定的梯子，以沟通上下楼。而较多的是有"一个小梯子，从此处进入楼上的卧室"，比如 1637 年罗伯特·史密斯的房子。后来逐渐地发展到楼梯在乡村房屋中也成了富裕的标志。通常一层与二层之间由固定的有栏杆的楼梯相连。威尔特郡在这方面的记载不多，只是偶尔有文献提到"楼梯下面的房间""挨着楼梯的卧室"。莱斯特郡威格斯顿村庄中出现第一个真正有楼梯的房子是在 1642 年，那是约曼罗伯特·布拉布森的房子。那是一个很宽敞的房子，共有 9 个房间，底层有 5 个房间，上层除了阁楼之外还有 4 个卧室。这座房子是新式建筑的代表。1617—1620 年贝德福德郡才有了这样的永久性的楼梯；直到 1673 年埃塞克斯郡堂区才有这样的楼梯；东莱斯特郡的加尔比村庄在 1669 年有了第一个关于这样的楼梯的记载[②]。

三 厨房的出现和炉灶数量表明房屋主人的富裕程度

1560 年以后，莱斯特郡威格斯顿村庄住房的安排上主要的变化之一

---

① W. G. Hoskins, *The Midland Peasant*, *The Economic and Social Historu of a Leicishire Village*, London: MACMILLAN & CO LTD, 1957, pp. 289 – 290.

② Ibid., pp. 290 – 291.

是：除了厅堂、起居室之外，增加了第三个房间——厨房。而 16 世纪中期以前，作为专门用途的厨房还没有出现。有一个关于威格斯顿村庄的记录显示，到 1565 年，在 16 个房屋中有 2 个有了厨房①。1568 年，莱斯特郡威格斯顿村庄的约曼农场主罗伯特·威特雷遗孀艾利斯·威特雷的房子底层有 5 个或者 6 个房间，分别是厅堂、起居室、第二起居室、厨房、备餐室和食物储藏室，上层有 3 个卧室。像她这样的房子就是重建的，而不是一点点从原来老式的较小的房屋规模基础上扩建的，而且是在罗伯特在世的时候所建。罗伯特死于 1562 年，如果像我们所推理的那样，那么这个房子也许就建设于 1555—1560 年②。

炉灶的数量也能够说明农民的富裕程度。大多数拥有 50 镑以下财产（平均约为 25 镑）的农夫或雇工，通常拥有一个炉灶。当然也有例外，比如巴恩韦尔的托马斯·派克，他的遗产达到 70 镑，也只有一个炉灶。他住着舒适的房子，有 21 英亩的耕地，家庭器具价值约 200 镑 13 先令 4 便士，其富裕程度超过了一般的约曼。

有 1 个炉灶的农户一般将炉灶放在厅堂里，厅堂兼作厨房。如西怀特因的威廉·提尔布鲁克的家里，厅堂摆放的用具有烧水用的壶、白镴的盘和日常用具，厅堂里还有如风箱、钳子、放在火上的锅和炉灶火炉用的器具③。

有 2 个炉灶的房屋主人有 3/4 拥有 10—100 镑的遗产，他们的平均财富大约为 60 镑，是一般农户财富的 2 倍。在对各地炉灶的调查发现，有 2 个炉灶的房子都有了专门作为厨房的房间，炉灶主要用来做饭，偶尔还会把炉灶放在厅堂。

有 3 个炉灶的房子一般有 6—11 个房间，通常 3/4 以上有 6 个或者 8 个房间。有这样规模的房子的富裕农民一般拥有遗产 30—500 镑，但是多数为 30—200 镑的。在剑桥郡，拥有 8 个房间的约曼居大多数。这样的农户通常会把炉灶放在厨房，个别的放在厅堂；由于取暖的需要，起居室或者别的房间也会放一个炉灶。加姆灵格的约曼亨利·塞尔就有一个炉灶放

---

① W. G. Hoskins, *The Midland Peasant*, *The Economic and Social Historu of a Leiceshire Village*, London: MACMILLAN & CO LTD, 1957, p. 292.

② Ibid., p. 286.

③ M. Spufford, *Contrasting Communities*, *English Villagers in the Sixteenth and Seventeenth Centuries*, Cambridge: Cambridge Univesity Press, 1974, pp. 39 – 40.

在他的卧室；伊什勒顿的理查德·武敦的炉灶放在他的起居室和厅堂里①。有的时候，他们会将一个炉灶放在楼上。谢普莱斯的铁匠托马斯·阿尔班家里有7个房间，3个炉灶。一个炉灶放在厅堂，用来做饭，没有专门的厨房；另外的一个放在卧室，房间里还有5个大箱子、6把椅子、一副炉子和一个火铲，还有一个金属床架；第三个炉灶则放在起居室。1670年，约曼罗伯特·布拉布森的房子有3个炉灶，也分别在厅堂、厨房和新起居室②。

有4个或者更多炉灶的房子主人一般拥有财产360镑以上，是非常富有的人。通常有6—14个房间这样规模的房子主人一般会拥有财产在34—1132镑，其中5/8的房主财产超过了300镑。显然，只有富有的约曼或者富有的店主才拥有这样的房子。西怀特因的约翰·麦克里遗产达到546镑12先令2便士，他的房子就是非常典型的上层农户的住宅。共有13个房间，具体布局不甚清楚，但可知楼下有厅堂、起居室，里面摆放着1个长条桌子和18把皮椅子，还有厨房、乳品室、酿酒房、地窖。他自己的卧室和储存奶酪的阁楼没有指明具体位置，其家人的卧室也没有明确说明，但是可知房间里有挂着床帐的床，每个房间里摆放的物品价值大约为25镑。这座房子里有5个炉灶，应该分别在厅堂、起居室、厨房、起居室上面的卧室和约翰·麦克里自己的卧室③。很显然，炉灶是一个经济指标，表明了富裕和舒适程度。所有有3个以上炉灶的农民都是富裕的。

1556—1650年的伯克郡、林肯郡和苏塞克斯郡等地2172个约曼的遗嘱和财产清单显示，其平均财产价值为160镑。从中随意抽取4个约曼：萨福克的约翰·瑟沃尔有财产价值75镑12先令4便士，北安普顿郡的约翰·古德曼有财产价值245镑13先令2便士、贝德福德的威廉·伯丹有财产价值513镑3先令6便士、林肯的理查德·克拉克有财产价值861镑5先令8便士，其所住房屋的房间数量依次为5—

---

① M. Spufford, *Contrasting Communities, English Villagers in the Sixteenth and Seventeenth Centuries*, Cambridge: Cambridge Univesity Press, 1974, p. 40.

② W. G. Hoskins, *The Midland Peasant, The Economic and Social Historu of a Leicishire Village*, London: MACMILLAN & CO LTD, 1957, p. 291.

③ M. Spufford, *Contrasting Communities, English Villagers in the Sixteenth and Seventeenth Centuries*, Cambridge: Cambridge Univesity Press, 1974, p. 41.

11间不等①。根据前面通过炉灶数量来判断富裕程度的说法，这4个约曼中前两个约曼属中等富裕者，而后面两个则是上层约曼。

斯特福德郡有5个百户区，其中皮尔希尔位于农业发达、交通便利的特伦特河流域，居民比较富裕。从1665年该百户区缴纳炉灶税的记录看，只有29%的居民免缴炉灶税，其他都是须要缴纳炉灶税的比较富裕的农户。托特蒙斯洛全区都是高沼泽，经济以畜牧为主，这里的约曼和小农居多，1665年的炉灶税缴纳记录中显示，当地的具有只有29.4%的贫困家庭免于缴纳，其他皆为比较富裕的农户。卡特勒斯顿是山地和丘陵地区，比较贫困，尤其是东南的坎诺克蔡斯区的1665年缴纳炉灶税的记录看，免于缴纳炉灶税的家庭占33.2%②。也就是说在本地区，生活水平与约翰家不相上下甚至更高的家庭有着相当大的比例。

表12　　　斯特福德郡炉灶税与贫困程度比较（不包括自治市镇）③

百户区	皮尔希尔	托特蒙斯洛	卡特勒斯顿	奥弗洛	塞斯登
1665年免缴炉灶税家庭百分比	29.6%	29.4%	50%	32.5%	40.7%

四　卧室的出现

16、17世纪，房间数量反映了房间的不同功能的划分，房屋的生活功能日渐明显，这为家庭成员的私人空间提供了保护，个人的隐私性增强。房间越分越细，体现出布局日益合理化和私人化的倾向。摩根通过对在1530—1569年遗产记录的分析表明，每个家庭平均有3间房；从1570年到伊丽莎白统治结束时，每个家庭平均有4—5间房。1610—1642年，则平均有6间以上。1570年以后富裕的农民约曼甚至有6—8间房，家中常有客厅、卧室④。总之，房间功能有了比较明确的划分，私人空间的界限愈益明显并得到重视和保护。原来的大房间被隔成几间，分担不同的职

---

① M. Campbell, *The English Yeoman, under Elizabeth and the Early Stuarts*, New York: AUGUSTUS M. KELLEY Publishers, 1968, pp. 238 – 239.

② 向荣：《1603年至1642年斯特福德郡的治安法官和他们的季审法院》，伯明翰大学，博士学位论文，1996年，第155页。

③ 同上。

④ ［英］肯尼思·O.摩根：《牛津英国通史》，王觉非等译，商务印书馆1993年版，第298页。

能，比如卧室、起居室、厅堂、厨房等。

戴尔通过对13世纪和15世纪房屋的比较研究，发现15世纪的时候房屋的内部空间划分较细；以小房间为主；卧室增多而且被移至二楼①。莱斯特郡东部的盖比村庄1559年第一次出现上层建有卧室的双层房屋。

表13　　1641—1642年威格斯顿村庄41个房屋房间数量情况②

房间数量	房屋数量
1	2
2	4
3	9
4	6
5	3
6	4
7	7
8	2
9	3
10	1
1到10个房间	总计41座房屋

1564年，莱斯特郡威格斯顿村庄里出现第一个建有卧室的房子，其主人是富裕农夫理查德·派恩德尔③。1568年，莱斯特郡威格斯顿村庄的寡妇艾利斯·威特雷的双层房屋的一楼有6个房间，楼上有3个卧室，直到17世纪中期这样的房型普及的时候还一直是该村庄大房舍的先驱。在她退休之后还拥有她的专用的起居室④。直到16世纪70年代或者16世纪80年代这样的带有专门卧室的房屋在威格斯顿村庄普及开来。1599年，

---

① C. Dyer, *Lords and Peasants in a Changing Society*, Cambridge: Cambridge University Press, 1980, p. 106.

② 上面表格显示了1621—1642年威格斯顿村庄41座房子房间数量情况。"房间"表示主要用于生活用途。例如包括厨房、备餐室等，而不包括酿造房、牛奶房、乳品房、店铺和一般用途的农场用房。

③ W. G. Hoskins, *The Midland Peasant*, *The Economic and Social Historu of a Leicshire Village*, London: MACMILLAN & CO LTD, 1957, p. 286.

④ Ibid., p. 296.

理查德·丹尼的房子在厅堂和起居室的上面都设有卧室；1600 年，西蒙·布赖特的房子在起居室和厨房上面建了两间卧室，厅堂上面没建房屋，形成一个露台。1602 年，威廉·约翰逊的房子有 3 个卧室；1603 年，当地磨坊主威廉·朗顿在厅堂和起居室上面都建了卧室①。1638 年，亨利·怀特的房屋有 6 个房间，底层是厅堂、起居室、厨房，上面有 3 间卧室，是一次完成的新式建筑；而 1623 年威廉·莱基的房子和 1637 年约翰·丹尼的房子都是底层有 4 个房间，上面有 2 个房间，是在原来的基础上一点点加盖的。约翰·丹尼的住宅是这个村子里较大的房子，有 2 个起居室。有 7、8 个或者 9 个房间的房子里都有 2 个起居室。另一个特征是卧室的增多，在有 7—10 个房间的大房子里都有多个卧室。在下表中有 9 个房间的两处房宅就有多个卧室，分别是 1641 年理查德·瓦特斯和 1642 年罗伯特·布拉伯森的房子。理查德家由厅堂、2 个起居室、厨房、备餐室和楼上的 4 个卧室组成；罗伯特家与之不同的是拥有 5 个卧室、1 个起居室。威格斯顿村庄里最大的房子是死于 1625 年的农民老罗伯特·弗瑞尔的。他的房子有厅堂、厨房、备餐室、3 个起居室，楼上还有 4 个卧室，共有 10 个房间。中号的那个起居室只存放羊毛，最好的那个起居室也做了主人的卧房，楼下的其他房间主要用于存放大麦芽、豌豆和奶酪②。

五　玻璃窗、烟囱和护墙板是富裕的象征

在乡村住宅中，有玻璃窗、烟囱和护墙板是这个时期富裕农民房屋的特征。

富有人家的房子不再像 15 世纪那样堡垒森严，而是出现了装有采光极好的玻璃，而且是彩色玻璃，房屋的窗户上镶上玻璃，房间变得明亮起来，这也是由于国家政治环境安定的反映。玻璃是古代腓尼基人的创造出来的，13 世纪传入英国。到伊丽莎白女王时代，要求一直掌握玻璃专卖权的尼德兰人，要把关于玻璃的生产技术传授给英国人。到 1589 年，英国已经有了 14 家玻璃工厂③。但对当时的英国民众来说，玻璃是非常昂

---

① W. G. Hoskins, *The Midland Peasant*, *The Economic and Social Historu of a Leiceshire Village*, London：MACMILLAN & CO LTD, 1957, p. 288.

② Ibid., pp. 293 – 294.

③ 蒋孟引：《英国史》，中国社会科学出版社 1988 年版，第 316 页。

贵的奢侈品。1583 年，莱斯特郡威格斯顿村庄的农民住房最早有了玻璃窗①，那是一个叫约翰·布洛尼的约曼的房子；第二个有玻璃窗的房子是 1594 年约曼罗伯特·弗利尔的。1590 年访问英格兰的布兰登堡法学家、律师保罗·亨茨纳就见证了乡村居民的居住情况，他这样评论："他们的床上铺着花毯，即使农夫也不例外。……他们的房屋一般是两层楼房……玻璃房屋在这里屡见不鲜。"

约曼非常自豪地感觉着那个时代远离烟熏火燎的舒适②。德文郡的罗伯特·福斯家里所有的窗子都用了玻璃。1607 年约克郡的约曼遗赠给他的儿子"房子里所有的玻璃窗"。在 1628 年兰开郡的约曼遗嘱中说："我也给我女儿的家装了玻璃窗。"③

排烟是富裕农民建房时考虑的问题。烟囱和玻璃窗一样都受到他们的喜爱。一般乡绅和约曼的住房都有砖砌的烟囱。而普通农夫和雇工的房舍则很简陋。1602 年一位作家这样描写康沃尔郡的茅舍：泥墙和低低的茅屋顶，几乎没有隔板，没有地板，没有玻璃窗，也没有任何烟囱，所谓排烟设备不过是在墙上挖个小洞。

像玻璃窗和烟囱一样，护墙板也成为可以移动的家庭陈设。施洛普郡的约曼约翰·泰舍尔遗嘱中提及"大厅和起居室的护墙板""我的房子的所有玻璃窗"④。1583 年，维特尼富裕的约曼托马斯·泰勒的住宅有 25 个房间，家具有餐桌、椅子、床、碗碟柜、书籍、玻璃窗、护墙板和一些白镴用具，还有一些进口奢侈品。⑤

第四节　富裕农民家庭日用奢侈品

以 1529—1560 年莱斯特郡威格斯顿村为例，普通农户的家庭陈设平均占他个人总财产的 10%—15%，在 16 世纪中叶以后，这个数字上涨到

---

① W. G. Hoskins, *The Midland Peasant*, *The Economic and Social Historu of a Leiceshire Village*, London: MACMILLAN & CO LTD, 1957, p. 285.

② Ibid., p. 291.

③ M. Campbell, *The English Yeoman*, *under Elizabeth and the Early Stuarts*, New York: AUGUSTUS M. KELLEY Publishers, 1968, p. 232.

④ Ibid., p. 233.

⑤ D. M. Palliser, *The Age of Elizabeth*, *England under the later Tudors 1547 – 1603*, London and New York: Longman, 1983, p. 115.

20% —40%①。17 世纪中叶的遗嘱表明，家具、寝具和其他一些生活用具及工具的数量和种类大大增加，价值也在提高。

一　日常用品中的银器

威廉·阿斯蒂尔是威格斯顿村庄的约曼，死于 1554 年，他的住房是很舒适的。厅堂里有悬挂着染色床帐的大床、软垫、6 只银勺、桌子、椅子、长木凳、放衣物或者碗碟的橱柜、箱子、纺车、几个白镴的锅、几个盆、餐盘、炉灶上散热的铁。他的起居室里摆有 2 张皮革的床——这是农民家里的新式家具，还有很多床上用品，如 20 条床单——10 条是亚麻的、10 条是大麻的。这些家庭陈设和使用的物品总计价值 7 镑 9 先令 8 便士，约为他的个人家内财产总量的 1/7。而且，他的农场还有上百只羊，其价值超过他全部家内财产②。

从遗嘱中可以看出当时人们的生活水平。布洛克雷的一雅德土地持有人托马斯·戴尔除了较多的牲畜之外，留下的农用工具主要有犁、大车和四轮货车，家庭日用品中最有价值的应该是金属容器如白镴器皿（通常最多为 6 个）等，还有床和衣服。克拉尼斯的威廉·切茨雅德是大约半雅德土地的持有者，他的遗物中有他妻子留下的 4 个银质勺和两件毛皮女服③。威廉·哈里森于 1580 年代说，在 16 世纪初只有富裕的农民才能够拥有 4 个以上白镴器皿；而白银物品对农民来说更是稀有之物，通常富有的约曼才有白银的汤勺④。银质勺应该是一个标志性的物件。在汉伯里，5 份富裕农民的遗嘱中有 3 份当中提到了银质汤勺，其中一个人还拥有 6 个这样的汤勺⑤。

到 16 世纪末，一般农场主的房舍更加舒适，家庭陈设也更加讲究。据一个德国旅行家 1584—1585 年到访英国之后的描述，他注意到"很多

---

① W. G. Hoskins, *The Midland Peasant*, *The Economic and Social Historu of a Leiceshire Village*, London：MACMILLAN & CO LTD, 1957, p. 296.

② Ibid. , pp. 295 – 296.

③ C. Dyer, *Lords and Peasants in a Changing Society*, Cambridge：Cambridge University Press, 1980, p. 353.

④ C. Dyer, *Standards of Living in the later Middle Ages*, *Social change in England*, c. 1200 – 1520, Cambridge：Cambridge University Press, 1989, p. 157.

⑤ C. Dyer, *Lords and Peasants in a Changing Society*, Cambridge：Cambridge University Press, 1980, p. 354.

农民的家里陈设比德国贵族都好，而且吃得也丰盛"。而他这里所说的"农民"意思是指富裕农民或者是租地农场主，而绝不是一个雇工①。家庭陈设的价值在 40 年或者 50 年前一般为 2—4 镑，而这个时候达到 10—20 镑或者更多，是原来的 5 倍。家庭陈设数量及用途多样性增加，表明乡村中的各个阶层特别富裕农民阶层生活水平的提高。比如上文提到的老罗伯特·弗瑞尔的祖先的房子在 1529 年的时候只有 2 个房间，到 1594 年的时候有 7 个房间，但 1625 年他死的时候已经有 10 个房间。1594 年的住宅已有厅堂、厨房、通道、住宿的起居室、另一个起居室、备餐室和卧室。他的家具陈设如下：

厅堂：2 张桌子、2 条长凳、2 条长木凳、1 个盛衣物或者碗碟的橱柜、2 把椅子、2 只单人凳子、搁架、6 个软垫、染色的布、2 扇玻璃窗，一系列白镴的、黄铜的或者其他金属器具，炉灶上的铁、一些木制器皿，原来养鸡的鸡栏已经不不存在了，在天窗旁边挂着 3 串洋葱。

厨房：盛饭的小器皿、燕麦粥、饮水槽、隔板、桶和其他小器皿。

通道：隔板和其他木制器物、长柄大镰刀、有轮轴的耙子、木制的犁和其他物品。

住宿的起居室：2 个挂着床帐的金属床架和床上、皮革床和床上用品、1 个大衣柜和盛衣物的橱柜、甘草叉和桶板。

另一个起居室：金属床架和床上用品、2 只箱子、整个屋子的黄油和奶酪。

备餐室：2 个大木桶、琵琶桶、1 个张铁、制盐的槽、纺羊毛的机器和 2 块煤。

卧室：1 个金属床架、2 块铁、2 个旧马鞍、一些木制用具、一条窗帘。②

---

① D. M. Palliser, *The Age of Elizabeth*, *England under the later Tudors 1547-1603*, London and New York: Longman, 1983, p. 115.

② W. G. Hoskins, *The Midland Peasant*, *The Economic and Social Historu of a Leicshire Village*, London: MACMILLAN & CO LTD, 1957, p. 297.

二 遗嘱中的传家之物

农村住房里的家具经常被详细地列在遗嘱清单里。1601 年一份财产清单中列有一个富裕农民家庭的家庭陈设中，有相当多的奢侈物品，至今仍然摆放在那里，其中包括几面镜子、配有镜框的肖像、丝质床帐、土耳其地毯、来自比利时的壁毯和一些充满印度填料的被子等奢华物品[①]。许多农民的房屋都摆设考究得令人吃惊。卡尔顿庄园的威廉·海普丁斯托尔1611 年去世，留下价值 18 镑的家具，包括餐厅里的 1 个餐桌、1 个柜橱、2 把椅子、1 个小凳子、2 个长木凳、2 扇玻璃窗、各种各样的画着图案的布、19 个白镴的盘子、4 个茶杯碟、5 个小汤碗、2 个烛台、6 个靠垫和一块地毯。他的 3 间卧室摆放着床、日用织品和大箱子（柜子里放着放牧用的一端弯曲的长棍杖、干草叉和猪油脂）。在他的厨房里，陈列着锅、盘状器皿、碗、在餐桌上烹饪用的火锅、漏勺、烤架、琵琶桶、摆放物品的架子、酒桶、细颈瓶、小型的瓶子、长把勺、调制的器皿和 1 个铁制的炉灶[②]。

各地的情况有很大的差异。在沃里克郡和北安普顿郡，每两个农民就有 1 个留下的家具超过 4 镑。在森林地区的堂区，纳尼顿较富裕的农民罗伯特·伍德家庭财产在 1617 年时价值达到 11 镑。他的住宅有 17 个房间，带有厨房、奶酪房、2 间卧室、2 间客厅和一个有护墙板的大厅。他靠织布和做奶酪营生。1617 年夏天去世的时候，他所拥有的 80 坨奶酪装满了两个卧室，他的奶酪房里则有做奶酪的槽子、制作奶酪的台子、熬黄油的锅、大桶、模子和各种各样的铜器皿。在他的厨房里，1 个压制奶酪的器物、1 个金属制的奶桶、1 个大木盆、3 个桶、2 个织布机、2 个纺车、一些碾压谷物的箥子、蒸馏用的管子，以及一些铜的或者铁的锅。在卧室和起居室里，有床和床上的铺盖、餐巾、床单和手巾。在他自己的卧室里，有价格不菲的金属床架和羽毛铺着的床；在大厅里，有一套白镴的盘子、茶杯和烛台[③]。

[①] D. M. Palliser, *The Age of Elizabeth, England under the later Tudors 1547 – 1603*, London and New York：Longman, 1983, p. 115.

[②] J. Thirsk ed., *The Agrarian History of England and Wales*, Ⅳ., 1500 – 1640, Cambridge：Cambridge University Press, 1967, pp. 446 – 447.

[③] Ibid., p. 447.

另外，在萨默塞特和格罗斯特的森林地带的堂区，虽然劳工没有在米德兰东部的那样富裕，但是他们基本达到 3 个人中有 2 个可以拥有 4 镑以上的家用物品。在奇林顿的菲利普·维尔金斯，在他 1634 年秋天去世时，他的家庭用品大约价值 5 镑。像纳尼顿的罗伯特·伍德一样，虽然生产的规模不大，但是他靠制作奶酪和黄油而赚到了钱，毫无疑问他是将产品运到临近的约夫尔和伊敏斯特的日用品市场上出售。他最后留下的物品包括 1 个奶酪架子、1 个石头的压制奶酪的重物、1 个奶酪支撑架、1 个黄油琵琶桶、1 个撇油用的漏勺和各式各样的带提梁的圆桶、桶和琵琶桶；他的家具包括大柜橱、2 个长木凳、2 个箱子、2 个除尘床、1 个带床罩的床架、毛毯、摆在床头上的羽毛长垫枕和一些枕头，还有锅、大浅盘、粥碗、黄铜的坛子、烧水用的壶、1 个茶杯、1 个盐瓶和 1 个烛台。在赫特福德郡，农村雇工的住房同样比较舒适。在 17 世纪早期的时候，他们的家具通常值至少 7 镑，偶尔有人超过 25 镑①。

在约翰·斯梅尔对哈利法克斯的中产阶级进行考察中，在遗嘱清单中反映了家庭财富的整体水平。而 17 世纪晚期的遗嘱中则透视了一些奢侈品范围。比如 1690—1699 年，总数 292 份遗嘱清单中，将近 1/3 的清单里有时钟，1/3 的清单里至少有一定数量的麻织品，1/4 的清单里有玻璃器皿，1/4 的清单里有一面或几面镜子，还有比例相对较低约 1/6 的清单里有镀银碟具。然而，斯梅尔的考察发现，拥有这些物品的人不仅仅局限于最富裕的那些人。而贫民除了没有时钟、麻织品或者镀银餐具以外，其他的物品也是有的。而在富人的遗产清单中，有 3 户人家拥有俄罗斯软革制成的椅子，9 户人家有窗帘，7 户人家的墙上挂着地图②。

三　饮食和餐桌礼仪

在饮食方式和习惯上，深奥的饮食之道已不再是秘密。"秘密"的烹饪配方虽然传奇，但通常也会被公布于世。最精致的酱料也会从显贵阶层的餐桌上流出来，成为富裕阶层众口之中的美食。一方面富裕让食物制作方法与花色丰富起来，另一方面随着生活水平的提高，日用器皿什物变得

---

①　J. Thirsk ed., *The Agrarian History of England and Wales*, Ⅳ., 1500-1640, Cambridge: Cambridge University Press, 1967, p.447.

②　[美] 约翰·斯梅尔：《中产阶级文化的起源》，陈勇译，上海人民出版社 2006 年版，第 43—44 页。

精致也促使餐桌上的言语行为需要适度地加以约束和克制。富裕农民开始重视餐桌装饰和礼仪。经济状况稍好的农民常常在餐桌上铺亚麻或者帆布质地的台布，只有一把椅子是给家里的男主人坐的，其他成员则坐长木凳或者单人小凳。富裕的农民家里吃饭之前要洗手，通常洗手用的是金属盆或者大口水罐，用亚麻的布擦手①。用餐时间也逐渐固定下来并有所差异。根据哈里森的描述，贵族与乡绅进餐时间要早于商人，而富裕农民则是在他们称之为正午的时间进正餐，在7时或8时进晚餐。至于那些最贫穷的人，哈里森最后说："他们总是在空闲时间进餐，因此要讲他们在什么时候进餐，则是多此一举。"②

第五节　多姿多彩的民俗与乡间休闲娱乐活动

13世纪《物之属性》中写到了这片国土"充满了快乐和嬉戏，英格兰人时常能够快乐和嬉戏，是心灵无羁、言论自由的人"③。这恰好也吻合了乔叟在《坎特伯雷故事集》中所描绘的世界。15世纪的英格兰是如此富庶，富裕的农场主从头到脚穿着精细的羊毛衣衫，家中有丰富的床上用品，有各种羊毛织物。他们享用名目繁多的器皿和农具，以及各种必需品，物质条件足可以让他们根据自己的阶层和地位实现一种相对满足、安逸和快乐的生活。而节日也往往意味着更多的食物汇聚到一起，更意味着产品的丰富和生活的富裕。

一　葬礼与婚礼

对葬礼消费的考察，我们只能从当时的遗嘱内容上得到一些信息。一般地，立遗嘱人会把葬礼的花费确定下来。在一些富裕之家的遗嘱中，总会有一项关于死后葬礼上花费的内容。从中我们可以看出，当时富裕之家的葬礼消费也是相当大的。

之所以很多富裕农民的遗嘱中都有一项列出立遗嘱人的葬礼上食物和酒所需要的花费。因为葬礼在社会生活中占有一定重要的地位，虽然参加

---

① C. Dyer, *Standards of Living in the later Middle Ages*, *Social change in England*, c. 1200 – 1520, Cambridge: Cambridge University Press, 1989, p. 160.
② ［英］阿萨·勃里格斯：《英国社会史》，中国人民大学出版社1991年版，第134页。
③ ［英］艾伦·麦克法兰：《现代世界的诞生》，上海人民出版社2013年版，第80页。

葬礼要穿丧服，心情很悲痛，但是它也成为向大家表达友好的机会，又提供了亲友会面的地方。坎贝尔认为，通常富裕农民的葬礼和婚礼需要的食物和酒的数量都是一样的①。肯特郡的一个约曼约翰·古德格林在遗嘱中说要留下 10 镑用来买酒招待参加他葬礼的朋友。斯特福德郡的一个约曼尼古拉斯·帕克也为以后他的葬礼上类似的晚餐留有 20 镑。约曼罗伯特·罗宾逊留了 30 镑作为以后葬礼宴会上使用，宴会在索灵菲尔德教堂对面约翰·菲尔德的家里举行，招待来帮助罗宾逊遗体下葬的好邻居们。在罗宾逊的遗嘱中，除了写明以上 30 镑的供葬礼花费外，还给来此的穷人留有 6 磅的奶酪和 4 桶啤酒。萨默塞特的约曼约翰·比柴姆说要怎样把 2 只羊送到他岳母的葬礼上去，还有牛肉和其他食物。在富有家庭中，死者下葬之前会有人为尸体清洗，之后用香料保存，然后密封在铅质的棺材里。很多人死后请家人或朋友来做这些事，但是富有的人家会雇用穷人来做，这也是一笔开支②。

富裕农民家庭的婚礼开销是很大的，需要花销的款项大体包括：订婚仪式和礼物、结婚礼服、婚宴等。

西蒙·莱德经常出席约克郡约曼和乡绅的婚礼，所以能够提供了一些当时标准的信息。通常一个婚约达成的时候，正当进行的程序是，男方或者他的父亲开始与女方的父亲商讨婚礼的程序。如果年轻人得到保证这个程序的正常进行，那么他就可以暗示女孩自己去促成或者妨碍这次婚姻。如果女孩表示积极地发展下去，那么男青年会认为在下次见面的时候应当送给女孩子 10 先令的硬币或者价值相当的戒指，甚至可以是 20 先令的戒指或者硬币。根据法庭记录显示，农夫爱德华·班德追求一个约曼农场主的女儿时曾送给她一枚价值 40 先令的金戒指，但是女孩拒绝成为他的妻子却不交还戒指。下一次或者再下一次，礼物可以是一副价值 6 或者 8 或者 10 先令的手套。例如，林肯郡的约曼提莫西·丹尼特追求一个养牛农场主的女儿埃伦·兰伯特时，送给女孩的礼物中包括一个钱袋、一枚银质

---

① M. Campbell, *The English Yeoman*, *under Elizabeth and the Early Stuarts*, New York: AUGUSTUS M. KELLEY Publishers, 1968, pp. 312–313.

② 比如 1597 年，尼古拉斯·培根爵士死后，家人用 13 先令 4 便士雇用了 2 个妇女做了这些事。他为死后葬礼上的食物留下了一笔慷慨的数目——193 镑 6 先令 8 便士。见 D. Cressy, *Birth*, *Marriage and Death*, *Rituall*, *Religion and the Life-Cycle in Tudor and Stuart England*, Oxford: Oxford Unicersity Press, 1977, p. 101。

戒指、一副手套和一件束腹紧身衣①。经过6个月左右的求爱期之后，双方父亲要见面达成共识，约定好婚礼的计划和婚礼宴会的情况。新娘的衣服对她和她的父亲都是一件重要的事情，她的父亲要看到他的女儿穿着时尚，能够适合她的身份地位。1563年，约克郡的两个家族伊莎贝尔·基波森和罗伯特·海明威之间达成婚约，伊莎贝尔的父亲要求他的女儿在婚礼上穿的婚礼服的样式要得体而且标致②。

西蒙·莱德在他女儿琼华丽的结婚礼服花费记录中提到了斯特福德郡的约曼结婚礼服的大致标准。琼的婚礼长服的布料花费31先令，支撑裙子下摆的金属条要7先令6便士，礼服上的装饰物要16先令，戴的帽子需要8先令6便士。而她的衣服所用布料在22年前她妈妈结婚时仅需要6便士③。新娘和新郎的礼物新手套很显然是分发给来教堂参加婚礼仪式的邻居家的男孩和女孩的。婚礼仪式之后，由新娘家招待客人晚宴，然后新婚夫妇要在新娘家住1个月。最后，新郎把彩礼给新娘家留下，两个人离开，搬回新郎家，在那里还要举行一次婚礼。在一些地区，新娘家的晚宴费用要由两家共同承担，各地有些不同。一般的都不缺乏食物。1589年，在萨福克郡一个年轻约曼的婚礼上，准备了1头阉牛、7只羊的肉食。在这次婚礼中，阉牛和面包类食物是由新郎家提供的，其余的食物由新娘家准备。

有时候，来宾也要分担一些开销的，比如酒的花费。富农的女儿琼记得她的父亲如何费尽心机让他的朋友都花点钱④。亲友馈赠的钱币显然是最受欢迎的。来宾也会馈赠新婚夫妇一些物品，如喜饼、麦穗环或花环、蒲制篮子、刷子、椅子、饰带、网眼针织物、纤巧的刺绣，还有新娘悬挂在饰带上的剪子、粗针、小钱包和针盒。喜饼到后来逐渐演变为蛋糕，直到今天西方的婚礼上依然保留着这个传统。最初的喜饼味同嚼蜡，又干又硬；到伊丽莎白时期，婚礼上开始流行用鸡蛋、奶油、糖和香料做成的小葡萄干蛋糕，后来又加入了杏仁糊。而相当长的时间里，这样的婚礼蛋糕还只是砸在新娘的头上，到后来才被切开分给宾客来品尝。逐渐

---

① M. Campbell, *The English Yeoman, under Elizabeth and the Early Stuarts*, New York: AUGUSTUS M. KELLEY Publishers, 1968, pp. 302–303.

② Ibid., pp. 303–304.

③ Ibid., p. 304.

④ Ibid..

地，大蛋糕取代了小蛋糕，到查理二世时期首次出现了有糖衣的精美蛋糕。对于伊丽莎白时代的人来说，剪子也是常见的结婚礼物，如果婚后丈夫不忠，妻子就可以剪断幸福的纽带①。

富裕农民家庭为女儿准备的嫁妆大多比较丰厚。乔叟说庄头娶妻的时候，新娘的嫁妆就有许多铜锅②。1558年，托马斯·霍尔德遗嘱中提及给两个未出嫁的女儿每人的嫁妆包括：3磅6先令8便士、6只羊、1头奶牛、6夸特大麦和麦芽，还有各种食橱、箱子、床架，以及亚麻布和半打白镴盘子③。这样的遗嘱内容在富裕农民中相当典型，能够体现出立遗嘱人的身份。

二 宗教和世俗节日

作为普通的农民，生活是很单调的，只有遇到重大宗教节日才能给他们带来一些身心的愉悦。圣诞节是所有节日的仪式当中最受到人们喜爱的。其间农民可以享有圣诞节期间12天的假期以及复活节和圣灵降临节（即在复活节过后的第七个礼拜日）的短暂假期。而且，农民在平时的礼拜日也会要求领主给予的工作量要少些。通常，圣诞节的时候，农民的生活是丰富多彩的。领主会在庄园住宅里举行盛宴，设宴款待庄园农民，大家一起畅饮浓烈的麦酒。约翰·泰勒曾记录了一个农场主家在圣诞之夜欢乐的情况。一家人在丰盛的晚餐过后一起去教堂做义工，互赠贺卡。他们会给雇工发一些蛋糕、白面包、奶酪、百果馅饼和一些肉类④。复活节等基督教节日也有类似的聚餐活动。此外，冬季农民的娱乐活动也随处可见。比如观看哑剧演员和艺人的滑稽表演，参加合唱等。与岁时月令有关的娱乐活动有五朔节（每年五月一日）和仲夏的聚餐。每逢此时，农民便尽情地投入欢娱之中。夏天聚餐以跳舞、唱歌和游戏助兴，这些习俗相沿日久，积淀成为农民社会地方共同体狂欢文化的传统。

---

① [美]布雷多克：《婚床》，王秋海等译，生活·读书·新知三联书店1986年版，第82—83页。

② [英]乔叟：《坎特伯雷故事》，方重译，人民文学出版社2004年版，第64页。

③ M. Spufford, *Contrasting Communities*, *English Villagers in the Sixteenth and Seventeenth Centuries*, Cambridge: Cambridge Univesity Press, 1974, p. 112.

④ M. Campbell, *The English Yeoman*, *under Elizabeth and the Early Stuarts*, New York: AUGUSTUS M. KELLEY Publishers, 1968, p. 299.

在复活节里，人们会当街玩耍板球之类的游戏。这是乡绅们支持和乐此不疲的。农民会观赏一些关于《圣经》故事的奇迹剧。五朔节时人们会载歌载舞，饮酒作乐，也有各种各样的游戏。在一些重要的时刻，比如受洗、婚配、葬礼都会畅饮美酒，欢快地跳舞，进行游戏。这样的时刻是农民们可以摆脱平日劳作、令人兴奋的轻松时刻。另外，约翰·斯梅尔曾记述了一个乡绅对一些娱乐活动的"纵容"。"哈利法克斯的乡绅，马斯·桑希尔（Thomas Thornhill）在一次观看赛马的路上哼唱下流曲子""同行的还有他的兄弟和一个治安法官。这名治安法官叫威廉·霍顿（William Horton）在一次斗鸡中以一笔大赌注的赢家再次露面；桑希尔也在场，另外还有约翰·格林伍德（John Greenwood）、詹姆斯·奥茨（James Oates）和爱德蒙·迪恩（Edmund Deane）"①。

那些与一定的季节和农场的季节性活动有关系的节日，几乎与宗教节日和婚礼纪念日一样普遍。这些节日毫无疑问都有一定的宗教意义。但是，现在这些大部分都成为节日和欢乐的理由，像托马斯·塔设尔在他对农场主的妻子们说的那些建议那样："……不要忘记欢乐属于犁头……"②与农事有关的日子都会受到富裕农场主的重视。主显节之后的第一个星期一是首耕日，标志着一年耕作劳动的开始，这对勤劳的富裕农场主来说是很重要的日子。在水果长大成熟的时候需要祈求上帝对明年收成的保佑，各地庆祝的方式不同。比如在苏塞克斯的部分地方，一群群的男孩子在新年前会从一个果园到另一个果园，面对苹果树欢乐饮宴，纵情歌唱③。剪羊毛节是一个最快乐的节日。除了有一些长期雇工来剪羊毛，还会雇佣一些剪羊毛能手和他们的帮手。整个剪羊毛的季节雇主都会提供大量的食物和酒，但是，在要结束的最后一天，会有一顿特殊的晚宴，庆祝剪羊毛技能的荣耀和工人们的工作，更重要的是每一个人有了欢乐的理由。谷物收获后的晚宴标志着谷物要很好地贮藏起来，像庆祝剪羊毛节一样，这样的宴饮也有其特殊的菜肴和大量的酒，也会有庆祝这个日子的歌唱表演。

集市日和市场日对富裕农场主和他们家庭来说都有着社会和经济意

---

① ［美］约翰·斯梅尔：《中产阶级文化的起源》，陈勇译，上海人民出版社2006年版，第38页。

② M. Campbell, *The English Yeoman, under Elizabeth and the Early Stuarts*, New York: AUGUSTUS M. KELLEY Publishers, 1968, p.305.

③ Ibid..

义。那些日子，乡下人们都奔向集市和市场。约曼坐在马背上，他的妻子坐在后座上。也有一群男人和小伙子们一起去市场。亨利·皮柴姆说："不时地，在集市和市场上，我和一两个去集市买卖东西的邻居一起，我们还会喝点浓啤酒，当天晚上，我们回家，感觉世界是我们的。"① 在一个集市上，"在这里，你可能会遇见一个诺福克的约曼，还有他漂亮的妻子；两个绅士背着羊毛背包，达成了儿女的一桩婚事……"②。买卖东西都是在早晨，到了下午就开始娱乐。在村庄的街道上跳舞，还有年轻人的运动比赛。如果是在大型的集市上，或者有很多陌生人来的市场，会有扒手、调皮捣蛋的人、骗子等，所以人们被告知要看好自己的钱袋。

三 休闲娱乐

英国人格外痴迷于各种游戏，今天世界上许多竞争性团队游戏要么是英国发明的，要么在英国完善并形成制度的。体育运动在都铎时代被立法分类，比如，箭术被规定为下等人的运动，而保龄球和网球则限制在年收入 100 英镑以上的人群③。英国人专门为保龄球而保养了一种方形的草坪，被称为保龄球草地。1530 年约克郡开始组织赛马比赛。踢足球这项运动被斯塔布斯有偏见地认为更像是"一种友好的战斗"，而不像是一种消遣活动④。中世纪后期的一些绘画中可以看到人们的休闲生活，比如原版灯饰的空白处绘画着飞禽走兽和人们日常生活的场景：一个男人在为猪仔烤橡子，猎狗在追逐野兔，一个大风车，一个摔跤手。这些艺术加工更崇尚现实和合理而非想像和武断。中世纪英格兰农民的社会文化休闲受到基督教的影响，也与岁时节令有关。对他们来说，基督教是一种信仰，又是实实在在的现实生活。而从生产活动角度来看，休闲意味着劳动时间的减少，反映了生产效率的提高。休闲和享乐是离不开空闲时间的。

在中世纪欧洲大部分地区，渔猎是贵族的特权。英国绅士尤其对户外

---

① M. Campbell, *The English Yeoman, under Elizabeth and the Early Stuarts*, New York: AUGUSTUS M. KELLEY Publishers, 1968, pp. 306 – 307.

② Ibid., p. 307.

③ [英]劳伦斯·斯通：《贵族的危机》，于民、王俊芳译，上海人民出版社2011年版，第20页。

④ [英]阿萨·勃里格斯：《英国社会史》，陈叔平、刘城、刘幼勤、周俊文译，中国人民大学出版社1989年版，第137页。

运动趋之若鹜，并以射击、猎狐、猎兔、骑马等户外运动而闻名于世。在英格兰乡村史上，特权性的渔猎占有很大的篇幅。打猎是一种受人青睐的娱乐项目。如果一个贵族没拥有自己产权的树林，他至少也要有一片园林或者被栅栏圈起来的土地，并可以不经国王允许而自行打猎。关于狩猎的内容，则根据所在阶层而有所不同。富人可以带着猎犬去猎狐，但一般的劳动者阶层只能赛鸽。可以说，游戏丝丝入扣地吻合着英国的阶级体系。贵族有贵族的一套游戏和运动，中产阶级有中产阶级的一套游戏和运动，同样道理，劳动者有他们的一套游戏和运动。国王和贵族可以享有捕鹰或者用猎鹰捕猎，而当一些富裕农民崛起之后也开始打猎，他们喜欢捕猎苍鹰。神职人员也会参与打猎，他们喜欢捕猎雀鹰。国王和贵族等上层阶级钓鱼钓的是鲑鱼、鳟鱼等可以吃的"野味"，劳动者阶层钓鱼时钓的都是不可吃的"糙"鱼①。

钓鱼则是休闲时间里很普通的活动。钓鱼的权利发生变化。在苏塞克斯、诺福克，以及其他一些地方，有些约曼都有像乡绅家里一样的鱼塘。而有些人，像德文郡里特汉姆庄园的约曼约翰·德尼斯为了钓鱼，要和领主达成协议，最后获得钓鲈鱼、鲻科鲤鱼和拟鲤的权利。在一些水域，每个人都可以去钓鱼②。钓鱼的用具有吊钩、鱼线、铅坠和鱼饵。乔叟笔下的约曼就"会钓鱼，会修渔网"，"能吹笛、角力和射箭，他腰带上一把利刀，一把长剑；皮袋里一把很好的短刀，长袜里藏有一把设菲尔德的刀"③。

打靶是一项受到约翰·拉昂学校的小伙子们喜欢的活动。因此，都铎和斯图亚特时期的作家不断地谴责射箭运动的衰落。那个时期，打猎的权利掌握在上层阶级手中。但是，很多约曼因为富有，也被获准参加这项活动。一些约曼可以像乡绅们一样自己驯养猎狗。罗伯特·弗兹说他的祖父就是打猎爱好者。所有的打猎者要经常去森林和田野。亚当·爱尔说当他去检查他的谷物长势的时候，总会带回来一些猎捕的野禽，有时候是麦鸡和兔子。他帮助他的邻居格拉夫家送信的时候，他会带着他的用于比赛的那只善跑的灰狗沿途在漠泽上打猎。而带着灰狗打猎对一些年收入不到

---

① ［英］艾伦·麦克法兰：《现代世界的诞生》，上海人民出版社2013年版，第125页。
② M. Campbell, *The English Yeoman, under Elizabeth and the Early Stuarts*, New York：AUGUSTUS M. KELLEY Publishers, 1968, p.311.
③ ［英］乔叟：《坎特伯雷故事》，方重译，人民文学出版社2004年版，第64页。

10 镑的自由持有者或者 30 镑的租赁持有农的人来说是被禁止的①。

英国也是一个养宠物者之国。凯特·福克斯曾写道:"养宠物对于英格兰人来说,与其说是一种休闲活动,毋宁说是一种十足的生活方式。……或许一个英格兰人的家就是他的城堡,而他的狗却是真正的国王。"所以,基斯·托马斯指出:"养宠物是中世纪有钱人的时髦","宠物真正确立自己的地位,成为中产阶级家庭的寻常身影,似乎是在 16 到 17 世纪"。1656 年托马斯·艾迪讲到了一位绅士,说他"确曾在一只盒子里养过一条从坚果中爬出来的蛆,直到它长得不可思议地肥大"。②

16 世纪后半叶和 17 世纪初,英格兰的富裕农民阶层掀起了园艺热。1658 年 7 月 28 日,北安普敦郡一位约曼的妻子打理的花园中盛开着各类鲜花,包括"复瓣和单瓣翠雀花、复瓣和单瓣美女罂粟、三种不同的紫露草、四种颜色的羽扁豆、紫色和白色的轮锋菊、金盏花、永生草、虎耳草、蜀葵,以及其他多种心爱的名花名草"。这个主妇还种植了种类繁多的药用植物,譬如茴香、甘菊、芸香和白百合③。据记载,17 世纪,园艺热已经波及了最普通的人群。1677 年,英格兰南部的大部分地区很少有哪座村社没有一座相应规模的花园④对英国人来说,游戏如同宗教,赋予了人生以一种意义,似乎成了团结英国人的一种宗教。在伊丽莎白时代的文学作品中,也不时出现体现人们对伊甸园的天然的向往的内容。17 世纪初哲学家培根在他的"论花园"一文中就提到"全能的上帝率先培植了一座花园,它是人类的快乐之中最纯洁的快乐"。

本章小结

在本章如画卷般展示了 16—18 世纪英国乡村中那些富裕农民的日常

---

① M. Campbell, *The English Yeoman, under Elizabeth and the Early Stuarts*, New York: AUGUSTUS M. KELLEY Publishers, 1968, pp. 311-312.

② [英]艾伦·麦克法兰:《现代世界的诞生》,上海人民出版社 2013 年版,第 130 页。

③ M. Campbell, *The English Yeoman, under Elizabeth and the Early Stuarts*, New York: AUGUSTUS M. KELLEY Publishers, 1968, p. 241.

④ [英]艾伦·麦克法兰:《现代世界的诞生》,刘北成译,上海人民出版社 2013 年版,第 135 页。

生活。在近乎全方位的展示中,我们通过这些带有浓厚中世纪色彩而又陆续增添着新时代技术、物品及风尚的景物和场面,可以对庄园经济瓦解后,农业资本主义市场经济从产生到逐步成熟的过程,对新的生产方式和新的生产关系建构下的社会生产与生活,对新的生产力无形而又巨大的推动作用,可以直观地加以感受,甚至通过阅读的想象体验感官的感受。也许正是这些表层、平凡、日常而又连续的生活劳动场景,才是对其背后深蕴的规律性变动的最好的直观反映。观察研究这些日常生活劳动是很有意义也是很有必要的。

日常生活离不开吃、穿、住基本的生存要素,以及进一步的享受和休闲享乐。

(1) 首先我们可以通过富裕农民的生活,感受到新生产方式解放生产力激发了他们的劳动热情所带来的富足生活。这种富足生活是超越了温饱意义的富足:富裕的农民约曼不但户有余粮,而且囊有余钱,身有闲暇。他们不求奢华,却有充足的白面包吃、喝啤酒;他们辛劳地在田野劳作,也有体面的衣裳;他们终日忙于耕作经营,却也有暇打猎钓鱼;他们居住在乡间田野,却为自家的屋子镶上玻璃装上护墙板。他们的富足生活既可以反映英国向工业化转型过程中农村的发展,也可看出农村的贫富差距,同时折射出在工业革命孕育成长的阶段,市场越接近成熟与发达,分工也愈加细化,非农业的生产与服务行业多了起来。试想,富裕农民时髦的衣裳,日常的器皿什物,镶有护墙板的楼房,窗上的玻璃……这些超过乡村生产能力的产品,都应是城镇里的作坊工场的出产。农民们经营土地、饲养牲畜,然后出售部分农产品来适度购买所需的日用品和时尚饰品,可见此时整个英国农村的市场消费水平和能力,与庄园经济时期的农民相比可谓是判若云泥。农村富余人口的增加,必将导致市场需求的增加,市场需求的强劲也会推动城里人去研究如何进一步提高生产效率和降低生产成本,这就会促使一些"聪明人"如瓦特去研究改进生产设备。农业资本主义下的生产关系,不仅仅为市场提供自由的劳动力,也为市场提供庞大的需求来促进生产力水平的进一步提高。工业革命的发生,里面也有富裕农民创造的市场需求的一份功劳。

(2) 富裕农民的乡村生活和城市里的生活是有差距的。当英国的海上贸易逐步发达起来,城市特别是伦敦的舶来品增多,普通大众也可以享受那些新奇的食物。而富裕农民的富裕更主要的体现在食物的充足与质量的提高,享受更多的蛋白质营养,满足乡村劳作的热量需要,居住在卫生、舒适也更温暖的房子里。这极大提高了这些乡村生活者的健康水平,也整体改善了英国乡村国民的生活环境与身体素质,从国家角度讲也使整体国民素质得以提高。当然,富裕农民的富裕是比照解决温饱的普通农民而言的富足,远未达到乡绅贵族的富裕乃至奢侈奢华程度,这是由富裕农民所占有的生产资料的数量,亦即他们在新的生产关系中的地位所决定的,套用一句中国俗语就是"比上不足比下有余"吧。转型阶段较为漫长,富裕农民的生活也保存了大量的旧的传统方式。在现代农业技术产生之前,虽然生产效率比庄园经济要高,但农村的传统生产效率仍然不高产量有限,他们的富足得益于他们所拥有得更多的生产资料。因此他们余钱并不很多,所用的物品很多要靠自己加工生产,日常劳作的衣裳自己织,啤酒自己酿等,市场购买的商品虽因人因地而异,但总体是很有限的。

（3）从富裕农民的日常生活的缓慢改善提高中,经常都能够看到新型生产方式确立后,农业资本主义下对旧有的封建等级体制下旧的生活方式与习惯的不断冲击和突破,其实质上是不断地对封建等级制度的彻底的否定。富裕农民普遍食用白面包,一方面是耕作技术提高,另一方面也是地位提高的象征;普遍的自酿酒类,改善生活方式同时是一种身份地位的提升;从前属于贵族的服饰如丝绸也可以被富裕农民使用;一些从前用以显示士绅等级的服装面料、样式和颜色,一些不太重要的礼仪被富裕农民改变或突破了;有条件的富裕农民在追求时尚的同时开始借鉴绅士贵族的穿着打扮,从前僭越的事现在成了自己可以尝试的时髦;一些休闲娱乐越来越大众化,甚至日后成为全人类的体育竞赛运动,诸如此类。富裕农民在生活细节琐事上的改善和突破,是社会生产关系逐渐改善,人与人之间的依附关系被逐步地然而是彻底地摆脱,贫民与贵族间的日常生活方式上的差别特别是形式上的差别在减小、在趋同。生产力水平的发展,缩小了平民与贵族在生活质量上的差距,这就会进一步带来生活形式上的差别的消除,那么等级就会越发的不明显了,这也为未来的社会转型,资本主义现代国家体制的建立,准备了广泛的民意舆论环境和广大的群众基础。

英国居住了大量富裕农民的广阔农村,也意味着蕴藏了大量的财富与人力资源。这一切皆拜农业资本主义市场经济所赐。英国农村如此,那么城镇呢？农业如此，那么手工业、交通、国防、对外贸易、科学、文化、服务业等，推而广之都经历了这样的一个发展历程。经过几个世纪的慢慢发展积累逐步达到了一个质变的临界点，一个崭新的日不落帝国就这样在英伦三岛慢慢孕育长大，即将呱呱坠地。

第 六 章

富裕的责任:重要纳税人

皇粮国税,作为农业国家最主要的经济收入之一,中外咸同。广阔乡村亿兆黎庶都要为国家奉上税银。英国的税收是在漫长的中世纪发展历史进程中逐渐演化成熟,形成了独具特色的税收制度,也为现代社会的税收制度奠定了一个科学的范式。

中世纪时期英国尚无今天常见的制度性的全国性的税收。那个时期的英国实行封建制。国王首先是英国最高的封君,也拥有分封后占有的属于自己的自营地(RoyalDemesne 或 Crown Lands)——"王领"。国王的正常收入即来自于"王领"土地和区域内的臣民,用于维持王室生活与日常行政开销。因此即便是贵为国王也得"依靠自己生活"。"中世纪英国贵族多次提出'国王应该靠自己过活',这是一个地道的西欧封君封臣制度下的观念"[①]。1215 年《大宪章》第 25 条规定,"除王领外,国王不能任意增加其他郡和百户区的包租"。这也是"国王要靠自己生活"这一原则的法律性渊源。但是从国家方面来讲,国王就不仅仅是一位最高封君,还是拥有最高权力与国家的象征——王位——国家最高总代表。从威廉一世(1066—1087 年在位)在英国搞了全国土地调查和全国贵族在索尔兹伯里宣誓对国王的效忠之后,威廉一世就很好地把代表国家的君权和作为最大封建主的私权结合成为一体。威廉一世打造出"第一个和最完善的封建王权典型"[②],这样当"王领"上的收入难以满足王室的花费与日常行政事务的开支时,国王就可以凭借关乎王国全体臣民利害的"共同利益"和"共同需要"而另外提出向国民征税的要求。

[①] 施诚:《试析中世纪英国税收理论》,《华东师范大学学报》(哲学社会科学版)2007 年第 1 期。

[②] H. W. C. Davis, *England under the Normans and Angevins*, London, 1928. p. 110.

当罗马教皇在 1166 年号召为解救被伊斯兰教徒占领的圣城耶路撒冷而缴纳"什一税"时，亨利二世即对全体臣民以收入和动产为依据，按照统一的税率 2 便士/英镑（即 1/20）的比例征收"什一税"，接下来又以 1/40 税率连征 4 年。亨利二世又在 1188 年，响应教皇号召解救被埃及苏丹撒拉丁占领的圣城耶路撒冷，规定不参加十字军的人都必须缴纳其收入和动产的 1/10，即所谓"撒拉丁什一税"[①]。亨利一世借助于"共同利益"和"共同需要"名义的两次征税，征税的方式、征税的范围、所得财富的多寡为后世国王留下了深刻印象，也为后世做出了一个典范。

约翰王为了与法国开战而于 1207 年向臣民征收动产税，理由就是"保卫我们的王国"。一般认为，这是英国第一次公开征收国家公共税收[②]。爱德华三世在 1337 年发动对法战争，靠着一系列战时宣传，使得"共同利益"与"共同需要"的观念深入人心。爱德华三世连年征收动产税，使得国王为保护臣民安全、维护国家利益而征收的临时性动产税逐渐有了固定化的趋势，人们似乎已经逐渐习惯了国王的税收。

仅仅靠着国王强调"共同利益""共同需要"臣民们就无止境的奉献金钱，既不合理也无法承受。因此国王征税光靠自己夸说征税重要性是不够的，要有人监督，就是纳税者要同意方可征收。根据封建法，当封建主遇到困难向他的附庸求助时，可以要求附庸出钱——特别协助金，但必须要得到附庸的同意；12 世纪《罗马法》关于"涉及众人之事须经众人之同意"原则也进一步加强了征税须纳税人同意的"共同同意"原则的确立。"共同同意"由早期国王征税须大贵族同意，发展到贵族、平民都要同意，再进一步到须经议会批准，这一发展经历了一个漫长过程。英法"百年战争"肇始，爱德华三世征税频仍，频繁在议会同骑士和市民代表商讨征税事宜。由于税务负担过重，骑士和市民代表需要去自己选区征询意见，由此形成了骑士和平民组成的下议院与贵族组成的上议院之分。爱德华三世 1340 年颁布法令："不经过全国的教士、伯爵、男爵和其他贵族、下议员在议会给予的一致同意"，国王不能征收直接税。常态的、制度化、法律化的税收体制逐步形成，还促进了议会宪政的发展成熟。

[①] D. C. Douglas, *English Historical Documents*, volume 2, London, reprinted in 2001, p. 25.
[②] 施诚：《试析中世纪英国税收理论》，《华东师范大学学报》（哲学社会科学版）2007 年第 1 期。

而在英国的富裕农民兴起、成长、壮大的这个历史时期，是《大宪章》诞生了 200 多年后。与诸多中世纪封建国家有所不同，英国征税的权利这时已基本掌控在议会手中，虽然其中也多有反复，但基本保持着这一格局，这与"普天之下莫非王土"似乎有点不一样。无论是贵族、乡绅还是后来的土地资产阶级新贵们，掌控议会必然要考虑对本阶级势力范围的照看和维护，从这个意义来讲，征税也就不都是国王家自己的事情，而是关乎整个国家和全体国民。而崛起壮大的富裕农民因其富裕必然成为纳税的主要群体，对这一群体而言，纳税是这一富裕群体对国家与社会承担的一种责任，而不仅仅是对国王的义务。除了所有臣民都需缴纳的税负之外，作为逐步兴起的富裕农民还有专门的量身定做的纳税任务需要完成。

第一节　富裕的责任：缴纳世俗补助金

都铎一朝，国王向臣民征收的直接税或准直接税除了中世纪传统的财产税、捐纳和强迫借款以外，还增加了一种新的直接税，即补助金。

一　世俗补助金制度

英国租地农场的发展成为市场经济的基础，富裕农民成为租地农场主也成为国家的主要纳税者。托马斯·富勒为此对富裕农民作为国家财政有力支持者的评价是："约曼是整个补助金缴纳历史上的主导。"因为到了都铎王朝时期，国民给国王纳税的种类除中世纪传统的财产税、捐纳与强迫借款等直接与准直接税，还增加了一个新税种——世俗补助金（Lay Subsidy）。世俗补助金是一种收入税，是经过议会批准的以土地收入、动产和工资的标准来确定征收对象的税种。

最早出现于 15 世纪的补助金，是于 1411 年由亨利四世收缴收入税演变而来，土地规模或者缴纳地租多少是征收的标准。当时在 1411 年征收补助金税时制定的标准是这样的：无论社会地位，每个男女，如果土地或地租收入 20 英镑以上，则每 20 英镑缴纳 6 先令 8 便士。这次首先把征收收入税称为了"补助金"，最后征缴到手虽然只有 1388 英镑，却成为 16

世纪都铎王朝世俗补助金的先驱①。

到了 1435 年，下议院批准亨利六世以自由人的土地价值、地租、年金、官职俸禄和其他世俗财产为基础征收收入税。作为收入税，它税率是分级制的②。（见表 14）到 1436 年 4 月，这次收入税大约收到 8500—9000 英镑。而在 1450 年 6 月议会在批准国王以地主、雇工和官吏征收收入税。议会希望在参考 1435 年收入税的基础上，通过扩大了征收范围，以便将国家实际财富能以一个更加有效的方式加以征收。因此这次还向公簿持有农、庄园佃农开始征收收入税，税率的分级更加细化了。税率随土地价值及收入的提高而呈倍数提高，这个结论从上面几次征收的土地收入税就可得出③。国王预计收缴到 1 万英镑税款。税率如表 15。

表 14

财产价值	税率
5—100 英镑	6 便士/英镑
101—399 英镑	8 便士/英镑
400 英镑以上	2 先令/英镑

表 15

土地年价值	税率
1 英镑	6 便士
1—20 英镑	6 便士/英镑
20—200 英镑	12 便士/英镑
200 英镑以上	2 先令/英镑
年工资或俸禄收入	税率
2 英镑	12 便士
2—20 英镑	6 便士/英镑
20—200 英镑	12 便士/英镑
200 英镑以上	2 先令/英镑

---

① 施诚：《中世纪英国财政史研究》，商务印书馆 2010 年版，第 197 页。
② 同上。
③ 同上书，第 197—198 页。

二 世俗补助金的缴纳主力

亨利八世开始正式征收"补助金"（Subsidy）。因为即使继续征收传统的财产税，但都铎王朝每次仅2.9万—3万英镑左右的入账满足不了国王的需要。就连亨利七世这样比较注意扩大国王正常收入，曾几次借用战争需要征收了28.2万英镑财产税，年平均征收11750英镑[①]。但这让国王们发现，通过征收财产税获得的收益，无论从征收的税率与税量来看，同王国臣民的实际状况相距甚远，因此都铎君主便开始谋求于财产税之外另设新税种，开辟新税源。所以从亨利八世开始正式征收补助金。1512年，经议会批准征收了12000英镑的补助金[②]，世俗补助金等直接税给都铎国王带来巨大收入。

作为都铎君主开辟出来的新税源，补助金提供了大约1/3王朝的战争费用，这使补助金成为同传统财产税同样重要的财源。由于补助金也需要估税，从1513年开始常常将财产税和补助金一同批准和征收。其他动产每收入1英镑征收2先令8便士，补助金税率固定为每英镑土地收入征收4先令；动产价值或土地收入超过20英镑者作为补助金的固定起征点，不足20英镑酌情降低。始于玛丽女王时期的这一固定税率一直延续到都铎王朝末期。由于估税的税率较高直接导致税收量也比较高，1545年达9万—10万英镑，而1547年则增至12万英镑[③]。

经济发展使上涨的物价让补助金的实际价值降低很快，因此到伊丽莎白一世时期，实际的国民财富与补助金的收入差距拉大了，导致税额缩减至仅有亨利八世的50％。1566年埃塞克斯郡总计6700人缴纳补助金，1638年却因为逃税仅3700人交税。1590—1630年诺福克和伦敦的补助金收缴额下降超过70％[④]。约翰·佛特斯鸠爵士针对下议院说，补助金的实际价值仅等于亨利八世时代的一半。由于税额巨降议会常常批准伊丽莎白一世因此连续多次征收补助金，1589年议会批准征收2次，1601年竟批

[①] M. V. C. Alexander, *The First of the Tudors*, London, 1981, p.78.

[②] M. Jurkowski, C. I. Smith & D. Crook, *Lay Taxes in England and Wales*, 1188 - 1688, London: PRO Publications, 1980, pxli.

[③] 刘新成：《英国都铎王朝议会研究》，首都师范大学出版社1995年版，第173页。

[④] M. J. Braddick, *The Nerves of the State: Taxation and the Financing of the English State*, 1558 - 1714, p.94.

准征收了 4 次。伊丽莎白一世在位的最后 12 年，议会批准补助金和财产税额度年均达 13.5 万英镑。

从英国乡村各阶层中补助金的缴纳情况看，处于乡绅之下的富裕农民承担了这项负担的大部分。从 1593 年贝德福德郡的补助金缴纳卷档中，1721 个缴纳者中有 1427 人来自农民阶层（见表 17）。

表 16　都铎王朝历代国王征收的俗人财产税和补助金情况：①

	1/15 和 1/10 税		补助金	
	征收次数	总税量（万英镑）	征收次数	总税量（万英镑）
亨利七世	7	28.2		
亨利八世	8	23.2	9	78.6
爱德华六世	6	24.3	1	11.2
玛丽一世	2	5.9	1	
伊丽莎白一世	7（1566—1581）	21	12	

表 17　1593—1594 年贝德福德郡农民阶层纳税②

身份	纳税人数	评定的年收入	人均年收入	纳税总额	人均纳税额
骑士、缙绅、乡绅	250	1797 镑	7.15 镑	206.62 镑	16.53 先令
约曼和农夫	1177	3773 镑	3.21 镑	531.55 镑	9.03 先令
总数	1427	5570 镑		738.17 镑	

表 18　特林村缴纳世俗补助金情况③

分类	持有财产	社会地位	人数	纳税占比
第一等	价值约 10 英镑—54 英镑土地或者动产	乡绅、大农场主	9	11.8%

---

① 施诚：《英国都铎王朝的税收与财政》，《首都师范大学学报》2002 年第 3 期。
② M. Campbell, *The English Yeoman, under Elizabeth and the Early Stuarts*, New York: AUGUSTUS M. KELLEY Publishers, 1968, pp. 358 – 359.
③ K. Wrightson, *Poverty and Piety in an English Village: Terling, 1525 – 1700*, New York, San Francisco, London: Academic Press, 1979, p. 34.

续表

分类	持有财产	社会地位	人数	纳税占比
第二等	价值约 2—8 英镑地产或动产	约曼、富有的农夫和手工业者	28	36.8%
第三等	价值约 2 英镑地产	农夫、手工业者	18	23.7%
第四等	价值约 2 英镑以下地产或者收获物	劳工、茅舍农	21	27.6%
总计			76	99.9%

富裕农民确实是补助金及财产税等税收缴纳的主体人群。但也需要注意，随着准备金的征收，"直接税税种增加，直接税收入扩大，以及征税理由扩大和国王不断把特别收入用于正常开支，使都铎王朝成为英国建立近代国家公共财政的起点"[①]。

第二节 "另类"标志：缴纳炉灶税

一 针对富裕阶层的炉灶税

除了普遍征收的税种之外，政府还有针对性的"照看"富裕群体。对乡村兴起发达起来的富裕农民和更富的乡绅们，政府专门制定了"炉灶税"。这一税种制定颇具智慧，因为炉灶的多少是一个人富裕的普遍标志。炉灶越多越富余则纳税也越多。而炉灶及烟囱又难以隐藏，作为征税依据是那么的显而易见。到 17 世纪 60 年代，根据一个人所拥有财富的多少、所持有土地面积的大小，他的邻居就会把他区分为"约曼""农夫"或者"劳工"。

1662 年 5 月 19 日，作为国家财政收入的重要组成部分的炉灶税开始征收，炉灶税也是富裕农民缴纳的一项主要税收。因为是针对富裕的阶层，所以一个家庭过于贫穷而无法缴纳教会税和济贫税，或一个家庭的年收入不到 20 先令，又或者一个家庭占有的土地价值在 20 先令以下又或其动产价值不足 10 英镑，那么他会得以豁免缴纳炉灶税。

---

① 施诚：《英国都铎王朝的税收与财政》，《首都师范大学学报》（社会科学版）2002 年第 3 期。

1662—1664 年开始征收之初，治安法官逐户登记房屋内炉灶的数目，然后由各郡的郡长负责征缴。具体税率是这样：地租年收入达 20 先令以上或房内动产价值 10 英镑以上的现居住房屋，每个炉灶缴纳 2 先令炉灶税。治安官征税结束后把税册和所收税额交给郡守，再由郡守上交国库。1662—1663 年各郡郡长上交的炉灶税为 34080 英镑[1]，低于中央政府的预期。议会因此不久后就剥夺了由郡地方征收炉灶税的权力。所以自 1664 年以后的炉灶税征收，就改由国库派遣的收入总长负责。

表 19　　　　　1662—1688 年（米迦勒节）炉灶税收入统计[2]

时间	年均收入额
1662—1664	115000 英镑
1664—1666	112500 英镑
1666—1669	103228 英镑
1669—1674	145000 英镑
1674—1679	144495 英镑
1679—1684	156862 英镑
1684—1688	216000 英镑

二　炉灶税的主要承担者

约翰·斯梅尔对哈利法克斯作了个案统计，他从该地 17 世纪晚期的炉灶税簿册，特别是 1664 年春季结账日（the Lady Day）簿册中的数据看到当时该地社会纳税结构的情况，即纳税和免税的户数。如表 20，教区大多数家庭是穷人。刚好有 1/3 的人口仅缴纳 1 个炉灶的税金，因此全教区 2/3 的人口可以认定为贫穷的劳动者，他们的生活仅达到糊口水平甚至在糊口水平以下。其余大部分人的纳税额可以看出其炉灶数在 2—5 个。该区共有 2.5% 的人家拥有炉灶在 6 个以上。在哈利法克斯这个最富裕的镇区里，有 7 家拥有 10 个以上炉灶。整个教区拥有炉灶最多的是一个乡

---

[1]　W. A. Shaw（Prepared），*Calendar of Treasury Books*，1681 - 1685，Vol. VII，p. XXI. 炉灶税每年课征两次，征收结束日期分别为米迦勒节和天使报喜节。炉灶税的预计收入额为每次 80000 英镑。参见 M. Jurkowiski，C. I. Smith & D. Crook，*Lay Taxes in England and Wales*，1188 - 1688，p. IXXI。W. A. Shaw 有不同的看法，他认为，炉灶税课征之初，议会认为它每年可带来 170603 英镑 12 先令的收入。参见 W. A. Shaw（Prepared），*Calendar of Treasury Books*，1681 - 1685，vol. VII，p. XX。

[2]　C. C. Chandaman，*The English Public Revenue 1660 - 1688*，Oxford：The Clarendon Press，1975，p. 322.

绅家庭，拥有 14 个炉灶，这个数目是相当可观的。① 埃塞克斯郡的特林村是一个以农业为主的堂区，拥有 6 个炉灶以上的农户比例超过哈利法克斯②。根据斯梅尔的统计，他认为埃塞克斯郡特林村的免炉灶税户的比例与哈利法克斯大致相同，但特林村拥有 6 个炉灶的家庭数量相当于哈利法克斯的 3 倍以上，说明其乡村经济繁荣的程度远远超过后者，而且埃塞克斯郡的整体情况也是如此③。17 和 18 世纪之交，哈利法克斯的纳撒尼尔·克肖的父亲是一名缴纳 3 个炉灶税的约曼，他给孙辈留下了多达 330 英镑的钱财④。

斯特福德郡有 5 个百户区，其中皮尔希尔位于农业发达、交通便利的特伦特河流域，居民比较富裕。从 1665 年该百户区缴纳炉灶税的记录看，只有 29% 的居民免缴炉灶税，其他都是须要缴纳炉灶税的比较富裕的农户。托特蒙斯洛全区都是高沼泽，经济以畜牧为主，这里的约曼和小农居多。1665 年的炉灶税缴纳记录中显示，当地只有 29.4% 的贫困家庭免于缴纳，其他皆为比较富裕的农户。卡特勒斯顿是山地和丘陵地区，比较贫困，尤其是东南的坎诺克蔡斯区，从 1665 年缴纳炉灶税的记录看，免于缴纳炉灶税的家庭占 33.2%⑤。

表20　　1664 年哈利法克斯教区各镇区应纳与免纳炉灶税户数⑥

镇区	总户数	6 个以上		3—6 个		2 个		1 个		免税	
哈利法克斯	502	36	7.2%	115	22.9%	75	14.9%	67	13.3%	209	41.7%
南奥兰姆	148	4	2.7%	31	21.0%	32	21.6%	27	18.2%	54	36.5%
斯克科特	85	1	1.2%	23	27.0%	25	29.4%	8	9.4%	28	33.0%
什尔夫	83	1	1.2%	14	16.9%	11	13.3%	28	33.7%	29	34.9%

---

① ［美］约翰·斯梅尔：《中产阶级文化的起源》，陈勇译，上海人民出版社 2006 年版，第 27 页。
② 同上书，第 29 页。
③ 同上。
④ 同上书，第 62 页。
⑤ 向荣：《1603 年至 1642 年斯特福德郡的治安法官和他们的季审法院》，伯明翰大学，博士学位论文，1996 年，第 155 页。
⑥ ［美］约翰·斯梅尔：《中产阶级文化的起源》，陈勇译，上海人民出版社 2006 年版，第 25 页。

续表

镇区	总户数	6个以上		3—6个		2个		1个		免税	
希佩霍尔姆	199	5	2.5%	48	24.1%	36	18.1%	43	21.6%	67	33.7%
北奥兰姆	328	9	2.7%	47	14.3%	49	14.9%	66	20.1%	157	48.0%
奥文登	308	5	1.6%	38	12.3%	59	19.2%	89	28.9%	117	38.0%
米奇利	95	2	2.1%	14	14.7%	15	15.8%	39	41.1%	25	26.3%
沃利	256	3	1.2%	28	10.9%	40	15.6%	102	39.8%	83	32.5%
沃兹沃斯	179	2	1.1%	19	10.6%	21	11.7%	94	52.6%	43	24.0%
赫普顿斯托尔	160	2	1.2%	9	5.6%	19	11.9%	70	43.7%	60	37.6%
斯坦斯菲尔德	211	3	1.4%	10	4.7%	23	10.9%	112	53.1%	63	29.9%
埃林顿	76	—	—	10	13.2%	19	25.0%	31	40.8%	16	21.0%
兰菲尔德	61	1	1.6%	4	6.5%	12	19.7%	33	54.1%	11	18.1%
索沃比	468	5	1.1%	66	14.1%	72	15.4%	185	39.5%	140	29.9%
斯坦兰	119	—	—	11	9.2%	17	14.3%	56	47.1%	35	29.4%
巴克斯兰	129	7	5.4%	13	10.1%	22	17.1%	53	41.1%	34	26.3%
里什沃斯	162	1	0.6%	28	17.3%	40	24.7%	50	30.9%	43	26.5%
埃兰	175	6	3.4%	30	17.1%	23	13.2%	48	27.4%	68	38.9%
拉斯特里克	72	4	5.5%	11	15.3%	12	16.7%	15	20.8%	30	41.7%
菲克斯比	28	1	3.6%	1	3.6%	8	28.5%	11	39.3%	7	25.0%
所有镇区	3844	98	2.5%	570	14.8%	630	16.4%	1227	31.9%	1319	34.3%

表21　　　　1671年特林村土地持有者缴纳炉灶税情况①

等级	炉灶的数量	社会阶层	纳税人数量	纳税占比
第一等	6—20	乡绅、大农场主	10	8.2%
第二等	3—5	约曼、富裕的手工业者	29	23.8%
第三等	2	农夫、手工业者	21	17.2%
第四等	1	劳工、贫穷的寡妇	62（其中40人因为贫穷而免于缴纳炉灶税）	50.8%
总计			122	100%

---

① K. Wrightson, *Poverty and Piety in an English Village*: Terling, 1525 – 1700, New York, San Francisco, London: Academic Press, 1979, p. 35.

表22 斯特福德郡炉灶税与贫困程度比较（不包括自治市镇）①

百户区	皮尔希尔	托特蒙斯洛	卡特勒斯顿	奥弗洛	塞斯登
1665年免缴炉灶税家庭百分比	29.6%	29.4%	50%	32.5%	40.7%

1664年改由国家直接征收炉灶税后税收额度并未增加，预期税收额为170000英镑，实际净税收额只有150000英镑，1667年炉灶税的税收额仍不足200000英镑②。

1668—1684年，炉灶税的课征主要实行包税制。1684年炉灶税包税制最终被废除。自1684—1689年炉灶税被取消，该税种的征收一直处于炉灶税和消费税税收委员会的直接管理之下。炉灶税的课征实行直接管理后，税收额不断增加。"自1684年米迦勒节到1688年天使报喜节，年均收入约为216000英镑"，而炉灶税实行包税制时的1679年米迦勒节到1684年的天使报喜节，年均净收入只有157000英镑③。

16—17世纪，乡绅和富裕农民成为英国社会的两大经济支柱，特别是富裕农民，他们负担国家的主要税务，而且也是兵役的主要来源。有人这样评价："若没有约曼，则战时我们必败。"④ 而在英国正存在这样的中等阶级。

第三节　承担社会公益：缴纳济贫税

当社会转型悄然来临并开始缓慢而持续的对旧有体制进行瓦解的时候，人们未必能够敏锐地意识到一个新时代即将来临，他们注意到的往往是旧有体制开始崩坏而带来的直观的一系列社会现象及随之而来的影响和威胁。

---

① 向荣：《1603年至1642年斯特福德郡的治安法官和他们的季审法院》，伯明翰大学，博士学位论文，1996年，第155页。

② 以上有关炉灶税的数据来源于 C. Ogg, *England in the Reign of Charles II*, Vol. II, p. 429; M. H. Braddick, *The Nerves of the State*: *Taxation and the Financing of the English State*, 1558–1714, p. 102.

③ C. C. Chandaman, *The English Public Revenue 1660–1688*, Oxford: The Clarendon Press, 1975, p. 106.

④ ［英］乔治·屈维廉：《英国史》，钱端升译，商务印书馆1931年版，第116页。

而在人们手忙脚乱地穷于应付由于体制的崩坏而产生的问题时，他们可能没有意识到，他们用来忙于应付的行动正在成为新的体制的一个组成部分，亦即他们没有意识到他们在创造着崭新的历史。英国在伴随着农业资本主义逐步建立并迈向现代资本主义的转型阶段，随着旧的生产方式的解体和新的生产方式以及新型生产关系的逐渐确立，给执政者带来的却是贫富分化严重和贫困人口增加的社会现象，以及由此产生的一系列社会问题。

一　圈地运动引发的贫困现象与济贫税的出现

早期的圈地运动造就了成批的流浪汉。沃勒斯坦说过："16世纪欧洲的世界经济体的最明显的特征之一是长期的通货膨胀，即所谓的价格革命。"① 对于完全靠薪资生活的受雇佣的劳动力无疑雪上加霜。16世纪开始的自上而下的宗教改革运动，遭到没收财产甚至解散的寺院，既失去了扶危济困的能力同时自身又产生了新的贫困人口：依靠年金生活的修士修女、下级教士以及为数众多的寺院雇工、仆役。很多失业者干脆以流浪乞讨为生，成了不想工作的流氓无产者。每郡约三百到四百人，他们两两三三成组或四五十人结队②。这样的人群中不乏有人沦落为罪犯，抢劫、杀人及群起暴动时有发生。人们更多的是对他们的畏惧而非同情。

对于失业者以及流氓无产者，早期靠教会的说教，以让他们安于贫困死后升入天堂的承诺，早就难以安抚饥寒交迫的人们；富人们行善积德向教会和穷人捐赠自己的财物"赎罪"以达永生不死的善举变成了杯水车薪。加剧的社会贫困程度以及日趋增加的贫民数量已经对现实社会秩序存在严重的威胁，富人将穷人当成了他们自身存在的巨大威胁，他们频频向政府要求对穷人施以严厉的限制措施。都铎王朝时期的政府从一开始立法就采用了这样的手段：采取惩治贫民的措施，特别是对那些游手好闲而又身强体壮的穷人③。甚至在1547年，国王颁布了打击流浪犯罪新法案，首次被判犯有流浪罪的犯人不但要被罚做两年奴隶，还要在他的胸口烙上

---

① ［美］伊曼纽尔·沃勒斯坦：《现代世界体系》第一卷，郭方、刘新成、张文刚译，高等教育出版社1998年版，第81页。
② ［英］克莱登·罗柏兹、大卫·罗柏兹：《英国史》，贾士蘅译，五南图书出版公司1986年版，第413页。
③ A. L. Beier, *The Problem of the Poor in Tudor and Early Stuart England*, London, 1983年版，附录。

一个"V"形印记;如果无人收留犯人为奴就要将他送去做工,不愿意劳动则加重惩罚:在他的额角或脸上烙一个代表奴隶身份的S形印记使之终生为奴或处死。为了缓和矛盾稳定社会,也为了社会生产的发展有足够的劳动者,当时的英国政府在严厉迫使流浪者劳动的同时,也对没有流浪的无劳动能力者、残疾人、老年人和失业者施以救济。

二 逐步增加的济贫税税额

救济需要大笔的金钱投入,因此1550年时开始强行征收济贫税,1552年,政府为筹措救济经费而把救济义务制度引入立法中。1563年与此相关的法案又有了更明确的规定,经劝告后仍然拒绝对救济义务予以承担的居民将受到法律的惩罚。议会1572年的立法,济贫法令指示所有的教区都有权强行征收济贫税。治安法官负责登记各教区的贫民人数,并对所需的救济款额作出估计。征税的具体工作则指定教区济贫官完成。

济贫税没有统一的标准,这与各地方和教区的经济发展参差不齐有关。济贫工作通常是按照划定的各个教区来负责完成,而每个教区根据自己的实际情况设定本教区的济贫税税率,所以税率是不统一的。只有一些零星记载供我们研究参考。格里高利·金于17世纪90年代对1688年家庭收入情况作了统计。全国共计84.9万户,282.5万人属"流民、乞丐等",年人均收入3镑3先令,年人均支出3镑7先令6便士,每人年救济费4先令6便士,总计约62.2万镑。他们是"减少国家财富的"[①]。在《论战争供给的手段与方法》一文中德文南特认为:查理二世统治末期(17世纪70年代),威尔士的济贫税是0.33万镑,推算全国的济贫税约为66.5万镑。他还考察了各郡济贫税的情况,"贝德福德郡6911镑,伯克郡9800镑,白金汉郡14800镑,剑桥郡和爱里9128镑。最少的是威斯特莫兰1890镑,最多的是伦敦和威斯敏斯特56380镑……"[②] 还有人估

---

① G. King, *Political Conclusions*. London, 1696, p. 48; J. F. C. Harrison, *The Common People of Great Britain*. Bloomington, 1985, pp. 114–115. Laslett, *The World We Have Lost*. London, 1965, pp. 32—33; C. J. Ribton Turner, *A History of Vagrants and Vagrancy and Beggars and Begging*. London, 1887, p. 177.

② C. Davvenant, *An Essay upon Ways and Means of Supplying the War*, London, 1695, p. 79; D. Marshall, *The English Poor in the Eighteenth Century*, London, 1926, pp. 75, 75—76.

计济贫税为 84 万镑①。参考比较取其中间数,可以判断英国在 17 世纪后期每年的济贫税的征收总量应该在 70 万英镑左右。具体税率虽各地不尽相同,但采取的是按照每镑财产收取若干便士的从价征收的具体方式,如威斯特伯里 1668 年以及之前多年济贫税税率一直维持在每镑 2 便士的额度②。

济贫税的征收从早期的自愿缴纳发展到后来的强制征收。这是因为济贫法设立的初期,各个教区人口不多规模较小而且居民相对稳定且互相熟悉,因此无论是缴纳还是征收都比较清楚而不失公允。开始时地租被当作成了征收济贫税的依据。地租只向土地占有者征收而不是向所有者征收③。根据济贫法,教区税依据地租簿一年登记一次,而一年至少要征税两次。如果教区所征资金不足以救济贫民,根据伊丽莎白济贫法,由两名治安法官决定可以在百户区征税。如百户区仍不能满足要求,治安法官可以在季节法庭或更大范围内如郡区内征收。如果还是难以满足救济的需要就在更大范围内征收。但季节法庭只有审判与监督权,而行政执法大权却操在教会执事和地方官的手中。

经济发展与新生产方式和生产关系的确立使教区扩大,人口增加。这也导致许多郊区所需要的济贫税额度渐次增长,而且出现了济贫税额度上升了而贫困状况并未改善的现象。圣马丁教区 1640 年济贫税为 500 镑,1661 年约为 700 镑,1671 年为 1200 镑,1680 年为 2500 镑,1691 年为 2000 镑,1702 年为 2800 镑,1711 年为 3500 镑,1721 年为 4000 镑。从 1671—1680 年不到十年的时间里济贫税增加了一倍多④。1640—1721 年不到一个世纪的时间里增长了 8 倍。1679—1691 年克来迪顿济贫税增加 50%⑤。格鲁斯特的圣菲利普和圣贾克珀教区 1723 年的济贫税是 446 镑,1728 年和 1729 年均是 812 镑。各处济贫税税额总体上都呈现了持续增长的趋势。因此斯莱克教授认为 17 世纪至 18 世纪早期出现了"社会福利增

---

① H. J. Wikings, *The Poor Book of Westbury on Trym*, Bristol. Phoenix Press, 1910, p. 70.
② Ibid., pp. 70, 87, 156.
③ E. Cannan, *The History of Local Rates in England*, Biblio life, 2009, pp. 78 – 101.
④ T. Hitchcock, P. kingeds, *Chronicling Povertry: The Voices and Strategies of the English Poor, 1640 – 1840*, New York: St. Martin's Prss, 1997, p. 25.
⑤ P. Slack, *Poverty and Policy in Tudor and Stuart England*. Longman, Longman Group Ltd., 1988, pp. 180 – 182.

长"①。赫顿雷吉斯济贫税从1771年的188镑涨到1782年的323镑,海沃尔顿济贫税从1772年仅8镑上涨到10年后的65镑,赫克雷济贫税从1760年的33镑上涨到1782年的133镑,里斯特的济贫税则从1776年的735镑涨到1782年的926镑②,而在全国范围内17世纪末至1782年的济贫税更是普遍增加了1—2倍。处于进程中的工业革命带来的影响是主要原因。工业革命的开始带来人口数量的上升,1750年人口总数"可能达到580万,比20年前多了50万。到1770年达到了640万,而到1790年则将近880万"③。纳税人口在增多而国家的财富总量也在增长,但是也反映出贫富分化严重贫困人口增加,更多的人在等待救济。因而纳税人的负担也因之而加重。工业革命带来的新生产方式以及社会的转型,也导致了1834年对贫困救济体制的改革。

17世纪中叶以后农村的济贫税额度也明显增加④。如前面提到的赫顿雷吉斯济贫税从1771年的188镑涨到1782年的323镑,海沃尔顿济贫税从1772年仅8镑上涨到10年后的65镑,赫克雷济贫税从1760年的33镑上涨到1782年的133镑,里斯特的济贫税则从1776年的735镑涨到1782年的926镑⑤,作为农村纳税主体的富裕农民也和城里人一样承受着增多的济贫税,这也是工业革命带来的新生产方式以及工业革命引起的社会转型的历史大变革给他们带了冲击与负面影响之一,直到1834年对贫困救济体制改革之后情况才得以改观。

第四节　承担军事义务

富裕农民还肩负军事职责,他们要应征参加国民自卫队(民军)的

---

① P. Slack, *Poverty and Policy in Tudor and Stuart England*. Longman, Longman Group Ltd., 1988, pp. 180 – 182. 17世纪中叶以后农村的济贫税也明显增加(注:T. Hitchcock (ed.), *Chronicling Poverty*, p. 19)。

② Sir, F. Eden, *The Stateof the Poor*, vol. ll, Cambridge: Cambridge University Press, 2011, pp. 5, 41, 221, 387.

③ [英]摩根:《牛津英国通史》(中译本),王觉非译,商务印书馆1993年版,第398页。

④ T. Hitchcock, P. kingeds, *Chronicling Povertry: The Voices and Strategies of the English Poor, 1640 – 1840*, New York: St. Martin's Prss, 1997, p. 19.

⑤ Sir, F. Eden, *The Stateof the Poor*, vol. ll, Cambridge: Cambridge University Press, 2011, pp. 5, 41, 221, 387.

服役，接受军事训练，以维持长期的国家防御力量。而这些军事责任就落到了富裕农民的肩上。从伊丽莎白一世到内战之间，英国除了与西班牙无敌舰队作战以外并没有参与大规模的战争，但是英国始终拥有一支训练有素的常备军。国家的法令规定，身强力壮的英国成年男子均有军事义务，在国家需要的时候，每个人都应当根据自己的身份和地位来配备武装参战，并由各郡长官在固定的日子巡查是否每个人都配备了恰当的武装。

有资料显示，1596 年斯特福德郡的富裕农民托马斯·埃伦应征海军去参加女王的最后一次海战①。1619 年，在诺福克郡的参加军事服役的部队当中就有一个拥有年收入 60 镑土地的富裕农民托马斯·戴德，还有一个持有年收入 200 镑土地的富裕农民亨利·杜文格。② 1639 年 3 月，德文郡罗伯特家族的两个约曼都被征召去苏格兰服役。克伦威尔的新模范军正是凭借这个乡村中等阶级，才取得了内战的胜利。

在军队当中，富裕农民占大多数。1608 年格罗斯特郡军队接受检阅的卷档显示，该郡军队总计 19402 人，有明确身份或者职业的有 17046 人，其中，约曼 1037 人，约曼之子或者兄弟 144 人；乡绅 457 人，农夫 3774 人，农业雇工 1831 人；其余主要是织布者、商人、小手工业者和贸易者③。

到 17 世纪 60 年代，根据一个人所拥有财富的多少、所持有土地面积的大小，他的邻居会把他区分为"约曼""农夫"或者"劳工"。16—17 世纪，乡绅和约曼农成为英国社会的两大经济支柱，特别是约曼，他们负担国家的主要税务，又是兵役的主要来源。有人这样评价："若没有约曼，则战时我们必败。"④ 而在英国正存在这样的中等阶级。克伦威尔的新模范军正是凭借这个乡村中等阶级，才取得了内战的胜利。寓军于民，是英国相当长时期逐步形成的军备体制，早在英法百年战争前后就有了合同式的雇佣兵了。休·拉蒂默（Hugh Latimer，约 1490—1555 年）出生于莱斯特郡，是英国著名的主教，是宗教改革的主要推动者之一。他对爱德华六世的讲道词是研究 15 和 16 世纪社会状况的重要史料。休·拉蒂默的

---

① M. Campbell, *The English Yeoman*, *under Elizabeth and the Early Stuarts*, New York: AUGUSTUS M. KELLEY Publishers, 1968, p. 351.
② Ibid., p. 349.
③ Ibid., p. 348.
④ [英]乔治·屈维廉：《英国史》，钱端升译，商务印书馆1931年版，第116页。

父亲就是一个租地农场主。拉蒂默描述了他家在亨利七世时期的生活。他的讲道词说:"我父亲是一个约曼,他没有自己的土地,只有一个农场,年租3镑,或最多4镑,于是他雇了6个人来耕种这么多的土地。我父亲很能干,在他前往战场可以领取国王的薪饷之前,他确实给他自己和他的马装备了铠甲,为国王服务。我能够记得,在他去布莱克西斯战地时,我替他扣紧了马具。"

约曼出现在英国军事历史上首先是与克雷西战役、普瓦提埃战役等有关。然而由于他们热心土地事业,就把热情投入乡村事业的管理上,更愿意把时间花在乡村酒馆中。他们的祖先作为自由人到战场上去打仗,参加了以上的战役,还与苏格兰作战,这些都是约曼值得骄傲的事情。但是,他们并没有渴望超过他们祖先的光荣。

爱德华二世统治时期,英格兰军队掌握了一种尚未广为人知的先进武器——大弓,也有人称其为"长弓"。由于海外的其他国家丝毫也不了解关于大弓的哪怕些许信息,更是难以了解大弓的战斗力。由训练有素的弓箭手们组成战场上一支重要的辅助部队——这是欧洲大陆国家们所不具备的一支先进部队。而在英格兰的军队构成中"盔甲骑士和大弓箭手的作用可以等量齐观"[①]。在实际的训练与使用中,大弓的威力被逐渐地发挥出来,在军队中的应用技巧得到了高度的发展。大弓(长弓)一般长5英尺(1.5米)左右,大致齐眉,个别的长达1.8—2米,比欧洲常见的4尺弓要长。加长弓身是单体弓增强威力的必然措施。为了追求较强的弹力,就必须采用坚韧的材质且较难弯曲,所以必须做得长一些。弓背由一条完整的木材弯制而成,长弓的力道与射程就靠这根独木来展现。这种大弓在实战中威力与操作技巧都得到了成熟与提高。那些技术娴熟的弓箭手成了享受高额军饷的职业军人,其中有骑士也有来自乡间的绅士。他们用大弓能将箭射出250码远,而且连续不断万箭齐发的齐射威力煞是惊人。平时他们骑着矮种马,赶着大车载着给养和箭矢转战各处战场,在实战中逐渐形成了与步兵和骑兵配合作战的阵势。大弓手部队已经成为了"美国南北战争以前在同等距离内任何步兵投射武器所望尘莫及的"先进武

---

① [英]温斯顿·丘吉尔:《英语国家民族史略》,薛丽敏、林林译,新华出版社1985年版,第298页。

装力量①。大弓弓体的独木用上好的紫杉木制作，坚硬而有弹性。原料出自温暖湿润的地中海沿岸，尤以西班牙卡斯蒂里亚出产的紫杉为最好。英国国王为此设置了特别关税——每进口一桶欧洲大陆产的葡萄酒，都必须缴纳几条紫杉木原条。不列颠岛上并非不出产优质紫杉，但数量稀少，远见的英国人早已作为战略物资而严加储备控制，不得擅动。大弓的震惊世界还是在克莱西战役一鸣惊人的。除了制作精良材料考究的大弓这一利器外，在军队、军人的召集组建方面早在亨利二世时就已经有了较为完备的法律规定。亨利二世于1181年颁布《军备法令》（Assize of Arms），其主要内容如下②：

（1）任何拥有1个骑士领的人必须置备一副锁子甲、一顶头盔、一面盾牌和一支长矛；

（2）任何动产或地租价值16马克以上的自由人同样须置备如上装备，任何动产或地租价值10马克以上的人则必须置备一副轻锁子甲、一顶铁头盔、一支长矛；

（3）所有市民和全体自由民必须置备一副软盔甲，一顶铁头盔和一支长矛；

（4）每个自由人必须在圣希拉里节（1月13日）宣誓保证，他们已经置备了相应的武器装备，效忠国王，愿意听从国王的命令带着武器为国王服役，保卫国王和王国。所有拥有武器的自由民不许出售、抵押或赠予武器给他人，任何领主不许以任何方式剥夺自由民的武器。

这就是亨利二世恢复的盎格鲁-撒克逊时期的民军制度，依然保持着鲜明的欧洲封建制度色彩。到爱德华一世时，1285年颁布了《温切斯特军备法令》（Statute of Winchester），明确规定臣民的军事义务，做到在不增加战争开支的前提下扩大了兵源。到爱德华一世颁布的法令将亨利二世的《军备法令》进一步具体细化。在第6条法令中明确详细规定每个15—60周岁男性自由民，根据所拥有财产的多寡，应该备置的相关装备③。参见表23：

---

① [英]温斯顿·丘吉尔：《英语国家民族史略》，薛丽敏、林林译，新华出版社1985年版，第298页。

② D. C. Douglas, *English Historical Documents*, v. 2, London, reprinted, 2001, pp. 449–451.

③ D. C. Douglas, *English Historical Documents*, v. 3, London, reprinted, 2001, pp. 460–462.

表23

财富标准	置备的武器装备
土地价值15英镑或货物价值40马克	锁子甲、铁头盔、剑、刀、战马
土地价值10英镑或货物价值20马克	锁子甲、铁头盔、剑、刀
土地或货物价值5英镑	紧身衣、铁头盔、剑、刀
土地或货物价值2—5英镑	镑剑、弓、箭、刀
土地或货物不足2英镑	短剑、矛、刀、其他轻武器
其他自由民	（居住在国王森林区外的人）弓、箭 （居住在国王森林区内的人）弓、粗短箭头

一 克莱西战役的胜利

爱德华三世的少年时期，英格兰处在爱德华三世的母亲伊莎贝拉和她的情人罗杰·莫蒂默统治之下。在这一对"罪恶"的情侣统治下，对内用屠杀维持统治秩序，对外向法国人割让欧洲大陆的领地，向苏格兰出让了当年爱德华一世在苏格兰取得的利益，以换取他们的生活费。这也导致了莫蒂默和英格兰贵族间的矛盾日益激化。1329年爱德华三世17岁了，已经娶妻生子，该亲政了。以兰开斯特的亨利为首的贵族为了免遭莫蒂默的戕害决定依靠年少的国王来除掉莫蒂默。同年10月，国王爱德华三世利用在诺丁汉召开国会的时机，夜袭诺丁汉城堡，一举抓铺了伊莎贝拉王后和其情人莫蒂默。莫蒂默在伦敦审判，以谋杀爱德华二世的伯克利城堡谋杀案被处以死刑。王后伊莎贝拉则被爱德华三世以每年3000镑生活费的代价"圈禁"在诺福克的赖辛城堡近三十年，直至死去。

爱德华三世开始了他真正的统治时期。1333年，为了支持苏格兰的巴利奥尔，爱德华三世在哈立顿山击溃了苏格兰人，在这次战役中大弓发挥了巨大威力，持续的箭雨彻底击垮了苏格兰人的圆阵，巴利奥尔得以稳定了苏格兰局势。但巴利奥尔的反对派躲到了法国并得到法国王室的支持和对苏格兰人的持续援助。于是敌视苏格兰人的英格兰人将战争的矛头指向了法国的弗兰德地区。

此时法国国王是刚即位不久的腓力六世。腓力六世要求爱德华三世向其效忠，遭到了爱德华三世的拒绝。同时爱德华三世表示从自己母亲方面的血统来讲，自己也有着法国王位继承权。在英格兰贵族和平民的要求下，爱德华提出了法国王位继承的要求，以此来作为自己展开军事行动的借口。海外军事行动同广大贵族、商人、平民可望拓展海外利益的愿望一拍即合。

羊毛是英格兰最主要的出口物资，供应低地国家。在弗兰德的城市里，虽然毛纺织业已经发展到了炉火纯青的水平，但势必更加依赖英格兰的羊毛供给。而弗兰德城市中商人、平民和尼德兰贵族在政治上的倾向竟然是截然相反：商人、平民亲英，贵族亲法。1336 年爱德华三世对尼德兰禁运羊毛，导致弗兰德的市民起来反对贵族。当受到贵族和法国人镇压的弗兰德市民向英格兰求救时，英格兰上下反应热烈，"各种利益和野心的溪流就涌入了共同的渠道"[①] 英法百年战争肇始于此，直到 1802 年《亚眠条约》才正式画上句号。包含英格兰民族精英的大弓手在内的最有战斗力的军队被爱德华三世聚集到了辛克港。这次军队的征集，爱德华对于士兵的征召的方式与来源区域，放手由军官们自己决定，而没有像以往那样向封臣索取民军。所以征召的都是雇佣军——有着契约束缚的武士——骑士和他们的助手绅士们。1341 年一位贵族与爱德华三世签订契约，他将带领 6 名骑士、20 名骑兵、12 名骑兵弓箭手和 12 名步兵弓箭手到布列塔尼服役 40 天，工资为 76 英镑[②]。作为正式的书面军役契约，文件内容是非常详尽的，服役人数、时间、地点、服役工资数量和支付时间等。其中工资是按照服役者的社会地位、从事兵种以及军中重要性等因素来加以确定的。这样的军役契约自 13 世纪后期至 15 世纪中期内容上都没什么改变。1344 年爱德华三世颁布法令规定，所有到欧陆服役的民军，自离开本郡之日起，全部由国王支付工资[③]。

募兵制肇始于爱德华三世。而这时法王腓力六世也准备迎敌了。

兵马未动粮草先行。到欧洲大陆作战，先要解决后勤补给问题。爱德华三世在 1304 年夏天击败了法国海军，取得了英吉利海峡的制海权。接下来英格兰陆军在大弓手们的掩护下在法国卡德桑登陆。可英军的第一战在图尔内就进入长期胶着，继而休战，双方僵持不下。等到爱德华三世通过建立"贸易中心制度"控制羊毛贸易并从羊毛商人集团那里获得贷款之后，战争的机器又开动起来了。

---

① ［英］温斯顿·丘吉尔：《英语国家民族史略》，薛丽敏、林林译，新华出版社 1985 年版，第 303 页。
② M. McKisack, *The Fourteenth Century*, Oxford University Press, reprinted 1991, p. 235.
③ Ibid., p. 237.

1346年7月12日，2400名骑兵，12000名弓箭手和其他步兵在诺曼底登陆。英军本想秘密奔袭巴黎。当爱德华奔至巴黎城下，腓力六世已经准备了两倍于英军的兵力相迎。突袭失利，取胜无望，英军被迫撤退。英军南撤，法军平行南进，在法军追堵中英军陷入了索姆河、大海和法军的三角地带。英军只能在索姆河入海口处登船方可返回英格兰。可是这个渡口不但潮汐多变，而且还有12000名法军防守。爱德华三世彻夜难眠。"那一夜英格兰国王睡得很少，半夜就起床，下令吹号集合。一切迅速准备就绪。他们收拾好行装，在黎明时上马出发，日出时到达渡口。可那时正值满潮，它们无法渡河。"① 爱德华命令高级将领跳入水中打过河去。又是在得到大弓手们的掩护下，爱德华才率军得以登岸脱逃。腓力六世率领三四万大军尾随不舍。而英格兰人不经过一番激战就无法到达海边，唯一的出路就是拼死一搏。是夜，爱德华三世与儿子"青甲王子"（即"黑王子"）威尔士亲王一起举行了宗教仪式。爱德华三世骑一匹小马，手提白色王杖，铠甲外披着绯红镶金的外衣，在队伍前巡视激励着士兵。英军占据的丘陵地势并不占优，但好在两侧有克莱西的森林作为屏障。1346年8月26日一个星期六的下午，腓力六世催动大军，群情激昂，急于与英军一决雌雄。下午五点钟左右来到英军阵前。英格兰军队排列在克莱西宽阔的丘陵上静候着法军。6000名热那亚石弩兵率先冲出，射出了弩箭。英格兰中军沉默着，两侧以"城堡闸门"队形肃立的7000大弓手却迅速迈上一步，同时将弓弦拉到耳边来了个齐射。"他们射击迅速有力，箭如雨发。"② 热那亚人受到了致命打击，他们自己的石弩射不到英军，而自己转眼就被大弓射死了上千人，满地都是插满羽箭的尸体。热那亚人退却了。接着进入了大弓射程之内的是法军中的骑士和重甲骑兵。大弓的羽箭暴雨般向骑兵袭来，穿透了铠甲，杀死了大批骑士和马匹，服装华丽的骑士尸横遍野。威尔士和康沃尔郡的轻步兵从大弓手的队列中走出来，恣意砍杀冲过来的法国官兵。而令爱德华三世不满意的是许多可以用来换赎金的法国贵族都被杀死了。到了夜幕降临时，腓力六世身边还剩下60名骑士，约翰·埃诺爵士以"留得青山在不怕没柴烧"的道理劝腓力六世撤

---

① ［英］温斯顿·丘吉尔：《英语国家民族史略》，薛丽敏、林林译，新华出版社1985年版，第307页。

② 同上书，第309页。

出了战场。第二天到达亚眠时,腓力身边只剩下 5 名骑士了。第二天星期日早上,爱德华派出 500 长矛兵和 2000 弓箭手,遇上急匆匆赶来的尚不知战事失利的后续部队。一场遭遇战后,地上留下了 1542 个骑士和绅士。英军陆续碰到法国各地赶来的尚不知法军已败的援军,被不断的消灭,竟达到前一天英法战役法军阵亡的 4 倍。

"克莱西大捷是与布伦海姆大战、滑铁卢战役、第一次世界大战最后一个夏天的最后进攻齐名"①,成为英军战史上的四个大捷之一。而参与这一战役并创造出辉煌战绩的士兵们中,就有着许多骑士,还有他们的助手绅士——也就是后来的约曼。

二 普瓦蒂埃战役的胜利

克莱西战役之后,英法之间的战争仍然在时断时续地进行着。已经是克莱西战役后的第十个年头的 1355 年,爱德华三世又一次获得了国会对法再次开战的拨款。按照事先制定的计划开始了又一次军事冒险行动。

按照计划,"青甲王子"将从加斯科涅和阿基坦向北边的卢瓦尔河挺进;他的弟弟生于根特的约翰即兰开斯特公爵,将从布列塔尼出击,完成战役并胜利会师。可是接下来的战役计划进行得很不顺利,"青甲王子"手下仅剩 4000 人左右,但好在其中有一半是精锐的大弓手。此刻"青甲王子"面临着两万法军的正面进逼。面对极端艰难的境地,"青甲王子"决定跟法国人议和,条件是法国人放他和部下撤回英格兰。面对着已落入彀中的英格兰人,法国国王约翰决心一雪克莱西战败之耻,结束这场战争。法国人回绝了议和。"青甲王子"准备做困兽之斗,在普瓦蒂埃选择好阵地,依托森林为屏障,大弓手依托灌木排开阵势,扼守住唯一的通道,准备与数量占绝对优势的法军决一死战。

十年前的克莱西战役仍然让法国人难以忘怀。法国人的教训是:骑兵在大弓的箭雨下,混乱不堪且人马伤亡严重,而英格兰军队都没有骑马。因此面对大弓的箭雨,骑兵毫无用处。法王约翰于是暗自决定全军徒步进攻。而"青甲王子"却与法王相反,并不因循以往的经验。面对人数绝对优势的法军,仅依靠大弓的力量是不够的,必须在大弓的协助下主动出

---

① [英]温斯顿·丘吉尔:《英语国家民族史略》,薛丽敏、林林译,新华出版社 1985 年版,第 312 页。

击。于是"青甲王子"根据当时的情形制定了合适的战法。法军中的贵族把战马留在了后方,"青甲王子"命令骑兵跨上了战马。

大弓手们已开始在全线射杀法军,法军步行的骑兵负载着沉重的盔甲在葡萄园和灌木丛中向前移动。英格兰的长枪手、刀斧手乘势冲出,以传统方式奇袭法军。蹒跚前行的法军在冲击下阵型大乱。而此时精悍的英格兰骑兵绕到法军左侧,开始猛烈的冲击阵型已乱的法军。这是一次超越克莱西战役的攻击与斩获。法军彻底瓦解,约翰国王被俘,法国贵族的精华折损大半。获胜的"青甲王子"依然保持了贵族骑士的风范,尽管战后疲惫至极,但对被俘的法王约翰却能待之以君主之礼。请法王约翰坐在营中的御座上,并亲自为约翰进菜。法王约翰被带往伦敦关押在伦敦塔。1360 年 5 月,英法双方达成了关于约翰自由的《布雷蒂尼协议》,英国得到了全部的阿基坦地区,控制了加来城市。法国必须缴纳相当于 50 万英镑的赎金,这是英格兰王室岁入的八倍。

本章小结

"关市之赋以侍王之膳服",税收对于一个国家的重要意义,古人早就意识到了。自从商品和市场出现后,纳税这一经济行为就伴随而来了。无论是作为统治者国家治理的成本性投入,还是作为维持国家机器运转的费用,税收的作用对于对私有制商品经济下的国家而言如血液般重要,对英国来说亦概莫能外。

随着封建庄园经济的渐次瓦解,农业资本主义市场经济的逐步确立,富裕的农民约曼,无论在政治生活中还是经济活动中的地位,都得到了极大的改善与提高而且到了前所未有的水准。富裕农民地位的改善,究其根本原因在于现实经济生活的富足与经济地位的改善并导致社会地位的提升。当他们借助经济启动转型这一历史的机遇努力获取财富,逐渐掌握了相当数量的劳动商品和生产资源。虽然他们不是最富有的阶层,可他们在历史转型条件下,随着生产力的解放与新的生产方式的普遍推行,在英国乡村雨后春笋般的出现并迅速发展壮大。众多的数量使他们成为工业革命前英国农业资本主义下重要的经济力量群体,也就使他们成为当然的纳税主力军。就如今天的市场经济发达的国家,为国家纳税的主力不是微软、通用和沃尔玛这些 500 强企业,而是数量众多的小微企业。所以我们看到，新的生产方式导致新的生产关系，催生出富裕农民这一新的阶层。生产力的发展及新富裕阶层的出现，意味着社会财富总量的增长，对国家统治者而言就意味着开辟出了一个新的源源不断的税源。对富裕农民来说，伴随土地财富接踵而至的是新的税种——世俗补助金的到来。

国家对富裕阶层的税收一只眼睛紧盯着他们钱袋的同时，另一只眼睛也注意着市场经济的发展。当富裕农民阶层经过一个多世纪的发展，他们的财产和资源已经聚集，达到了一定规模，直观可见的是他们在乡间田园中鹤立鸡群般的住宅，于是一个主要针对富裕农民们的固定资产税"炉灶税"来了。

统治者注意到经济的转型过程中催生的富裕农民并向他们征收新增的税收，同时统治者们也认识到这一富裕群体在国家社会治理中所蕴藏的巨大能量。所以还让他们分担更多的社会义务，所以济贫税也来了。国家充分利用转型时期生产力所释放出的经济效益，让富裕起来的富裕农民承担更多的社会义务。同时也说明社会地位、社会义务和经济地位的阶级属性的一致性，这也是英国社会转型发展后逐步体现出的社会发展规律之一，也是现代资本主义社会形成的一个通行的社会政治伦理观念。转型时期很漫长，但对社会的影响变化是巨大的，转型时期产生较严重的贫富分化是一个社会发展的规律性现象，但从另一方面看，济贫税的设立反映出的英国对贫苦现象的国家干预和法治化管理、社会化救助，开创了现代社会政府主导大众参与公益事业的先河，既是现代福利型社会的先驱和榜样，也是为走向建立现代平等互助的新型社会的一个历史性进步。我国在转型时期的贫困问题、贫富分化、劳动力缺乏以及老龄化问题，都需要国家力量才能得以妥善解决。

作为英国内部原发、世界首创的工业革命，漫长的积淀、发生与转型的一个无法避免的代价就是，经济、社会问题更多地由农业、农村和农民来承担，这似乎是工业化道路的一个宿命。济贫税的逐年提高个别年份甚至跨越式增长，也反映了工业革命进行的初期阶段，在走向工业化道路的过程中，需要农业为之承担背负起更多的国家与社会的责任和义务。而这些负担毫无疑问地最终将转嫁到乡村的农民肩上，而富裕农民就历史的成为承受这些负担的骨干群体。此后一些国家在发展过程中的经历，也鲜明地证实了这一点：在人类社会从前工业化时代转入工业化的关键转型时期，需要农业、农村和农民承受转型所带来的巨大负担与阵痛。无论是苏维埃俄国 20 世纪二三十年代的工业化历程，还是新中国的五年计划的开始，无不靠农业来支撑转型。待工业革命完成，工业化道路取得一定成功之后，再由工业来反哺农业。这或许也是人类社会向工业化道路迈进转型的规律性发展历程吧。

　　克莱西战役与普瓦蒂埃战役及其前后这个历史阶段，是英格兰历史发展的一个重要阶段。在这个阶段，维系农奴与庄园主的土地关系瓦解了，庄园经济瓦解了，农奴与庄园主的依附关系渐渐淡出，代之以金钱关系，出现了新的地主和富裕农民"约曼"。英格兰的对外贸易有了发展。英格兰国王因应战争开始采用募兵制，在作战中有了比大弓更加厉害的武器"火药"。这个阶段还是英国议会发展的重要阶段，爱德华三世的战争拨款都要议会一笔笔批准。逐渐形成了议会的上下两院，骑士、乡绅、商人等平民开始进入下院。这个阶段对于富裕农民的逐步崛起是一个重要的准备期。这个阶段的天灾是让人谈虎色变的"黑死病"。欧洲因之损失了的人口。但对英格兰来说剩下的人口"继承了许多人创造的财富，他们的痛苦也由于人们普遍受难而自然减轻，因此它们又对未来充满了希望。"① 对于教会的腐败和对罗马教廷的批判，早期基督教精神在英国乡村复活了。克莱西与普瓦蒂埃战役是英格兰历史发展的一个重要节点，骑士和约曼作为军队的主要组成，履行了作为英格兰臣民的光荣职责。

---

　　① ［英］温斯顿·丘吉尔：《英语国家民族史略》，薛丽敏、林林译，新华出版社 1985 年版，第 315 页。

第 七 章

教堂和学校:重新塑造心灵与头脑

对 15—18 世纪的英国来说,从社会结构来看,它有着不同于大多数国家那样呈尖锐的金字塔形结构,即一小撮精英和一个巨大的穷困群体;在英国,它的社会结构更像一个铃铛,即:一个小规模的贵族阶层、一个庞大的"中间阶层"和一个基本上同样规模的劳动者阶层。根据格里高利·金的估算,1688 年,英国人口将近半数处于劳动者阶层和穷人阶层以上。说明有个庞大而昌盛的中产阶级在成长,而这一迹象在 14 世纪乔叟的《坎特伯雷故事集》中就能找到踪迹。甚至有的学者把这一迹象的出现时间追溯得更早,"庞大的英格兰中产阶级当时正在迅速形成,不像其他国家,英格兰的中产阶级并不局限在少数大城市,而是以一种小绅士和富裕约曼的形式,遍布英格兰全境"①。中产阶级的形成,不仅仅是在他们所拥有的物质财富的聚集方面,也体现在他们头脑中带有本阶级鲜明特点的思想意识与文化知识上。

英国宗教改革的序幕在从亨利八世时代徐徐拉开,此后安立甘宗便成为促使英国民族国家的迅速发展和君主专制更加有力的重要精神支柱。英国宗教改革一方面强化王权促使教产还俗进而集中到包括富裕农民等大土地持有者手中,为英国的资本主义原始积累奠定了重要的经济基础;另一方面伴随着宗教改革而兴起的清教,为逐渐新崛起的农业资产阶级提供了与本阶级相契合的信仰和世界观等思想意识,也为即将转型进入资本主义时代的富裕农民等中产阶级阶层,提供了丰富的用以搭建起本阶级意识形态的原材料。

---

① [英]艾伦·麦克法兰:《现代世界的诞生》,刘北成译,上海人民出版社 2013 年版,第 108 页。

从 15 世纪起，是传统的英国步入现代的英国的一个转型过渡期，纵观这一时期，激烈激荡的变革遍及英国社会的方方面面，也让英国在变革中转变了教育观点改善了教育体制。在人文主义思想的影响下，加之宗教改革过程中屈从于王权的经历，世俗的教育观取代了宗教的教育观；各阶层人士日益重视教育，与教育相关的慈善业的开展，教育资源相应不断扩大，使大众化教育理念成为英国教育的新理念。由社会变化引起的呼吁改革教育的声音不绝于耳。现实主义特征的教育思想体系的出现，催生出一些具有一定现代特征的观点与制度，奠定了 18 世纪后更加现代的英国教育观念与制度的产生基础。

第一节 富裕农民的思想源泉与心灵归宿

清教出现在 16、17 世纪，这是英国从封建主义向资本主义过渡的重要阶段。社会上各个阶级都在寻找一个能够维护他们利益的思想武器，只能在现有的意识形态即宗教中去寻找，正是反映了资产阶级利益的清教产生的社会历史环境。

16 世纪后半期，一些要求对安立甘国教作进一步改革的教徒提出"清教"的主张，他们提出清除国教中的天主教的残余因素，这成为清教徒信仰和实践的总和①。清教徒被称作"不信奉国教者"，nonconformists 这个名词主要指英国宗教改革之后基督徒中不遵守国教教义和教规，不出席国教宗教仪式的人。学界前辈多认为"清教徒"与"不信奉国教者"所指代的意义重合。实际上，"清教"是一个广泛而不确定的名称，但他们共同的特征是，提出了和英国国教不同的新的教义。

一 清教教义的核心

人的意识形态来自于对现实的理解，人们以此对环境作出反应。对于富裕农民阶层，当自由、责任成为他们追求的目标，宗教改革后的新教成为他们实现这些目标的信仰依据，对信仰的认同成为中间阶层内部交往的纽带。与此同时，他们内部团结一致初见端倪，开始为保护自己的利益而斗争。宗教方面首先表现出中间阶层意识形态的变化。新教出现在宗教改

---

① 柴惠庭：《英国清教》，上海社会科学院出版社 1994 年版，第 10 页。

革之后，追求纯洁信仰，崇尚生活上清心寡欲，对吃喝玩乐极其反对，反对繁文缛节，入世倾向色彩鲜明，鼓吹为上帝增加荣耀要靠职业劳动的成就。这在客观上指引人们对现世加以关注，通过努力创造财富，通过勤俭劳动来获取成功。当财富诱人享乐，使人游手好闲，那么财富就是不良的东西；而当惬意生活，幸福无忧成为获取财富的目的时，此时追求财富就成为一桩佳行美事，这就是新教伦理角度对财富判断的标准。何况仅就职业义务的履行而言，财富的获取不但是职业上所必需的，更是道德上所嘉许的①。

"不管在什么地方，只要资本主义精神出现并表现出来，它就会创造出自己的资本和货币供给来作为达到自身目的的手段"②，这就是人们常常所说的合理牟利精神。有人从以下几个方面归纳英国文化的特点：它不提倡"均贫富"，也不试图阻止社会分化，而是鼓励这种分化的产生；它鼓励发财致富，甚至嫌贫爱富，但不鼓励纵欲；它蕴含着个人奋斗的精神③。新教与资本主义生产方式相结合产生了近代资本主义的价值体系，因而使资本主义成为一种文明的存在方式。

17世纪早期的一些清教徒，如莱斯特郡的托马斯·赫赛尔里奇爵士，就希望他的子孙后代都知道他引以为傲的"节欲戒酒"④。韦伯对各社经济阶级和阶层的宗教倾向的讨论有一个重要方面，就是经济力量在多大程度上塑造了宗教，换言之，韦伯在此讨论的是与《新教伦理与资本主义精神》相反的因果方向。韦伯对马克思单单用经济力量来解释宗教的观点持批评态度，这是他公开表露的立场⑤。他自己的观点更接近他在1904年的论客观性的论文中的路线，即宗教现象最多可以算作"受经济限制的现象"，或者"非'经济'事务中受到经济动机的部分影响的行为"。换言之，不同的社会阶层或阶级的宗教行为从来都不能完全用经济力量解释，经济力量只有"部分"的解释力。

---

① 钱乘旦：《现代文明的起源与演进》，南京大学出版社1991年版，第239页。
② 韦伯：《新教伦理与资本主义精神》，社会科学文献出版社2010年版，第49页。
③ 陈晓律：《试论英国工业民族精神形成的社会历史条件》，《南京大学学报》（哲学人文社会科学版）1991年第4期。
④ 斯通：《贵族的危机》，于民、王俊芳译，上海人民出版社2011年版，第27页。
⑤ 韦伯在1910年德惠社会学协会的争论中说道："我们不应当向这样的观点让步……即可以将宗教发展当作其他什么事物、当作某种经济状况的反映。在我看来，情况绝对不是这样。"参见韦伯《马克斯·韦伯论教会、教派与神秘主义》，载于《社会学分析》1973年第34期。

个人主义是中间阶层最不可缺少的意识形态。他们要求自由，绝不仅仅是由于获得自由以后的利益。他们要求自由，也并非把自由当作天赋的权利。中间阶层所要求的只是能够保护生产和生活安全的权利，他们并不要求推翻社会，只要求得到其他阶层的让步。清教把个人奋斗、发财致富与禁欲主义有机地结合起来。中间阶层主张通过自己努力获得自由，整个社会建立在经济自律的基础上，社会成员奉行的行动准则是"人为自己而存在""世界为我而存在"。这种自由独立的人成为社会的基本要素。"在亚当·斯密以前很久，散居于英国乡间的某些村民团体，已经开始接受如下这种观念①：维护自身利益和经济自由是人类社会的自然法则。"②中间阶层强调，为了保证每一个个人的活动都能促进经济发展，这些个人都必须是平等自主的人。

马克斯·韦伯从阶级社会或者说分层社会的角度考察了宗教的作用。韦伯认为，社会阶层与宗教信仰之间必然存在一定的联系，不同的宗教信仰吸引着不同的社会阶层，社会上层倾向于能够维持其特权统治的宗教信仰，而社会下层则倾心于强调未来和回报的宗教信仰。韦伯将新教伦理在资本主义发展中的作用进行了阐述，将经济学和宗教学赋予了社会学的内容。韦伯特别重视在发展过程中的新教伦理所起的作用。清教徒们正因为有着工作严谨的习惯和追求财富的合法性，为西方工业文明注入了理性生产和交换的新鲜精神活力，促进了这一新的文明的兴起。韦伯认为是新教经济伦理鼓励个人财富积累促进了资本主义的兴起，新教的天职观推动他们不断积累财富，而创造的动力和积累的财富造就了资本主义。灵魂在天上，所以耶稣让门徒卖掉财物和施舍与人，《新约·路加福音》说："凡为自己积财，在神面前却不富足的。"而这一观点的兴起就来源于16世纪的宗教改革运动。爱默生曾说过："没有哪个国家将如此绝对的敬意奉献给财富。……英格兰人对自己的财富只有纯粹的骄傲，将它视为一种终极证书。"③ 后来，英国的一批理论家理直气壮地宣称，"人们有权合法地追求自己的世俗利益"，"私有财产神圣不可侵犯"，这样，整个社会的人

---

① 没有哪个阶层的宗教态度的性质是单单由经济条件决定的。（参见韦伯《中国宗教》，第196页）
② ［美］巴林顿·摩尔：《民主与专制的社会起源》，华夏出版社1966年版，第5页。
③ ［英］艾伦·麦克法兰：《现代世界的诞生》，刘北成译，上海人民出版社2013年版，第109页。

们沿着合理谋利的方向发展。英国的社会观念发生了深刻变化,等级观念消退,自由主义盛行。

二 清教的教育观

随着资本主义的兴起,建立在农本经济基础上的"面对面"的社区组织如庄园和农村公社瓦解了,代之而起的是个人主义和民族国家的兴起。这一转变给英国的家庭生活带来了非常重要的影响。首先,清教强调家庭的责任与家庭教育。17 世纪著名的清教神学家理查德·巴克斯特在论及"天职",即上帝赋予人的世俗责任的时候,将家庭放在特别重要的位置。他说:"你不要假借行虔诚之道或大的善事而忽视对妻儿的必要供养,因为上帝已经给你规定了责任的顺序,就是从家庭开始。"① 其次,清教主张一切遵守秩序,清教徒赞成政府进行自上而下的改革,主张由里而外、自下而上进行道德教育。16 世纪的清教牧师理查德·格里纳姆在"论正确教育子女"的布道中说:"毫无疑问,如果人们首先认真改造自身,然后改造自己的家庭,他们将看到上帝赐洪福于本国教会和国家。"巴克斯特说:"如果人不善,如果改革不是从家庭开始,任何好的法律和命令都不能改变我们。"②

威廉·古奇在《论家庭责任》中认为:"良好的秩序必须首先建立在家庭之上。因为家庭先于其他组织的社会群体而存在,所以在某种程度上良好的家庭秩序是更为必要的。家庭中好的成员更可能成为教会和国家中良好的成员。"③

清教牧师托马斯·曼顿在为 1647 年《威斯敏斯特信纲》所写的"致读者"中写道:"家庭是教会和国家的发源地;如果孩子们没有在这里受到良好的教化,一切都会受挫。……如果青少年在家中受到不良教养,他们在教会和国家中将会表现不良。最初的成功或失败取决于此,他们未来生活的前兆也由此表明。"④

---

① R. Dent, *The Plain Man's Pathway to Heaven*,匹兹堡 1994 年重印本,第 134—135 页。
② R. Baxter, *The Saints' Everlasting Rest*, Morgan Pennsyloania, 2000, p. 241.
③ W. Gouge, *Of Domesticall Duties*, Amsterocam, 1876, p. 2.
④ *The Confession of Faith*, (The Publications Committee of the Free Presbyterian Church of Scotland), 1647.

三 清教的天职观

"天职",在英文中是 calling 一词,意为"上帝赋予人的职责"。宗教改革赋予了这个词以新的内涵、新的观念,即在职业的天职中履行职责变得被视为是道德活动所能具备的最高表述形式。这一献身于天职的道德价值的新概念恰恰是将宗教意义附加于日常工作的观念上的不可避免的结果。天职的概念最早正是在这一意义上以这一方式产生出来的。作为一个神圣的教令,天职是必须服从的东西,即个人必须把自己托付与它。天职是上帝赋予人的一项任务,或者说实际上是唯一的一项任务。16 世纪的约翰·弥尔顿在其著作《失乐园》里说:"……整个世界放在他们的面前,让他们选择安身的地方,有神的意图做他们的指导","只要加上实践,配合你的知识、信仰加上德行、忍耐、节制。此外还加上爱——就是后来叫做'仁爱'的,是其他一切的灵魂——这样,你就不会不高兴。离开这个乐园,而在你的内心,另有一个远为快乐的乐园。"从弥尔顿的诗句中,每个人都会感觉到,这是清教徒庄重地转向现世的强有力的表述——将生活的平淡无奇的活动珍视为职责①。

从天职观来看,它对职业生涯的道德变化是宗教改革最有影响的成就之一。宗教改革的成就,与天主教的立场相比,主要是极大增强了现世的、由天职来组织的工作与道德强调的融合,并且将一份宗教价值或者说报偿,置于这一融合之上。因此,马克斯·韦伯得出结论,天职的概念表达了所有新教教派的核心教义,这一教义拒斥了天主教将伦理戒律划分为命令和忠告的做法。过取悦上帝的生活的唯一方式因此变成了修道士所实践的从现世的禁欲式退隐,和这一禁欲主义所隐含的对现世日常生活常规道德的明确超越,现在被代之以现世的工作。这一工作涉及履行职责,所有这些职责都是从每个人的社会与职业的位置导出的。每个人的"天职"是通过这些位置来定义的。

在工业革命期间,活跃的发明家和工业家中有半数是不信奉国教的清教徒。韦伯在《新教伦理与资本主义精神》中指出,加尔文主义关于上帝的召唤每个人都尽其所能的信念,使工商业者都变成了奋发图强的资本

---

① [德] 马克斯·韦伯:《新教伦理与资本主义精神》,社会科学文献出版社 2010 年版,第 54 页。

家，尤其是这种信念和清教中的勤俭、勤奋、清新的道德观结合在一起时，作用更为突出。

四　清教的财富观

清教的禁欲主义的本质再次清晰，即它对生活有条理的理性组织意味着一种"永远在追求善却又永远在创造恶"。恶，在禁欲主义看来是财富及其诱惑。因为禁欲主义将为追求财富而追求财富定义为最应受到谴责的行为。清教徒谴责所有的"贪欲"和"拜金主义"，因为这两者都意味着获取财富的努力——变得富有——本身就是目的，而这样的财富构成一种诱惑①。

与此同时，禁欲主义认为，如果财富是从事一项职业天职的工作的成果，那么财富的获得是受到上帝祝福的。对此，在一项职业天职中要不懈地、持之以恒地、有条不紊地工作，这样一种宗教价值被定义为信徒证明他们选民资格的所有禁欲方法中绝对最重要的方法，同时也是最确定与最可见的方法。因此，清教徒对信仰的虔诚必定对我们在此称为资本主义精神的生活观扩张发挥着可以想象的最有力的杠杆作用②。1643 年特林村的公理派牧师斯托哈姆参加埃塞克斯郡清教牧师会议，到会的 15 个牧师认为酒吧作为罪恶之源应该被取缔。1644 年在埃塞克斯郡就开展了全郡的酒吧取缔运动。同时，清教牧师们开展道义上的宣传。在 17 世纪一个世纪的时间里，清教运动宣传的宗教个人主义观念已经使一些人找到了自己的精神解放之路。

而基督教义对于积蓄财富是加以限制的。在基督教教义中，积聚钱财就是一种罪恶，有仗义疏财行为的人才能够被拯救。财主进入天堂好比让骆驼穿过针眼，耶稣在《新约·马太福音》中如是说。基督教主张的是既要创造财富又要有义行，所以教会自身也会经营地产、开设钱庄和操盘其他行当获取利润。扣除教会正常运作所需的财富以外，经营的获利大量的被投入公益事业上，如用于修造教区内的桥梁，照顾孤苦者，安葬穷苦者等。逐利行为与助人义举在基督教里得到了统一，盈利与维护社会稳定

---

① ［德］马克斯·韦伯：《新教伦理与资本主义精神》，社会科学文献出版社 2010 年版，第 111 页。

② 同上。

统一起来,让人们在行为上远离为富不仁与见利忘义。

清教徒面临着考验,即财富的"诱惑"。而清教思想最虔诚的追随者往往是那些中产阶级中经营小企业的人、富裕农民群体等,他们都被理解为正向社会的上层流动的社会成员①。约翰·卫斯理对18世纪末英国工业蓬勃扩张以前的清教做过如下表述:

> 我忧虑的是,无论在何处只要财富增长,那里的宗教精髓也就以同样比例减少。因此我看不出就食物的本质而论任何真正的宗教复兴如何可能长久持续下去。因此宗教必定会产生勤劳和节俭,而勤劳和节俭又不可能不产生财富。但是随着财富的增长,傲慢、愤怒和对现世的一切事物的热爱也将增长。那么,在这种状况下,循道宗信徒都在日复一日地越来越勤劳节俭,所以他们所占有的物质财货也随之日益增长。因此,他们的傲慢、愤怒、肉体的欲望、声色的欲望和生活的傲慢也成比例地增强。这样,尽管还保留着宗教的形式,它的精神却在飞逝。难道就没有办法阻止纯粹宗教的这种不断衰败吗?我们不应阻止人们勤劳节俭;我们应当敦促所有基督徒都尽其所能去获取一切,并尽其所能去节约一切,事实上,这也就是敦促他们致富。②

卫斯理这段话认为,尽其所能获取一切尽其所能节约一切的人,也应该是尽其所能奉献一切的人,为了在上帝的恩宠中成长起来并在天国里储备财富。卫斯理的话体现了社会转型时期的英国,清教禁欲主义对经济发展的社会化影响。

因此敬重农业的思想在清教徒中存在。农业构成了谋生的一个特别重要的领域,并十分有益于宗教虔诚。清教徒中涉及农业的是生产性耕地而非仅仅拥有土地成为地主,新获取的财富被用于投资在土地上。18世纪,农业更多地向理性的商业耕作发展。从17世纪起,富裕农民阶层的崛起,他们成为快乐的英格兰的社会担纲者,与社会权利变化不定的清教徒圈子的分歧割裂了英国社会。出现了两股潮流,一方面是自发的天真未凿的生

---

① [德]马克斯·韦伯:《新教伦理与资本主义精神》,社会科学文献出版社2010年版,第113页。

② 同上书,第113—114页。

活享乐，另一方面是严格拘谨、自我管理与伦理克制——甚至在今天也仍然肩并肩地出现在任何一幅英国民族秉性的肖像里。清教的生活观促进了迈向中产阶级式、经济上理性的生活组织的倾向，从而构成了现代"经济人"的起源。①

五 清教：不信奉国教者的宗教

17世纪的宗教改革运动从伦理道德、社会习俗、生活方式等方面，都对英国社会产生深远的影响，远远超出了制度的范畴，引发了全社会从思维模式到行为方式的广泛变化。几乎涉及所有民众，或者至少把社会分层中的中下层人群卷入其中，波及了社会生活的许多方面。

不信奉国教者，在英格兰和威尔士指不信奉包括圣公会的基督教，包括浸洗礼宗、公理会、长老会派、贵格教派等。浸洗礼宗起源于17世纪英国的清教主义，是从公理会衍生出的。公理会是16世纪后期、17世纪初在英格兰兴起，又称独立派，因为强调会众平等和教会独立而得名。长老会派是16世纪宗教改革运动中由瑞士和莱茵兰的宗教改革家始创，尊崇教会唯一首脑为基督，以主张用长老会制来代替安立甘主教为首要奋斗目标。贵格派由乔治·福克斯创建，认为依靠内心之光来获得上帝的思想，成为真正的基督徒。斯普福德根据1676年康普顿人口调查结果与1669年伊利主教本杰明·拉尼依据不出席国教宗教仪式等活动的记录，认为1669年，英格兰有长老会派教徒4万人，浸洗礼宗教徒7000人，公理会和贵格派教徒人数居中，但各地存在一定的差异性。伊丽莎白时代，埃塞克斯的清教牧师较为活跃，并在1604年之前确立了清教在民众中的地位。甚至在17世纪30年代，该地清教徒出现向相对自由的东盎格利亚移民的情况。

蔡骐教授的《英国宗教改革》一书对英国人表达自己不信奉国教的清教信仰方式有着这样的阐释："虽然英国当时只有人口的一小部分，即主要是绅士、教士以及城市和农村的富有者才有习惯立遗嘱，因而遗嘱反映的并不是人口的主体，但它所揭示的倾向无疑具有一定的普遍性。"②

---

① ［德］马克斯·韦伯：《新教伦理与资本主义精神》，社会科学文献出版社2010年版，第112页。

② 蔡骐：《英国宗教改革》，湖南师范大学出版社1997年版，第155页。

新教主张把宗教与家庭联系起来,过一种理想的宗教家庭生活,也就是说,在家中也进行祈祷和阅读圣经。这个想法不仅为以后的清教徒所采纳,并在都铎晚期和斯图亚特时期成了英国国教徒家庭中的常见做法,特别流行于乡绅、约曼和商人的家庭,有时扩展到穷人①。

  17世纪二三十年代特林村,一批村民不仅将新教作为个人信仰还在其遗嘱中表明自己对清教的虔诚,这些人大多数是中等约曼,他们有一定的识字能力,并担任着本教区的公共管理工作。他们管理教区的公共事务也采用新教的道德伦理和宗教生活规范加以约束。1662—1688年在特林村,有11个不信奉国教者担任过教会执事,7人担任陪审员,6人担任过乡警,8人担任教区济贫监管员,4人担任教区委员。1688年以后仍有一些人担任这些公共管理职务。宗教信仰并没有影响到那些富裕群体的乡村成员从事他们的公共服务。

  根据许杰明教授的研究,从特林村的遗嘱材料分析,清教徒更可能来自乡村社会的上层和中层群体。不信奉国教的人不仅仅包括乡村社会的中层人群,清教已经影响到了所有人的节操,包括贵族、乡绅、商人、知识分子、约曼和小业主等都有人皈依清教。还包括社会下层的工匠、雇工和租佃农。从下表中可以看出,特林村的新教徒中只有27人是文盲。可见,特林村中等以上的社会阶层都有一定的识字和读写能力,而有读写能力的人更关心心灵救赎和个人思想意识的发展。

  从家庭邻里关系看,特林村不信奉国教者家庭之间的关系相对比较密切,他们会有意识地对具有相同信仰的人提供帮助,表示友好。这从遗嘱中也得到反映:立遗嘱人在临终前会较经常地找来具有相同信仰的人作为他遗嘱的见证人和执行监督人。(详见表25、26)

表24　　特林村不信奉国教者社会地位状况统计②

社会等级	1663—1668年		仅1679年	
	人数	百分比(%)	人数	百分比(%)
第一等级(绅士、大农场主)	6	8.3	4	7.0
第二等级(约曼农、富裕手工艺人)	18	25.0	14	24.6

---

① 蔡骐:《英国宗教改革》,湖南师范大学出版社1997年版,第155页。
② 许杰明:《17世纪的英国社会》,中国社会科学出版社2004年版,第198页。

续表

社会等级	1663—1668 年		仅 1679 年	
	人数	百分比（%）	人数	百分比（%）
第三等级（农夫、手艺人）	26	36.1	22	38.6
第四等级（农业工人、穷苦手艺人）	18	25.0	14	24.6
不明身份者	4	5.6	3	5.2
总计	72	100	57	100

表25　特林村不信奉国教者遗嘱中反映的相互关系（妇女除外）[①]

	不信奉国教者立遗嘱人数	遗嘱涉及的关系人总数	遗嘱关系人中不信奉国教者的人数和比例	
第一等级（绅士、大农场主）	4	9	5	56%
第二等级（约曼、富裕手艺人）	10	26	17	65%
第三等级（农夫、手艺人）	7	22	10	45%
第四等级（农业工人、穷苦手艺人）	5	13	4	31%
总计	26	70	36	51%

表26　特林村不信奉国教者对遗嘱关系人的选择倾向（妇女除外）[②]

	不信奉国教者立遗嘱人数	仅选择不信奉国教者为关系人的人数	同时选择不信奉国教者和安立甘教徒的人数	仅选择安立甘教徒为关系人的人数
第一等级（绅士、大农场主）	4	1	2	1
第二等级（约曼、富裕手艺人）	10	5	4	1

---

① 许杰明：《17世纪的英国社会》，中国社会科学出版社2004年版，第200页。
② 同上书，第201页。

续表

	不信奉国教者立遗嘱人数	仅选择不信奉国教者为关系人的人数	同时选择不信奉国教者和安立甘教徒的人数	今选择安立甘教徒为关系人的人数
第三等级（农夫、手艺人）	7	1	4	2
第四等级（农业工人、穷苦手艺人）	5	1	1	3
总计	26	8	11	7

17世纪的清教经历了崛起、胜利、被迫害以及淡出，对社会生活产生着影响。根据我国学者柴惠庭的推测，1672年查理二世颁发《赦免令》准许清教徒牧师领取不信奉国教者举行礼拜仪式的许可证，前来领取这一申请的牧师有1500—1600人。如果按每个牧师有50个听众计算，可以推测出1672年清教徒约为7.5万—8万人。如果加上还没有申请许可证的小宗派，估计清教徒大约为12万人[①]。另有威廉·舍洛克1676年的统计，认为当年英国不信奉国教的人占英国人口的1/20。莱基认为查理二世时英国人口约500万—525万人，按这个比例来看，估计不信奉国教者达到25万以上[②]。

六 富裕农民与清教的契合

17世纪著名的清教神学家理查德·巴克斯特就是出身于约曼家庭。在他的著述中，指出了许多世俗问题，比如贪食贪饮、缺乏理智和自制力的酗酒者，认为他们心术不正，喜欢听下流、无聊、愚蠢的弹劾，喜欢用赌博打发时间；缺乏责任感，处事能力差等。对清教的面目，在学者们看来，它在近代早期呈现着两个截然不同的面貌。通常，在社会分化程度严重、社会动荡的地区，清教的重要特征是包含着清教独特的教义和实践之中的社会控制思想。而这是受到地方绅士和约曼的拥护的，他们将清教作为一种规训文化来运用，以克服本地区的不稳定因素。清教的另一个面目则是平等主义，其重要表现是新教神学理论和宗教仪式方面所固有的独立

---

① 柴惠庭：《英国清教》，上海社会科学院出版社1994年版，第183页。

② 同上。

性。坚守这一原则的清教往往流行于高地或城市这类缺乏强大地方绅士势力的地区,而此地的经济和社会条件通常是允许外来人口流动和经济独立。因此赖特森认为,清教对乡绅和中等收入者有着特别的吸引力。

首先,清教宣传财富差别是上帝的拣选。包括富裕农民等在内的中等阶层"开始意识到自己受到上帝的充分恩惠,得到了上帝清晰可见的祝福。如果他在外表举止上正确得体,如果他的道德行为无可指责,如果他对财富的使用不致遭到非议,他现在就被允许去追逐他的经济利益,并且确实应当这样做"[1]。从而宗教禁欲主义的威力还给他们提供冷静而自觉的雇佣劳动者,他们依附于他们的工作,把自己所从事的工作看作上帝所意欲的人生目标[2]。

其次,清教给予雇主一种令他大感安慰的保证,即现世的物质财富分配不均源于上帝的旨意设计。上帝在确定这些差别的时候如同决定拣选他的选民一样,追求的是尘世凡人所不知道的秘密目的。韦伯认为是新教中涉及资本主义经济的功能起了作用,它的系统阐述中,从雇佣劳动者的视角来看,即他们因为忠于自己的天职,遵照使徒的理想生活,从不以追求获利为目的,因此,他们被赋予了基督门徒的卡里斯马气质[3]。清教宣传,忠实于工作能够取悦上帝,即使目前这一工作还让生活暂时处于困境,工资尚且微薄,但新教戏剧性地深化了这一点。即作为天职和作为最适于信徒确认他们蒙恩状态的手段(最终变成唯一手段)的工作的概念中产生心理动机。另外,新教禁欲主义将雇主活力也解释为一种天职。因此,把劳动视为天职的观点成为雇佣劳动者的特征,正如把获利视为职业天职的观点成为雇主的特征一样[4]。

再次,清教宣传个人的能力和首创性为理性合法地营利提供个人主义的动机。在英国,正值国家赋予特权的垄断工业作为整体迅速消失的时候,清教决定性地参与了新兴产业的创造。清教徒有着一种职业道德的优越感,为此感到骄傲。对于清教徒努力获取利益的行为托马斯·亚当斯进行了如下评价:"他(精明之人)知道……金钱可以让人更富有,却不是

---

[1] [德]马克斯·韦伯:《新教伦理与资本主义精神》,社会科学文献出版社2010年版,第114页。
[2] 同上书,第115页。
[3] 同上。
[4] 同上。

更好，因此，他宁愿选择一颗善良之心，而非一只鼓鼓的钱袋入睡……所以，他只想得到一个虔诚之人所能获得的财富。"每一种财富都应是合法的和诚实赚得的，即使他的确想要这种财富。①

最后，清教宣传的勤劳节俭引起了新兴的中等收入阶层的共鸣。他们是从中世纪等级社会瓦解之后分化出来的富有阶层，既有城市市民，也有富裕的农民约曼。近代的中产阶级将由他们演化形成。他们在生活中追求"秩序"，井井有条的做事，节俭而又勤劳，本分而又精明，是市场经济环境中产生的新人类。16世纪末的一个约曼，罗伯特·弗斯，关于其家族几代人通过努力由小农逐渐拥有大量土地的经历，在日记中对他的父亲约翰·弗斯有如下的记载："年轻时这个约翰爱玩，在打猎、玩纸牌、掷骰子及其他娱乐上投入了所有的兴趣，尤其是打网球和射击。因太过放纵，约翰很不被他的父亲看好"，"当他父亲去世以后，约翰成了明智非常的一个人，自我节制、沉寂严肃、郑重谨慎——家里的耕地、犁、牲畜、家禽和房屋总是叫他侍弄得好好的"②。

满足市场经济与资本主义发展需要的勤恳、精明、自律的新式劳动者，是乡绅与中等收入者将中世纪自在安稳的农民改造而成的。格罗夫纳作为柴郡首席治安法官，为在组成陪审团的中等收入者们中产生共同响应，格罗夫纳谈到了四种道德品质是好仆人应有的基本品质：心里忠，口风紧，手脚快，面容和悦。而资本主义普遍要求受雇佣者所应具备的品德恰恰就是这四种。人们通过宗教获得信仰的同时，也得到了具体的关系到日常生活各个方面的行为规范。而对于所信仰宗教的虔诚与否又是从各种行为对教规的遵循程度反映出来的。但也要注意理想化的基督教行为规范让现实中的人们真正做到很难，信上帝又达不到要求，虔诚的信徒会因此处在恐惧和焦虑当中。所以当在欧洲开始宗教改革时，习俗的改革也相伴而生。反对酗酒和大吃大喝、禁止赌博打牌，触及日常人们生活的诸多方面。17世纪末，丹尼尔·笛福认为，宗教改革和习俗改革运动之间的联系，他认为宗教改革引发的习俗改革对人们的行为有所约束，而不会如先前一样认为即使有罪也可以购买赎罪券来赎回罪过，人们的胡作非为再没

---

① [德] 马克斯·韦伯：《新教伦理与资本主义精神》，社会科学文献出版社2010年版，第206页。

② H. H. Carpenter, "Furse of Moreshead", Report and Transactions of Devonshire Assiation for the Advancement of Science, Literature and Art, Vol. 26, Plymouth, 1894, pp. 168—184.

有赎罪券这样低廉的代价来获得保障了。

第二节　富裕农民推动教育的世俗化发展

对于大学，就像议会与教会一样，在教育史上属于中世纪的产物。在中世纪早期教育被基督教会所垄断，学校只能由修道院开办，只有神职人员才可担任教师，教会掌握着领导教育的大权。在英格兰，教育一直都作为社会流动的途径，是人们攀升或者帮助子女攀升社会之梯的工具。直到中世纪后期，这种状况有了很大改观。

到16世纪时，教育的理想从培养牧师和学者转向培养为国家服务的有才华的绅士[①]。"修道院不再像此前那样一直在文化的集成、传播方面起作用了。"同时，世俗教育蓬勃发展。约翰·洛克是生活在17世纪英国的著名的绅士教育倡导者，在他的《教育漫话》一书中指出，绅士的培养是教育的最高目的，绅士一旦经受教育而走上正轨，其他人的走上正轨就会变得自然而然了[②]。洛克认为四种精神品质"德行、智慧、礼仪和学问"是绅士所必备的，此外还要拥有身体的健康。而洛克对于课程的内容则是功利主义的，他强调的是具备实用性、修养性与娱乐性的知识、技能与技巧，即所有知识当中最基本与最有用处的那一部分，极具现实主义教育精神的世俗化、功利化，构成了洛克教育思想的鲜明特色。泰纳也认为教育的首要目标在英格兰就是心灵、性格、勇气、力量和身体的锻炼，而放在末尾的却是智力的学习与培养[③]。

意大利人文主义思想经过科利特、维维斯和伊拉斯谟这类教育改革家渗透到了英国。传统的知识阶层神职人员的职位被小乡绅甚至由出身更低微的有才干的俗人所代替。随着这场革命的不断兴起，出现了世袭贵族和世俗低等社会集团人士之间关于权力职位的公开竞争。1632年约翰·斯特罗德爵士对儿子的训诫体现了当时对于知识和教育的态度。他说："知识对于一个绅士来说，就像是一枚金戒指上镶嵌钻石：两者相映生辉、相

---

① 蒋孟引：《英国史》，中国社会科学出版社1988年版，第327页。
② ［英］约翰·洛克：《教育漫话》，傅任敢译，人民教育出版社1985年版，第1页。
③ ［英］艾伦·麦克法兰：《现代世界的诞生》，刘北成译，上海人民出版社2013年版，第230页。

互美化。"① 在他们看来，知识不仅是被提升为塑造美德和获得公职的一个手段，知识本身也是一个目标和目的。历史事实已经证明，在英国农业资本主义发生的时候，富裕农民是先行者。

在教会之外，人们也能学到一定程度的知识了。此后，出现了大量的世俗教育机构。大致包括：文法学校、读写学校和私立学校等初等和中等学校，还有高等教育机构——大学。与教会学校相比，大学是专业性更强、培养人才层次更高、规模更大的教育机构。中世纪的大学与现代意义的大学有很大不同，很少有固定的房舍，有些类似于教师和学生组成的行会。到1190年，在牛津有了这样的行会大学。在英国，有牛津大学、剑桥大学等。它们后来都成为大学的典范，使其产生的年代——12世纪——"不仅是一个知识领域复苏的世纪，还是一个新型学校尤其是高等学校创办的世纪"。到1300年牛津大学因其伟大的教师而有了很高的声誉。圣方济各会修道士罗伯特·格罗斯泰斯特成为牛津大学最早的校长之一。罗杰·培根也是该校著名的学生，富有科学精神。而广大富裕农民作为乡村中的精英群体，教育的世俗化与大众化发展，让他们有能力来实现自己的愿景，使他们作为农业革命的最积极的推动者和最重要的发起人，成为英国社会向现代社会迈进中的中坚力量。

一 走向世俗的教育

教育的世俗化趋势出现于15世纪。在中世纪晚期和近代早期，关于教育观念的转变首先体现在教育不再被僧侣阶层所垄断，而出现了教育的世俗化倾向。当时，教会虽然仍是主要的教育机构，但是其垄断已开始松动，教育正逐步摆脱它的控制，开始走向世俗化，英国社会掀起了此后延续一个半世纪的"办学热"，除了仍然是教会办学以外，世俗界包括国王、显贵、乡绅、城镇商人和行会基尔特等通过私人慈善捐赠而建立的学校开始蓬勃发展起来。人们日益意识到教育的价值和重要性，纷纷在他们自己的城市和教区内创办学校或提供捐赠。从学校数量上看，到16世纪世俗的语法学校增长了4倍②。在教学内容上，打破了神学的统治，语法

---

① 斯通：《贵族的危机》中译本，于民、王俊芳译，上海人民出版社2011年版，第304页。

② Moran, J. H. *The Growth of English Schooling, 1348 – 1580*, Princeton：Princeton University Press, 1985, p. 117.

教学思想渗透进英国各级教育中。各地建立的语法学校不但提供基本读写能力和进入大学深造的中介教育，还开设包括写作、记账和世俗就业所需的技艺课程①。自由职业人员的培养，特别是律师的培养已成为教学的目的，还有许多人并不学习传统的课程以达到合乎逻辑地从事神职工作的目的，仅仅是为了完成普通教育。另外，为适应民族国家对政府事务和法律人才的需求，1400 年前后形成了纯世俗的教育机构"四法协会"。

而中世纪英国的教育被深深烙上宗教的印记，天主教会控制着几乎一切有组织的教育，教师大多由牧师担任，学校校长由主教任命，学校依附于教会或教堂，教育的内容以神学为主，教育的目的主要是培养牧师、教父等神职人员，其他俗人一般都不过问教育。到了 15、16 世纪，英国资本主义商品经济得以发展。资本主义的产生，商品经济的发展，市民阶级的成长，民族国家的建立以及城市化水平的提高也对人们的读写能力有了较高的要求，所以，人们迫切要求冲破教会对教育的垄断。于是，宗教教育的观念开始被世俗教育观念所取代，英国教育近、现代化首先从教育的世俗化开始了。15 世纪的教育为 16 世纪英国教育的世俗化奠定了基础。

16 世纪三四十年代，宗教改革运动进一步推动了英国教育观念向世俗化的转变。首先，宗教改革在英国打破了长期以来教士对国家行政职务的垄断。一大批俗人为了取得这样的职位，要求接受良好的教育，具有广博的法律知识，这直接刺激了教育的发展，使得一大批俗人意识到教育的重要性。

其次，清教学说在英国的传播改变了人们对教育的传统看法，人们这时相信通过接受教育可以具有直接阅读《圣经》的能力，能直接感受到上帝的意志，这对于人自身的得救是至关重要的。在这种信念下，人们自然更加重视教育。

最后，正是在宗教改革运动中，人文主义学说在英国有了进一步的传播。人文主义者一向提倡以人的发展为中心的教育，反对教会和神学对教育的控制。并且他们一向重视教育，认为教育不仅能使受教育者更好地为国家服务，而且也使得受教育者成为更完善的人。在他们的倡导下，教育日益走向民众。正是在以上多重因素的影响下，教育日益摆脱教会的控制和影响，引起普通民众的极大兴趣，在世俗界迅猛发展。

---

① Orme, N. *English Schools in the Middle Ages*, 1London: Methuen & Co Ltd, 1973, p.178.

16、17 世纪继宗教改革后，英国的教育走向鼎盛时期。随着社会经济的发展，全社会都需要有更高层次的教育，新兴阶级的成长需要自己的人才，教育世俗化呈现更高层次的发展，新兴阶级更加积极地集资捐赠学校，进入牛津、剑桥和伦敦四法协会的学生数量猛增，绅士、自由职业者和资产阶级子弟日益成了这些大学占优势的集团。斯通因而把 1560—1640 年说成是教育设施提供上的革命①。到 16 世纪中期的时候，由于人文主义者宣传鼓吹和受过教育人士的卓越成功，贵族和乡绅都开始重视专业训练。由此引起了英国高等教育的迅速发展。

二 社会角色的转变需要教育

理查德·佩斯记述了与一位绅士的谈话，这位绅士说："我以上帝的名义起誓，我宁愿我的儿子被绞死，也不愿意让他去学习什么学问。因为要成为一个绅士的儿子，应该能吹好号角，能够熟练而优雅地狩猎，能够驱鹰和猎鹰。然而，学习学问却只是乡下村夫的儿子们应做的事情。"②可见贵族阶层在中世纪晚期和都铎王朝早期，存在着对教育的强烈蔑视，认为只有农民的儿子才会那么强烈地要求接受教育。因为此时的富裕农民，他们已经不仅仅是生产者，更是管理者。随着社会经济的发展，自身社会角色已经发生了转变。大部分富裕农民都是租地农场主，他们经营着一定规模的土地，拥有稳定的用益权，为了不断增加产量，扩大市场利润，改善旧有的知识结构，进入学校成为富裕农民的普遍要求。

而作为英国传统农民的一个乡下人会这样说："即使我们不会写字，还有教堂的神父和城里的先生来帮助我们。那些简单的事情，他们解决起来可谓轻而易举。""我们可以学耕地、耙地，学种谷、收获，学剪枝，学打谷、簸谷，学扬谷、碾谷，学酿酒和烤面包。这一切岂是书中所有。在乡下我们要做的主要就是这些事情。除非我们做了法官，要把窃贼送上绞架，或是凭一个男人的权利说出事情真相，那时良知和经验会教给我们

---

① L. Stone, The Education Revolution in England, 1560 – 1640 [J] *Past and Present*, 28 (1964), pp. 70 – 73.
② 劳伦斯·斯通：《贵族的危机：1558—1641 年》，于民、王俊芳译，上海人民出版社 2011 年版，第 303 页。

知识。"① 农民这种普遍对教育持有漠然的态度在当时并非个别情况。

可是当农民成为一个农场管理者的时候情况就大不一样了。有时候经济上的纠纷和生产管理中遇到的新问题,往往使那些目不识丁的农场主窘态百出。比如,伯克郡达莱顿的约曼威廉·比尔森在伊丽莎白时期是他的绅士邻居的地产代理人,一次他的账簿出现了疑问。由于他自己不能记账和计算庄园收支,所以他不能对账目问题作出应有的解释,从而使自己摆脱窘境。肯特郡米尔顿村庄的托马斯·布莱德伯里是另一个不识字的约曼。1593年,他在法庭陈述中说,由于他不能读或者写,他要请他卖给小麦的那个人来记下这次交易。可是后来,他意识到由于对所签署的合同内容不切实了解,使得这笔交易对他来说很不利②。从这些事例中可以看出,富裕农民逐渐认识到在经济纠纷中不能识字也是一个劣势。因此,富裕农民产生了对知识的渴望和对教育的追求,对教育的自主性增强了。这些农夫在实践中认识到,这种新型的生产与管理方式不能离开知识,至少需要具备基本的读写能力。威格斯顿村庄的富裕农夫约翰·布朗花20镑送其幼子去学校,要求学校教给他读书和写字的能力③。1578年3月,威灵汉姆(剑桥郡沼泽地区那个以畜牧业为主的村庄)的约翰·罗德尔的遗嘱中说,他要送给在威灵汉姆教书的第一个教师劳伦斯·米弗罗德一定数量的谷物、1英亩地产的小麦和他的一顶上好的帽子。当1583年罗伯特——约翰·罗德尔的弟弟死去的时候,留下了怀孕的妻子,他特别在遗嘱中提到:"如果他妻子所生是个男孩,那么就要按照他的遗嘱所要求的那样去培养他的儿子,把他的儿子送去学习,直到16岁。"在遗嘱中,他特别提到了劳伦斯·米弗罗德的学校④。

崛起中的中产阶级致力于建立自己的正确语言。在17世纪晚期和18世纪,有许多群体抱着不同的目的,竭尽全力地推动英语的合理化改革。皇家学会"改良英国本土语言"委员会这一机构成立,表明一种新的科

---

① M. Campbell, *The English Yeoman*, under Elizabeth and the Early Stuarts, New York: AUGUSTUS M. KELLEY Publishers, 1968, p. 263.

② Ibid., pp. 264 – 265.

③ D. M. Palliser, *The Age of Elizabeth*, England under the later Tudors 1547 – 1603, London and New York: Longman, 1983, p. 357.

④ M. Spufford, *Contrasting Communities*, English Villagers in the Sixteenth and Seventeenth Centuries, Cambridge: Cambridge Univesity Press, 1974, pp. 192 – 193.

学哲学为了自身的话语，努力想清除语言中的杂质。另一群人——从艾迪生和斯威夫特到其后的蒲柏和约翰逊博士——关注的问题则是新的社会里尚缺少一种"文雅的标准语"。而在这些知识分子集团背后，还存在一种实际的压力，施加这一压力的是刚刚才变得强大并获得了自我意识的中产阶级。和大多数自认为骤然间已享有社会名望但匮乏社会传统的社会群体一样，中产阶级认为"正确性"实在是必须获得的一套系统化的规则①。

在经过了多次重要的改变之后，这一目标终于在19世纪前实现，"标准的英语"出现。"标准"暗含着这样一层意思：它不再是共同语，而是一种模范语言。这种命名表明一种关于阶级言语的新观念已经被充分意识到了，如今它不再只是某个都市阶级的实用的武器，而是社会区分的工具和重点所在②。

三　提高生产效率的需要

发展教育是提高生产效率，改良品种，创造更多市场利润的需要。虽然在农业改良方面贵族发挥了很重要的示范作用，但是真正把农业改良进行下去的却是富裕农民和乡绅这些乡村的精英群体。他们有足够的资本面向市场来组织生产，能够根据市场变化来调解土地经营方式。16世纪早期，食品价格上涨正是发生这些改变的动因。因为不断增加的人口推高了食物的价格，英国的一些有利因素综合起来，促进了旧有农业秩序的改革。农场主与租佃户之间的关系也变得灵活，采用新的方式。农场主开始效仿荷兰农民的成功技术。因此，为了获取新的、有用的农艺知识、改进工作技术和经营方式，他们渴望得到农书一类的科技读物，为了满足这一需求，当时一大批适用的出版物应运而生。

1587年，莱昂那多·马斯卡尔发表《养牛第一书》一书，引导农民关注对牲畜的正确喂养和照料。他向农民讲述有关事项如同对那些有学问的绅士们一样细致而且耐心。他的书中以及类似的书中，不仅包括了大量有用的信息，还包括了大量的图示和图表。这本书和其他许多书一样，在

---

① ［英］雷蒙德·威廉斯：《漫长的革命》，倪伟译，上海人民出版社2007年版，第232—233页。

② 同上书，第232页。

当时都对饲养牲畜起了较好的指导作用。1599 年，杰努斯·达布莱费乌斯发表的《好农民新书》讲述了鱼塘制作方法，以及鲤鱼、鳟鱼等各种类的鱼的饲养、保护和繁殖方法。1594 年，胡伊·普拉特的《珍贵的家庭技术》一书中记述了许多不同的新式耕作、酿酒和塑造的技术。这本书从饲养鱼、牛、寒鸦到养黄蜂、酿制啤酒等方面的内容，十分详细。1616 年，理查德·苏菲莱特翻译了一本当时流行的法国农书，该书指导人们如何猎捕公鹿、野公猪、野兔、狐狸和兔子，还有一些猎捕鸟和猎鹰的内容。1634 年，约翰·里维特的《蜜蜂的养殖》一书中强调了蜜蜂的养殖方法，是当时最好的蜜蜂养殖的指导用书。1618 年，威廉·劳森的《新式果园和菜园》一书中对如何采用新式的方法种植、嫁接和侍弄苗圃作了介绍。这是当时水果和樱桃增产的重要原因。威廉·劳森也在他的书中教给农妇为公共事业而种植草药的方法，讲解了草药的习性、生长周期以及可望获得的利润等，也讲述了蜜蜂的养殖。1669 年，朱瑟福·布拉格莱福的《农牧业技巧摘要》一书讲述犁耕、播种以及鸟的养殖，并配有解释性的插图。1652 年，沃尔特·比利斯在《英国改革家的改革》一书中对土地产量增加 10—20 倍提出了很多建议①。农业技术方面的书籍还有图赛尔的《良好农业 500 条》② 等。这些书籍的大量出版，与当时富裕农民对知识和教育企求之愿望几乎同时发生。

农民从书中学到了荷兰人的做法。1710—1795 年，史密斯·菲尔德家出售的牛和羊平均重量翻了一番③。17 世纪初，英国差不多 500 万人和 100 多万匹马。一匹马可以提供相当于 8—10 人的力量，大大提高了劳动生产率④。马成了英国工业中除了风、水、电之外另一种动力。因为英国的土地类型不同，读了农书的农场主采用海砂和磨碎的海洋贝类来缓和和肥沃重黏土的办法，采用把泥灰土和石灰岩掺进土壤的办法。罗伯特·洛德是一个经常阅读农书的约曼，他从书中汲取了先进的耕种技术，购买泥

---

① A. J. Schmidt, *The Yeoman in Tudor and Stuart England*, Folger: The Folger Shakespeare Library, 1979, pp. 20 – 22.

② 蒋孟引：《英国史》，中国社会科学出版社 1988 年版，第 327 页。

③ ［英］屈威廉：《英国社会史：从乔叟到维多利亚女王六个世纪概览》，钱端升译，商务印书馆 1931 年版，第 378 页。

④ ［美］乔伊斯·阿普尔比：《无情的革命：资本主义的历史》，社会科学文献出版社 2014 年版，第 75 页。

灰等用来作为肥料以营养土地,由于读书看报,他对市场价格了如指掌并能准确地计算出土地的收益和赚钱获得多少利润。为了提高土地的肥力,他们懂得了种植豆科植物和苜蓿;他们知道了氮是所有土壤的重要强化剂。他们还效仿荷兰人的做法,四块土地轮流耕作,还采用垂直畜牧业。农场的每一个要素被利用起来,每一双手都被分配了任务。

17世纪的一百年里,这些创新来自读书带来的连锁反应。所有农业改进都提高了种子的投入产出比、劳动力的投入产出比和土地的投入产出比。读书带来的农业改良是永久性的改变,富裕农民也改变了土地的租赁,他们用反映市场价格的租约成功代替了较低的固定租金。由此,富裕农民群体为主体的乡村经营群体掌握了全英国大约60%的土地[①]。这些是潜在的创新。然而小农场主无法像诺福克农场主那样完成一些大型的农业改良,圈地、施泥灰和大量养羊这类活动只有大农场主才能做,没有任何一项能由小农场主来完成[②]。

四 印刷技术发展对教育世俗化的推进

1476年英国第一个引进印刷机的出版家——威廉·卡克斯顿,标志着英国出版业的出现。威廉·卡克斯顿从德国科隆学习了德国人约翰·古登堡改进的活版印刷术,回到英国后在伦敦的西敏斯特教堂建立了英国第一家印刷所,并于第二年出版了第一本活字印刷书籍《哲人语录》,从而开创了英国的印刷出版业。英国各地不仅印刷文学书籍,如1478年卡克斯顿翻译出版的《坎特伯雷故事集》《亚瑟王之死》《伊索寓言》《列那狐的故事》等对英国早期文学贡献极大的书籍。卡克斯顿印行了《不列颠概括》一书,书中摘录了约翰·特里为撒翻译的拉尔夫·希格登《编年大全》(原书为拉丁文),书中还提到了当时的英格兰"自耕农装扮成乡绅,乡绅装扮成骑士,骑士装扮成公爵,公爵装扮成国王"[③]。而且此后的100多年还不断出现不定期出版的新闻书,以重大事件的报道为主要

---

① [美]乔伊斯·阿普尔比:《无情的革命:资本主义的历史》,宋非译,社会科学文献出版社2014年版,第77页。

② [英]布朗宁:《英国历史文件集》(Andrew Browning, *English History Document*),第10卷,伦敦1953年版,第443页。

③ [英]阿萨·勃里格斯:《英国社会史》,陈叔平、陈小惠、刘幼勒、周俊文译,中国人民大学出版社1989年版,第120页。

内容，这类书籍具有新闻的性质，被业内人士视为报纸的最早形态①。对于印刷术的发明引起的后果难以评价，"印刷术促进知识的传播"，"人民大众一旦意识到他们自身固有的权利，就将不屈服于暴虐的统治"②。

在 15 世纪，"存储"是印刷术唯一重要、唯一直接的影响，因为一部印刷机的效率要高于一间缮写室的效率，虽然耗费人力的手抄本常常为人们所珍爱。印刷代替抄写以后，更多的信息得以存储，印刷品的发行因此而显得愈发重要。无论是新书还是旧书，都可以赢得更多的读者。其他关于印刷术影响的概括大多不可信。此外，印刷术在兴起的初年不仅强烈地影响到公众事务，也同样强烈地影响到"家庭生活"。凡是能够购买到书籍的家庭，都开始大量阅读关于道德礼仪，卡克斯顿 1487 年翻译了一部关于行为举止的法文著作，关于卫生保健，卡克斯顿的一部《养生之道》在四年后问世的书籍③，尤其阅读关于宗教信仰的书籍。

16 世纪英国的道德教育指的就是学点圣经。宗教改革之后的基督教更加强调普遍阅读圣经的能力。书籍因印刷业的发展而得到普及，加上强调现世成就而非来世成就的人文主义思潮的涌入，都促使全社会形成一个共同的国民目标，就是虔诚地信仰上帝，同时更有才能，更会要识文断字。宗教改革运动以及人文主义思潮的高涨，为改善富裕农民的教育水平提供了重要的社会条件。英国国教圣公会充分认识到教育在个人和社会生活中对推进宗教所具有的根本意义，提出各种教育设想、方案并加以实施，印刷了英文版圣经。1525—1547 年，有 800 种宗教著作出版④。从 16 世纪 40 年代以后，英国乡村的教区几乎有了英文版的圣经⑤。英文版圣经的普及，打破了由教士垄断知识的局面，使每个人通过自己的阅读可以直接感受上帝的神召。此外，宗教改革之后，教堂的传统口头布道方式不断被印刷出版物形式代替。据估计，在 1575—1640 年，每年伦敦平均有 300000 册图书出售。这个数字表明，每个绅士、教士和有专业知识（律

---

① 徐华娟：《英国媒体监管的前世今生》，载于《学习时报》2014 年 3 月 3 日第 9 版。
② ［英］阿萨·勃里格斯：《英国社会史》，陈叔平、陈小惠、刘幼勒、周俊文译，中国人民大学出版社 1989 年版，第 120 页。
③ 同上。
④ 蔡淇：《英国宗教改革研究》，湖南师范大学出版社 1997 年版，第 149 页。
⑤ 同上书，第 147 页。

师、法庭代理人、城镇法务官、医生）的家庭每年购买 10 册书籍①。宗教文化的传播与普及推动了平民教育。

教士和学者失去了对文化知识的传统独占权，作为学术组织的大学又获得了印刷、出版书籍的权利。具备阅读能力的人在对社会的体察和理解能力方面必定不同于不具备阅读能力的人，普通民众读写能力的提高与教育的发展成为最鲜明而有力的事实。证明了英国教育在 16 世纪后期和 17 世纪的大发展。这一发展奠定了社会进步的基础，也是英国清教运动在 17 世纪得到发展的因素之一，更为经济高速发展使英国在 18 世纪率先步入现代化阶段奠定了基础。

五 教育费用

中世纪接受教育的开支是相当高的，以往非贵族子弟根本无法接受学校的正规教育。宗教改革之后大量涌现的各类教育机构，大至拥有雄厚基金的文法学校、小至只有校长一人任教的私立学校，在 1500—1620 年新建了 300 余所。然而，支付能力仍然是进入学校的前提条件。

教育也是一种消费。从接受中等教育的费用来看，文法学校的教育费用相对比较高昂。一般地，一个绅士家庭寄宿的学生每年花销要 18 镑，加上 12 镑的衣物费；一个约曼家庭的子弟一年的花费不把衣物费计算在内也要 4—6 镑，而这也是普通农民家庭所无力承担的数目。作为高等教育大学的费用更高，进入大学接受教育成了身份和经济实力的象征。1600 年每个学生需要支付大约 20 镑，1660 年大约 30 镑②。比如，在牛津这样的大学，一个学生在 16 世纪末到 17 世纪初的花销每年至少要 30 镑，后来到 1725 年则达到 50 镑，到 1750 年又增至 80—100 镑③。正如哈里森所说：当今之世，穷人的子弟要想进入大学学习真是困难重重，他们当然更没有条件成为学者。尽管在 16、17 世纪接受大学教育的人数增长很快，但大学教育还远非一种大众教育，同中世纪一样，它仍然具有很强的排

---

① Rosemary O'Day, *Education and Society 1500 – 1800*, *The social foundations of education in early modern*, London and New York: Longman, 1982, p. 17.

② L. Stone, "The Education Revolution in England, 1560 – 1640", *Past and Present*, 1964 (Jul.), No. 28, p. 71.

③ Rosemary O'Day, *Education and Society 1500 – 1800*: *The social foundations of education in early modern*, 1982, p. 198.

他性。

  高额的学费将没有足够支付能力的普通农民排除在外。拥有土地的富裕农民阶层却能够支付高昂的教育费用。比较正规、条件优越、学费高昂、能体现身份的学校，如文法学校、各类寄宿学校和公学等都是富裕农民的理想选择。要进入四法学院学习并完成漫长的学业，必须具有较雄厚的经济实力。在 17 纪初，在四法学院学习每年需要 40 镑的学费，而到了 1700 年，学费上扬到 200 镑。学生一般要在四法学院学习 5—7 年才能毕业，这样一来，总共要花费 1500 镑的学费①。因此，大学和四法学院的学生主要是来自贵族、乡绅和富裕的约曼家庭的子弟。

  他们把子弟送到四法学院去学习法律，这可以使他们可能获得做治安法官的机会，也可以使他们在关于地产的纠纷诉讼中保护自己。17 世纪土地买卖达到最高峰，因此进入四法学院的土地阶层子弟更加多了②。由于那里不提供奖学金，因此在 17 世纪初年，在这里求学的学生十之八九是出身于富裕的贵族和乡绅家庭③。有人曾这样地评价，大学在本质上就是一个俱乐部，"一所贵族、乡绅或至少是富人的年轻子弟的俱乐部"④。

  富裕农民不仅把子弟送进学校，而且慷慨捐助社会教育事业。1586—1601 年，威廉·史密斯在威灵汉姆主持堂区，他任职期间，鼓励并倡导捐助办学。在捐助名册中，他的名字始终名列前茅。1593 年，在威廉·史密斯的倡导下，102 个人捐助了 102 镑 7 先令 8 便士建立了一个学校。其中，5 个人捐了 2 镑；16 个人每人捐助金额为 1 镑以上，包括 2 镑；14 个人每人捐了 1 镑；其他人捐了不到 1 镑。这些人里不仅有约曼，还有公簿持有农，他们捐款数额都在 1—2 镑。这有力地证明了威灵汉姆的农民都相当富有，他们能够负担得起这笔比两年的地租还高的捐助款⑤。

---

  ① J. A. Sharpe, *Early Modern England: a Social History 1550 – 1760*, p. 190.
  ② L. Stone, "The Education Revolution in England, 1560 – 1640", *Past and Present*, 1964 (Jul.), No. 28, p. 71.
  ③ [英]阿萨·勃里格斯：《英国社会史》，陈叔平、陈小惠、刘幼勒、周俊文译，中国人民大学出版社 1991 年版，第 135—136 页。
  ④ 叶赋桂、罗燕：《英国衰落的教育探源——兼评近年来中国相关教育改革》，《清华大学教育研究》2001 年第 1 期。
  ⑤ M. Spufford, *Contrasting Communities, English Villagers in the Sixteenth and Seventeenth Centuries*, Cambridge: Cambridge Univesity Press, 1974, pp. 193 – 194.

第三节　阅读和签名：富裕农民普遍达到的教育水准

通常对读写能力的衡量标准是最低限度的：能够在婚姻登记册上签名。17世纪晚期和18世纪，在大多数国家这种能力成倍地增长，在瑞典和英格兰大约90%的男性和67%的女性，在英国60%的男性和女性，在法国和德国50%的男性具有签名能力。男性最初领先于女性，但是能签名的人几乎不会写其他字，而且根本不能阅读。但是，签名能力属于迅速发展的基本读写能力。1760年前后的作品中会提到"论述能力"（discursive literacy）。所谓"论述能力"是指不仅能够读写算式和名单，而且还掌握对话和论证的语言技巧[①]。本尼迪克特·安德森令人信服地指出，民族是一种"想象的时空共同体"。那些从未见过面的、从未有过直接联系的人——不论是活人，还是死人，还是尚未出生的人——都在设想中被集合在一个"民族"中。安德森笔下的"印刷文化"指的是能够被复制并流入千万人之手的文本。

"Literature"一词在14世纪第一次使用，指"阅读书写能力"。14世纪后期，兰格伦的宗教长诗《农夫皮尔斯》也被归入此时的"文学"（Literature）之中。帕斯顿家族是个中产阶级家庭，该家族的成员之一玛格丽特·帕斯顿认为只要适合管理家务的人都能够写作。其书信集中记录了诺福克郡帕斯顿家族1420—1503年的日常生活，这些总数超过1000封的信件表明，这个家族中无论是就读大学或作为律师的人，还是像玛格丽特·帕斯顿那样没有受过高等教育的人，都有着高超的读写能力。托马斯·莫尔爵士甚至估计一半的人都会阅读，估计他指的是伦敦的居民[②]。

麦克法兰赞同莫尔的观点："鲜有证据表明教育在英格兰工业革命中扮演了关键角色，却有证据表明经济活动也许可用其他一些抵补优势去补偿教育不良的劳动大军。"他的依据是日本的识字率高于英格兰，但并未

[①]　［英］迈克尔·曼：《社会权力的起源》（第二卷·上），刘北成、李少军译，上海世纪出版集团2007年版，第41页。

[②]　［美］克莱顿·罗伯茨、戴维·罗伯茨、道格拉斯·R.比松：《英国史》上册，潘兴明译，商务印书馆2013年版，第244页。

导致日本的工业化①。在近代早期周游欧洲的旅人会看到，英格兰社会最底层阶级来说，读书写字也是生活的必需品，这不仅是消遣，也深入人们日常生活中。虽然教育体系不是英格兰在世界首次发生工业革命的唯一起因，但正是教育体系与阶级体系、经济体系、法律体系联系在一起构成了社会转型和发生工业革命的一揽子背景。那么，考察教育状况这整个问题就比较复杂了，不能单单从识字率等单一方面来考察和统计。但识字率、签名情况、藏书情况等，却可以在一个侧面表明，在工业革命发生前，乡村社会文化的蓬勃发展和农业精英群体教育文化水平的提高以及大众文化的普遍发展。

一 能够自己签名

16世纪是西欧普遍进行宗教改革的时代，也是教育大发展的时代。宗教改革之后，新教的倡导者认为扫除旧的愚昧和传播新的信仰有赖于大众教育的发展和民众读写能力的提高。中世纪欧洲，基督教僧侣是唯一掌握文化的阶层，世俗教育在农村基本上处于空白。农家子弟除非担任教区神父可以学习一些读写知识，否则只能世代做文盲。他们普遍认为："通过接受教育使人们具有直接阅读《圣经》的能力，才能直接感受到上帝的意旨，这对于人自身的得救是至关重要的。"② 在人文主义者和宗教改革家的倡导下，教育日益走向民众。1533年，托马斯·莫尔估计，英国民众有一半能够阅读译为英文的圣经③。那么，可以肯定地说，作为民众当中的精英群体，富裕农民能够阅读圣经的比率一定会高于这个比例。另外，各地的公学对入学学生有一定的识字要求。比如，温切斯特公学从15世纪初起，以及在伊顿公学从1447年起，学生在进校前就要完成他们在读、唱和基本语法方面的学习；到1520年以后英国西部六郡的公学也出现了这样的要求。15世纪在约克主教管区内，教区学校、声乐学校和

---

① [英]艾伦·麦克法兰：《现代世界的诞生》，刘北成译，上海人民出版社2013年版，第235页。
② 蔡骐：《英国宗教改革》，湖南师范大学出版社1997年版，第152页。
③ L. Stone, "The Education Revolution in England, 1560–1640", *Past and Present*, 1964 (Jul.), No. 28, p. 42.

谈写学校的数量显著地迅速增长①。能够具体体现富裕农民识字的大体情况可以从以下几个方面得到说明。

19世纪中叶欧洲各国开始收集本国有关识字率的可靠统计资料,除瑞典和芬兰经过详细调查并保留了完整记录之外,其他国家只能从遗嘱证明、教区结婚注册登记或合同契约书的签字上来考察识字率。尽管签名与流利的阅读能力是两回事,但是有些证据显示这两种能力是有关系的,"签名的能力低于阅读能力,但非常接近阅读的能力"②。根据遗嘱、契约等文件上的签名看,在2500—3000个约曼中有60%—70%的人是自己签名的,其他人则画了个标记,通常是画个小十字③。这个百分比说明,在富裕农民阶层中,已经有很大一部分人接受了教育,并有着对读书识字的渴望,而且富裕农民的识字率明显高于其他乡村阶层。从1460年以后,在约克郡的一些遗嘱中会有规律地发现一些人曾做过法庭证人和抄写员④。在威灵汉姆,富裕农民比其他人群签名的数量多。立遗嘱的富裕农民超过1/3的人能够自己签名,立遗嘱的手工工匠中有1/6的人能够签自己的名字⑤。有一些农夫和妇女也能够签名。但是劳工就不能签名了。

从立遗嘱的数量上看,有的富裕农民在一生中会立很多份遗嘱。来自格利乌斯家庭的4个人,他们持有半雅得土地,大约为20英亩左右,在1609—1647年写了22份遗嘱。他们是这个沼泽村庄威灵汉姆很富裕的约曼。其中的15份是托马斯·格利乌斯写的。亨利·哈里维尔是另一个家庭的代表,在1603年时持有可耕地在9—22英亩,在1614—1619年写了5份遗嘱。约翰·皮特斯在他的遗嘱中把自己称作"羊毛旋柄",也写了3份遗嘱。1603年亨利·比瑟尔从他的父亲那里继承了9.5英亩的土地,他也写了2份遗嘱。另外2个佃农在17世纪初每人写了一份遗嘱。

---

① [英]奥尔德里奇:《简明英国教育史》,诸惠芳等译,人民教育出版社1987年版,第65页。

② [英]彼得·伯克:《欧洲近代早期的大众文化》,杨豫等译,上海人民出版社2005年版,第304页。

③ M. Campbell, *The English Yeoman*, *under Elizabeth and the Early Stuarts*, New York: AUGUSTUS M. KELLEY Publishers, 1968, p. 263.

④ R. O'Day, *Education and Society 1500 – 1800*: *The social foundations of education in early modern*, London and New York: Longman, 1982, p. 14.

⑤ M. Spufford, *Contrasting Communities*, *English Villagers in the Sixteenth and Seventeenth Centuries*, Cambridge: Cambridge Univesity Press, 1974, p. 199.

1625—1630 年爱德华·艾伦写了 6 份遗嘱，1631—1639 年罗伯特·斯托克写了他的 14 份遗嘱中的一份。1600—1690 年，有 15% 的遗嘱上有立遗嘱的人签名的①。很显然，学校造就了大量有文化的村民。1720 年，宗教法庭曾审理过哈格里夫斯富裕的约曼呢绒工匠乔纳森·鲍姆福斯的遗嘱纠纷案，因为他去世时共留下两份遗嘱。这是一个比较富裕的人，留下财产 1000 英镑左右。根据鲍姆福斯的邻居等社会关系人的考察发现，鲍姆福斯这个约曼，与人交往中留下的是亲善友好的印象。他在生前经常会邀请送货人喝一杯烈性酒；他的年轻仆人常常会得到一些食品甚至啤酒②。

表 27　　　　　　　威灵汉姆立遗嘱人签名和打钩统计③

时间	约曼和以上阶层		农夫		劳工		手工工匠		妇女		未定职业者		总计	
	签名	打钩	签名	打钩	签名	打钩	签名	打钩	签名	打钩	签名	打钩	签名	打钩
1600 前	0	1	0	0	0	0	0	0	0	0	0	0	0	2
1601—1625	2	10	1	4	0	6	2	11	0	8	0	5	5	44
1626—1650	4	4	2	19	0	10	2	9	0	7	0	4	8	53
1651—1675	9	8	0	5	0	6	0	5	1	7	0	2	10	33
1676—1700	6	16	0	5	0	3	2	5	0	7	0	3	8	39
至 1700 年的总量	21	39	3	33	0	25	6	30	1	29	0	15	31	171

斯通曾作过统计在教区结婚注册记录上的签名，在 17 世纪牛津主教区和格罗斯特主教管区去注册结婚的富裕农民和农夫之间签名的记录上有一个非常显著的区别。约曼大约 71%—72%，农夫大约 43%—52% 自己签署了结婚登记表④。1642 年向英国议会宣誓效忠新教的誓文上也要求

---

① M. Spufford, *Contrasting Communities*, *English Villagers in the Sixteenth and Seventeenth Centuries*, Cambridge：Cambridge Univesity Press, 1974, pp. 196 – 197.

② ［美］约翰·斯梅尔：《中产阶级文化的起源》，陈勇译，上海人民出版社 2006 年版，第 45 页。

③ M. Spufford, *Contrasting Communities*, *English Villagers in the Sixteenth and Seventeenth Centuries*, Cambridge：Cambridge Univesity Press, 1974, p. 199.

④ Ibid. .

签名①。

1596年威尔特郡斯沃洛菲尔德有一些这样的人,他们被称为"为首的居民",制定了管理该堂区的26条款。根据史学家的分析,这些"为首的居民"就是介于乡绅和贫民之间的中间阶层,毫无疑问他们是能够左右地方行政的一群人,是英国地方社会的显要。从埃塞克斯郡季审法庭法院的卷宗当中,可以看到在1600—1650年有24份卷宗是对啤酒馆的诉状,其中在诉状中有签名或者画十字的270人。在这270人中,有14人是倡导新教的牧师;另外70人还留有遗嘱。根据对这些遗嘱的分析,他们绝大多数是富裕农民——约曼。而270人中不会签名而以画十字代替的只占20%。

表28　1700年以前英国三地立遗嘱人签名和标记的身份统计②

	约曼及以上阶层		农夫		劳工		手工工匠		妇女		未确定职业者		总计	
	签名	标记	签名	标记	签名	标记	签名	标记	签名	标记	签名	标记	签名	标记
威灵汉姆	21	39	3	33	0	25	6	30	1	29	0	15	31	171
奥韦尔	3	13	3	15	0	5	2	6	2	10	1	6	11	55
米尔顿	6	9	1	9	0	6	0	4	1	4	2	6	10	38

表29　1700年以前签名遗嘱的约曼和其他阶层立遗嘱人签名情况③

	约曼		非约曼		所有立遗嘱人	
	遗嘱数	签名百分比(%)	遗嘱数	签名百分比(%)	遗嘱数	签名百分比(%)
威灵汉姆	60	35	142	7	202	15
奥韦尔	16	19	50	16	66	17
米尔顿	15	40	33	12	48	21
总计	91	33	225	10	316	16

---

① [英]彼得·伯克:《欧洲近代早期的大众文化》,杨豫等译,上海人民出版社2005年版,第304页。
② M. Spufford, *Contrasting Communities, English Villagers in the Sixteenth and Seventeenth Centuries*, Cambridge: Cambridge Univesity Press, 1974, p. 202.
③ Ibid..

二　写日记和记账

约曼罗伯特·劳德对农场的记录里再现了他每日的生活。17世纪的前20年里，他居住在伯克郡唐斯村庄北部的哈韦尔堂区。书中的内容极其丰富，在前言里就这样写道："谨以此书作为我的回忆。我每年种了什么种类的小麦和大麦；当年风选和出售了多少谷物。我每年种的作物；我每年签订的租约；每年租我土地的人会付给我多少租金；我的苹果和樱桃的价值；每年所产的羊毛的数量，这些羊毛我要剪多少只羊，我要付给剪羊毛工人多少工钱；我要向国王缴纳多少税；我要付给工人多少工资；收割和打干草的费用是多少；喂马的饲料要花掉我多少钱；每年我付给铁匠多少钱；我要为我的果园付多少什一税；我买多少木材，每年建房我还要用什么材料；我的羊群要吃多少麦秸；我买多少只羊；能够给耕地施多少粪肥；其他事项将在下面一一叙述。一切从圣母领报节（3月25日）开始。此书做于1612年安诺。"① 该书是一本流水账式的与农场农事相关的记述。此类的记账都经常很详细地记载买卖牲畜和其他商品的情况，但是关于农场主的家庭所有物则不在此列举范围内。

约克郡的亚当·伊莱写了1646—1649年的日记反映了这个约曼受过相当好的教育②。他在日记里记载着："我去了霍斯顿，带着一个锅，在那里看见了罗伯特·马斯丹买下一匹母马。下午，我种了一口袋燕麦。"另一篇日记说："今天早上，我种了一口袋燕麦。然后，我去哈格考特修了拦河大坝，高大德修了树篱。下午，我又种了一口袋燕麦。"他还为邻居代写书信、师徒合同和诉状等。威尔·霍尼韦尔的日记中也有类似的记载："我开始收割黑麦了"；"我同意胡伊·克拉姆皮特和阿瑟·霍尼的女婿在莱顿修建一个谷仓"；或者记着"今天，我把那片地犁完，种上了6蒲式耳和4配克（干量单位，尤用以量谷物，等于2加仑或相当于9升）的种子"③。

---

① A. J. Schmidt, *The Yeoman in Tudor and Stuart England*, Folger: The Folger Shakespeare Library, 1979, p. 27.

② M. Campbell, *The English Yeoman*, *under Elizabeth and the Early Stuarts*, New York: AUGUSTUS M. KELLEY Publishers, 1968, p. 266.

③ A. J. Schmidt, *The Yeoman in Tudor and Stuart England*, Folger: The Folger Shakespeare Library, 1979, pp. 24 – 27.

账簿也可以说明富裕农民的认字识字能力。富裕的农民有了记账的习惯，他们会把每天的生产和开支以及日常生活记下来，记载比较详细的流水账。比如，萨里郡的约曼理查德·巴克斯有一本 1648—1662 年的账簿，账簿里面有很多这样的便条：付给理查德·布赖特清理池塘的 1 先令 6 便士；付给理查德·布赖特砍烧柴的工资 8 便士。还有他付给托马斯·丹迪的报酬：收割 17 英亩燕麦，16 先令 4 便士；收割 3 英亩布鲁克斯地产，4 先令；运输 4 天粪肥，5 先令。在巴克斯的账簿中，还有大量的买卖谷物和牲畜等项目，都附有收条，如送他的侄子或者儿子上学所花费的钱，还有荜草园的花费①。

三 藏书

威廉·霍尼维尔记在 1602 年的日记中提到他有一本书曾经常被人借阅，书名是《激情燃烧的头脑》，他的日记里还提到拥有其他的书。林肯郡一个约曼提到他藏有《土地持有状况》一书，以及《坎特伯雷故事集》。圣玛丽奥特里的约曼爱德华·福特遗赠给他堂兄弟的物品中就有他所有的"希腊语、拉丁语和大量的英文教科书"。肯特郡的约曼曾在 1596 年临死前花了一笔钱买了英文版加尔文的《学院》一书②。

藏书情况可以从一个侧面反映出读写能力。从某些地区居民的遗嘱和日记里可以看出，当时的藏书量是很高的，尤其是同样反应阅读能力的宗教图书的收藏。《圣经》是富裕农民的遗嘱当中最经常提到的书③。宗教图书在当时是非常普遍的遗赠物④，它们似乎更体现一种不同于其内容的纪念价值，这类图书因为有着较为昂贵的封面和相对较少的数量所以更体现一种身份的意义，所以只有富裕的人才有。对许多人来说，一本圣经或者一本祈祷手册有着超凡的力量。由于种种原因，圣经是中世纪晚期许多家庭珍藏的书籍，虽然并不是所有人都能够阅读。读写能力在堂区之间也

---

① A. J. Schmidt, *The Yeoman in Tudor and Stuart England*, Folger: The Folger Shakespeare Library, 1979, p. 24.

② M. Campbell, *The English Yeoman, under Elizabeth and the Early Stuarts*, New York: AUGUSTUS M. KELLEY Publishers, 1968, pp. 267–268.

③ Ibid., p. 267.

④ R. O'Day, *Education and Society* 1500–1800: *The social foundations of education in early modern*, London and New York: Longman, 1982, p. 15.

有所区别。

上面提到的亚当·伊莱也有相当数量的藏书。他的藏书主要有：出版于1563年的约翰·福克斯所著《殉道者之书》，这是当时的畅销书之一，还有其他宗教类小册子；两本历史书，即拉雷夫所著的《世界历史》，和1628年出版的《欧洲历史》（此书作者不祥）；米歇尔·达尔顿所著的《乡村正义》，这是一本关于郡和堂区各个职务职权范围的小册子，受到亚当·伊莱的邻居的欢迎；还有3本关于占星术的书，等等。亚当·伊莱的书在潘尼斯顿村庄会识字的约曼中被频繁借阅。书摆放在专门打制的书架上，他的家俨然成了一个小图书馆①。对一些宗教书刊的购买和阅读，也表明亚当·伊莱和他的朋友们对于当时教派之间纷争的关注。

以上情况表明，农民的富裕程度是他们教育水准提高的基础，当然也有人文环境等一系列社会条件。由于经济水平的差异，在各地区之间文盲率也有很大差异。根据戴维德·克雷西的考察发现，1580—1639年，东伦敦的斯特普纳和怀特查伯有52%的人为文盲，48%的人有读写能力；而同时期的伦敦市内，手工工厂主和贸易者只有24%为文盲，76%的人有读写能力②。这体现了与经济发展需要密切相关的读写能力的差异。同时，在不同社会阶层和从事不同职业的人之间，读写能力也有很大差别。雇工（农村和城市的）、农夫和妇女（无论是什么阶层）的文盲率都相对较高，而教士和其他职业阶层，如律师、法庭代理人、城镇法务官、医生，以及大多数乡绅属于识字率相对较高的人群。居于这两者之间的是富裕农民，他们在向上层社会流动的时候会努力提高自己的读写能力，也因为他们具有负担起获得这一能力的费用。从整个民众识字率较高的情况看，富裕农民崛起是一个重要原因。正如拉蒂默（Latimer）为亨利八世布道的时候说的那样："倘若陛下听凭约曼不能送儿子去上学……则终将毁掉这个王国"，他意在说明截至16世纪富裕农民已经构成了送子读大学的最大阶层之一③。英国进入16世纪以后，富裕农民经济实力的崛起

---

① M. Campbell, *The English Yeoman*, *under Elizabeth and the Early Stuarts*, New York: AUGUSTUS M. KELLEY Publishers, 1968, p. 266.

② R. O'Day, *Education and Society* 1500–1800: *The social foundations of education in early modern*, London and New York: Longman, 1982, pp. 17–18.

③ [英] 艾伦·麦克法兰：《现代世界的诞生》，刘北成译，上海人民出版社2013年版，第236页。

是这个世纪的突出特征之一。他们凭借其经济实力和社会地位,很快成为介于贵族、乡绅和普通农民之间的中间阶层,成为整个英国乡村中接受教育比例较高、受教育程度最高的群体,从而改变了英国农村的面貌。在17世纪教育显然已经开始越过这些"中等人"而向下渗透。从真正意义上来说,读写能力的提高已经成为英国大众文化的一个组成部分。识字的普及、读写能力的提高是经济发展的必要因素,但绝不仅仅是唯一因素。

第四节 走进学校:富裕农民子弟接受正规教育的途径

教育一直是社会变动的重要工具①。英格兰的文法学校和公学以及大学形成了一个非凡的教育体系,在很大程度上,它的设计宗旨是教人思考,包括如何记忆、如何论辩、如何反驳、如何试验新思想、如何发明新的解决方案、如何说服人。而且,英格兰中世纪以来的教育是一个影响力极大的程序,因为它在家庭之外,从一个人很小的时候开始。从8、9岁开始,穷孩子会为别人做佣工,富裕的中产阶级家的孩子则是去读文法学校或公学,更加富裕的被上流社会家庭收去做侍从(pages)。这样的传统发展下来,最终导致了英格兰一种最著名建制的产生:据统计,1820年英格兰有2万所小学,还有许多举世闻名的公学,比如伊顿公学、温彻斯特公学、拉格比公学、威斯敏斯特公学和查特豪斯公学等②。

教育到底在怎样的程度上根据社会地位进行分层虽然是很难确定的事,但许多人的确希望根据社会地位进行分层化教育。因为他们并不看好如果给予公平的教育机会,那些出身卑微的孩子很可能会把乡绅之子排挤出有限的工作职位之外;而反过来,小乡绅之子可能又会把贵族从有限的高等政治管理职位中排挤出去。到17世纪早期,出现了两种趋势。首先,贵族和乡绅之子开始聚集在有限的几个时新的学校里,这些学校更主要是上层社会的子女③。以公学、牛津大学、剑桥大学和伦敦法律协会为主要

---

① [英]奥尔德里奇:《简明英国教育史》,诸惠芳等译,人民教育出版社1987年版,第6页。
② [英]艾伦·麦克法兰:《现代世界的诞生》,刘北成译,上海人民出版社2013年版,第230—231页。
③ [英]劳伦斯·斯通:《贵族的危机:1558—1641年》,于民、王俊芳译,上海人民出版社2011年版,第306页。

场所的教育被称为"绅士团体教育"①。它使那些来自各郡县的小绅士的子弟可以与一些同样来此学习的大绅士子弟互相接触,接受共同的教育和信念,促成王国中一个有着共同意识的阶层的形成。

在一流公学和牛津大学或剑桥大学接受过教育,与地产的庞大和血统的优秀一样,被认为是身份地位的评价依据。而经历了这一系列教育机构——小学、公学、大学——的陶冶之后,英格兰的男孩子就会被锻炼成坚韧、自信、足智多谋的成年人。在这里除了交给他们心智工具以外,还要教给他们具体技能,培养一系列品质,如合作精神、大无畏精神、抗击外在威胁等。这些公共生活技能的培养,对我们了解英格兰最先进入现代世界的关键要素提供了可资借鉴的思考角度。因此,本节试图考察这些教育机构的入学率,而入学率可以说明教育的发展情况,它也是衡量富裕农民受教育的尺度。

一 文法学校

文法学校和公学是中世纪出现的最有特色的中等教育形式,受人文主义思想影响最深,并使这种思想影响到所培养的富有阶级子弟。文法学校起源于职业训练,目标是培养使用拉丁语的英国本土的演说家。其最高宗旨是教拉丁语。拉丁语是当时宗教、法律和政府通行的语言,所以文法学校受到更多的富裕阶层的向往。亨利八世曾特别聘请伊拉斯谟讲学,并赞助建立文法学校。文法学校办学的世俗化和慈善性质给一些求学的人以机会。

早在12世纪起,英国就有一批世俗学校甚至大学建立起来,在这里,培养了后来一大批政治家、法学家、律师、商人、学者。乡村中感受到文化教育的进步则始于近代早期,富裕的农民子弟进入文法学校、大学和有权授予律师资格的法学协会,从而有了晋身的机会。14、15世纪民众读写能力的扩大的一个重要原因是这一时期文法学校的建立。1382年,威廉(威科姆的)在温切斯特建立一所文法学校,其中"贵族和有权势的子弟"占有相当比例,这是英国公学的原型。1440年亨利六世在伊顿也建立一所同样出色的文法学校,贵族、较低等级的人、城镇的一些团体和行会都建立学校,包括小学和文法学校。到15世纪末,英国各地建有500—600所文法学校,其结果是,大约15%的英国人都已经能够阅读了。

---

① 许杰明:《17世纪的英国社会》,中国社会科学出版社2004年版,第181页。

1530年文法学校的数量是300所,1560—1640年一大批文法学校相继建立,到1575年增加到36060所。

到16世纪,文法学校已经成为富有者的独占物①。大学成为社会上层人物和有抱负的社会阶层受教育的场所,也是富裕的农民约曼子弟晋身的阶梯。从1604年起,剑桥和牛津的每所学院都有权送学生入议会②,从而进入政治阶层。一般来说,文法学校对学生的入学要求是极为严格的,一个必备的入学条件是必须具备基本的读写能力,同时要会背《教义问答》和小祈祷书的内容。一般的学生在进入文法学校以前,要先在当地的初等学校或预备文法学校或教区教师创办的私人学校学习3—4年,在这期间要完成ABC字母表和拉丁文入门知识的学习,并学会背诵宗教教义和教规。

文法学校是当时英国中等教育的主体机构,近代早期英国的语法学校得到极大发展。根据劳伦斯·斯通的观点,1560—1640年是语法学校发展的鼎盛时期,语法学校在数量上大大扩大,这一时期培养的学生是19世纪前任何年代无法比拟的。语法学校的学生大多数可能是中上等社会阶层的后代,以考切斯特福瑞文法学校为例,1645年在该校注册的165个男孩的家庭社会背景如下:商人包括一些手工业者占37%,贵族占31%,教士占20%,富裕农民占12%③。但当时任何学校都可招收任何社会阶层的人,高至爵士、骑士和绅士的儿子,低至小店主和工匠的儿子,甚至孤儿也可作为慈善的对象而免费入学。

伊丽莎白时期,文法学校是培养中等和上等阶层的男孩子获得专业技能,即学习初级拉丁语的地方。16世纪晚期,英国的文法学校的数量上在原来的基础上增长了4倍。威廉·哈里森在描述英国时曾夸张地说:"今天,在女王陛下统治下的英国,没有一个城镇是没有文学校的。而且,在那里,所有的老师和助教都过着富裕的生活。"④ 这一时期文法学校培养的学生是英国在19世纪前任何年代都无法比拟的,劳伦斯·斯通

---

① [英]奥尔德里奇:《简明英国教育史》,诸惠芳等译,人民教育出版社1987年版,第7页。
② 同上书,第43页。
③ O'Day, R. *Education and Society 1500 - 1800*, London: Longman Group Limited, 1982, p. 37.
④ L. D. W. Raght, *Life and Letters in Tudor and Stuart England*, New York: Cornell University Press, 1962, p. 294.

称之为"教育上的革命"时期①。文法学校培养的学生往往是男生，7 岁或 8 岁入学，在学校学习 7 年，大约 14 或 15 岁离校去工作或上大学。那时很少有男女混合的学校。从 12 世纪以后，文法学校的男孩子们就不再局限于教会人员和社会上层人士子弟。尤其是宗教改革以后，随着乡绅阶层兴起，英国社会出现了新兴资产阶级、富裕农民等中间阶层。学校生源主要来自这些中产阶级，包括出身于约曼农、商人、律师、药剂师等中层家庭的孩子，也包括部分出身底层和贵族出身的孩子②。著名的伯里·圣·埃德蒙多学校 1656 年的注册登记所反映的学生身份情况充分说明了这一点：贵族占 52%；教士/专门职业者占 17%；商人占 16%；约曼占 15%；农夫为 0。科尔切斯特文法学校 1636—1645 年学生注册登记也表明，该校 165 名学生中，有相当一部分来自约曼阶层：贵族占 31%；教士/专门职业者占 20%；商人占 37%（包括一些手工业者和织布工人）；约曼占 12%；农夫为 0；雇工为 0③。

公学（public school），是当时更享盛誉的新兴的文法学校。公学起源于中世纪和都铎时期私人捐资兴建的文法学校，大部分是寄宿学校。公学反映人文主义思潮，是教学古典而非职业传习之所，主要目标是培养士绅。又由于新兴的资产者兴起，以往由少数人独享士绅教育的局面必须打破。它是英国"特有的教育机构"，"这些学校在塑造英国绅士性格方面起了最主要的作用"④。在英国教育史上著名的公学计有九校，即温切斯特（Winchester，1382 年）、伊顿（Eton，1440 年）、圣保罗（St. Paul，1510 年，一说 1509 年）、什鲁斯伯里（Shrewsbury，1552 年）、威斯敏斯特（Westminster，1560 年）、泰勒（Merchant Taylors，1561 年）、拉格比（Rugby，1567 年）、哈罗（Harrow，1571 年）和切尔特豪斯（Charterhouse，1611 年）。它们收费昂贵而要求严格，原来是为贫苦子弟而设的学校，到后来就变质了。

---

① L. Stone, "The Education Revolution in England, 1560 - 1640", *Past and Present*, 1964 (Jul.), No. 28, p. 70.

② ［英］奥尔德里奇：《简明英国教育史》，诸惠芳等译，人民教育出版社 1987 年版，第 99 页。

③ R. O'Day, *Education and Society* 1500 - 1800: *The social foundations of education in early modern*, London and New York: Longman, 1982, p. 37.

④ ［美］马丁·威纳：《英国文化与工业精神的衰落，1850—1980》，北京大学出版社 2013 年版，第 24 页。

公学首重道德品质的培养，实行导师制和寄宿制，由于尊重个人地位还实施学生自治的办法。公学的课程崇尚古典学科，教授拉丁文、神学等课程，学生皆以升入牛津、剑桥两所大学为目标。由于大多数毕业生享有政治上较高权位，所以很多富裕家庭子弟趋之若鹜。教育学家把这些公学看作英国文艺复兴时期教育杰作，是造就资产阶级所需人才的熔炉。

二　上大学

英国大学的快速发展始于近代早期，巨大增加的大学人数和学生社会成分构成的改变是其中最突出的标志。牛津、剑桥两所大学于16世纪50年代学生人数急剧上升，英国大学学生人数的最高峰出现在1580年，牛津、剑桥两校的学生人数相加达3000人。1610年后出现了另一次大学生的增长潮，学生人数冲上了新顶点，在17世纪30年代人数竟超过了4000人，19世纪60年代这个数字才再一次被刷新①。学生的社会成分构成特征在这一时期呈现出新特征，在大学里除穷人外的几乎所有的社会阶层都有人在学习，虽然占据更大比例的仍然是上层社会出身的学生。1575—1639年据不完整的新生登记册推断，牛津大学来自贵族、平民和牧师阶层的学生分别占总数的50%、41%和9%②。慈善事业建立的奖学金使穷学生并未被排除在大学之外，富人子弟入学后也需要仆人照料，这些都扩大了穷学生的就学机会，牛津大学的平民学生从数量上甚至在1640年稍稍超过了该校的贵族学生③。

升入大学、文法学校和公学是富裕家庭出身的学生的一个目标。大学也是受到人文主义思想影响最深的学校。14世纪，英国统治者继续给予大学以各种特权，而且每次当地居民与大学发生冲突，其结果都是大学特权的再扩大。当时牛津大学的学生年龄一般为14—21岁，他们上大学的目的就是求职的需要。这些学生毕业后，4/5的人当了教士，其中也有人后来升职为主教；其余的人或成为医生，成为律师，或者从事需要一定专业知识的职业。

---

① L. Stone, "The Education Revolution in England, 1560 – 1640", *Past and Present*, 1964 (Jul.), No. 28, pp. 47 – 51.
② Ibid., p. 61.
③ H. Kearney, *Scholars and Gentlemen: University and Society, 1500 – 1700*, London: Faber & Co1 Ltd. 1970, p. 171.

最初牛津大学的学生大多来自社会中下层的子弟，有的人经济条件甚至不足以买教科书，只能依靠为别人抄抄写写打点零工来换取日常的费用。也有相对富裕的学生，他们除了拥有课本，还有用来照明的蜡烛、一张舒服的床，以及学校统一规制的校服和一些华丽的服装。15 世纪中叶，牛津大学顺应潮流，接受人文主义思想。15、16 世纪之交，剑桥也兴起人文之风。人文主义学风受到国王的重视和鼓励。还有王室控制，在牛津大学建立人文学科。又由于律师是当时令人向往的职业，因此跟这个行业有关的教育机构——大学、具有授予律师资格之权的四法协会等都会吸引很多有此抱负的人。

15 世纪末，在泰晤士河北岸伦敦和威斯敏斯特之间出现了四个大的法律协会，那些应用普通法的法官和律师都在这里接受法律教育。四法协会培养出的法律人才，使得 15 世纪成为司法辩护的黄金时期。到 1548 年，议会中有 48% 的议员曾在牛津大学、剑桥大学或四法协会接受过教育，到 1640—1642 年议员受高等教育的比例达到 70%。1548 年萨摩塞特郡的治安法官中，54% 接受了大学教育或四法协会的教育，在汉普顿郡的比例为 50%，到 1636 年两个郡的数字都有相应的上升，分别上升到 86% 和 82%[①]。

在 16、17 世纪，与社会经济发展相适应而发展起来的是大学入学率的空前提高。英格兰，进入大学学习的适龄人数的比例比 19 世纪还高。大学入学率在一定程度上能够作为中上层民众获得教育机会的衡量尺度之一，其中富裕农民接受高等教育的人数是很可观的。在林肯主教区所管辖的教区中，接受过高等教育的人从 15 世纪初的 14% 上升到 1500 年的 30% 强。在 15 世纪下半叶的坎特伯雷主教区，接受过高等教育的人约计 1/5，至 16 世纪头 30 年，又猛增到 1/3。1642 年约克郡最大的 247 户绅士家庭中，有 172 户有子女接受大学教育，164 户有子女接受四法协会教育。而富裕农民在其中所占比例从下面的数字中可以了解到。1567—1622 年，牛津大学的入学登记簿上有这样的记载：贵族之子 84 人，骑士之子 590 人，乡绅之子 902 人，绅士之子 3615 人，约曼（即富裕农民）之子 6635 人，教士之子 985 人，身份未确定的人之子 758 人[②]。在接受过高等

[①] 许杰明：《17 世纪的英国社会》，中国社会科学出版社 2004 年版，第 182 页。

[②] M. Campbell, *The English Yeoman*, *under Elizabeth and the Early Stuarts*, New York: AUGUSTUS M. KELLEY Publishers, 1968, p. 271.

教育的社会各阶层中，出身于富裕农民的人几乎同其他阶层子弟人数之和相等。

表30　　　　1592—1679年布拉塞诺斯、奥莱尔、沃德汉姆
大学的入学人数及百分比①　　　　单位：人，%

年份	大学入学总人数	未被大学录取人数	未被大学录取百分比
1592—1601	216	33	15
1602—1611	677	195	29
1612—1621	976	271	31
1622—1631	804	250	31
1632—1641	693	177	26
1642—1649	167	73	44
1650—1659	569	88	15
1660—1669	600	40	7
1670—1679	503	23	5

16、17世纪之交，英国的中等和高等教育无论在教育设施的发展方面还是社会各阶层对教育的需求方面都经历了一个大发展时期，即劳伦斯·斯通所说的"教育的革命"时期。其中最为显著的特点，就是接受大学高等教育的学生总数比以前显著增多（见表31）。

表31　　　　1560—1699年牛津、剑桥大学入学人数②

时间	剑桥大学注册人数	未登记人数（%）	总数	牛津大学注册人数	未登记人数（%）	总数	估计两校入学人数
1560—1569	295	20	354	250	20	300	654
1570—1579	340	20	408	310	20	372	780
1580—1589	337	20	404	317	15	366	770
1590—1599	298	20	357	259	15	295	652

---

① L. Stone, "The Education Revolution in England, 1560 – 1640", *Past and Present*, 1964 (Jul.), No. 28, p. 49.

② Ibid., p. 51.

续表

时间	剑桥大学注册人数	未登记人数（%）	总数	牛津大学注册人数	未登记人数（%）	总数	估计两校入学人数
1600—1609	270	20	324	294	30	382	706
1610—1619	394	20	473	316	30	411	884
1620—1629	417	20	500	312	30	406	906
1630—1639	400	20	480	460	25	575	1055
1640—1649	275	30	365	137	40	192	557
1650—1659	259	15	298	309	15	455	753
1660—1669	300	5	315	405	5	425	740
1670—1679	291	5	306	396	5	416	722
1680—1689	226	5	237	306	5	416	722
1690—1699	194	5	204	281	5	295	499

斯通认为，16、17世纪是英国大学教育发展最为显著的时期[1]。此后，尽管两所大学学生入学人数呈减少趋势，但仍"基本与17世纪初期入学人数的水平持平"[2]。在1560—1590年以及1604—1630年从大学入学的学生数量陡增的情况看，英国两个教育发展出现高峰时期，正是斯通和赖特森所说的"教育革命"时期。斯普福德也是从这个角度认可普通意义的教育大发展的存在。

从表31可以看出，1560—1699年，牛津、剑桥两所大学人数迅速增长。由表中数字可以了解到，大学在此期间有两次大发展，学生的数量空前地增多。一次开始于1560年，到1580年达到了一个高潮，第二次开始于1604年，经过了一阵间歇，到1630年代达到顶峰。在第二阶段，据估计，17岁的年轻人中有2%—2.5%接受了高等教育[3]。拉蒂默对约曼阶层在教会供职的重要意义的考察认为，更可能是建立在他

---

[1] L. Stone, "The Education Revolution in England, 1560 – 1640", *Past and Present*, 1964 (Jul.), No. 28, p. 51.

[2] J. A. Sharpe, *Early Modern England: A Social History 1550 – 1760*, Edward Arnold, 1987, p. 257.

[3] M. Spufford, *Contrasting Communities, English Villagers in the Sixteenth and Seventeenth Centuries*, Cambridge: Cambridge Univesity Press, 1974, pp. 173 – 174.

们的经济生活方面①。在耕种农业地区，如剑桥郡南部，16 世纪和 17 世纪时期那里的农场规模的扩大和约曼数量的增长，人们会产生对接受教育和提高教育水平的渴望，尽管能够接受高等教育的人数很少。

三 学习改变命运

英国的教育模式得到了改变，学生的社会阶层构成多样化人数也急剧增大，这是因为伴随着英国在近代早期就已步入激烈变革时代，宗教改革、人文主义的影响深入人心，教育慈善事业兴起，教育观念在社会各个阶层都发生了变化，教育被日益的重视起来。教育的机会因此而急剧的扩大，教育在大众化方向上取得了长足的进步和发展。

按照英国学者雷蒙德的划分，"1480—1530 年，在牛津版《英国文学入门》所列出的都铎王朝的 21 位作家中有 3 位出身无法确定，而在其他 18 位中有 11 位出身于 3 位贵族和 8 位乡绅，4 位来自与乡绅关系紧密的专业人士家庭。只有 3 位可以确知是来自别的阶层：2 位出身于农民家庭，1 位来自手艺人家庭。牛津大学和剑桥大学又大大提高了这种由乡绅主导的文化的同质化程度，据我们所知，有 17 人曾上过这两所大学。另外 4 位中，1 位是贵族，2 位是苏格兰人，1 位没有相应记载。从 21 位作家的收入来源看，有 2 人似乎完全自立，没受雇佣于任何人，有很多例子表明他们从地产上获得了额外的家庭收入"②。笔者估计这两个人出自有较大地产的家庭。

雷蒙德·威廉斯在《漫长的革命》中对 1470—1920 年的英国作家的社会出身、受教育类型等进行了考察。关于社会出身，根据经济和社会地位，大致列出他们具有相当连续性的家庭类型：贵族、乡绅、专业人士、大商人、小店主、农民、手艺人和体力劳动者。关于教育方式，他们受到了四种中学受教方式，即文法学校（1860 年以后改称公学）、地方文法学校、非国教中学、家庭或个人学习。大学则是牛津、剑桥或者其他大学。雷蒙德大致按 50 年一个时段③。

---

① M. Spufford, *Contrasting Communities*, *English Villagers in the Sixteenth and Seventeenth Centuries*, Cambridge: Cambridge Univesity Press, 1974, pp. 173 – 174.

② ［英］雷蒙德·威廉斯：《漫长的革命》，倪伟译，上海人民出版社 2007 年版，第 244—246 页。

③ 同上书，第 244—252 页。

在下一个时段,即"1530—1580 年,在牛津版《英国文学入门》所列出的 38 位作家中有 2 人无法确定其出身。剩下的 36 人中,15 位来自贵族和乡绅家庭(分别是 3 人和 12 人),9 人出身于专业人士家庭,他们和乡绅家庭的联系不再那么密切了。有 12 位出身于商人、小店主和手艺人家庭(分别是 4 人、3 人和 5 人),这标志着一个重要的变化。然而,与各种机构相连的牛津大学和剑桥大学,其重要性仍然非常突出。在有 36 人中,27 人曾上过牛津大学和剑桥大学。2 人上过国外的大学,另外 7 人(包括一名贵族和一名宫廷侍)从没有上过大学,其中还有 3 人是小店主和手艺人之子。在有学校教育记录的 19 人中,8 人上的是国立文法学校,9 人上的是地方文法学校,另外 2 人是在家里和宫廷里受的教育。这个时代里,职业的作家群体出现了,但是重要的是,所有这些剧作家都出身于那些崭露头角的阶级:或者是和乡绅没有联系的专业人士家庭,或者是小店主或手艺人家庭。"①

到 1580—1630 年,这个时代里可以看到剧作家、玄学派诗人、"骑士"诗人与清教徒诗人,还包括霍布斯在内的一批政论家。在牛津版《英国文学入门》所列出的 33 位作家中,有 3 人出身无法确定。在剩下的 30 人中,9 人出身于乡绅家庭,13 人出身于专业人士家庭,1 人出身于大商人家庭,4 人出身于小店主家庭,2 人出身农民家庭,还有 1 人出身于手艺人家庭。受教育情况是,有相关信息的 30 人中 28 人曾上过牛津和剑桥大学。12 人上过国立文法学校、9 个上过地方文法学校,3 人是在家里或宫廷受教育。从这些人的个人生涯看,大学时代的社会交往对那些出身寒微的人的生活有着至关重要的影响。在前半个世纪里,也有一些迹象表明了大学时代的结交对个人生活有重要影响。其结果是一旦牛津大学或剑桥大学不再遥不可及,就会出现大量的社会向上流动②。

在 1630—1680 年的王政复辟时代,在牛津版《英国文学入门》所列出的 22 位作家中,21 位出身可以确认。出身于贵族和乡绅的有 9 人(分别是 2 人和 7 人),7 人来自专业人士家庭,3 人来自小店主家庭,还有 2 人来自手艺人家庭。在有相关信息的 21 人中有 13 人上过牛津和剑桥大

---

① [英]雷蒙德·威廉斯:《漫长的革命》,倪伟译,上海人民出版社 2007 年版,第 246—247 页。

② 同上书,第 247 页。

学。另外3人上过爱尔兰的大学，1人上过法国的大学，另4人中有2名是贵族、2名是穷人。在有学校教育信息的18人中，6人上的是国立文法学校，7人上的是地方文法学校，1人上的是非国教中学，还有4人是在家受教育①。

在1680—1730年产生一群小说家、诗人、剧作家和哲学家。在牛津版《英国文学入门》所列出的19位作家，从出身来看，其中13人来自以中产阶级为主体的专业人士家庭，只有2人出自贵族和乡绅家庭，还有4人来自大商人、小店主和手艺人家庭（分别是1人、2人和1人）。这些人中，上过牛津和剑桥大学只有8人，第一次不到一半。有学校教育信息的人中，6人上过国立文法学校，9人上过地方文法学校，2人在家受教育②。

1730—1780年，在牛津版《英国文学入门》所列出的25位作家中有11位已经是专业作家。其中只有2人来自贵族，来自乡绅家庭的一个也没有。来自小店主、农民和手艺人家庭成为新的力量，占11个席位（分别是4人、4人和3人）。有1人来自大商人家庭。这一时期牛津和剑桥大学的重要性和前一时段一样下降了。25人中只有8人曾上过这两所大学③。

1780—1830年，在牛津版《英国文学入门》所列出的57位作家中25位来自专业人士家庭。1人来自贵族家庭，8人来自乡绅家庭，9人来自大商人家庭。出身于小店主、手艺人、穷苦农民和体力劳动者家庭的有13人（分别为5人、5人、2人和1人）。在这57人中，有10人是出身于乡绅或专业人士家庭并从文法学校然后读了牛津或剑桥大学④。

18世纪早期，大多数作家来自专业人士家庭和小店主家庭，文学作品中也常常被描述为中产阶级文学。实际上，这是所有的社会阶级、教育模式和谋生手段都得以呈现的一场运动，常常伴随着与继承得来的社会规范不同的个别变化。18世纪也形成了一个中产阶级的观众群。

---

① ［英］雷蒙德·威廉斯：《漫长的革命》，倪伟译，上海人民出版社2007年版，第247—248页。
② 同上书，第248页。
③ 同上书，第249页。
④ 同上书，第250页。

本章小结

本章着重于探讨富裕农民心灵的归宿与头脑的知识充实与塑造的发展历程。宗教——清教逐步影响和决定了大部分富裕农民的世界观；教育逐渐养成了富裕农民的工作技能与生活习惯。而这二者之间又有着相互影响和共同促进富裕农民心智改善与提高的方法与内容。终于使他们的财富与他们的思想修养和识水平相匹配，形成了一个新的阶层——资本主义社会的中坚——中产阶级。经过宗教改革，清教在新兴的资产阶级——富裕农民中间的盛行，他们成为清教徒，从清教中获得了致富的理由、奋斗的动力和人生的归宿；而宗教改革后教育的世俗化、大众化，尤为富裕农民约曼提供了进一步发家致富、管理经营的技术和能力；同时教育的大众化又为富裕农民的后代们提供了改变个人身份、改善家族命运的晋身之路，这也为资本主义社会进一步发展准备着大批的从头脑到能力经过新思想新科学武装过的后备军，使得作为社会中坚的中产阶级阶层越发的壮大起来。

富裕农民作为一个逐步形成的新阶层——农业资本家——资产阶级的重要组成部分，作为群体阶层其形成的标志，不仅仅有了土地、房屋、牲畜等不动产以及货币与奢侈品等动产，成为富裕阶层就能够自动升级转化为新阶级啦。还要有与之经济地位相适应的头脑、心灵和心智模式，他们不物质上迈入了富裕之列，而且精神上也要脱胎换骨，建立起能够有效的分析、解释、鼓励他们不断地进一步适应新的生产方式、适应新的生产关系，并在这过程中还能有所发挥、有所完善且有所创建。清教找到了这些富裕者，而这些富裕起来的人们也欣然皈依了清教。二者有高度的契合到融合为一体的过程，就是新生的资本主义中产阶级——富裕农民世界观、人生观、价值观搭建成型的过程。在这一过程中，既有宗教改革、清教新的教义兴起形成的外部环境的推动与促进，也有着富裕农民阶层主观上能动的摆脱旧观念束缚，主动对革命性的意识形态上追求这一内在动力的拉动。内在的精神需求和外部的划时代的变革共同促成了这个阶层的精神世界内核的形成。而教育的世俗化、大众化的普及以及内容的科学化、实用化，又成为了这个新思想进一步完善、巩固和广为接受的有效渠道。

教育的世俗化同清教被接受一样，一方面富裕农民们有着解决实际工作中问题如记账的需要，另一方面接受教育所带来的巨大的现实的功利则更加彰显了受教育的好处。这带来了富裕农民对教育的支持。在个人接受教育同时，他们愿意花费不菲的学费让子弟们继续上学、上大学。这就不仅仅是签名、记账及农技等与生产经营效益直接相关的事，也不是闲暇阅读提高自身品味，摆脱农民气质加深宗教修养的自我提高，而是关系未来家族子孙后代能否晋身更高阶层的百年大计。当然，我们不要忘记是生产力的进步带来了教育的兴旺与普及，如印刷技术的发展在客观物质上对教育普及带来的不可估量的促进，就像印刷技术对文艺复兴的巨大促进一样。人们不再口述手誊，智者贤人的思想技术得以廉价的复制和大面积传播。所以从本质上来说，无论是富裕农民物质财富的聚集还是心灵与头脑的充实，都是生产力进步的结果：一方面生产力进步导致庄园经济瓦解催生新的生产方式建立新的生产关系；另一方面生产力进步促使人们追求找寻新的精神支柱与心灵的慰藉——清教与科学文化知识。正是教堂和学校在英国社会转型阶段，在工业革命到来之前率先开始了文化思想的转型，这既是文艺复兴绵绵不断的余音更是英国社会转型及工业革命的先声。

英国社会转型阶段宗教与教育所起的作用毫无疑问是重要的和不可替代的，这是在生产力发展下的新生产关系确立起来后新兴阶级的核心思想观念的确立过程，也是英国社会意识形态的转型历程，对社会转型和后来的工业革命的发生提供了巨大的思想文化能量。

有几方面对于我国当今的社会转型阶段是有着参考借鉴意义的。首先，我们知道工业革命是内在自我生发的而且过程漫长的转型，在这个过程中英国完成了宗教改革，成为统一的民族主义国家，地处英伦三岛，远离欧洲大陆的动荡，又摆脱了罗马教廷的掣肘，这样一个相对和平安宁的大环境，更好地促进了生产力发展，催生出农业新的生产方式和新的生产关系的建立。前面我们谈到英国的富裕，和这个安宁环境分不开。同时也对新思想的生成提供了良好环境。在这样环境下，人们对新生活的追求孕育出了清教的教义并被富裕农民接受。国家需要安定和平的国际国内环境是发展的必要条件。其次，宗教信仰的力量对物质世界具有巨大的能动性，清教之与富裕农民精神上的契合，为新兴的阶层注入了精神，做到了身心一致、灵肉一体，造就了有思想有能力有财富的新阶层，而这个新阶层就是英国转型与工业革命的中坚力量。在我国随着封建统治终结和农村社会建立在血缘家族伦理道德基础上的信仰与组织体系的瓦解，需要建立起新的信仰来加以替代，使之增强凝聚力，重新焕发出整体系统的力量而不是成为城市的附庸。当前，建立以社会主义核心价值观为核心的中国精神信仰的建设运动，加之以传统文化中的精华以及世界文明中的先进成分，在广大乡村重新建立起中国特色的以社会主义核心价值为内核的乡村信仰体系，十分必要而且时间紧迫。最后，教育的作用因其世俗化和大众化而作用巨大，而在助长富裕农民更加牢固地接受清教观念，更好地履行作为上帝的选民的职责方面作用巨大，而对于新的资产阶级意识形态的形成与传播更是善莫大焉。这对于我们这样一个农村人口占多数的正在走工业化、城市化道路且处在转型阶段的国家来说，真正的普及教育，提高广大农村人口的科学文化素质，是走好转型之路的重要助推手段。打造一代新型的拥有社会主义核心价值观的现代农村人，甚至是我们能否成功走完城市化之路成功转型的必要前提。英国社会转型历程有很多节点、细节值得我们思考。总之，教堂和学校，清教和大众化教育，是英国社会转型时期形成新时期中坚阶层——农业资产阶级的重要途径，它们构建和塑造了农业资产阶级——富裕农民有科学知识的头脑和充满清教信仰的心灵。

第 八 章

乡绅:达到理想归宿完成自我实现

　　转型阶段的英国社会形成的社会结构更像一个铃铛,一个小规模的贵族阶层、一个庞大的中产阶级、一个同样庞大的劳动者阶级。从中世纪早期,在社会组织的庄园中,在领主之下,那些依附于他们、为他们提供劳动的农民创造财富并向领主提供财富。14世纪,随着议会力量的兴起,庄园制度也发生了变化。到15世纪中叶,货币地租兴盛,领主将土地出租给农民耕种,收取地租,土地的经营方式也发生了根本的转变。一个拥有不动产或依据租赁期约而拥有土地的农场主阶级兴起了,这是一个富裕的阶层——富裕农民的群体。"农民"的概念已经得到了延伸,使用新式的土地经营方式的部分乡绅和骑士,日益与这个群体趋近,共同构成英国转型时期农村社会的中产阶级。

　　1688年英格兰人口,据格列高里的估计将近一半的人处于劳动者阶层和穷人阶层之上。尽管在这些阶层中每个群体都是一个自我包容的文化载体,但各个阶层之间相互影响、相互渗透,存在向其他阶层流动的现象。虽然这些阶层中都有其独特的风俗习惯、信仰、思维方式以及家庭生活模式等。乡绅作为当时社会中起着先导作用的乡村社会阶层通常也被社会学家们认为是社会精英。而社会精英阶层的思想、行为和生活模式往往最终影响着其他阶层。芒图认为,对乡绅来说,农业"就是投资,就是运用商业精神"①。笔者认为,正是这个精英阶层,在社会过渡时期的英国社会中作为富裕农民群体的延伸体,成为了少数杰出富裕农民的理想的终极归宿,正是因为富裕农民与乡绅有着融合的表象,因而被纳入分析研

---

① [法]保尔·芒图:《十八世纪产业革命》,杨人楩等译,商务印书馆1983年版,第127页。

究的视野。

第一节　乡绅：英国乡村仅次于贵族的阶层

乡绅最初发轫于 12 世纪亨利二世实行的"盾牌钱"改革，即具有骑士身份的人可以通过缴纳"盾牌钱"而免除军役。这些骑士退役后，骑射只是成为他们的偶尔消遣，财富则成为他们追求的新的、更高的目标，于是开始将精力倾注到经营农业、追逐利润上，成为农村中具有显赫经济实力的财主。他们与封建旧贵族分道扬镳，而与商品意识极强的约曼等富裕农民交往甚密。

查理一世时代的理论家理查德·布莱斯维特认为："绅士带着他们对天国的希望，为王国和为公共社会服务的热忱，以及他们虔诚的宗教行为和优雅的生活方式坚定地立足于自己的土地上。这就是绅士德行的表现。"① 可见其巨大影响力与吸引力。而 16 世纪末英国史学家富勒认为，乡绅是"贵族和约曼之间的一个等级"②。他们是乡村的绅士。"乡绅"作为一个概念，"与其说是产生了一些新的人群划分，不如说是给已存在的各类人等提供了新的机会，并用新精神激励他们"③。可见乡绅也是跨向贵族必须逾越的台阶。乡绅阶层出现于 13 世纪，他们作为国家政治经济活动中的一个重要的阶层扮演了相当重要的角色，也是英国封建社会中晚期新兴资本主义生产关系的重要代表。

一　乡绅的内涵

托尼最先提及"乡绅"这一概念，1941 年在的《经济史评论》上发表托尼的《乡绅的兴起》一文引起了各国学者的争论，托尼认为乡绅阶层至少包括以下四个土地所有者等级：准男爵（Baronets）、骑士（Knights）、缙绅（Esquires）和称为绅士（Gentlemen）的农场主中的显

---

① 转引自许杰明《十七世纪的英国社会》，中国社会科学出版社 2004 年版，第 44 页。
② R. H. Tawney, *The Agrarian Problem in the Sixteenth Century*, New York: Harper & Row, Publishers, 1912, p. 35.
③ ［美］伊曼纽尔·沃勒斯坦：《现代世界体系》第一卷，郭方、刘新成、张文刚译，高等教育出版社 1998 年版，第 307 页。

赫者①。他们有商业和职业收入,有的靠地租、年金和投资的利润为生,有的乡绅既无官俸又无商业利润,仅以土地收入为生。一般说来,乡绅以土地收入为主,其他收入为辅。

学者们对于社会分层一直有不同的说法。威廉·哈里森在其所著《英国志》中将英国全体国民分为4类,其中第一类为绅士,包括有称号的贵族、骑士、乡绅以及那些刚好够得上称为绅士的人,囊括了全部重要的土地所有者。罗伯特·赖斯在《萨福克的发现》一书中列举了7种等级,其中贵族、骑士和绅士分别为第一、二、三等级。至1688年,在格利哥里·金对英格兰和威尔士人口所作的调查中,世俗贵族、教会贵族、准男爵、骑士、缙绅和绅士仍居前6位②。从1759—1760年约瑟夫·马西对当时社会结构的调查和收入的统计,以及科尔奎豪恩基于1801年人口普查和1803年济贫报告对社会结构的估计中不难发现,16世纪中叶以来英国的社会结构几无变化,贵族和乡绅一直高居于社会结构的金字塔顶层。明格认为,乡绅主要由中等土地所有者构成,他们拥有的财富和社会地位,将其与约曼和贵族区分开来。他指出17世纪的乡绅包括4个土地所有者等级,即1611年起授封的准男爵(baronets)、骑士(knights)、缙绅(esquires)和普通乡绅(gentlemen)③。据明格引证贝特曼的资料,乡绅的家庭总数超过12000户,占土地所有者总数的1.2%,控制着900万英亩土地,占全部土地的26%。梅蒂、麦克法兰认为乡绅与贵族并无明显区别。赖特森在《英国社会》一书中则认为绅士就整体而言不是一个法定的阶层④。

希尔和霍姆斯在《1500—1700年英格兰和威尔士的乡绅》一书中认为,绅士风度是乡绅的一个主要特征,对绅士风度的灵活定义是近代早期英国社会流动性较大的一个必然特征;对一个社会阶层的界定,物质方面

---

① R. H. Tawney, "The Rise of the Gentry, 1558 – 1640", *The Economic History Review*, Vol. X, No. 2 (1940), pp. 1 – 38.

② P. Mathias., *The first Industrial Nation, the economic history of Britain, 1700 – 1914*, London: Routledge, 2001, 2nd. ed., p. 24.

③ G. E. Mingay, *The Gentry, The Rise and Fall of a Rulling Class*, London and New York: Longman, 1976, p. 11.

④ K. Mertes, *The English Noble Household 1250 – 1600*, Basil Blackwell, 1988, pp. 1 – 17. M. B. Macfarlane, *The Nobility of Late Medieval England*, Oxford, 1973, p. 142.

的联系如土地、财富等是必要的,但这仍不能界定一个社会阶层。最后作者指出,冒着同义反复的危险,乡绅最好定义为被别人承认为具有绅士风度的人①。拉斯莱特也赞同把乡绅分为上述四类,但认为乡绅的标志并非不从事体力劳动、贪图享乐,而是拥有财富、具有绅士风度以及与之相对应的社会地位②。

最后观点基本统一到托尼的观念上,即乡绅在当时不是一个阶级,它是若干社会等级的混合体和总称,是一个拥有地产的阶层,虽然内部也有贫富之分,但主体是那些地产规模在约曼之上和贵族之下的人们,包括富有的农场主、专职人员以及富商。

斯通列举了当时最为重要郡的世家名单,如巴林顿、巴纳迪斯顿、贝恩斯、寇松、戴克斯、德赖登、厄尔、黑尔斯、汉普登、亨格福德、奈特那、翁斯洛、佩勒斯和沃洛普③。从经济范畴上,斯通设想的"乡绅"是一个富裕阶层,实现了利润最大化,以商品化路线运作其不断扩大的地产。乡绅也应该是农村中间阶层的代表,包括从男爵、骑士、缙绅,他们经济实力差别极大,是介于自由持有农和有称号的贵族之间的社会集团。乡绅一般是拥有300—3000英亩土地的地主,乡绅阶层的扩大首先缘于市民阶层的扩大;其次,一部分农民趁贵族陷于困境的有利时机获得了部分土地,加入乡绅阶层。价格革命给那些有经济实力、善于经商的农民提供了机会,许多人进入乡绅阶层,促成了乡绅的崛起。

乡村中被称呼为乡绅的人因社会经济的发展而越来越多,"乡绅"变成了社会上很普遍的一个称呼,具有荣誉感的这种身份膨胀起来的结果是,许多原来并不惹眼的人家忽然间提升了家庭地位,而跻身乡绅阶层的人数也猛增起来。"乡绅"一词通过新家庭的进入得以在更加广泛的范围使用,而不像从前仅仅局限于乡绅的子弟与继承人才可使用。通过对自己的出身、所受教育、经济实力甚至自认远大的抱负进行评估后,一群专业工匠与小土地所有者认为自己也可以算是"乡绅"(gentry)。

---

① F. Heal & C. Holms, *The Gentry in England and Wales 1500–1700*, London and Basingstoke: Macmillan Press LTD, 1994, pp. 6–19.

② P. Laslett, *The World We Have Lost: further explored*, Cambrede, 1983, New York: Mocmilliam, 1980, p. 13, pp. 19–20, 35–36.

③ [英]劳伦斯·斯通:《贵族的危机》,于民、王俊芳译,上海人民出版社2011年版,第8页。

总的来说，乡绅（Gentry）是英国农村中一个极为重要的社会阶层，在英文里"乡绅"是 gentry 一词，指介于自由持有农和有称号的贵族之间的社会集团，即位于贵族之下和约曼之上的所有土地所有者。凡是土地年收入达 40 镑的地主都应接受骑士称号，土地年收入达 10 镑或拥有价值 300 英镑动产的人只要名声好，均有由纹章院（The college of Heralds）授予佩戴乡绅身份的标志盾形纹章（coat of Arms）的权利①。1550 年之后，乡绅持有土地占全国的 40%—55%。他们中间具有准男爵和骑士头衔的人数一直是很少的，大约乡绅中只有 8%—9% 的人具有这些头衔②。从 12 世纪末产生到 16 世纪末兴起这长达 400 多年的时间里，这个阶层不断地有新的成员加入。它的构成成分复杂，且始终处于动态的发展变化之中。

事实上，乡绅（gentry）在不断地得到补充，由于来自各个官职、贸易、财政、耕作和职业（特别是从事法律的人）的到来而得到补充。这些新加入的人中很多人已经跟存在的土地家庭有关系，通过婚姻或者血缘关系，比如幼子、女婿或者外甥。他们不必拥有土地，有一些伦敦的商人竟然被称为骑士或者自称绅士或者乡绅。如 1583 年伊丽莎白的国务大臣托马斯·史密斯表达了他的观点，只有选择乡绅生活并拥有财富，"就应称为老爷……并应被视为绅士"，至于绅士风度，这些人"同样可以轻易获得"。史密斯说："在英国，依靠伪造获得的绅士身份过于廉价……"面对相当强烈的社会流动，他坦言，"乡绅家庭常常不免衰落"，而更多的乡绅家庭兴起并取而代之。如威廉·赫里克爵士和塞缪尔·盎格里爵士就是凭借购买地产而进入真正的乡绅阶层中来③。

直到 16 世纪末时，组成乡绅阶层的成分基本确定下来，即约曼以上、贵族以下的 4 个土地占有者阶层，即 1611 年起授封的准男爵、骑士、缙绅和普通绅士。奥尔索普富甲一方的斯宾塞家族的罗伯特，于 1603 年被詹姆斯一世封为勋爵，在 1621 年上院的一次辩论中，由于他的牧羊人家

---

① Clack, G. N., *The Wealth of England from 1496 to 1760*, London & New York: Oxford University Press, 1946, pp. 68 – 69.

② F. Heal & C. Holms, *The Gentry in England and Wales 1500 – 1700*, London and Basingstoke: Macmillan Press LTD, 1994, pp. 16 – 17.

③ G. E. Mingay, *The Gentry*, *The Rise and Fall of a Rulling Class*, London and New York: Longman, 1976, p. 6.

庭而受到贵族出身的人的嘲讽，但罗伯特对此不屑一顾，因为他不屑于伪造家谱，伪装高贵的出身，他深信，只有财富才是决定一切的。乡绅对家族谱系的漠视在 17 世纪后期尤为明显。1660 年以后，史密斯关于财富是衡量乡绅地位标准的观点，逐渐取代弗恩关于乡绅地位的传统观点，越来越多的乡绅认识到乡绅家庭兴衰无定，只有财富才是决定地位的重要标准。到 1790 年，400 家大土地所有者拥有的耕地占英格兰和威尔士耕地的 20%—25%，乡绅拥有耕地占 50%—60%，自由持有农的只占 15%—20%。因此，沃勒斯坦明确指出："乡绅的整个要点是，它不仅是一个形成中的阶级，而且是一个形成中的概念。"①

以上说明，迄今为止，乡绅的定义仍很含混。笔者认为，乡绅的定义之所以难以统一，是因为随着时代的变化，乡绅的构成也在变化；加之在过渡时期英国社会流动性很大，乡绅与贵族、约曼和商人有时难以截然区分。然而，总的说来乡绅毕竟是一个独立的阶层，根据其基本特征，可以界定如下：乡绅是地产规模在贵族之下、约曼之上，拥有一定的社会地位，被认为具有绅士风度的人。乡绅虽然大抵包括从男爵（1611 年后）、骑士、缙绅和绅士，这几种人之间的社会地位和财富差别可能很大。

二 乡绅的数量

15 世纪末，英国社会等级中，约有 60 个贵族（有公、侯、伯、子、男爵位的）、500 个骑士、800 个缙绅（esquire）、5000 个加盖纹章的乡绅（gentry）②。乡绅的数量在宗教改革前后有明显的变化。15 世纪中叶，大约有 5000 名骑士构成乡绅的一部分，到 19 世纪初骑士的人数增加了一倍多③，而 16 世纪早期到 17 世纪中期是乡绅的大发展时期④。16 世纪中间的 20 年里，社会生活发生了非常显著变化。由于修道院地产的解散和王室出卖土地，给一些人提供了发展地产经济的机会。自 16 世纪以来，就

---

① ［美］伊曼纽尔·沃勒斯坦：《现代世界体系》第一卷，郭方、刘新成、张文刚译，高等教育出版社 1998 年版，第 307 页。
② G. E. Mingay, *The Gentry*, *The Rise and Fall of a Ruling Class*, London and New York: Longman, 1976, p. 4.
③ ［英］阿萨·勃里格斯：《英国社会史》，陈叔平、刘城、刘幼勒、周俊文译，中国人民大学出版社 1989 年版，第 128 页。
④ J. M. Rosenheim, *The Emergence of a Ruling Order*, London and New York: Longman, 1998, p. 16.

人数而言,乡绅家庭的数量不断增加,增长速度甚至超过了同期人口增长的速度。

乡绅阶层数量随着16世纪上半期修道院地产的解散而急剧膨胀。施脱克马尔因此指出:"绅士的兴起就是整个16世纪的特征。"据纹章院中掌管宗谱纹章的官员规定,年均土地收入10镑、300镑动产是可以注册为乡绅的财富标准,1560—1640年合乎条件加盖纹章者4000人①。纹章院记录沃里克郡,1500年有乡绅155户,1642年有288户。约克郡1558年有乡绅家庭557户,1603年为641户,1642年为679户。1502—1623年萨默塞特郡乡绅家庭增加3倍。受税收压力和农业利润下降的影响,乡绅数量或有降低但总的趋势是仍在增加的。

受封的准男爵也属于乡绅始于1611年。詹姆士一世为改善政府财政状况,解决国家财政无力支付镇压厄尔斯叛乱所急需的经费问题,别出心裁增设一个品级介于男爵与骑士之间可以世袭的新爵位——准男爵,购买标准为年收入达1000镑以上,该爵位售价格1095镑,得封此爵位者可在名前加"爵士"尊称。1611年有7个约克郡乡绅买了准男爵衔,另有7人购买了贵族头衔。1617年199人受封。王室的财政开支越来越大,便不再对准男爵的头衔加以限制而是大量出售,售价价由1619年的700镑降至1622年的220镑。就连丹顿的大乡绅托马斯·费尔法克斯也购买了准男爵称号。38年间获得封号的人数就达47人②。更有甚者,查理二世1665年就封赠了304名英格兰准男爵、51名苏格兰和爱尔兰准男爵③。

在《英格兰几个家庭消费与收入计算》中格利哥里·金统计,1690年780人为准男爵,620人为骑士,3000—3500人为缙绅,12000—20000人为绅士,16000—25000为缙绅家庭。相互对照来看,威尔逊的统计扩大了乡绅数量而金的统计增大了范畴,但有一点可以确定:总人口增加了2倍时乡绅人数增加了4倍④

---

① G. E. Mingay, *The Gentry*, *The Rise and Fall of a Rulling Class*, London and New York: Longman, 1976, p. 5.

② C. G. A. Clay, *Economic Expansion and Social Change: England 1500 – 1700*, Vol. I, Cambridge: Cambridge University Press, 1984, p. 156.

③ J. V. Beckett, *The Aristocracy in England*, *1660 – 1914*, Oxford, Basil Blackwell, 1986, p. 31.

④ Heal Telicity & Clive Holmes, *The Gentry in England and Wales*, *1500 – 1700*, London and Basingstoke: Macmillan Press LTD, 1994, p. 12.

通过1524—1527年协助金卷宗的记载，可以了解到宗教改革以前英国社会结构的大体情况。据卷宗记载，1524年，英国全国大约有200个骑士，4000—5000个缙绅和普通乡绅（gentleman）①。在此前两年，1522年缙绅（esquire）与普通乡绅占卢特兰当地人口的2.5%，具体情况是1400人中就包括缙绅（esquire）与普通乡绅35人。依协助金卷宗所载，卢特兰郡有2000多成年男子，实际上乡绅比例为57人中有一个即不足2%。巴伯百户区位于萨福克郡1843人的总人口中有乡绅17个低于1%。总人数为12000人的白金汉郡有乡绅72个，其中爱德华·丹爵士与约翰·汉普登爵士身居海外，不过加上3个乡绅的遗孀使乡绅人增为75个，即便依照协助金卷宗所载该85人计，乡绅的比例也很低。苏塞克斯郡16000人，加上30—40个被委任或可证明身份者也才有140个乡绅。康沃尔郡有乡绅76个。北部各郡乡绅所占比例都约为2%。1539年坎伯兰郡有113个乡绅，而1563年基督教会调查那里家庭数为6162个；威斯特默兰德郡有62个乡绅和2674个家庭。比例分别为1∶55和1∶43②。计算也许不很准确，但大体可看出乡绅在当时数量确实不算多。1600年据威尔逊统计有骑士500户，缙绅和普通乡绅（gentleman）16000户③。

劳伦斯·斯通对中世纪后期或者17世纪后期和18世纪的土地流动后果做了统计，这个阶段的土地流动的后果是乡绅的构成以史无前例的速度发生着变化。一些新的土地家族跻身经济地位上层。1603年，约克郡有641家乡绅，迄至1642年，首次成为有徽章佩戴资格的、迁入该郡的和建立了分支的家族有218家④。

三　乡绅的财富

比乡绅的数量更加让人感兴趣的是乡绅持有土地的面积和财富的数量。乡绅即象征财富亦源于财富。哈里森认为乡绅是具有"不必自食其

---

① F. Heal & C. Holmes, *The Gentry in England and Wales*, *1500 – 1700*, London and Basingstoke: Macmillan Press LTD, 1994, p. 12.

② J. Cornwall, "The Early Tudor Gentry", *The Economic History Review*, New Series, Vol. XVII, No. 3 (1965), pp. 457 – 458.

③ F. Heal & C. Holmes, *The Gentry in England and Wales*, *1500 – 1700*, London and Basingstoke: Macmillan Press LTD, 1994, p. 12.

④ [英]劳伦斯·斯通：《贵族的危机》，于民、王俊芳译，上海人民出版社2011年版，第24页。

力，因而能够并愿意支付作为具有乡绅身份、花销和行为举止的人"之特征①。因此，入选乡绅的首要条件即是具备一定规模的财产。当时规定只要土地年收入 10 镑以上或动产 300 镑以上者，即可购买绶带跻身乡绅行列。乡绅的主要收入一般以土地为主，市场交换与生产经营大规模结合，从土地获取收入来进行商品生产和商业投资以及其他辅助性经营活动。

乡绅不断地大量购买土地以最大程度的获取财富。经亨利七世宗教改革而剥夺的教会产业中，大部分虽然途中几经易手，最后皆落入乡绅彀中。1535—1565 年诺福克乡绅的地产数目大增，而土地的来源却是郡修道院那被没收的 263 座庄园。如表 32 所示，1545 年乡绅所拥有的庄园增加了 116.5 座；1555 年则增加了 174 座，已经占诺福克被没收修道院庄园总数的 2/3；而 1565 年增加 203.5 座。可以看出土地几经易手，各个阶层都有土地增减的过程，而只有乡绅一路领先。

表 32　　　　　　　　掠夺时代的诺福克庄园②

年代	王室庄园	贵族庄园	乡绅庄园	教会庄园	修道院庄园	其他	总计
1535	41.5	143.5	977	43	263	59	1527
1545	126.5	188	1093.5	86	—	33	1527
1555	73.5	174.5	1151	100	—	28	1527
1565	67	158.5	1180.5	91	—	30	1527

在对约克郡教产的处置过程中，理查德·格莱舍姆和方提恩斯的土地交易尤其引人注意。1545 年格莱舍姆家族购买了约克的大部分修道院地产，此次购买包括 464 座家宅、保有地和茅舍。据估计，这个数字占约克郡处置教产的 1/4。他的庞大地产在他死后就转手给当地的富有者③，"至

---

① 基思·赖特森：《英国近代早期的社会等级》，王觉非主编：《英国政治经济和社会现代化》，南京大学出版社 1989 年版，第 198 页。
② W. G. Hoskins, *The Age of Plunder King Henry's England*, 1500 – 1547, London and New York: Longman, 1976, p. 137.
③ Ibid., pp. 137 – 138.

16 世纪后期,该郡的乡绅即拥有了原修道院地产中的大部分"①。1642 年拥有原属修道院土地产权的乡绅家庭已超过 1/4②。约 250 座修道院的庄园分布于沃里克郡、格罗斯特郡和北安普顿郡,被没收后其中的 1/6 卖给了 17 位贵族,虽然王室官员和商人也购买了一部分,但更大的剩余部分迅速被那些在当地已经拥有土地与名望的乡绅家族收入囊中③。康沃尔郡的状况也与这三个郡相差不多④。莱斯特郡也同样"27 个领主购买而来的地产中有一半就是教产"。牛津郡的托马斯·鲍普爵士从事律师的职业,1559 年死去的时候留下 30 个庄园,几乎全部来自修道院,分别通过王室赠予和购买的方式得到。人们把他称作伦敦最富有的平民之一。因为无嗣,他死后将全部遗产赠予教会、慈善机构、监狱和医院。德文、林肯等其他诸郡也都出现乡绅购买教产的情况。比如通过购买爵位获得德文郡公爵头衔的卡温狄施家族的命运也是通过对修道院庄园的收购而确立。1540 年,原本是诺福克乡绅之子的威廉·卡温狄施获得王室赠予,得到赫德福德的 3 个庄园,其他地产则通过购买交换得到⑤。约克郡所有的绅士家庭中,有 23% 是 1558 年以来兴起的。亨利七世时,全国中小绅士拥有的可耕地只占全国的 25%,到 1640 年时几乎达到全国的一半。同时,约曼的土地也由原来的 20% 上升到全国的 25%—33%。1575—1625 年的 50 年间,乡村中绅士建筑房屋的数量比任何其他 50 年都要多。斯通认为这本身就是乡绅兴起的有力证据⑥。从总体趋势上可以得出结论,随着王室和教会的土地减少,由乡绅阶层拥有的地产份额也就不断增长。美国学者黑顿认为,乡绅在这一时期的地产转移中获利最大,"在 1558—1640 年间,英国王室共处置了价值超过 400 万镑的地产,其中大部分由地方乡绅所购

---

① J. T. Cliffe, *The Yorkshire gentry: from the Reformation to the Civil War*, London: Athlone Press, 1969, pp. 15 - 16.

② W. G. Hoskins, *The Age of Plunder King Henry's England*, *1500 - 1547*, London and New York: Longman, 1976, p. 137.

③ R. H. Tawney, "The Rise of the Gentry, 1558 - 1640", *The Economic History Review*, Vol. X, No. 2 (1940), pp. 23 - 28.

④ A. L. Rowse, *The England of Elizabeth: A Structure of Societ*, New York: Macmillan Company, 1950, p. 235.

⑤ W. G. Hoskins, *The Age of Plunder King Henry's England*, *1500 - 1547*, London and New York: Longman, 1976, p. 133.

⑥ L. Stone, "Social Mobility in England, 1500 - 1700", *Past and Present*, No. 33, (Apr., 1966), pp. 16 - 55.

买。到 1640 年，在大约 8000 座庄园中乡绅拥有 80%，贵族拥有不到 7%，而王室仅拥有 2%"①。

蒋孟引先生认为，乡绅是 16 世纪最重要的圈地者②。由于宗教改革导致 16 世纪前半期寺院被迫大量拍卖土地，这一机会使乡绅的经济实力得到刺激与增强。到 1558 年伊丽莎白一世即位时已有 3/4 的修道院田产流入民间。在约克郡，1642 年有 1/4 的乡绅拥有 1540 年以前属于修道院的田产③。有人在研究了教会地产后发现，乡绅得到了教会改革中所拍卖地产的大部分。1485—1550 年莱斯特郡乡绅占有该郡 60% 圈地，1551—1607 年占有 70%。"他们的行列中既有从农民中上升的人，也有以某些更富裕的约曼。"④

1436—1690 年的 200 年间乡绅占有土地比例几乎翻了一番，从 25% 升至 45%—50%，而与此同时教会与国王的土地却日渐缩小。而乡绅的土地如果再加上相邻的约曼的土地则比例高达 73%—80%，在英国耕地总面积中占据了绝对优势的就是乡绅的土地⑤。

乡绅通常会细心经营地产而获得丰厚的收益，从而使很多乡绅富比王侯。在埃塞克斯郡，在解放寺院后 100 年即 1639 年，乡绅家族从 144 个增至 366 个⑥。其中许多是因购买到教会的土地而发家的。从奥尔索普和沃尔姆雷顿的斯宾塞家的发迹史可以证明：土地是 16 世纪一个家庭成功发财致富的基础。约翰·斯宾塞爵士出身于沃里克郡的一个牧羊人家庭。最初，他租了一块牧场，但是从 1506 年开始到沃里克郡和北安普顿郡去精挑细选一些良好牲畜品种，扩大了蓄养规模。他的子孙们继续扩大耕地和畜牧规模。该家族在 16 世纪 70 年代已经拥有 13000—14000 只羊⑦，并极大地控制了伦敦肉类市场。财富给他们带来的第一个好处家族成员的婚姻。约翰的长子威廉爵士与北安普顿郡最古老最富有的乡绅耐特里家族联

---

① H. Heaton, *Economic history of Europe*, New York: Harper & Brothers, 1948, pp. 310 – 311.
② 蒋孟引：《英国史》，中国社会科学出版社 1988 年版，第 288 页。
③ 钱乘旦、许洁明：《英国通史》，上海社会科学院出版社 2002 年版，第 115—116 页。
④ 蒋孟引：《英国史》，中国社会科学出版社 1988 年版，第 288 页。
⑤ P. Kriedte, *Peasants, Landlords and Merchant Capitalists, Europe and the World Economy, 1500 – 1800*, Leamington: BERG PRBLISHERS LTD, 1983, p. 60.
⑥ 徐浩：《英国农村封建生产关系向资本主义的转变》，《历史研究》1991 年第 5 期。
⑦ D. M. Palliser, *The Age of Elizabeth, England under the later Tudors 1547 – 1603*, London and New York: Longman, 1983, p. 169.

姻；约翰的次子娶了伦敦市一个商人托马斯·奇特森的女儿；约翰的三子娶了富有的律师罗伯特·凯特林的女儿；约翰的弟弟娶了南安普敦郡伯爵的长女。斯宾塞家庭虽然拥有很大规模的土地和财富，但是他们拒绝花费10000 镑来获得伯爵的头衔，他们住的房子简单而舒适，到 17 世纪早期的时候他们的年收入就达到了 6500—8000 镑，其中大约 4000 镑来自饲养的牲畜，其他的部分来自出租的土地①。

又如，托马斯·康沃尔里斯曾为宫廷服务，担任过司库，离职后几乎没得到土地的赠予，但是他凭借祖产每年可获得 300 镑的进账，加上婚姻带来的那些田产也有丰厚的收入。1544 年，他的土地收入为 650—700 镑，1558 年得到王室获租两个庄园。一个是萨福克郡的沃尔斯汉姆庄园，这个庄园被他又卖给尼古拉斯·培根；另一个是约克郡克里夫兰德的威尔顿庄园，每年支出地租 50 镑，但是每年可得到 180 镑土地的纯收入。后来，1565—1570 年康沃尔里斯又在布卢姆和奥克雷买了价值约 1000 镑的土地，1571 年用了 400 镑在城镇买了一处房产。1575—1595 年，他的年纯收入为 2000 镑。而他每年的花销也由于不在宫廷任职而有所减少，从原来的每年 1800 镑下降到每年 1000 镑②。他依靠着土地来生活，过得像乡绅一样。

在萨福克郡，拉文汉姆的托马斯·斯普瑞恩是最富有的人之一，富过大多数伦敦的商人，他拥有的高地地带的土地每年收入可以达到 100 镑，这笔财富使他很容易获得骑士的头衔，而他的儿子约翰已经真正地被当作一个乡绅了。著名哲学家弗兰西斯·培根一家就是乡绅阶层中富坍伯爵的大乡绅家族，他曾在伊丽莎白时位居大法官，曾购买价值 6500 镑的土地，其地位和财富可与贵族匹敌。又如诺福克郡 3 个重要的乡绅家庭：帕斯顿家族、海顿家族、伯里顿家族。伯里顿家族持有伯里克金庄园。亨利八世时期，詹姆斯·伯伦 1540 年买下了海文汉姆主教的庄园。海顿家族持有塞克斯索普·朗德豪尔及 16 世纪中期以后的塞克斯索普·麦克豪尔，帕斯顿家族持有扫尔·科克

---

① J. Thirsk ed., *The Agrarian History of England and Wales*, Ⅳ., *1500 – 1640*, Cambridge: Cambridge University Press, 1967, p. 101.

② Ibid., pp. 294 – 295.

豪尔①。

关于肯特郡的大量资料说明，小乡绅们每年约有 200 镑、300 镑或 400 镑的收入，高堂华屋，锦衣玉食。据说威尔士年收入 100 镑的绅士有 50 个，年收入 500 镑的绅士有 5 个。1640 年约克郡年收入为 1000 镑的准男爵有 23 个，年收入少于 500 镑的准男爵 2 个和骑士 20 个②。对于 1669 年缙绅和绅士的年平均收入约翰·柴姆伯林进行了计算得出的结果为 400 镑③。1688 年格里高利·金估算的年收入分别为 450 镑和 280 镑④。

乡绅虽然是地主，但他们愿意向农业投资，如果是他们自己直接经营地产，他们更乐意这样做。随着农产品价格上扬，在 18 世纪中期，乡绅从土地中获利增多，乡绅还对工商业大量进行投资。

四　乡绅的社会地位

就社会地位而言，乡绅应属封建统治阶级，居于上等人的底层⑤。在各郡，重要的地方官、议会中各郡的代表，总是倾向于从富裕的乡绅家庭中产生，因此，地方的行政权力自然全部落入富裕的乡绅等人手中。各郡的最高长官叫作郡守。但在 15 世纪以后，各郡的实际权力掌握在乡绅出任的治安法官手中。治安法官的职能，除了维持乡里的社会治安，还承担司法职能、监督物价、规定工资额度、惩戒盗贼和流浪者，也负有管理公共事务和教区福利等职责⑥。有很多家庭的好几代人都产生着影响。每 20 个乡绅家庭中就有一个家庭是新加入者。有一半乡绅家庭经过了一个多世纪的家族历史⑦。

---

① J. Whittle, *The Development of Agrarian Capitalism*, *Land and Labour in Norfolk 1440 – 1580*, Oxford: Clarendon Press, 2000, pp. 35 – 36.

② G. E. Mingay, *The Gentry*, *The Rise and Fall of a Rulling Class*, London and New York: Longman, 1976, p. 13.

③ Ibid., p. 11.

④ J. Thirsk & J. P. Cooper, eds., *Seventeenth-Century Economic Documents*, Oxford: Clarendon Press, 1972, p. 780.

⑤ 《欧美史研究》，华东师范大学出版社 1989 年版，第 110 页。

⑥ 侯建新：《中世纪晚期的商品化与现代化启动》，《历史研究》1994 年第 5 期。

⑦ G. E. Mingay, *The Gentry*, *The Rise and Fall of a Rulling Class*, London and New York: Longman, 1976, p. 17.

不容忽视的乡绅势力以进入中央政府。把接受教育作为进入上层社会的通道已成为乡绅们的共识，他们热衷于发财致富后把儿子们送入大学或司法学校。而像温特沃斯那样的大乡绅家族则会把长子送到国外去游学以增广见识①。受过良好教育出身于乡绅家庭的众多的知识分子，作为最好的官吏提供给了都铎政府，他们在重要部门如枢密院、财政部担任要职并逐步与贵族分享政治权力，也打破了贵族原有的垄断地位。议会下院从16世纪起，席位从都铎王朝初期的296个变成了伊丽莎白时期的460个而权威大增。而下院议席的大多数为乡绅，所以就形成了"乡绅入侵"——即乡绅"占领"议会下院的局面②。用埃尔顿的观点来讲，乡绅和约曼怀着参加议会的强烈愿望与真正参加议会事务的热情积极争取出席议会，这说明议会在国家政治生活中的地位从宗教革命后得到了显著的提高。这一社会现象是生产关系发生变化与社会关系出现改变的中间产物，乡绅则"一方面是封建社会形式解体的产物，另一方面是16世纪以来新兴生产力的产物"③。

乡绅虽成功地进入中央官僚、政治和文化群体之中，大部分乡绅则依然活跃在地方社会生活中④。他们治理着国家，征税，建造监狱和济贫院，监管桥梁和道路，委任济贫监管员和公路巡查员、递解不属于本堂区的流民出境，勒令私生子的父亲收养其子，将盗窃犯、偷猎贼和酗酒者投入监狱。还对有以下行为的人予以罚款：不做礼拜的人、亵渎神灵的人、窝藏流浪者的人、在公地擅自盗取木柴的人或者辱骂妻子的人等。1658年，约克郡大农场主出身的亨利·斯林斯比爵士告诫儿子"遵从长者是一个非常重要的规矩"⑤。

乡绅所具备的新的经济观点，使进入政府的乡绅在执行政策时有利于新的生产方式的成长。对于这些平民阶层的政府人员，亨利八世及后来的君主并不拘于门第，对有才干的杰出人才尽力延揽到政治核心中来，比如

---

① J. Thirsk ed., *The Agrarian History of England and Wales*, Ⅳ., 1500–1640, Cambridge: Cambridge University Press, 1967, p. 295.

② S. T. Bindost, *The House of Commons* 1509–1588, Vol. 1, London: Published for the History of Parliament Trust by Her Majesty's Stationery Office, 1982, p. 140.

③ 《马克思恩格斯选集》第2卷，人民出版社1972年版，第86页。

④ J. H. Plumb, *England in the Eighteenth Centruy*, New York, 1980, p. 19.

⑤ [英]劳伦斯·斯通：《贵族的危机》，于民、王俊芳译，上海人民出版社2011年版，第18页。

托马斯·沃尔西、托马斯·克伦威尔、威廉·塞西尔等，都是出身乡绅等中间阶层①。托马斯·克伦威尔 16 世纪 30 年代成为亨利八世时期的首席国务大臣推进了宗教与政治的改革，由于在政治核心内使用乡绅出身的人才，都铎王朝也被历史学家们称为"新君主制"②。出身于乡绅家庭的威廉·塞西尔成为了伊丽莎白时带的重臣，也是乡绅家庭出身著名哲学家弗兰西斯·培根担任过伊丽莎白时期的大法官。

乡绅充任地方上的治安法官。社会秩序一直都是都铎王朝君主们最关注的所在。治安法官源于 14 世纪带有行政司法双重职能的"治安推事"一职，而 15 世纪最高地方行政长官——郡长——已被治安法官完全取代，成为了国王政府的地方代表，而都铎王朝时期越来越多的乡绅被国王启用担任治安法官这一英国所独有的职务。治安法官在 15 世纪成为国王政府在地方上的主要代理人。英国都铎王朝时期特殊的国内形势赋予了本来作为地方基层司法文官的治安法官以新职能。治安法官一职的重新设置与运行，不但派生了广泛而重要的社会经济权利，而且巩固了他所依赖生存的社会环境与基础。每个郡的治安法官由国王随意任命 30—40 个不等，赋予他们几乎是无所不包的权力。从都铎王朝起治安法官就一直握有地方行政大权，直至 1888 年的《地方政府法》让民选的郡议会建立起来为止③。

乡绅担任的治安法官既要负责查察地方是否有反抗社会和反对政府的趋势，又要留意关注"滋肇事端的酒馆"和"非法的竞技活动"④。总揽一切地方事务大权，以至于为使国家有关措施得以施行，国王也要适度与之妥协。至 17 世纪早期凡属乡间公务已尽皆归于治安法官矣。治安法官被中央政府授予的权利几乎无所不包。当英格兰于 15 世纪晚期作为欧洲主要的羊毛出口地而成为向欧洲大陆提供布料的主要供应商，管理有关布料的出口事宜就成为了治安法官的职责。治安法官承担起管理贸易的职

---

① ［英］阿萨·勃里格斯：《英国社会史》，陈叔平、刘城、刘幼勒、周俊文译，中国人民大学出版社 1989 年版，第 126 页。
② 阿·莱·莫尔顿：《人民的英国史》（上），谢琏造等译，生活·读书·新知三联书店 1976 年版，第 230 页。
③ 王名扬：《英国行政法》，中国政法大学出版社 1987 年版，第 5 页。
④ ［英］阿萨·勃里格斯：《英国社会史》，陈叔平、刘城、刘幼勒、周俊文译，中国人民大学出版社 1989 年版，第 126 页。

责,限制国外商品的进口以保护国内市场;控制商品出口保证国内的原料供应。治安法官在交通运输方面的职责是检查造船生产情况以及所产船舶的保养情况,还要保障在本国运输的酒类皆由本国船只运送。在农业方面针对中世纪谷物短缺的情况,在灾年治安官要禁止粮食出口并保证农民的粮食只在本国市场归市场销售。治安法官还要负责监督养马,管理牲畜的交易价格合理与否。如果养马人要到40里以外的地方去则需要三名治安法官的批准。治安法官执法的依据是产生于信仰时代1552年的条例,严格管束各种娱乐特别是防止那些伤风败俗事情的发生,并可因此检查哪些被怀疑有不法行为的地方,如果有人拒绝检查将遭到逮捕(交保证金才能得到释放)。此外治安法官还要管理并禁止民众们打猎的事宜。1389年起治安法官又多了负责监督度量衡事务的职责。而随着劳工法的颁布治安法官又有了监督物价与工资和打击扰乱市场行为的职责,郡守在巡视时候听审有关劳工的案件则成为越权的非法行为,如赫里福德郡的郡守①。随着时间推移,治安法官有了对圈地运动产生的失业流浪群体的管理职责。宗教改革,治安法官又有了处理宗教改革而产生的社会矛盾的责任。治安法官还有维护社会治安这一传统职责。早期的治安法官仅作为郡守的助手协助维护社会治安。而此时当郡守依法带领陪审团全体来到治安法官面前时,郡守的地位真的大不如前了。18世纪乡绅已经成为农村生活和农业经济的支柱②,以乡绅为主担任的治安法官达到3000名,已经成为英国实际的统治者③。

韦伯夫妇指出:"治安委员会(commission of the peace)一直被欧洲大陆国家的研究者认为是英国政体(constitution)最独特最为显著的特征。"④ 梅特兰也指出:"治安法官制度或许是英国政府机构中最具有英国特色的东西。"⑤ 治安法官拥有属于自己的法庭,法庭一年召开四次会议

---

① E. Acheson, *A Gentry Community: Leicestershire in the Fifteenth Century, c. 1422 – c. 1485*, Cambridge: Cambridge University Press, 1992, p. 109.

② [美]艾森斯塔得:《帝国的政治体系》,阎步克译,贵州人民出版社1992年版,第208页。

③ [美]克雷顿、戴维、道格拉斯:《英国史》下册,潘光明译,商务印书馆2013年版,第68页。

④ S. Webb & B. Webb, *English Local Government From the Revolution to the Municipal Corporations Act., the Parish and the County*, Lond and New York: Longman, 1906, p. 294.

⑤ T. Skyrme, *History of the Justice of the Peace*, Chichester, 1994, p. 33.

故亦被称为"四季会议法庭"(quarter sessions court)。出现于英国的治安法官制度是英国特定历史发展阶段政治、经济及社会因素综合作用的产物。担任各郡治安法官的是郡中城里的富裕市民或乡村里的乡绅,往往有着很高的社会地位、威望与号召力,与当地的贵族一起都是为国王所借重的政治力量;另外这一职务又是没有薪俸报酬的义务的非官僚体制的一个兼职职务。乡绅等富裕阶层被都铎君主启用为治安法官,既表明了王权对新兴起来日渐壮大的新阶层的一定程度的妥协,又表现出君主们力求低成本高效率有效维护社会秩序的努力。

18世纪,"一个小村子、一个村庄、一个教区、一个市镇和它的腹地,整个一个郡的生活,可能围绕着猎苑中的大宅邸运转。它的客厅、花园、马厩和养狗场都成了当地社会生活的中心;它的庄园办公室交换农场承租权、矿业和建筑物的承租权,并有一所银行负责小额储蓄和投资;它的家庭农场固定地展示着最好的可行的农耕方法……它的律师办公室……提供对法律和汇票的第一流的保障;它的肖像画廊、音乐厅和图书馆成为地方文化的大本营;它的餐厅则成为地方政治的支点"[①]。"在安全和方便地经营他(乡绅)自己的财产和他自己的利益的过程中,他执行着许多属于国家的功能。他是法官,他解决在他的随从中发生的纠纷。他是警察,他在众多民众中维持秩序……他是教会,他通常提名某些受过宗教训练,或是没有受过宗教训练的近亲为教士,以照看他的居民。他承担福利机构的作用:他照顾病人、老人和孤儿。他又是军队:在发生暴动时……他把他的亲属和侍从武装起来作为私人军队。甚至,通过精巧安排的婚姻、血族纽带和教父身份……他能够在需要时请大批在全国或在城市中像他自己那样拥有财产和权力的人支持他"[②]。

15—18世纪是一个激变的时代,社会发生了巨大的变化。富裕农民、乡绅等新兴地主阶层崛起。这个阶层崛起之后,还是要通过编造家族谱系和赐予荣誉头衔而粉饰自己的出身。这个富裕的群体对家世的炫耀依然狂乱迷离和工于心计,尽管炫耀家世迅速成为悠闲的富人的时尚、狂热和半理智的爱好,但它的主要目的却是促进了社会的整合,从极其不同的有时尚很可疑血系的不可思议的混杂中,使同样貌似具有高贵血系的团体密切

[①] [英]汤普森:《共有的习惯》,王加米译,上海人民出版社2002年版,第80页。
[②] 同上。

结合为一个整体。旧有的乡绅谋求真实的家谱是为了掩盖他们社会地位的底下，而新兴的富裕农民阶层晋身为绅士却是为了在先祖的长幼尊卑次序内部谋求地位。在都铎时代对身份地位的争夺中，历史悠久的家世成了一件利器。

第二节　富裕农民向乡绅的融入

乡绅和富裕农民阶层等构成中产阶级的重要组成部分，并在建立英国近代国家和具有世界意义的英国资产阶级革命过程中产生了重大而深远的影响。

一　骑士、士绅和绅士

13 和 14 世纪的骑士与士绅和绅士融合成乡绅这个整体。从形式上说，纹章局宣布认可一个人有权利佩戴盾牌形纹章时，他就成为绅士，这种情况在 15 世纪越来越普遍。在当时社会总人口在 1400—1430 年由于黑死病的原因人口仅为 210 万，并一直延续到 1470 年。亨利七世登基时人口为 220 万，其中并没有分成几个具有自我意识的阶级，而是形成了许多等级和身份。在 1500 年，英格兰大约有 50 个贵族、500 个骑士、800 个乡绅以及 5000 个绅士①。贵族之下是乡绅，包括贵族以下和富裕农民之上的所有地主。

乡绅阶级分为三个等级，即骑士、士绅和绅士。其中骑士的人数最少，但却最富裕。13 世纪，骑士的数量大约 500—1000 人②，其中大部分都是显赫的权贵，出自富有之家。13 世纪典型的骑士或乡绅拥有 24 名佃户和 250 英亩土地，居住在简易的房子里，有一间门厅，一间厨房，一间卧室。1500 年约有 500 个骑士，他们的年收入约 200 英镑。其下是"士绅"，士绅最初是骑士的长子以外的幼子。1500 年英国有 800 个士绅，他们的收入每年 80 英镑。"绅士"最初是用来描述士绅除长子以外的儿子和弟弟，但是逐渐也指众多的小地主，大约有 3000—5000 个。他们和士

---

① ［美］克莱顿·罗伯茨、戴维·罗伯茨、道格拉斯·R. 比松：《英国史》上册，潘兴明译，商务印书馆 2013 年版，第 250 页。

② 同上书，第 148 页。

绅的区别是，一个士绅拥有一个或几个庄园，而一个绅士只在一个庄园内拥有天地。大多数绅士的年收入约为10—20英镑①。

骑士的生活及其道德观念都在城堡中孕育而生。其道德体系是针对以战斗为事业的骑士，赞扬骑士在战场上表现出的杰出才能：勇气、忠诚、坚贞以及慷慨。到13世纪，慷慨成为一种主要的美德。行吟诗人认为量入为出的生活是可耻的，甚至应该抵押财产去享乐，并乐于向他人施舍和赠予。这些美德表现在战场上，也出现在长篇叙事诗歌中。教会对一个完美的骑士的定义是这样的：首先他应是一位虔诚的基督教徒，忠实于法定的王子，且拥有除暴安良惩恶扬善扶贫济弱的美德。乡绅阶层的身份是以土地的拥有权和清白的体力劳动为基础的生活方式来认定的。在政治上，乡绅在地方政府的权力甚至超过了在下院的权力。他们作为地方法官，控制着各郡法庭，掌握司法、行政及征税大权。

此外，乡绅以其教养方式、适当的教育条件和舒适的房子为其身份的特征。伊丽莎白一世身边一位大臣伯利勋爵曾说："乡绅只不过是旧时的富人而已。"弗里曼将他的研究推回到了13世纪，他这样说道："庞大的英格兰中产阶级当时正在迅速形成。不像其他国家，英格兰的中产阶级并不局限于少数大城市，而是以一种小绅士和富裕约曼的形式遍布英格兰全境。"②

二 杰出的约曼跻身乡绅行列

在16世纪英国虽仍为一个农业社会，获得社会身份的基础是土地，衡量社会地位的尺度仍是土地。富裕农民与乡绅不仅经济地位、社会地位相当接近，而且他们有相当接近的经济基础，或者说相当接近的生产方式，这是在这一点上根本有别于旧式贵族（lord）。那就是说，他们的土地主要是通过市场而得到的；在土地上使用雇佣劳动，进行资本主义农牧场经营，而不是坐收封地地租；产品几乎完全面向市场。

富裕农民约曼中的杰出之士是补充乡绅队伍的一个更重要的来源。约曼通过日积月累和辛勤的劳动，一部分人的经济实力完全可以与乡绅比

---

① ［美］克莱顿·罗伯茨、戴维·罗伯茨、道格拉斯·R. 比松：《英国史》上册，潘兴明译，商务印书馆2013年版，第250页。

② ［英］艾伦·麦克法兰：《现代世界的诞生》，刘北成译，上海人民出版社2013年版，第108页。

肩。1669年罗伯特·张伯伦说，有10—50磅年收入的约曼很平常，有100—200磅年收入的约曼在一些地区也不少见，有的通过土地经营或出租年收入甚至可以达到300—5000磅①。一些约曼常常有能力买进贵族、骑士的地产，送子弟到牛津、剑桥等高等学府接受教育，进而跻身乡绅之列。例如，在约曼人数较多的中部地区，这些富裕农民就成为乡绅的最大来源，1558—1642年，约克郡的102名乡绅中有一半是约曼出身②。施脱克马尔也指出："自耕农（笔者注：约曼）转入乡绅之列，不仅不是罕有的事，而相反的还相当普遍。"③

威廉·塞西尔是伊丽莎白一世即位伊始委任的重臣，他就是出生于林肯郡的中等乡绅家庭。而他的祖父就曾跟随亨利七世，参加过1485年的博斯沃斯战役，因战功被委任为诺森伯兰的郡守，威廉的父亲也做了国王的侍从，他们不仅得到国王的大量赏赐，还在宗教改革修道院解体的时候购得大量土地，家境殷实，在诺森伯兰和拉特兰都拥有大片土地。威廉·塞西尔就出生在这样殷实的家庭，长大后进入剑桥大学圣约翰学院读书，从而奠定了其政治生涯的基础。

都铎时期杰出的大法官尼古拉斯·培根爵士就是一个依靠土地而跻身很高地位的乡绅。其先人是约曼，耕种着赫塞特和德林克斯通村庄的土地。他曾先后进入科珀斯克里斯蒂、剑桥和格雷法律学院读书。他花了9年的时间来发展他的事业，管理地产、裁决诉讼，做王室律师。他在36岁时已经拥有了雷德格拉福周围一群庄园；他的生意范围很广，也发展养羊业等④。他的生意范围不仅在伦敦，还有埃塞克斯、赫特福德、萨福克和诺福克等郡⑤。在地图上可以看到，各个郡都有尼古拉斯·培根家的地产。培根家族的亲戚都是相当富裕的，他们自称是绅士，从村庄教堂的墙上刻着的字母B可以知道他们在黑瑟特村庄的显赫地位。尼古拉斯·培

---

① M. Campbell, *The English Yeoman, under Elizabeth and the Early Stuarts*, New York: AUGUSTUS M. KELLEY Publishers, 1968, p. 271.

② G. E. Mingay, *The Gentry, The Rise and Fall of a Rulling Class*, London and New York: Longman, 1976, p. 48.

③ ［英］施脱克马尔：《16世纪英国简史》，上海外国语学院编译室译，上海人民出版社1959年版，第33页。

④ A. Simpson, *The Wealth of the Gentry 1540 – 1660*, Chicago: University of Chicago Press, 1961, p. 39.

⑤ Ibid., pp. 26 – 27.

根的葬礼在1579年3月9日举行，葬礼上哀悼的人礼服用去1000码布匹，大约花费668镑11先令10便士[1]，食物的花费为193镑6先令8便士[2]，整个葬礼总计花费了1000镑[3]，足见其富裕的程度。

英国中世纪社会晚期，一个富裕农民"就是一个正在形成的绅士"[4]。我们经常看到杰出的约曼被授予乡绅（esquire）或绅士（gentleman）的头衔，跻身士绅的行列。乡绅作为富裕农民的延伸体，是在中世纪社会晚期农村中非常有生气的社会力量。经济史家克里德特指出，在贵族急剧衰落的同时，"乡绅却兴旺起来，他们和约曼一起，成为农业现代化的发起人。例如在沃里克郡，乡绅的收入在这一时期几乎增长4倍"[5]。就人数而言，自16世纪以来，乡绅家庭的数量不断增加，增长速度甚至超过了同期人口增长的速度。乡绅是一个开放的集团，它处在流动的发展之中，而富裕农民则是它的重要基础和来源。

城市上层尤其是成功的商人强烈渴望着拥有土地。因此除富裕农民中的少数杰出者能够晋身为乡绅外，许多商人也通过购买土地跻身乡绅而富甲一方。伦敦巨贾威廉·赫里克通过为詹姆斯一世发放高额贷款，从国王手中获取王室的大片土地，作为一名故乡的乡绅在兰开夏郡定居下来；著名布商伍斯特的罗伯特·王尔德放弃了自己的老本行来到乡间建造豪宅并购置田地开办农场。这样的例子还有很多，商人查尔斯·赫雷、威廉·马科洛、塞缪尔·温特布莱德等都依靠购买土地步入乡绅行列[6]。更有甚者，购买田产后，那些追求利润至上原则的商人，往往采取资本主义经营方式经营地产谋取更丰厚利润。正如亚当·斯密指出的那样："商人们都渴望变成乡绅。而且，在他们变成了乡绅的时候，他们往往最能改变土

---

[1] A. Simpson, *The Wealth of the Gentry 1540 – 1660*, Chicago: University of Chicago Press, 1961, p. 25.

[2] D. Cressy, *Birth, Marriage and Death, Rituall, Religion and the Life-Cycle in Tudor and Stuart England*, Oxford: Oxford Unicersity Press, 1977, p. 101.

[3] A. Simpson, *The Wealth of the Gentry 1540 – 1660*, Chicago: University of Chicago Press, 1961, p. 27.

[4] R. H. Tawney, *The Agrarian Problem in the Sixteenth Century*, New York: Harper & Row, Publishers, 1912, p. 35.

[5] P. Kriedte, *Peasants, Landlords and Merchant Capitalists, Europe and the World Economy, 1500 – 1800*, Leamington: BERG PRBLISHERS LTD, 1983, p. 271.

[6] G. E. Mingay, *The Gentry, The Rise and Fall of a Rulling Class*, London and New York: Longman, 1976, p. 8.

地。……如果他们觉得投下大量资本来改良土地，有希望按照费用的比例增大它的价值，就毫不迟疑地马上去做。……此外，商人由经商而养成的爱秩序、节省、谨慎等各种习惯，也使他更适合于进行土地上的任何改良。"①

当 17 世纪商人地位的已逐步提高，声誉较佳的城市贸易公司中，往往有自谋生路接受职业教育的乡绅幼子成为公司学徒。更有以娶商人之女为终南捷径，既得到大笔的嫁妆又迅速地聚积了更多的财富。兰格研究表明，140 个由富商担任的伦敦市参议员中 118 人有田产，96 人有 309 座庄园，人均 32 座。富商市民阿克戴尔在 17 世纪 30 年代，以 10000 镑用于经商，11485 镑投资于土地②。他们不仅从事工商业还经营土地，工场主、城市商人和乡绅间利害与共，使他们之间的经济关系与社会关系密切起来了。

三 联姻与交往

富裕农民阶层还通过不同的社会层面的接触交往来渗入乡绅的行列中。

许多绅士愿意也乐得与富裕的约曼联姻。有很多绅士为了改变经济状况与约曼的女儿联姻，从而得到财富。婚姻是约曼接近和融入乡绅的一个重要途径。1599 年的法庭卷档中记载着许多这样的约定。约翰·柴姆伯林是一个伯克郡的乡绅的儿子，他没有能力去履行与詹姆斯·安提恩达成的约定，在一定期限拿回他父亲抵押出去的家庭房产。由于他当时还是未婚，所以决定用婚姻手段来帮助他渡过这个难关。很快，他爱上了安妮·布斯奈尔，她是约曼理查德·米勒德的外甥女，是该约曼的继承人。于是，约翰·柴姆伯林立即与她交往起来。这些努力最后使得约翰·柴姆伯林达成婚姻的约定，并且凭借这个婚约，他可以给他的债权人先付 400 镑的现金，以后两年再分别付 200 镑。这就是绅士的儿子去寻找来自富有的约曼的女儿或女继承人做新娘的很好例子③。

---

① ［英］亚当·斯密：《国民财富的性质和原因的研究》上卷，郭大力、王亚南译，商务印书馆 1983 年版，第 371 页。
② 顾晓鸣：《略论十七世纪英国革命中的新贵族》，《复旦学报》1982 年第 1 期。
③ M. Campbell, *The English Yeoman*, *under Elizabeth and the Early Stuarts*, New York：AUGUSTUS M. KELLEY Publishers, 1968, p. 48.

同时富裕农民的财富也会成为社会地位高于他们的阶层向往和追求的目标。肯特郡的一个绅士娶了一个约曼的女儿为妻。新娘的父亲是一个约曼，他住着和绅士一样的豪宅、有着和绅士一样的地产、和绅士一样的娱乐消遣，他曾把女儿送到学校，让她和绅士的女儿一样受教育，最后把她嫁给了一个绅士①。年轻的骑士或者乡绅也通常很高兴凭借他们绅士的地位娶回一个约曼的女儿以获得厚的嫁妆②。一个富有的约曼的遗孀会成为一个骑士或者乡绅追逐的目标。老托尼是一个故事中描述的绅士，寻找了一个婚姻的纽带——他的儿子和一个约曼的女儿结婚，从而使他的经济状况大为好转。他郑重地对他的儿子说："我不去给你说得像迷宫一样危险。我的整个地产中最好的部分受到阻碍，我也无力控制它。如果你犹豫，我会为你羞愧，你会失去很多。这两点指给我们的是快乐或者毁灭。如果你娶了那个富裕的卡特的女儿，我就会因你的婚姻而受益。否则，我将被强迫卖掉手中的土地，因此我会过贫穷的生活。更糟糕的是，比我现在还贫困，你听见了吗？情况我都告诉你么，你如何决定啊？"③ 显然，这样的婚姻掺杂过多爱情以外的因素。又例如，乡绅亨利·奥克辛丹选择了肯特郡富有的约曼詹姆斯·库林17岁的女儿凯瑟琳·库林做他的新娘。这两家是邻居和朋友。但是，家人和亲戚们并不满意这个婚姻，因为这个年轻的绅士亨利并不爱漂亮可爱的凯瑟琳，因为他爱上的只是她的财富，所以如果没有她的土地和她的财富可能他不会努力争取促成这门婚事。当然，也有约曼之子娶乡绅遗孀为妻的。比如托马斯·威尔逊，他作为一个约曼的幼子，他深知并不是所有的约曼的儿子都能得到父亲的地产④，所以，婚姻成了约曼改变地位的手段。德文郡的约曼威尔·豪诺威尔也是娶了乡绅的遗孀而提升地位。

通过这样的方式，富有的约曼和小乡绅已经建立起和谐的友谊，不会去想这个约定里面的不恰当。一个家族令人荣耀的名字与另一个家族显赫

---

① G. E. Mingay, *The Gentry*, *The Rise and Fall of a Rulling Class*, London and New York：Longman, 1976, p. 6.

② M. Campbell, *The English Yeoman*, *under Elizabeth and the Early Stuarts*, New York：AUGUSTUS M. KELLEY Publishers, 1968, p. 49.

③ A. J. Schmidt, *The Yeoman in Tudor and Stuart England*, Folger：The Folger Shakespeare Library, 1979, pp. 14 – 15.

④ M. Campbell, *The English Yeoman*, *under Elizabeth and the Early Stuarts*, New York：AUGUSTUS M. KELLEY Publishers, 1968, p. 49.

的嫁妆相交换,双方都得到了自己想要得到的,在当时的许多婚约中都体现了这个特点。

富裕农民与乡绅同为乡村中的土地阶层,有着共同的利益,他们有着亲密的日常交往。写于斯图亚特王朝后期的《约翰·莱勒斯比爵士记录》中描述了大地产所有者瑟莱伯一家过圣诞节的情况。节日期间,村庄中的所有人都得到了这个富有家庭的友好款待,羊整只地烤熟,还有丰富的食物和酒。从第五天开始,则留下 80 个乡绅和约曼及他们的妻子继续宴饮①。在法庭的文书中有一个例子,赫特福德郡的一个约曼和妻子去一个乡绅朋友家里住了一年。另一个例子说,一个乡绅偶尔会到他的约曼朋友家里住上两周,有时候是一个月或者 6 周。

在地方公共事务中,约曼和乡绅也是密切交往的伙伴。人们常常可以发现,小乡绅和约曼一起作为陪审员出席法庭,一起担任教会的执事,或者在某个堂区的教堂里会友好地寒暄。在乡村的小酒馆里,他们品尝着浓啤酒,讨论着谷物的价格、天气或者堂区里新产生的一批乡警,而他们的妻子们则在对邻居的婚礼评头论足,或谈论可以让人兴奋的茴香茶②。

中世纪晚期,英国乡村盛行农人子女相互到对方的家庭作仆人,这并不降低做仆人一方的社会地位。一些英俊而风度翩翩的约曼后代很愿意给绅士们做长期的仆人,从中享受着与其绅士雇主的友谊。在一个不具名的对话里我们得知,1586 年一个乡下人和他的城市里的邻居的对话说:"在我们约曼中间,你会发现一些人都有着良好的教养、擅长各种各样的技能,而没有这些技能就无法很好地为贵族或者绅士去服务。他们可以参与他们的领主餐桌上的谈话……"约曼罗伯特·福斯讲述了他的一个亲戚约翰·福斯的事情,约翰是一个有风度的小伙子,后来娶了同一个阶层约曼的女儿,约翰有着很好的礼仪和气质,曾做绅士沙尔斯顿的仆人;后来,又为德文郡的亨利·卡特耐伯爵做仆人。他还经常和乡绅的儿子们交往。虽然约曼的儿子做仆人,他们的父亲可能被邀请和乡绅一起在圣诞节期间到那里参加宴会。约曼的日常交往多是小乡绅的儿子或者约曼的儿子,偶尔还有临近城镇里的城里人,以及和他们财富地位差

---

① M. Campbell, *The English Yeoman, under Elizabeth and the Early Stuarts*, New York: AUGUSTUS M. KELLEY Publishers, 1968, p. 59.

② Ibid., p. 58.

不多的人。①

富裕农民与乡绅也有生意上的来往。据 1567 年一份法庭调查记载，约克郡两个从林肯郡向约克郡倒卖麦芽的约曼托马斯·库珀和罗伯特·瓦德，与林肯郡的乡绅理查德·莱德有着生意上的联系②。威尔特郡的约曼理查德·汉特曾经把他畜养的 400 只羊出租给绅士威廉·科尔维，租期 5 年，这个约曼每年从绅士那里收取 10 份质量上乘的羊毛；到 5 年租期结束的时候如果羊群不能如当初承租的时候一样长势良好，那么科尔维就要向出租人赔偿 70 镑③。由于生意上的广泛联系，约曼也与城里人建立友谊，甚至还会与城市里富裕家庭联姻，例如把女儿嫁给布商、服装商或者手工业作坊老板的儿子。

四 教育消除等级差距

大学教育为平民阶层的人们，特别是处于农民上层的富裕农民，提供了实现向上的社会流动的跳板。富裕农民的社会流动是这个时代引人注意的事情。从一个社会阶层向另一个社会阶层的流动是一个普遍的现象。实际上，大学教育已经成为富裕农民"跻身乡绅阶层，从事好职业，获得好职位的通行证"④。乔叟笔下的富裕农民不无羡慕地对骑士的儿子说："你年纪这么轻，却已很懂得些道理，应该受到赞扬"，"我很欣赏，你讲得颇有感情"，"在这许多人中间，在你长大以后，恐怕没有一个人能敌得上你的口才呢。愿上帝保佑你，让你能继续知情达理"，"我有一个儿子，愿三位一体的神照顾他，让他也能和你一样贤明，我现在虽有些田地，每年出租可收获 20 镑，但我情愿他长大成人后能像你一样。除非一个人自己有道德学识，单有产业是没有用的"。这个富裕农民说他常责训他的儿子"要同上等人来往，学得文雅一下"⑤。原本，相对于读书写字和写优美的散文来说，富裕的约曼更擅长辨别优良的羊种和上好的作物种

---

① Ibid., pp. 59 – 60.

② M. Campbell, *The English Yeoman, under Elizabeth and the Early Stuarts*, New York：AUGUSTUS M. KELLEY Publishers, 1968, pp. 195 – 196.

③ Ibid., p. 199.

④ R. O'Day, *Education and Society* 1500 – 1800：*The social foundations of education in early modern*, London and New York：Longman, 1982, p. 139.

⑤ [英] 乔叟：《坎特伯雷故事》，方重译，人民文学出版社 2004 年版，第 175 页。

子,他们更灵巧地使用农业工具而不是笔①。但富裕农民把教育看作社会地位改善与晋身的重要手段。他们渴望能够像那些绅士一样高雅和有风度。因此一个野心勃勃的约曼会送他的儿子去大学学习,或者送到四法学校去学习法律,或者送到教会接受文化,正如威廉·哈利逊所说,受教育使他们向绅士阶层晋身②。

在15、16世纪,有很多约曼出身的人通过接受大学教育跻身乡绅阶层。大卫·克雷西估计,17世纪初剑桥大学的学生中15%是中下层农村居民的子弟,而他肯定其中绝大部分来自约曼的家庭③。而1630年圣约翰学院的新生注册簿显示,在117名新生中也有24%的人来自约曼的家庭背景④。如尼古拉斯·培根的父亲是一个约曼,但是在1523年尼古拉斯进入剑桥大学以后他就把自己当作绅士看待⑤。托马斯·约翰逊是一个约曼之子,曾进入著名的格雷学院学习法律,在他于1622年去世时,人们已经称呼他为"绅士"。约曼内维尔·巴特勒1649年时将儿子送入剑桥大学基督教学院学习,在他去世时,整个家族被认为是乡绅,而不是约曼。诺福克郡的约翰·克里默进入格雷律师学院时以绅士身份登记注册,但他的父亲却是一位典型的约曼⑥。可见,接受大学教育已经成为约曼跻身乡绅阶层的捷径。

约曼接受一定程度的教育后,才能够从事宗教活动,担任教会职务。拉蒂默主教是一个兰开郡约曼的儿子,在爱德华六世以前就晋身到绅士,经常到各地讲道,他的后代们都得到了与他相应的地位,因为有许多熟悉的名字可以证明这一点。理查德·百克斯特是一个施罗普郡的小块自由土地持有者的儿子,他成为一个最有知识的宗教人士。阿达姆·马丁戴尔是

---

① M. Campbell, *The English Yeoman*, *under Elizabeth and the Early Stuarts*, New York: AUGUSTUS M. KELLEY Publishers, 1968, p. 4.

② A. J. Schmidt, *The Yeoman in Tudor and Stuart England*, Folger: The Folger Shakespeare Library, 1979, p. 14.

③ R. O'Day, *Education and Society* 1500 – 1800: *The social foundations of education in early modern*, London and New York: Longman, 1982, p. 104.

④ M. Spufford, *Contrasting Communities*, *English Villagers in the Sixteenth and Seventeenth Centuries*, Cambridge: Cambridge Univesity Press, 1974, p. 74.

⑤ A. Simpson, *The Wealth of the Gentry 1540 – 1660*, Chicago: University of Chicago Press, 1961, p. 32.

⑥ M. Spufford, *Contrasting Communities*, *English Villagers in the Sixteenth and Seventeenth Centuries*, Cambridge: Cambridge Univesity Press, 1974, pp. 179 – 180.

兰开郡约曼的儿子，在北部新教的乡村里成为非常著名的人物。拉尔夫·乔森是埃塞克斯一个约曼的儿子，他进入剑桥上学读书获得了头衔，做了4年的牧师①。

富裕农民有着很强的经济实力，他们是仅次于乡绅的英国土地的主要占有者，精心经营大量地产为他们带来了可观的收益，一些约曼年收入可达1000—1500镑以上②。出于经济上的优越感，同时是为了争取向上的社会流动，约曼往往要求子弟受到"与他们的地位和职业相配"的教育，并坚持把他们送入那些比较正规、条件优越同时又能体现一个人身份的大学接受教育。许多富裕农民在接受大学教育后自称或被认为是绅士，跻身乡绅阶层。

除了因自身杰出而直接晋身为绅士，富裕农民通过与绅士的密切交往和联姻得以晋身绅士，再就是依靠经济实力接受正规教育使子弟们得以晋身绅士阶层。另外，不少富裕农民通过经济途径获得骑士称号。英国史家常把骑士笼统地称为"绅士"，如戴尔在叙述16世纪伍斯特主教自营地承租人的情况时指出，其中10个承租人是绅士，即有着绅士、缙绅和骑士头衔的人③。另一位英国经济史家克拉潘明确地将绅士和骑士认为一个阶层，即认为"绅士"即具有骑士资格的人④。

在狭义上，约曼、绅士、乡绅和骑士属于不同的社会层次。但在社会实际当中，他们逐渐融为一个新阶级，即以新的土地经营方式为特征的农业资产阶级，不仅包括缙绅、绅士、骑士，还包括杰出的约曼⑤，其间原有的阶级界限逐渐模糊。不久，他们又与越来越多乐于投资农场的商人或企业主找到了共同的语言，事实上他们一起融合为一个阶级。这个阶级的代表人物与其说是地主，不如说是资本家。因此马克思说，在16世纪末英国已经出现了很富有的"资本主义租地农场主"阶级⑥。

---

① M. Campbell, *The English Yeoman, under Elizabeth and the Early Stuarts*, New York: AUGUSTUS M. KELLEY Publishers, 1968, p. 36.

② Ibid., p. 217.

③ C. Dyer, *Lords and Peasants in a Changing Society*, Cambridge: Cambridge University Press, 1980, p. 211.

④ [英]克拉潘：《简明不列颠经济史》，上海译文出版社1980年版，第268页。

⑤ 侯建新：《社会转型时期的西欧和中国》，高等教育出版社2005年版，第121—122页。

⑥ 马克思：《资本论》第1卷，《马克思恩格斯全集》第23卷，人民出版社1972年版，第813页。

本章小结

  英国转型时期资本主义生产关系的确立,农业资产阶级的生成,富裕农民成为了资产阶级的中产阶层并不断发展。他们在生产经营活动中不断努力甚至经过几代人的发展,一些人在经济资源的占有上早已突破了富裕农民的上限,由此不但带来了他们经济地位和资源的占有与支配能力的巨大提升,也带来了他们社会地位的进一步改变。

  乡绅阶层的崛起,贵族的衰落,看表象只是财富的转手,实质在火热交易所掩盖的是整个社会的大转型。旧有过时的生产关系已然衰落淡出,新型的生产关系在积极的形成过程中。人们的社会地位主要靠所掌控的财富的数量来决定,而不是看你的血缘的高贵纯正与否。所以即便是处于向社最底层的约曼,通过奋斗而逐渐拥有了巨大的财富,那么它在人们的眼中一样可以获得甚至超越贵族老爷的尊敬。既然才付出了可以生出更多财富以外,还有着提升地位与尊严的功能。那么对于努力发家致富的富裕农民来说,努力致富还有着提升社会地位甚至成为绅士的巨大功用。本章所详尽列举的众多资料,让我们了解到英国转型时期乡绅和富裕农民没约曼不断进取的火热场景,也看到转型期新的生产关系的渐次确立所释放出来的巨大能量。当然成为乡绅的途径也不止发家致富一条但前提还是你要有足够多的财富。除了财富众多,人品出众,温文尔雅,谈吐不凡,总之你是一位杰出者,那么你可能直接晋身为乡绅,甚至受封为贵族(当然极少)。那么就是说在富裕的基础上还有其他的晋身途径,首先最直接的是联姻。联姻是"高贵"学业与金钱的结合,除了正常的乡绅与富裕农民的子女之间的正常婚配之外,还包括富裕而年轻的约曼子弟同乡绅的孀居妻、女的婚姻。晋身之途的第二条是想射通约曼的交往。他们为了共同的向往和相近的生活情趣而往来频繁,一起生活、一起经营,教育子女,享受乡间生活。即使富裕农民自己没有成为乡绅,久经交往、浸透影响的他也在大家眼里也是位准乡绅啦。或者将自己的儿子培养为乡绅。成为乡绅还有一条途径是通过子弟接受教育,将希望寄托于下一代身上。子弟以家中的财富为基础,投身高等学府学习新兴的专业或职业技术,毕业后步入具有较高社会地位的行业和职位,使自己逐步成为一位绅士。这些对象是知名的追逐,实际是射虎进入了一个不看出身只看能力的时代,这个时代人与人之间越发的平等和易于亲近，人与人之间也越发的是直白的利益关系了。社会就是这样进步，当关起一扇门，就会打开两扇窗。当维系社会群体的宗族和血缘关系在消亡后，法律就会担当起这个维系的功能，而且各家科学、合理与公正。

英国转型期间新的生产关系确立起来，并不意味着旧有的生产关系与社会架构已经得已全盘彻底的改变与否定，相反，大量存在原有的社会与经济体系中的封建遗存。人们的观念中也依然保存旧的封建时期的等级观念，人们的话语体系中也依旧使用着封建时期特色的语句、词汇和语法的特色语言结构体系。就如同人们对资本主义生产方式和生产关系下成功致富的农民，用统一的新的"土地"标尺加以衡量并归为一个阶层，但却对这一阶层用了一个旧的尊敬的称谓"约曼"一样，对于那些少量的从"约曼"地位进一步致富上升到更高层级的富裕农民也用了一个同样"陈旧"的称谓叫"乡绅"，只有后来的史家们才从历史发展的宏观角度称他们为"农业资本家"。

农业资本家"乡绅"的形成，反映了资本主义生产关系确立，生产力在适宜的条件下得以促进和发展。在这一规律的作用下作为经济活动参与者个体的潜能得到了全力的开掘与发挥，在努力奋斗争取晋身为更高等级的过程中，我们要注意到富裕农民不但与乡绅密切交往，建立经济往来了，也与城市的富裕商人开展生意乃至联姻，这也预示着经济地位相近似的城乡不同身份人们，正在进行的阶级融合过程。成为富裕农民还不是一些进一步发展的少数杰出富裕农民的最终目标，而更富有、更具资源支配力、更享受社会尊敬以及有机会参与国家的政治生活的"乡绅"，才是与他们社会经济地位相匹配的终极理想，这似乎也符合马斯洛关于人的自我实现需要的观点。

第九章

偶然还是必然？

从 1066 年开始，英国维持了一个长期的稳定局面，大致连贯地经过了 800 年的时间。在这长期和平稳定的时期里，也正是英国经历了一个由封建社会向资本主义社会转型发展的历史阶段，这一阶段造就了英国日不落帝国的富裕与强盛，也是人类社会进入一个新的历史时期的开始。对于英国的强盛之根源正如亚当·斯密所说，财富自然增长所必不可少的三要素即普遍的和平、公正的税收以及健全的法律，这三要素对于现代世界，亦即对现代资本主义的重要意义是什么？斯密做出的回答是：普遍的和平保持长治久安；健全的法律使广大民众愿意遵守法律，甚至尊敬法律——民众对统治信任的又一种形式；税收公正则可以理性计算资本。从诺曼征服以来，英格兰社会经济的良性秩序使财富的增长有了更好的秩序，从而积累更多的财富。"一般来说，英国将社会秩序视为天经地义。"

15 世纪的政治革命为国家经济的持续发展准备了条件。在各个地方，交通的改进很自然地促进了国家的进一步统一。当然，在许多国家，障碍依然存在，不仅是那些人力尚无法克服的天然障碍，也包括一些旧社会联合体人为设置的不法——有时候，解决这些障碍需要一场新的革命。

17 世纪的英国正处于清教徒控制之下，清教的观念使这一时期英国社会对财富和权力的追求达到顶峰。作为上帝的选民，对财富的追求，不单有社会发展的推动使然，还增添了神授的无比正当性。但克伦威尔对新英格兰十分热心，1651 年的《航海法》中体现出英国的商业利益至高无上。英国人对致富的态度也发生了变化。托马斯·孟在 1664 年的《英国通过外贸获得的财富》一书中把商人描绘成"贸易奇迹"的主人，认为商人节俭的生活方式与其在"懒惰和快乐"中消磨光阴的同胞恰成对比。重商主义观念被广泛地接受。1663 年开始，殖民者不得不在英国购买他们所需要的绝大部分欧洲商品。清教徒教义强调的是艰苦工作的重要性。约翰·豪顿在 1681 年大胆呼吁："我们的高水平生活非但无损于国家，反而使它富裕起来。"而在 1691 年达德利·诺斯在他的《贸易演讲集》中已能把"人的追求欲"称为对"勤劳和独创性"的主要刺激了。他写道："人们若满足于极少量的必需品，我们将只有一个贫穷的世界。"尽管英国在欧洲的政治地位在 1660 年王朝复辟以后实际上削弱了，但克伦威尔时期留下的经济政策在很大程度上并无实质改变。

第一节　重新洗牌：自由竞争资本主义市场经济对英国农村固有经济秩序的重塑

在英国乡村社会里，依照所占有的经济资源——土地——可将农村人口分为富裕的地主、规模不等的租地农场主、小地产者或自耕农、茅舍农即后来的农业工人。英国在稳定和平的一个长期发展中，特别是新的生产方式和新的生产关系的逐步确立后，经济规律与市场让他们未来的发展中逐步走向分化。特别是在 18 世纪中期晚期圈地运动与近代工业化的浪潮下，英国乡村的经济结构进行了重新洗牌，资本主义自由竞争的市场经济在英国乡村的确立，在这场风暴中，土地越发的集中起来，造就了大农场主和广大的失地农民，为资本主义市场经济奉献了资本家和雇佣工人。

一　近代小土地持有经营者最后的辉煌

直到 16 世纪末，从整个英国范围看，土地之上的收入并未增加。农业技术和方法几乎没什么进步，而其他农产品除了羊毛以外价格的上涨只是名义上的。农场主不得不以较高的价格买他所需要的商品，虽然他也能以较高的价格出售自己的产品。贵族、乡绅和从他们手中购买土地的富裕市民阶级。由于没收了许多古老家族的财产，还由于修道院土地的世俗化，乡绅以非常便宜的价格买到了地产。

到 17 世纪上半叶，耕作技术开始得到改善和提高，而英国长期和平的局面也极其利于产品流通。土地的收入增加了。虽然内战一度终止了繁荣，但革命结束后经济又很快恢复了活力。农业的集约化程度更高了。由于政府的补助，农场主能以很好的价格出售谷物。此时，土地的租金比

200 年前提高了 20 倍①。虽然伊丽莎白女王曾力图抑制乡绅们追求奢华的倾向，但在那以后，他们可以毫无顾忌地满足自己甚至夸张的欲求。始建于这个时期的庄园豪宅虽未显示他们有什么品位，不过的确炫耀了他们的财富。

富裕地主们的财富稳步增长。特别是 1712—1742 年，沃波尔领导下的英国享受着长期和平的时光。地主们虽也抱怨间接税轻微的上涨，但对于地主积聚财富并没什么大影响。可土地租金一直在稳步增加，到 1750 年前后资本化率下降到了 3%。利率较低时土地购买者投资地产期待将来增值。在富裕的地主的庄园里不怎么有人居住了，一个地主成为了教区全部土地的主人，为降低成本增加利润，他通常会毁掉茅舍赶走土地上的所有农业工人，他能够到相临教区寻找需要的工人，这些教区早已经人满为患而且教区不得不承担大批乞丐的重负。

都铎王朝早期，小地产者或自耕农从没收的贵族和修道士的土地中获利匪浅。虽然经营土地时靠家人的帮助，但 200 年左右的时间里他们保持了自己的地位。16 世纪中期，他们曾遭受到畜牧业开始第一次扩张所带来的冲击。从城镇冲入乡村的富裕而贪婪的入侵者新地主们，为了实现自己对土地野心毫不迟疑地展开了对自耕农的攻击。自耕农面对来自城里的有更好的设备与组织的新地主相形见绌而遭受了损失。新地主们甚至试图利用偏向的圈地体制将他们赶走。虽然地位处于在新旧绅士以下，自由土地持有农仍然"在乡村管理体制中扮演着一个独立的、半正式的角色"。因此他们得到了王室支持，因为他们是"军队的支柱和税收的基本保证"。1685 年前后，英国有 16 万户到 18 万户的自由土地持有农，占全国人口的 1/7；耕种自己土地的人超过了耕种别人土地的租地户。在王室的保护下，加上乡村工业的额外收入，小地产者或自耕农的日子蒸蒸日上。

二　历史对小土地持有经营者的扬弃

然而到 18 世纪，小地产者或自耕农的最后一个衰落期来临了。由于缺乏资金，无论如何看重那点可怜的祖产、无论花费多少精力，小农户也无力跟富裕的农场主和大地主竞争。农业的进步和市场规则只对后者更加

---

① 麦考利描述了 1685 年前后的一位乡绅。他特别注意到一种对比，即乡绅简朴的装束、举止和贵族式自命不凡的反差。真正的乡村绅士就是这样的。

有利。在市场规则面前小农户不能和强大的对手进行低价竞争，那会使他陷入危险的境地，他几乎从不用短工。济贫税对他来说纯粹是一种负担。这时的政府和公众舆论却不再保护小地产者或自耕农。自己的土地上他没有狩猎权，还要忍受贵族狩猎常常不在意地践踏。当他依据牲畜租契租借他人的牲口时，有关法律却可能导致他被夺走土地。1750 年以后圈地运动再次出现，自耕农的衰落更加明显了。而今只需要拥有 4/5 的土地的人赞成，就能强制重新配置土地。即便富裕地主人数低于 4/5，通过向自耕农施压几乎每次都能达到目的。依照议会的圈地法案成立了一个负责土地分配的委员会，而富裕的地主们对委员会施加的影响让重分土地如同直接没收，因为小农户分的土地比从他手中抢走的那块便宜得多。3/4 的小农户已经消失了，当人们在这个世纪末试图更公平地圈地时为时已晚。

被强行安置到一块二等土地上的自耕农们根基已经被动摇。被迫成为这块二等土地的主人后，他必须立刻把它圈围起来。尽管已经不情不愿地付出了很大代价，他还不得不分担圈地所需的花费。旧有的公地中他的一份也仅能与他很少的几头牲口相配。不久英国停止了谷物出口，其价格完全由国内市场左右。每年收获季节粮价波动剧烈。富裕的地主和商人能够从中获利，但自耕农总是急于出手谷物，只会蒙受损失。尚无农业信贷银行帮助时，即便供过于求只是暂时的市场行为却对自耕农造成了严重后果。

组成租地农场主的两个主要阶层大农场主和小农场主，不平等的事同样地发生着：大农场主发展壮大而小农场主遭殃。小农场的社会地位还不如自由农民，他们受到了一系列的打击，衰落消失的时间更早。15 世纪末他们无力抵挡圈地的威胁。他们与庄园领主间不曾订立正式的协约，一旦不再需要就没有法律保护他们，欲将耕地变成牧场的大地主随时可以将他们从自己的领地上赶走而没有任何顾忌。虽然他们长期耕耘似乎对土地有了些不可侵犯的权利。领主若想对他一直照料着的老仆人们表示关怀，就会等他们死后不再跟他们的儿子续订租约。这让差不多已成为土地共同所有人的农户早晚也不得不成为四处寻找机会的劳动者，即使他们有幸避免成为流浪者或乞丐。领主即便留下他们，土地的租金至少比以前翻上一番。小农户无力承受这种沉重的掠夺性的租金，领主趁机合并全部土地交给一个富裕的农场主耕种。亨利八世时代，沃尔西曾限制养羊业的扩张。伊丽莎白禁止任何地主拥有超过 2000 只的绵羊以阻止地产的过度兼并，如果不是政府采取措施加以保护，这个阶层真的就会从此消失了。

圈地对于那些幸存的小农场主还是有利的。地圈围起来后耕作变得更容易，产量也增加了。竞争只局限于一个地区和一小部分买主间并不激烈。他们还可延续一个世纪的好日子，之后的商业、农业和社会变革首先吞没了他们。

获益的是那些农业资本家——大地主和大农场主，到伊丽莎白时代他们成了乡村的新贵阶层，乡村风格粗陋的木屋被砖石结构的房屋取代，餐桌上锡铅合金甚至银质的餐具闪烁光辉。特别是到了18世纪，这些实力雄厚的农业资本家高价租下一大片土地，并订立了长期租约。他们投入市场的资金每年获得14%—15%的回报。"他们相当富裕"，一位旅行者写道："注重清洁，也有闲暇打扫卫生。他们穿得也好，冬天的时候不穿着厚厚的大衣就不出门。他们的妻子和女儿也总是打扮得很奢华。冬天他们穿毛皮大衣，夏天她们有草帽遮护。很难看到她们干重活。"大农业资本家的经济实力使得其社会地位比小土地所有者更加重要。所以在15、16世纪常用的"自耕农"一词指代是少数的租地农场主和小地主。而到了18世纪事情就倒过来了，人们已经用这个阶层的最大组成部分"农场主"来指代二者啦。而富裕农民，只有那些杰出的约曼有幸晋身为乡绅。

社会转型发展使一些人发财而另一些人破产，不仅影响着农业资本家还影响到农业工人。16世纪中期为止是他们的发展初期。1349年的黑死病使大量人口减少工资上涨。政府作出努力来恢复原来的工资水平成效不大。好在亨利八世限制封建领主的侍从人数及生活水准，加之驱散了依附修道院的大量乞丐增加了劳动力的供应，新增的劳动力使得工资降低。另外工资上涨曾促进养羊业占用了更多的荒地，降低了对劳动力需求。亨利六世时代就常常引发农民的骚乱的圈地，土地上的多余劳动力被大地主赶走，而公共土地的被侵占导致供无地者利用的土地日减，就连传统上一直被默许存在的茅舍农的陋屋窄地也难以幸免。领主们还剥夺了茅舍农在自己树林里放牧和采集橡树果的权利。这样在英国就出现了经常性的流动人口，他们基本上总是处于失业状态。政府为了防止他们铤而走险制定了严苛的《劳工条令》。托马斯·莫尔爵士在《乌托邦》中严厉抨击了这种土地暴政是"富人反对穷人的阴谋"。

农业无产阶级的好日子开始于伊丽莎白时期。200年左右的时间几乎没有圈地发生，而不再养羊的公地成立穷人活命的资本。女王规定后茅舍农需付一笔小钱，在茅舍周边就可以耕种一块 4 英亩的土地。大多是茅舍农获得的小块土地，使他们在货币贬值时避免了最坏后的结果。由于他们自己耕种和收割，上涨的食物价格没有过多影响他们的生活，虽然工资的增长追不上银价的下降。

政府让他们重返土地是为了把他们留在土地上。因此政府规定受雇不满一年不得离开；前任雇主不发给证书就无法找到新的工作，还要在收获时节为地方政府提供劳役。但是雇主也只能在法律规定的最短期限过后才可辞退雇工，并且由治安法官评定工资的数额，这也约束了雇主保护了被雇佣的短工。16 世纪末，农业工人实际上生活很舒适。据说他们不大喝白水了；他们吃上了肉和咸鱼；他们穿的是毛织品，在家里有精致的家用器皿和农具。而毛织业还成为他们家庭新的工作也提供了额外的收入来源。许多新工厂也在乡村地区建立起来了；当依靠农耕和家庭纺织还难以糊口，他们最后的机会还有工厂虽然可能有法规加以禁止。

虽然在 17 世纪到 18 世纪上半期，劳动者们还是处在一个经济与社会状况有利的环境。但也有一些不如意之处：1662 年的安置法使一些穷人受到压榨；土地产权不明使大地主掌握着他们的命运。大地主一旦成为教区所有土地的主人，为了摆脱了为劳动者在自己庄园提供房屋的义务而拆掉茅舍，而劳动者要在相邻教区找住处，他每天得在住所和劳动场所来回奔波。济贫税由相邻教区的地主们缴纳。工资额被官方千方百计地总是核定维持在最低水平。针对这种情况，乔治一世和二世时期，政府开始根据家庭人口给身体健康的劳动者发放补助。表面上这是一个公正的而且还鼓励人口增长的好办法，但实际上这一政策却使单身汉和无子女夫妇失去了补助，也使得整个劳动力市场的工资水平被间接地降低了。

虽然农业的日趋集约化生产发展告一段落后，劳动力紧缺情况再次出现。因为采用新耕作流程的田地要求有更多的劳力付出更多的精力照料。但集约化与新技术使粮食产量超过市场的需求，食物变得便宜了。受保护的茅舍农住在公地上不受打扰，还能在自己圈地外开垦菜园或果园，把牛、猪和一些家禽在公地上放养以补贴家用。雇佣他们的小农场主或地主还会照管吃住。农业工人现在吃得更好了。小麦面包取代了黑麦、大麦和燕麦面包。他经常吃肉每天都能吃上奶酪，喝的是啤酒甚至也不时喝茶。

1760 年英国再次打响了对茅舍农的战争，随着议会圈地运动的开始一切都变了。公地被大地主侵占，有一小块土地的农业劳动者不得不屈服于富裕的邻居。圈地运动开始之前农业的发展已越过对劳动力最需要的时期。圈地进一步加剧了劳动者受雇断断续续的受雇状况。而人口的增速超过了粮食的增长，生活费用与工资的差距越来越大，农业工人中的贫困阶层的艰难时期到来了。圈地运动造成了农业雇工的生活艰辛，也意味着农业资本主义要逐步让位于更适应市场经济的新的更具生命力的生产方式，虽然还没有人知道即将来临的工业革命，然而不可否认现代资本主义经济的序幕徐徐拉开了。

第二节 中间阶层

时间已将走过18世纪，英国经过近300年的发展，就像麦克法兰仔细梳理13—18世纪对英国的论著所归纳的外国人心目中英国的显著印象：一是高度成熟且个人主义的市场化社会，并可导致非同寻常的富足，而且财富会广泛分布于民；二是社会流动性极大，这种流动的基础是财富而非血缘，在职业群体、城乡之间、社会阶层之间几乎没有牢不可破和永久的屏障；三是个人思想和宗教方面的独立和自由精神，使得法律中也蕴含着强烈的个人主义。托克维尔在对英格兰和欧洲大陆国家的考察之后，慨叹除了英国，还有哪个国家的财富更巨大？私有财产权更广阔、更安全、更多样化？社会更安定、国民更富裕？毫无疑问，是英国。托克维尔断定英国的农业是"世界上最丰饶和最完美的"，关键在于它有一套能够振奋英格兰整个立法机构的精神[①]。

笛福说："财富，不问出处的财富，在英格兰造就了机械贵族、耙子绅士。古老的血统在此无用武之地，是厚颜和金钱制造了贵族。"笛福的话揭示了社会流动的基础，或曰攀爬英国上层社会的阶梯就是财富。罗伊·波特更加形象地表述18世纪的英国："它能够不断地适应挑战和适应个人流动，包括上下左右的流动。较之其他任何国家，金钱在这里更是一份穿越阶级边界的护照。"他们的目的是要高人一等——感到自己在社会阶梯上比谁都爬得更高。亚当·斯密从经济学角度解释："每个人都在不懈地努力，寻找最有利的事业，以赚取他

---

① ［法］托克维尔：《旧制度与大革命》，第34、184—185页。转引自麦克法兰《英国个人主义的起源》，第217页。

能够支配的任何资本。实际上，他眼里只看见自己的利益，看不见全社会的利益。"托克维尔对这样做的后果曾说："在任何国家，贫穷都是坏运气，但是在英格兰，贫穷是极其可怕的厄运。在这里，财富等同于幸福以及一切与幸福相伴的东西；而贫穷，甚或是小康，则意味着不幸以及一切与不幸有关的东西。因此，人类精神的全部源泉被投入了财富的攫取。其他国家的人追求富贵是为了享受生活；而英格兰人追求富贵，不妨说，是为了活着。"他相信，渴求赐福是英格兰获得成功的原因之一。尽管财富有易逝的特点，但为了赚取它、保持它，英格兰人总是洋洋自得地低下眼睛看脚下，他们不允许任何法律限制成为绊脚石。① 所以，在英国社会，"表面的平等，实际上的财富特权，或许比全世界任何国家都要厉害"②。财富处在相似等级水平的人们也就最容易聚集到一起，也就最容易形成一个他们自己的阶层。

一 农业资产阶级的形成

15—18世纪，西欧各国经历了从中世纪社会向近代资本主义社会过渡的变革。在英国是社会财富流向富裕农民、律师、城市商人、一流的行政官员和成功的政治家的过程，但也在一定程度上吸纳他们成为土地贵族阶层③。这其中只有富裕农民是直接从土地利润中获得财富的。但是，一旦时机到来，这所有的人就毫不犹豫地把财富转变地产。因为市场上有了大量的土地，因此，没有出现过值得自豪的商人世家、世代相传的律师世家、累世相承的职业政治家④。土地作为主要的经济基础使其一直是政治影响力的主要源泉。

土地所有权不只是顺从的劳动力的"蓄水池"，还成了获得下院议席和在地方政府中占一个职位，充任治安法官、郡长、副郡长、召集官或补助金委员会成员的条件。只要土地保持这一权力结构的关键角色，拥有土地在社会地位象征中就占据绝对优势。而17世纪的政治发展、国王财政源泉的先行衰弱及其声望和影响日渐式微，地主的重要性实际在逐步上升。地主渐渐获得的卓越社会地位，加上他们通过国家教育设施的自我提

---

① [英]艾伦·麦克法兰：《现代世界的诞生》，上海人民出版社2013年版，第110页。
② 同上书，第111页。
③ L. Stone, *The Crisis of Aristocracy, 1558–1641*, p. 25.
④ Ibid..

高,使那些出身低微者实际上升居要职变成不可能。近 400 年间,政治成了有钱有地的绅士们的专利品,而工人阶级出身者第一次获得一个内阁席位要等到 1906 年。

有强大的王权,又有国王统辖之下的地方自治。特色鲜明英国政治源于独特的政治文化传统和历史条件。然而到了 15—18 世纪的英国,乡绅和富裕农民已发展成为英国社会两大主要支柱。特别是富裕农民,还是英国所特有的阶层——"中等阶级"。欧洲其他国家只有贵族和农奴,英国却存在这样一个独特的中等阶级,显然有特别的社会意义[①]。在地方与中央的机构体系中,长期以来对王权的尊敬和忠顺的衰弱,以富裕农民及其延伸体乡绅和骑士所组成的社会力量起着举足轻重的作用,其激进作用开始引人注意,从地方政府层面扩展直到国家政府层面,他们逐渐掌握了对国家的影响和干预,掌握了社会和政治的主动权,对英国的经济生活和政治生活都产生了重要而深远的影响。

首先,富裕农民作为资本主义租地农场主,预示着英国乡村中土地持有者的分化已经摆脱庄园经济的轨迹。富裕农民从原来的农业生产者中分离出来,承担起新的经济职能。他们既不同于土地所有者,又有别于工资劳动者。作为独特的阶层,作为新兴的中等阶级,他们打破了旧的敞田制土地模式参与圈地。在被圈围的土地上采用新型的雇佣生产方式进行生产和经营的,是新型的农业经营者——富裕农民,而往往不是旧有的土地所有者领主本人。由富裕农民开创的一种新的生产组织形式很快发展起来,到 15 世纪资本主义租地农场出现并且稳步发展。他们利用雇佣劳动耕作土地,饲养牲畜,又非常注意从租赁土地中谋取利益。农业生产方式的革命强化了农村中的资本主义生产关系。富裕农民普遍采用新的生产经营方式,使得农业不仅只是一种谋生方式而且更成为一个产业。富裕农民代表了新兴的经济力量和社会阶层,经济力量与影响使他们在地方事务中间施加影响,又逐步发展成为国家的一支重要的政治力量,预示并推动着国家朝着资本主义前途发展正是英国的富裕农民,是使英国走上第一个现代化国家轨道的重要推手。

其次,新乡绅阶层形成。进入 16 世纪以后富裕农民的兴起使得中世纪晚期英国乡村的阶级力量发生了消长、分化和组合,发生了社会阶级结

[①] 钱乘旦:《第一个现代化国家》,四川人民出版社 1988 年版,第 7 页。

构的重组。许多出身不同的人们，包括乡绅、富裕农民、骑士、商人资本家，在资本主义农业经营中获得了共同语言，实际上融为一个阶级，形成了一个势力日益强大的中间阶层。他们是依靠新的经营方式崛起的新的乡绅，是社会转型时期英国农村中最有生气的力量[①]。原有的旧乡绅只是英国中世纪社会等级中的一部分，但到中世纪晚期，他们依靠投资土地事业、采用新的生产方式经营资本主义农场和从事谷物、羊毛贸易而崛起，并凭借其雄厚的经济实力在地方事务中起着举足轻重的作用。新的乡绅却由于数量更多，整体的财富数量更大而影响力逐渐后来居上，这也是哈里森为什么注意到16世纪中叶的纹章官大玩出售盾形纹章从而创造古老家族的游戏的原因了。

随着农业资本主义经济的发展，乡绅以及孕育出乡绅的富裕农民成为了英国现代农业的创造者。他们凭借在15、16世纪从土地上收获的大量利益一次次的再投入土地上，靠反复的投入使土地增值也使社会再生产不断得以扩大，进而推动农业生产技术一波又一波的进步。他们是农业革命的发起人和推动者，从14世纪晚期农奴制解体至18世纪工业资本主义最后确立，他们是英国数百年间经济发展的中坚力量[②]，推动农业革命的富裕农民自然成为了未来的第三等级的一员。英国的第三等级就是新兴资产阶级，他们对地方和中央皆产生着重要影响。地方上面，由国王委派的郡守、治安法官、堂区职员负责执行和监督国王命令的实施，还包括了枢密院的命令以及议会的法案和王家法院的判决，作为地方的公共事务管理人员的治安法官，是由地方的民众根据他们在地方的经济、政治和社会地位推举产生的，他们既不领取薪水也不食国家俸禄，虽然也接受枢密院的监督和直接的指导，但也拥有一定的独立性和自主性。与治安法官具有相同性质的是堂区公共职务，由那些土生土长的富裕农民担任。虽然也收到上级政府的控制但还是具有相当大的自主权。在相当程度上他们代表着地方的要求照顾了地方利益，地方经济的发展同他们有着千丝万缕的关系。在中央，议会的下院由乡绅、律师和工商业主等阶层构成，对过往和贵族主导的国家政策起到了一定程度的制衡，也因此形成了国家的重大决策要经过国王以及议会上院和下院一起通过的政治决策机制。负责立法的是议

---

① 侯建新：《社会转型时期的西欧和中国》，高等教育出版社2005年版，第125页。
② 侯建新：《富裕佃农：英国现代化的最早领头羊》，《史学集刊》2006年第4期。

会，负责行政的是枢密院，负责司法的是普通法法院，这就开始确立了在王权下相互协调又各司其职的英国特色的"三权分立"政体。

通过对 15—18 世纪英国富裕农民群体经济生活、公共政治生活和社会文化生活等问题的考察分析，有助于我们对中间阶层的发展即后来资产阶级及中产阶级发展历史的理解，有助于对英国农村现代化进程的理解。该主题的探讨有其独立的学术价值，对于我国正在推行的农业现代化和国家工业化也提供了丰厚的思想资源与历史借鉴。

二　身份的趋同：英国中产阶级的形成

古希腊哲学家亚里士多德曾说过："唯有以中产阶级为基础才能组成最好的政体。"在他看来，"中产阶级（即小康之家）比任何其他阶级都较为稳定。他们既不像穷人那样希图他人的财物，他们的资产也不像富人那么多得足以引起穷人的觊觎。既不对别人保有任何阴谋，也不会自相残害，他们过着无所忧惧的平安生活"[①]。他认为，最好的政体必须由中产阶级执掌政权[②]。

在西欧社会转型和现代化进程中，社会结构的变迁引起人们的普遍关注。社会上中间阶层人数的增多与比例的扩大，既是近代社会发展的产物又关系到政治和社会稳定。社会的中间阶层构成社会主要成员经历了一个历史过程，包括一部分上层社会的下沉，例如改变了经营方式的贵族和骑士，更重要的是一部分平民和市民社会的向上浮动。在英国中世纪晚期近代早期崛起的富裕农民（还有富裕的市民）及其延伸体乡绅，就构成了英国社会发展的中间阶层，也就是后来中产阶级的基本来源，对英国社会的转型和在这一过程中稳定发展起到了重要的作用。

社会结构弹性的衡量标准是社会结构对不同社会出身的新家族的吸收能力，以及让新家族转而奉行目标社会群体道德和生活方式的能力。在文章阐述的这个历史阶段，社会的流动以前所未有的速度发生，中产阶级在伊丽莎白时代以前所未有的速度成长起来是不容置疑的。尽管大的潮流是财富流入富裕农民、律师、城市商人、一流的行政官员和成功的政治家手

[①]　[古希腊]亚里士多德：《政治学》，吴寿彭译，商务印书馆 1965 年版，第 206 页。
[②]　同上书，第 207 页。

中，但他们在不同程度上都成功地被吸纳为土地贵族阶层①。16 和 17 世纪的英国社会结构发展呈现出相当大的不同。

1. 城市与乡村的中等阶层通过土地流转联系起来

土地的流转不但造就了新生产方式下的富裕农民，围绕土地流转而形成的市场化经济运作体系，也使城市中的富裕的中等阶级得以染指土地经济，这样就把富裕农民与城里的商人、富裕的匠人等在经营活动中联系起来。

在中世纪的英国，土地不仅是安身立命之本、经济收入的主要来源，而且伴有相应的政治和司法权力、军事义务、封建头衔和名号等。因此，为了维护自身利益并加强对土地的控制，以国王为首的统治者确立了土地分封方式和以长子继承制为主要特征的土地传承规则。虽然这样的规定在维护封建统治秩序方面起到了不可低估的作用，对土地领主个体而言却有许多不利影响。首先，封建土地保有制主要维护了封君的权利，而其封臣所承担的义务明显多于其享有的权利。他们不仅要遵照封建等级秩序（feudalism），即遵照封君与封臣之间达成的契约（封君要保护向他行过臣服礼的封臣，封臣在委身于封君时要宣誓效忠）去履行与所封受的土地相伴的军事义务，还要向封君缴纳各种杂税。其次，由于法律规定领主地产在其死后须由长子继承，则事实上剥夺了领主通过遗嘱处置地产的自由。随着经济的发展，地产领主自由遗赠、转让土地的愿望日益强烈，想方设法规避封建土地保有制和继承规则的束缚，渴望按照自己的意愿将地产托管于他人并受益。由此便在其地产上产生了土地保有与土地用益的信任与契约关系。真正将尤斯制度确立下来并得到普通法保护则始于亨利八世 1536 年颁布的《用益法》（Statute of Use）及其后议会通过的《遗嘱法令》。在《用益法》中，将"用益（use）""信托（trust）""确信（confidence）"并列。凡提到用益，都可将其与信托并用，也可单用 trust，以表示信任或信托。可见，到《用益法》颁布时，信托和用益这两个词表达的意思并没有严格的分界，只是由于历史传承，并且因为 use 一词更能表现将财产转让给别人使用的意思。《用益法》承认用益权合乎普通法，现在产生的用益与以前的用益将在各方面都被视为一样；宣告土地的受益

---

① 劳伦斯·斯通：《贵族的危机：1558—1641 年》，于民、王俊芳译，上海人民出版社 2011 年版，第 25 页。

人同时是法定土地所有人,对法定的土地所有人可以实施没收或课税。《用益法》通过对受托人采取诉讼的形式来保护受益人的权利。法案还保证国王的封建附属权利,特别是监护权。取消了遗赠的权利。《用益法》承认用益,为信托的独立发展提供了契机。但对遗赠权利的取消却带来了一系列骚乱。为解决这一问题,亨利八世在1540年颁布《遗嘱法》(The Statute of Wills),又于1542年对《遗嘱法》作了进一步解释。允许地产领主对其2/3的土地实施托管。虽然不是全部,但这样的妥协对于地产主来说已经足够了。至此,国王与其封臣在双方都作出妥协的基础上达成一致,关于围绕土地转让所涉及的封建财产权利的拉锯战总算告一段落。也为土地流转的市场化经济铺平了道路。

由于商品经济的发展在英国建立了市场体系,从而使英国农村迅速走上农业商品化道路。农村的中间阶层和获得土地的普通商人、专业人士很快就找到了共同的语言,事实上融合成一个阶层。17世纪的中等阶层,包括英国前工业社会的一些群体,他们不是有钱有势,也非卑微和低下,他们是"约曼、农夫、呢绒工匠以及所有处于中等地位的人们"①,他们又是怎样从16、17世纪的经济发展中脱颖而出的呢?他们是这样一些约曼和手工工匠,或者吃进时运欠佳的乡邻的土地,这些乡邻被迫在谷物价格上升时期出卖土地,或者从市场经济的扩张中获得或大或小的利益②。这个阶层的代表人物已经不再收取封建地租,而成为从事新式经营的企业家。农业的商品化使农村中间阶层更接近商人,他们充分利用资源,看重功利和效益。他们雄心勃勃,敢作敢为,对他们来说,出手不断增长的粮食产品也是增加收入的一个主要来源。斯密指出:"劳动者的雇主即靠利润为生的人,构成第三个阶级。推动社会大部分有用劳动活动的,正是为追求利润而使用的资本。"③

2. 宗教信仰与相似的社会经济状况让城市和乡村中间阶层有了共同语言

在15—18世纪的英国乡村,人们在教育、宗教、观念和行为等方面

---

① [美]约翰·斯梅尔:《中产阶级文化的起源》,陈勇译,上海人民出版社2006年版,第30页。
② 同上书,第30页。
③ 亚当·斯密:《国民财富性质和原因的研究》上卷,郭大力、王亚南译,商务印书馆1983年版,第241页。

都打上了深深的新教主义的烙印。人们谈论更多的则是资本主义精神，"不管在什么地方，只要资本主义精神出现并表现出来，它就会创造出自己的资本和货币供给来作为达到自身目的的手段"①，这也就是人们常常所说的合理谋利精神。

从伦理角度来说，只有当财富诱使人们游手好闲、贪图享受时，它才是一种不良之物；只有当取得财富的目的是为了生活惬意、无忧无虑时，它才是一件坏事。但是就履行职业义务而言，获得财富不仅在道德上是允许的，而且在职业上是必需的②。宗教改革后出现的新教反对繁文缛节，反对吃喝玩乐，崇尚清心寡欲的生活，要求纯洁信仰，具有明显的人世倾向，号召人们以职业劳动来为上帝增加荣耀。这在客观上引导人们关注现世，努力积累财富，强调信徒通过勤奋和节俭取得成功。乡村中的文化和习俗以及宗教观念能否占统治地位，主要取决于乡村中的"上等人"富裕农民能否接受并遵从。而恰恰是这些人，接受了新教的宗教观念、道德伦理和文化。

有着共同信仰的阶层往往对多样化经济和商业性经济有着一样的认同感，并强调个人主义和社会控制。在这个阶层看来，社会等级制的重要特征在于乡绅和贵族的统治和穷人的顺从。1643 年，费尔法克斯勋爵（Lord Fairfax）和他的儿子托马斯爵士来到哈利法克斯，招募反对国王的兵源，前来应征的志愿者中有一个出身于较富裕的呢绒工匠家庭的塞缪尔·普利斯特利作为虔诚的清教徒，有这样的一段话："愿上帝使我如愿；待在家里我无所事事，除了过那种东躲西藏无法忍受的日子；我宁愿在疆场拼死战斗，倘若捐躯，则死得其所。"③ 他的这种坚定态度中流露的价值观和信念与 17 世纪哈利法克斯经济和社会经历诸方面的关系，对于这种文化来说意义重大。塞缪尔认定自己是勤劳的手工工匠和富裕农民构成的集团中的在克里斯托弗·希尔看来，他们正是在英国 17 世纪大革命中发挥了重大作用的人④。塞缪尔的立场，宣告了他这个阶层的人们政

---

① ［美］斯塔夫里阿诺斯：《全球通史：1500 年以后的世界》，董书慧、王昶，北京大学出版社 2005 年版，第 238—284 页。

② 钱乘旦主编：《现代文明的起源与演进》，南京大学出版社 1991 年版，第 239 页。

③ ［美］约翰·斯梅尔：《中产阶级文化的起源》，陈勇译，上海人民出版社 2006 年版，第 29 页。

④ 同上书，第 30 页。

治独立性和履行天职的强烈愿望,而这都是靠清教信念来支撑的。

不论国家权力的增长,国王自身权威的衰弱,还是地主阶层财富和影响的相对上升,都不会对社会分层的基本系统有太大影响。新家族如同变色龙一样的适应性导致的阶层特征的缓慢变化及其特别的稳定性,造成了阶层地位明显具有稳定性的错觉。社会结构本身应该被视为一个有瓶颈的统一体,或者说被视为一个梯形的金字塔或菱形物。缺少一场大革命和对土地和资本的罚没与重新分配,社会流动可能会改变外在的形状,可能会拓宽或者弄狭窄一些阶梯;但是需要经过相当长的时间去除已存的阶梯或者创造新的阶梯。而新生产方式下的土地为基础的市场经济,作为一种新的经济变革固然不如大革命剧烈,但长期缓慢而巨大的力量恰恰使得土地和财富在合乎规律的重新分配。乡村和城里的中间阶层靠拢起来,何况他们还有着共同的新教信仰呢。

3. 土地上的政治因子促使阶级趋同

土地一直是社会阶层政治影响力的重要源泉。在社会转型时期,土地依然保持着附着其上的政治影响力,在整个 18 世纪的英格兰本土,也像其海外殖民地一样表现出了活跃而又有利可图地追求财富。

从贵族阶层来看,土地依然是他们财富和权力的主要来源。1700 年,贵族拥有英国土地财富的 15%—20%,贵族阶层中的一部分人继续改进其经济地位,贵族拥有英国土地财富 1780 年为 20%—25%。他们在某些情况下也在增加自身的财富,例如通过开采煤铁的特许权,通过修建运河,尤其是通过城市的房地产交易,在这些方面,贝德福家族和格罗夫纳家族在伦敦的活动方式起了带头作用。贵族们在乡村的别墅,既是一种象征,又是他们自我炫耀和接待客人的中心,阿瑟·扬后来写道:"法国人仿效英国人去寻欢作乐——居住在自己的地产上并对它加以修饰装潢。"①

依靠采用新型生产和经营方式取得巨大发展成就的富裕农民等阶层来说,他们拥有各类地产和财产,虽然地位在贵族之下,然而他们在改善农业的时代在增加财富方面却居于强有力的地位,而且,其中少数人如霍尔翰的托马斯·科克的地位得到提高并成为贵族。无论其头衔如何,他们作为乡绅的社会作用在本地社会中有着举足轻重的影响。在治安管理员、不

---

① [英]阿萨·勃里格斯:《英国社会史》,陈叔平、陈小惠、刘幼勒、周俊文译,中国人民大学出版社 1989 年版,第 207—208 页。

领薪的教区官员、教会执事、救济人员、乡警等的支持下，地主们决定着治安推事这种权力形式。这种活动没有金钱收入而只有工作负担，但是，由于他们能够对本地和国家施加影响，从而能够作为一个集团来维护谷物法和娱乐法。他们也经常可以使用重要的庇护权①。

这些乡村的富裕阶层的财富通过住在伦敦的"豪商"与伦敦及海外的贸易的联系得到进一步加强。根据一位外国来访者在1727年的看法，他们"远比德国或意大利的君主来得富裕"。1772年格罗斯莱写的《伦敦之行》一书指出，贵族和"英国的商界"的混合是"国家财富的无尽源泉。贵族通过联姻增加了财富，商人们通过竭力发财取得补偿，而乡绅则企图通过联姻达到一种能让自己或后代成为贵族的地位"②。

联姻无疑是发财的重要途径。当时，无论是贵族还是绅士，都没有成为社会上封闭的阶层，尽管贵族在这一时期比英国社会史上大多数时代都更为封闭。当时人们所感到自豪的，是某种在1757年所说的"从一个阶层向另一个阶层转变在逐步进行而又容易达到"③。因此亚当·斯密和其他许多人的看法才会是"商人通常怀有成为乡绅的雄心"。就连丹尼尔·笛福在他的作品中塑造的主人公鲁滨孙，从荒岛回来后也要在贝德福德郡购买土地，可见笛福也是抱着这种看法的人。同样平尼的家族在西印度群岛发了财后，1778年他不禁感慨"最大骄傲就是被视为乡绅，因此我决定去弄一个头衔，甚至避免用西印度群岛的名字"④。他们想要的也许更多，要求一个头衔也许过于谦让了。是以土地为代表的财富将富裕阶级们联系在一起，城乡相互作用，海内外相互促进，贵族与新富相互提携，进一步去寻求和获取更多的财富，从而在整体上表现出英国资本主义经济蓬勃向上的局面。

约翰·豪利特牧师在1772年写道："当厂家欣欣向荣、不断发展时，农业也同他们一道繁荣。"一个经济史学家曾计算过，1700年一个农民生

---

① ［英］阿萨·勃里格斯：《英国社会史》，陈叔平、陈小惠、刘幼勒、周俊文译，中国人民大学出版社1989年版，第207—208页。

② 同上。

③ 同上。

④ 同上书，第209页。

产所得能养活 1.7 人，而在 1800 年能养活 2.5 人，即增加 47%①。1700—1790 年，土地价格上涨了几乎一倍。与此同时，增加了大约 400 万英亩耕地，而且农作物产量也增加了。当时英国不存在特殊的农业革命（18 世纪三四十年底，一些谷物生产区甚至面临不景气），但是总的说来，18 世纪的变化——多数变化起源于 17 世纪——是如此之多，以至于人们将其同潮汐相比。阿瑟·扬写道："睁大眼睛到处看看，你除了看见大量财富和更大量的富源外，再也看不见什么。"②

18 世纪，在英国以商人、企业主、乡绅、富裕农民和一些专业人士为主要代表的中间阶层力量或中产阶级的力量不断增长，成为一个复杂多元的群体，具有相似文明符号的阶级趋同。都铎和斯图亚特王朝社会的重要特征是帽子和鞭子。帽子总是被脱下和戴上以强调复杂的社会阶层与权威层次体系。拥有鞭子和足手枷被视为尊严的标记。富裕农民与乡绅、绅士等趋同形成了一个新兴的阶层。不仅控制国家的经济命脉，而且控制国家的政治生活、民主政治，并为 19 世纪议会改革运动起了重要作用。他们的崛起，正是因为 17 世纪资产阶级革命后英国以灵活、开放、流动为特征的社会结构，中产阶级正是在这样宽松的社会氛围中成长和壮大起来，成为推动近代英国社会变革的重要力量。以农业革命为基石，首先使农业进入资本主义经济发展的轨道，从而为工业革命奠定了非常重要的物质基础，而奠定这一重要基础的主力军正是以乡绅、富裕农民等农业资本家为主的中间阶层。富裕农民并没有消失在了新的历史舞台上，他们只是改换装束，以资本主义中产阶级的新面孔又一次在资本主义的英国粉墨登场。

本章小结

英国的富裕农民成为一个阶层作为农业资产阶级重要的组成部分的发展史，与英国社会 1500—1800 年的发展历程，其所体现出来的人类历史发展客观规律的必然性与发展过程中偶然性之间交替杂糅缤纷的画卷，正

---

① [英] 阿萨·勃里格斯：《英国社会史》，陈叔平、陈小惠、刘幼勒、周俊文译，中国人民大学出版社 1989 年版，第 209 页。

② 同上。

是辩证唯物主义的历史观的直观地展现。

资本主义与工业革命生发成长于英国而不是其他地方,这是一个偶然;然而作为通过突破性的发展质变而诞生出新的社会发展特质与新的社会构成、新的组织模式的历史进步趋势则是必然的。英国社会发展转型,资产阶级的形成,资本主义体制的确立,工业革命的发生等历史现象,表面看来是一种"自完成的""自立性"的历史事件,这似乎体现了历史发展的偶然性;然而诸多人类的技术与文化成果经过漫长的时间与空间的传播、转变和汇聚,在已经成为独立的民族主义国家的英国,在经过与英伦三岛的具体客观环境条件的结合,渐次发生了一系列事件:大宪章,宗教革命,光荣革命,克伦威尔,圈地运动,工业革命等,孤立地看每个事件起因都有其偶然性;可当我们以史家之眼审视整个历史阶段的进程,则其必然性却触目即是。富裕农民在英国这段转型期中的经历与所起的作用看似偶然而实则必然。但对富裕农民以及同时代的旁观者看来,他们由于客观视角所限,也许偶然、运气、上帝的意志之感会更多,这固然有唯心主义作祟,但更多的是因为"只缘身在此山中"的缘故吧!

本文追寻着富裕农民阶层的形成、发展壮大,成为农业资本主义社会中坚力量,归宿成为农业资本家的乡绅,当然最后都被工业化的浪潮吞没。通过对他们的社会生活、经济生活、宗教精神生活、文化娱乐、体育休闲和享受生活等多方面的呈现,全景式属展现了1500—1800年英国转型时期的富裕农民的生活画卷。英国的历史发展与转型历程,同时是富裕农民的创业历程,也是农业资本主义发展的重要部分,是资本主义市场经济走向成熟的历程……一个转型的历史时段,其中蕴藏了极为丰富的甚至包罗万象的人类社会生活历史性变迁的一个个时刻,但在研究时难免有所取舍,挂一漏万也是很无奈的事。

这是一段研究富裕农民经过相当长的历史发展过程,具体而言就是1500—1800年,由英国乡间的富裕农民逐渐发展"进化"成为近代的中产阶级的发展历程——一个阶级的发展形成过程。难怪马克思主义认为:经济是基础,经济基础决定上层建筑。这一段发展进程的终极推动力是经济自身运行发展以及所带来的变化影响造就的。而清晰地展现出经济规律的运动轨迹的最主要的标的物就是土地。土地作为不动产是衡量财富的尺度。无论是制定法律法规标准,还是制定国民赋税的依据,还是制备军事装备的条件,以及专家学者的统计,往往把研究对象的财产状况作为分类的依据标准，更直接的就是按照研究对象拥有土地的多少来分门别类区别研究。为什么中外经济研究中的统计分类离不开土地呢？因为在工业革命前的漫长历史进程中，土地几乎是人们所掌握的唯一的生产物质基础与投资的归宿。可以说工业革命前的各种生产经营的经济活动与产品的总和几乎都来自于土地。所以，威廉·配第说出了"土地是财富之母"的至理名言。正是工业革命前的生产力水平决定了人类的生产活动难以离开土地，威廉·配第透过现象直指本质地点出了土地是一切财富源头的社会生产经营活动的核心问题。那么每一个社会成员的经济状况如何，就要靠拥有土地的多少了。

土地作为主要财富，其拥有方式的不同与获取途径的差异就是经济规律变化的表现，也就是社会历史前进的足迹。所谓大道至简。土地作为财富之母的观点，放在工业革命前的在各个历史时期，无论古今中外概莫能外。但是在不同体制与不同社会制度的环境下，乃至相同环境的不同时期，土地的拥有方式和途径是各不相同甚至大相径庭。据此我们可以这样认为，中外社会发展的巨大差异或可能肇始于此。中国长期的王朝更替，但土地始终是"普天之下莫非王土"，处于一种超级稳定的土地控制之下；而欧洲土地处于封君封臣分别占有之下，是处于潜在的竞争与冲突的动态形势之下，相比照而言是不稳定的。唯其不稳定的情境之下才更有可能产生新的突变，才有可能创生出新的社会生产方式，形成新的社会生产关系，最终才会迈向历史的新纪元。

而土地作为不动产的市场化流动，意味着土地的不断被分割或重组，土地的主人们也会像走马灯似地转换。我们注意到在中世纪的英国，在"王领"之外还有着许多贵族和寺院的土地，这就意味着作为不同主人的经济基础形式在的土地，其存在、支配与经营是不同的。那么当有朝一日形成了一个适合于"王领"之外的土地的经营管理方式的时候，此消彼长，就会有了制约"王领"主人的力量。所以当国王征税需要下议院批准时，就是这个制约力量——来自于不同阶层的第三等级的力量开始发挥作用了。土地经济经济的发起而至兴盛，代表着一种被认可的新的经济模式流行起来，也就意味着在此基础上的与之相适应的新的社会形态的形成。所以可以说，英国走上君主立宪的体制的根本原因是经济运行模式的英国式独特发展所造就的。

伴随着土地制度的改变和土地经济兴起的发展历程，也显示了人们观念的渐次改变。土地是财富之母。可是为什么同一块土地在不同的人手中会产生不一样的结果呢？不是经营者的体力不同造成的，而是经营者的社会经济身份的差异造成的。富裕农民之所以逐渐的富裕起来，有的逐步上升为乡绅，最主要的在于他们拥有人身自由，不是原来那种依附于庄园主的农奴，靠着个人的聪明才智与勤劳耕作和善于经营，逐步走上富裕之路。在整个社会转型的漫长时期内，善加利用转型期的各种机会、机遇，如土地逐步向自己手里集中而为农场主，或经营土地之余逐渐参与到城市市场贸易当中成为供货商，这些经历会不断改变人们的观念也会为其他人提供借鉴与榜样。当使开浑身解数只为发家致富的观念深入人心，当富裕后的社会地位的抬升的时候，榜样的辐射传播效应就会使致富如此的深入人心。

  随着土地制度的改变和土地经济的发展，人们的观念随之渐次改变，也会引起上层建筑随之变化以适应经济模式的发展与转化。自《大宪章》以来，对王权的限制也是英国中世纪以及近现代史发展的一条主线。如果以历史的目光来审视这比较长远的发展历程，就会发现经济的逐步自由发展与王权的或主动、或被动的与之碰撞适应，才造就了后来的日不落帝国和开启了工业革命。经济的自由发展与王权的碰撞，演化为二者之间的相互妥协和相互依存又持续斗争的复杂过程，但长期关照研究的结果是二者间是相互促进共同进步的。以《济贫法》为例即可以看出这种发展进步的粗略脉络。《济贫法》诞生前的相当长的时期里，济贫扶困这类慈善工作都是教堂会的职员。加之当时经济发展缓慢而稳定，贫困人数也相对稳定，远未达到影响和危及国家稳定的地步。随着经济的逐步发展，一部人富裕起来如富裕农民。一部分富裕就有另一部分人更加穷困，最终发展到必须以国家力量和立法来加以解决。今天的英国等发达国家的社会福利与保障措施，就是济贫扶困的现代形式和高级形式。

  在经济发展和人们追求发家富裕的路途上，基督教中清教的观念的流行与被接受对这一经济发展趋势起到了推动与约束的双重作用。一方面清教鼓吹作为上帝的选民，就要展现出与众不同的能力。能够不断地追逐与创造财富，使自己富裕发达起来，才不枉作为上帝的选民的特殊能力和与众不同，才对得住被上帝选中的荣耀和对上帝的以财富的献祭。在这种上帝所青睐的人的身份的鼓舞下，发家致富不但有了美好的理由还有着信仰上的持续的精神力量。另一方面，作为信奉上帝的清教徒，在生活中清教主张赞赏财富的积累，限制纵欲与享乐，主张一切消费用到扩大再生产上去，倡导节俭隐忍和勤奋进取，诚实守信珍视荣誉，重视家庭重视子女的教育等。这是在新经济模式下逐渐产生出来的新的社会群体所具有的新的思想信仰与自我约束。清教群体的形成与清教思想的普遍被接受，是新富裕起来的人们不但在财产上高人一等，在自我道德修养上也处于居高临下的优势。英国资产阶级革命的领导人全是清教徒。清教思想伴随着新兴的资产阶级的崛起，也逐渐形成了近代资产阶级思想的一个组成部分。

当土地经济发展起来以后，在经营方式与耕作方式上不断改进，同时伴随着上层建筑对新兴经济发展的适应，以及清教精神力量的促进作用，新的经济模式有了长足的发展。但如何能再进一步提高效率扩大利润就成为了遏制经济进一步向前发展的瓶颈。突破瓶颈的手段就是今天我们称之为的工业化。当然这一切是一个渐进的逐步加速的过程，首先突破是在英国经济最擅长的部门——纺织行业。圈地都圈了两轮，纺织业效率的提升要靠技术的革新与发明创造。当然后面的故事我们都知道了，珍妮纺纱机、瓦特改进蒸汽机等。技术的进步如同水漫金山一般传播开来，与海外贸易的发展相结合，英国人要开始为他们的产品寻找新的市场了。当然这些都已超越我们的研究范围之内啦，但追寻历史发展的轨迹，中世界的暮鼓正连接的是资本主义新时代的清晨。从土地上诞生的工业化，很快将超越并替代土地经济的地位。

近现代工业化国家正迅速形成，工业经济成为国家经济格局中的主力，富裕农民逐渐退场。然而一个阶层的消失只是历史的一个片断，我们研究的主人公们正迅速地改换形象，然后以近代中产阶级的面貌又出现在我们面前。

这段富裕农民的经济奋斗发家史，反映的是英国社会转型阶段英国乡村及特定阶层的发展变化，我们或可从中得窥社会历史变革的历程中的一些规律，如市场经济那看不见的手和对后来者的启示与借鉴。因此对我们今天的社会发展与步入工业化进程时代的国家与社会治理，还是能够起到一定的现实参照意义的。

一是依法治国。从大宪章开始，英国从君主到臣民慢慢地逐渐养成了一个法制传统和契约精神，当然这个养成是持续斗争与妥协的结果。纵观富裕农民的发展过程，基本是在法律维系下开展的一系列的市场经济行为，法律保障了市场经济，这对于资本主义经济基础的形成和巩固是非常重要的必要条件。这得益于英国形成的法治传统。《大宪章》所宣扬的"王在法下"原则,封臣对封君的"国王应该靠自己过活"的要求,国王的征税要经平民同意等。二是对于社会问题的解决,要依靠国家及动员全社会的力量,在国家领导组织下由全社会合力解决。明显的如救济穷苦者和征收"济贫税",国家牵头,社会层层介入,发动有能力的社会阶层共同参与,很好的保障了转型期间没有出现巨大的社会动荡,使生产力水平向前发展,而不是如中国数千年的周期律周而复始,这与法制传统下的生产力得以顺畅发展极有关系。三是建立全民共同的信仰,求得价值追求层面的大多数的大致一致,国教也好,清教也罢,上帝是同一个。在富裕农民的精神生活上,信仰是最主要的部分。不但是他们发家致富的精神动力,也是他们社会生活的行为道德依据。而宗教名义下的教区这一社会组织,也为保障整个国家的和谐安定和参与社会问题的解决,起到了不可替代作用,从而使整个国家处在稳定的和谐的良好状态,同时构成了这个国家软实力的一部分。这似乎比中国的靠家族血缘等关系维持的族群保甲等社会组织更具有现代社会优势,也更利于与市场经济相适应。四是普及教育,有利于信仰的建立和科学知识与技能的普及掌握,对于全体国民素质的整体提升是不可或缺的一环,教育普及发展的结果是国家软实力的增强,发达国家本质上是人的素质的发达,是国家整体软硬实力综合发达的体现,而不仅仅体现在硬件设施上。基督教文明与文艺复兴的精神,在英国相对独立又和平的环境下得到了继承和扬弃,这也是工业革命最终在英国发生的一个内在原因吧。五是要尊重"看不见的手",按市场规律办事,了解熟悉经济社会规律的发展并顺势而为。富裕农民的发展史也是土地经营的发展史,土地的集约和市场化的流转,是资本主义市场经济的发展必然。对于走在工业化城市化进程路上的我们,如何既保持中国特色又最大程度的适应市场经济规律,是我们不可躲避的课题。富裕农民的经济奋斗史,就是一个遵循与顺应资本主义经济规律和市场规律并获取经济效益的历史。最后一点,也是一个非常重要的先决条件,就是要有一个和平的环境。从1066年开始的大约800年时光,英国度过了长期和平稳定的时期,正是在这样相对和平的较长的历史进程中,才在英格兰的土地上孕育生成并发展壮大了一个崭新的社会形态。也只有在这样较长期的和平环境里才会有一个"自己完成的经济循环",和平环境极其有利于某一种生产方式的传播普及,又极有利于相对独立而统一的大市场的形成。英国没有像欧洲大陆部分那样，国家众多，利益纠葛复杂，加上亚欧大陆上的宗教之争等。比较之下就更显得英国的长期和平弥足珍贵了。

英国社会转型过程中富裕农民的发展史告诉我们，自然及社会发展规律就客观的存在于那里，但只有人类中的一员或一个群体或一个阶层乃至整个社会的行为创造了出了适宜这个规律起作用的环境条件，才能得以激活这个规律并发挥作用。因为从中世纪到工业革命的一系列社会活动，包括富裕农民的经济活动，正是让英国触发激活了资本主义经济规律，才使人们逐步认识和适应和熟悉了资本主义经济规律，并得以加速走上资本主义工业化道路，将当时的整个世界远远抛在身后。因此是英国而不是别的国家第一个步入近、现代化发展的道路。这一切是偶然么？我想是一种历史的必然。

参考文献

一 英文书目

Acheson, E., *A Gentry Community, Leicestershire in the Fifteenth Century, c. 1422 – c. 1485*, Cambridge: Cambridge University Press, 1992.

Allen, R. C., *Enclosure and the Yeoman*, Oxford: Clarendon Press, 1992.

Astill, G. & Langdon, J., eds., *Medieval Farming and Technology: The Impact of Agricultural Change in Northwest Europe*. Brill, 1997.

Andrew Browning, *English History Document*, London, 1953.

Beckett, J. V., *The Aristocracy in England, 1660 – 1914*, Oxford: Basil Blackwell, 1986.

Beier, A. L., *The Problem of the Poor in Tudor and Early Stuart England*, London, 1983.

Bindost, S. T., *The House of Commons 1509 – 1588*, Vol. 1, London: Published for the History of Parliament Trust by Her Majesty's Stationery Office, 1982.

Bolton, J. L., The Medieval English Economy, 1150 – 1500, London: J. M. Dent & Sons Ltd., 1980.

Campbell, M., *The English Yeoman, under Elizabeth and the Early Stuarts*, New York: AUGUSTUS M. KELLEY Publishers, 1968.

Chambers, J. D., *Population, Economy, and Society in Pre-Industrial England*, London, Oxford & New York: Oxford University Press, 1972.

Chandaman, C. C., *The English Public Revenue 1660 – 1688*, Oxford: The Clarendon Press, 1975.

Cheyney, E. P., *An Introduction to the Industrial and Social History of England*, New York: Macmillan Company, 1923.

Clack, G. N., *The Wealth of England from 1496 to 1760*, London & New York: Oxford University Press, 1946.

Clay, C. G. A., *Economic Expansion and Social Change: England 1500 – 1700*, Vol. I, Cambridge, Cambridge University Press, 1984.

Cliffe, J. T., *The Yorkshire gentry: from the Reformation to the Civil War*, London: Athlone Press, 1969.

Cook, C. & Wroughton, J., *English Historical Facts 1603 – 1688*, Totowa, N. J.: Rowman and Littlefield, 1980.

Cressy, D., *Birth, Marriage and Death, Rituall, Religion and the Life-Cycle in Tudor and Stuart England*, Oxford: Oxford Unicersity Press, 1977.

Daumon, M. J., *Progress and Poverty*, London: Oxford University Press, 1995.

Dyer, C., *Lords and Peasants in a Changing Society*, Cambridge: Cambridge University Press, 1980.

Dyer, C., *Standards of Living in the later Middle Ages, Social change in England c. 1200 – 1520*, Cambridge: Cambridge University Press, 1989.

Dyer, C., *Making a Living in the Middle Ages, The People of Britain 850 – 1520*, New Haven and London: Yale University Press, 2001.

Elton, G. R., *England Under the Tudors*, London and New York: Routledge, 1991, 3rd ed.

Fryde, E. B., *Peasants and Landlord in Later Medieval England, 1380 – 1525*, Stroud, Alan Suton, 1996.

Goody, J., Thirsk, J. & hompson, E. P. T., eds., *Family and Inheance: Rural Society in Western Europe, 1200 – 1800*, Cambridge, 1976.

Grass, N. S. B., *English Corn Market*, Cambredge: Cambridge University Press, 1926.

Grogg, D., *English Agirculture, An Historical Perspective*, Oxford Basil Blackwell, 1989.

Halsey, A. H., *Change in British Society*, Oxford & New York: Oxford University Press, 1986.

Harrison, J. F. C., *The Common People, A History from the Norman Conquest to the Present*, Flaming: FLAMINGO Press, 1985.

Harvey, P. D. A. ed. , *The Peasant Land Market in Medieval England*, Oxford: Clarendon Press, New York: Oxford University Press, 1984.

Heal, F. & Holmes, C. , *The Gentry in England and Wales*, *1500 – 1700*, London and Basingstoke: Macmillan Press LTD, 1994.

Heaton, H. , *Economic history of Europe*, New York: Harper & Brothers, 1948.

Hilton, R. H. , *The English Peasantry in the Later Middle Age*, Oxford: Clarendon Press, 1975.

Hilton, R. H. , *Peasants, knights, and heretics: studies in medieval English social history*, Cambridge & New York: Cambridge University Press, 1976.

Hilton, R. H. , *Bondmen Made Free*, London & New York: Routledge, 1988.

Hilton, R. H. , *The Decline of Serfdom in Medieval England*, London: Macmillan, 1983.

Holdsworth, W. S. , *A History of English law*, Vol. I. , London: Methuen, 1923.

Hoskins, W. G. , *The Leicestershire Farmer in the Sixteenth Century*, Harvard University Library, 1945.

Hoskins, W. G. , *The Midland Peasant, The Economic and Social Historu of a Leiceshire Village*, London: MACMILLAN & CO LTD, 1957.

Hoskins, W. G. , *The Age of Plunder King Henry's England*, *1500 – 1547*, London and New York: Longman, 1976.

Jurkowiski, M. , Smith, C. I. & D. Crook, *Lay Taxes in England and Wales*, *1188 – 1688*, London: PRO Publications, 1980.

Kearney, H. , *Scholars and Gentlemen: University and Society*, *1500 – 1700*, London: Faber & Col Ltd, 1970.

Kent, J. R. , *The English Village Constable*, *1580 – 1640*, *the nature and Dilemmas of the Office*, Oxford University Press, 1986.

Kerridge, E. , *The Agricultural Revolution*, London, 1967.

Kosminsky, E. A. , *Studies in the Agrarian History of England in the Thirteeth Century*, R. H. Hilton ed. , translated from the Russian by Ruth Kisch, Oxford: Basil Blackwell, 1956.

Kriedte, P., *Peasants, Landlords and Merchant Capitalists, Europe and the World Economy, 1500 – 1800*, Leamington: BERG PRBLISHERS LTD, 1983.

Laslett, P., *The World We Have Lost: further explored*, Cambridge, 1983.

Loach, J. and Tittler, R., *Mid-Tudor Policy*, New York: Macmilliam Press, 1980.

Macfarlane, A., *The Origins of English Individualism, The Family Property and Social Transition*, Oxford: Clarendon Press, 1978.

Martin, J. E., *Feudalism to Capitalism: Peasant and Landlord in English Agrarian Development*, London and Basingstone: The MACMILLAN PRESS LTD, 1983.

Mathias, P., *The First Industrial Nation, the economic history of Britain, 1700 – 1914*, London: Routledge Press, 2001.

Mertes, K., *The English Noble Household 1250 – 1600*, Basil Blackwell, 1988.

Michael, V. C. Alexander, *The First of the Tudors*, London, 1981.

Mill, E. & Hatcher, J., *Medieval England Rural Society and Economic Change, 1086 – 1348*, London and New York: Longman, Group Ltd., 1978.

Miller, E., ed., *The Agrarian History of England and Wales*, Ⅲ., 1348 – 1500, Cambridge: Cambridge University Press, 1991.

Mingay, G. E., *England Landed Society in the Eighteenth Century*, London: Routledge and Kegan Paul, 1963.

Mingay, G. E., *The Gentry, the Rise and Fall of a Rulling Class*, London and New York: Longman, 1976.

Moran, J. H. *The Growth of English Schooling, 1348 – 1580*, Princeton: Princeton University Press, 1985.

O'Day, Rosemary, *Education and Society 1500 – 1800, The social foundations of education in early modern*, London and New York: Longman Group Ltd., 1982.

Orme, N. *English Schools in the Middle Ages*, London: Methuen & Co Ltd, 1973.

Overton, M., *Agricultural Revolution in England, The transformation of the agrarian economy, 1500 – 1850*, Cambridge: Cambridge University Press, 1996.

Palliser, D. M. , *The Age of Elizabeth, England under the later Tudors 1547 – 1603*, London and New York: Longman Group Ltd. , 1983.

Pehr Kalm, *Kalm's Account of His Visit to England on His Way to America in 1784*, London, 1892.

Plumb, J. H. , *England in the Eighteenth Centruy*, Newyork, 1980.

Pounds, N. J. G. , *An Economic History of Medieval Europe*, New York: Longman Group Ltd. , 1974.

Powell, K. and Cook, C. , *English Historical Facts 1485 – 1603*, London: Macmillan Press, 1977.

Raght, L. D. W. , *Life and Letters in Tudor and Stuart England*, New York: Cornell University Press, 1962.

Ridley, J. , *The Tudor Age*, Woodstock & New York: The Overlook Press, 1990.

Rigby, S. H. , *English Society in the Later Middle Ages, class, status and gender*, Macmilian Press, 1995.

Rosenheim, J. M. , *The Emergence of a Ruling Order*, London and New York: Longman, 1998.

Rowse, A. L. , *The England of Elizabeth, A Structure of Society*, New York: Macmillan Company, 1950.

Schmidt, A. J. , *The Yeoman in Tudor and Stuart England*, Folger: The Folger Shakespeare Library, 1979.

Sharpe, J. A. , *Early Modern England: A Social History 1550 – 1760*, Edward Arnold, 1987.

Sim, A. , *Pleasures & Pastimes in Tudor England*, Stroud: SUTTON PUBLISHING, 1991.

Simpson, A. , *The Wealth of the Gentry 1540 – 1660*, Chicago: University of Chicago Press, 1961.

Skyrme, T. , *History of the Justice of the Peace*, Chichester, 1994.

Slack, P. , *The English Poor Law 1531 – 1782*, New York: Cambridge University Press, 1995.

Smith, R. M. , ed. , *Land, Kinshipand Life-Cycle*, Cambridge University Press, 1984.

Spufford, M., *Contrasting Communities, English Villagers in the Sixteenth and Seventeenth Centuries*, Cambridge: Cambridge Univesity Press, 1974.

Stratton, *Agriculture Records*, A. D. 220 – 1968, New York, 1969.

Stone, L., *The Crisis of the Aristocracy, 1558 – 1641*, Oxford, 1965.

Stone, L., *Social Change and Revolution in England, 1540 – 1640*, London, 1965.

Stone, L., *Family and Fortune*, London, 1973.

Stone, L., *The Family Sex and Marriage in England, 1500 – 1800*, London, 1977.

Stone, L., *Schooling and Society, Studies in the History of Education*, Hopkins University, 1975.

Stratton, *Agriculture Records*, A. D. 220 – 1968, New York, 1969.

Tate, W. E., *The Enclosure Movement*, New York: Walker and Company, 1967.

Tate W. E., *The English Village Community and the Enclosure Movement*, London, 1967

Tawney, R. H., *The Agrarian Problem in the Sixteenth Century*, New York: Harper & Row, Publishers, 1912.

Thane, P., *Foundation of the Welfare State*, New York: Lonman Publishing Company, 1982.

Thirsk, J., ed., *English Peasant Farming, The Agrarian History of Lincolnshire from Tudor to Present Times*, London, Roultedye & Kegan Paul, 1957.

Thirsk, J., ed., *The Agrarian History of England and Wales*, Ⅳ., 1500 – 1640, Cambridge: Cambridge University Press, 1967.

Thirsk, J. & Cooper, J. P., eds., *Seventeenth-CenturyEconomicDocuments*, Oxford: Clarendon Press, 1972.

Thirsk, J., *Economic Policy and Project, The Development of a Consumer Society in Early Modern England*, Oxford, 1978.

Thirsk, J., *The Rural Economy of England, Collected Essays*, London: The Hambledon Press, 1984.

Thirsk, J., *Alternative Agriculture, A History from the Black Death to the Present Day*, Oxford University Press, 1997.

Titow, J. Z. , *English Rural Society*, London: George Allen and Unwin, 1969.

Webb, S. & Webb, B. , *English Local Government From the Revolution to the Municipal Corporations Act: the Parish and the County*, London and New York: Longman, 1906.

Whittle, J. , *The Development of Agrarian Capitalism, Land and Labour in Norfolk 1440 – 1580*, Oxford: Clarendon Press, 2000.

Williams, C. H. ed. , *English Historical Documents 1485 – 1558*, London: Eyre & Spottiswoode, 1967.

Wrightson, K. , *Poverty and Piety in an English Village: Terling, 1525 – 1700*, New York, San Francisco, London: Academic Press, 1979.

二 英文论文

Brenner, R. , "Agrarian Class Structure and Economic Development in Pre-Industral England", *Past and Present*, Vol. 70, No. 2 (1976).

Carus Wilson, E. M. , "Evidences of Industrial Growth on some Fifteenth Century Manors", *The Economic History Review*, New Series, Vol. XII, No. 2 (1959).

Christopher Dyer, "A new introduction", in R. H. Hilton, *Bond Men Made Free*, Routledge London, 2003.

Cooper, J. P. , "The Social Distribution of Land and Men in England, 1436 – 1700", *The Economic History Review*, New Series, Vol. X X, No. 3 (Dec. , 1967), pp. 419 – 440.

Cooper, J. P. , "In the Search of Agrarian Capitalism", *Past and Present*, No. 80 (Aug. , 1978), pp. 20 – 65.

Cornwall, J. , "The Early Tudor Gentry", *The Economic History Review*, New Series, Vol. XVII, No. 3 (1965).

Fisher, F. J. , "The Development of the London Market, 1540 – 1640", *The Economic History Review*, Vol. 5, No. 2 (Apr. , 1935), pp. 46 – 64.

Hilton, R. H. , "A Crises of Feudalism", *Past and Present*, No. 80 (Aug. , 1978), pp. 3 – 19.

Hulme, Wm. H. , "Yeoman, To the Editor of Mod. Lang. notes" *Modern Language Notes*, Vol. XII, No. 7, (November, 1897), p. 442.

Pretty, J. N., "Sustainable Agriculture in the Middle Age: The English Manor", *The Agriculture History Review*, Vol. Ⅰ, 1938, pp. 1 – 91.

Stone, L., "The Education Revolution in England, 1560 – 1640", *Past and Present*, No. 28 (Jul., 1964), pp. 41 – 80.

Stone, L., "Social Mobility in England, 1500 – 1700", *Past and Present*, No. 33, (Apr., 1966), pp. 16 – 55.

Tawney, R. H., "The Rise of the Gentry, 1558 – 1640", *The Economic History Review*, Vol. Ⅹ, No. 2 (1940), pp. 1 – 38.

Thompson, F. M. L., "The Social Distribution of Landed Property in England since the sixteenth Century", *Economic History Review*, New Series, vol. 19, 3 (1966).

Trevor-Roper, H. R., "The Gentry, 1540 – 1640", *Economic History Review*, Supplements, (1953).

Turner, M. E., "Pariamentary Enclosure and Landownership Change in Buckinghampshire", *The Economic History Review*, New Series, Vol. 28, 1975.

Webb, S. & Webb, B., *English Local Government From the Revolution to the Municipal Corporations Act: the Parish and the County*, London and New York: Longman, 1906.

Wilson, E. M. C., "Evidences of Industrial Growth on some Fifteenth Century Manors", *The Economic History Review*, New Series, Vol. Ⅻ, No. 2 (1959), pp. 190 – 205.

Wm. H. Hulme, "Yeoman, 'To the Editor of Mod. Lang. notes'", *Modern Language Notes*, Vol. Ⅻ, No. 7, November, 1897.

三 中文译著

阿·莱·莫尔顿:《人民的英国史》,谢琏造等译,生活·读书·新知三联书店1976年版。

阿萨·勃里格斯:《英国社会史》,陈叔平、刘城等译,中国人民大学出版社1991年版。

埃尔顿:《新编剑桥世界近代史》第2卷,中国社会科学院世界历史研究所组译,中国社会科学出版社2003年版。

艾伦·麦克法兰:《现代世界的诞生》,世纪出版集团&上海人民出版社

2013年版。

安德烈·比尔基埃等主编:《家庭史》第1卷,下册,袁树仁等译,三联书店1998年版。

奥尔德里奇:《简明英国教育史》,诸惠芳等译,人民教育出版社1987年版。

巴顿:《论影响社会上劳动阶级状况的环境》,商务印书馆1991年版。

彼得·伯克:《欧洲近代早期的大众文化》,杨豫、王海良等译,杨豫校,上海人民出版社2005年版。

波梁斯基:《外国经济史》(封建主义时代),北京大学经济史经济学说史教研室译,生活·读书·新知三联书店1958年版。

波梁斯基:《外国经济史》(资本主义时代),郭吴新等译,杨惠廉校,生活·读书·新知三联书店1963年版。

波斯坦等主编:《剑桥欧洲经济史》第1卷,王春法等译,经济科学出版社2002年版。

波斯坦等主编:《剑桥欧洲经济史》第5卷,王春法等译,经济科学出版社2002年版。

博伊德:《西方教育史》,任宝祥等译,人民教育出版社1985年版。

伯纳德·曼德维尔,肖聿译:《蜜蜂的寓言》,社会科学出版社2002年版。

布雷多克:《婚床》,王秋海等译,三联书店1986年版。

布罗代尔:《15至18世纪的物质文明、经济和资本主义》第1卷,顾良译,施康强校,生活·读书·新知三联书店1992年版。

布罗代尔:《15至18世纪的物质文明、经济和资本主义》第2卷,顾良译,施康强校,生活·读书·新知三联书店1993年版。

布瓦松纳:《中世纪欧洲生活和劳动》,潘源来译,商务印书馆1985年版。

道格拉斯·诺思等:《西方世界的兴起》,厉以平等译,第2版,学苑出版社1999年版。

恩格斯:《恩斯特·莫里茨·阿伦特》,《马克思恩格斯全集》第41卷,人民出版社1982年版。

费里德兰德,W.:《社会福利概论》,台湾中华出版事业社1959年版。

菲利普·费尔南德斯·阿莫斯图:《食物的历史》,何舒平译,中信出版社2005年版。

华盛顿·欧文:《英伦见闻录》,上海文艺出版社2008年版。

后藤久:《西洋住居史》,清华大学出版社2011年版。

亨利·皮朗:《中世纪欧洲经济社会史》,上海人民出版社1987年版。

基佐:《欧洲文明史》,程洪逵等译,商务印书馆1998年版。

基思·赖特森:《英国近代早期的社会等级》,王觉非主编:《英国政治经济和社会现代化》,南京大学出版社1989年版。

卡洛·M.奇波拉:《欧洲经济史》第1卷,商务印书馆1988年版。

克拉潘:《简明不列颠经济史》,范定九译,上海译文出版社1980年版。

克莱顿·罗伯茨、戴维·罗伯茨、道格拉斯·R.比松:《英国史》(上、下),商务印书馆2013年版。

肯尼思·O.摩根:《牛津英国通史》,王觉非等译,商务印书馆1993年版。

兰德斯:《国富国穷》,门洪华等译,新华出版社2001年版。

劳伦斯·斯通:《贵族的危机,1558—1641年》,于民、王俊芳译,上海人民出版社2011年版。

雷蒙德·威廉斯:《漫长的革命》,倪伟译,上海人民出版社2007年版。

理查德·斯威德伯格:《马克斯·韦伯与经济社会学思想》,商务印书馆2007年版。

马丁·威纳:《英国文化与工业精神的衰落,1850—1980年》,王章辉、吴必康译,北京大学出版社2013年版。

马克思:《资本论》第1卷,《马克思恩格斯全集》第23卷,人民出版社1972年版。

马克思:《资本论》第3卷,《马克思恩格斯全集》第25卷,人民出版社2001年版。

马克思、恩格斯:《马克思恩格斯全集》第46卷上,人民出版社1979年版。

马克斯·韦伯:《新教伦理与资本主义精神》,社会科学文献出版社2010年。

迈克尔·曼著:《社会权力的起源》(第一卷),刘北成、李少军译,上海世纪出版集团2007年版。

迈克尔·曼著:《社会权力的起源》(第二卷·上、下),陈海宏等译,上海世纪出版集团2007年版。

芒图：《十八世纪产业革命》，杨人楩等译，商务印书馆1983年版。

麦克法兰著：《英格兰宪政史》，李红海译，中国政法大学出版社2010年版。

奈特编：《帕斯顿信札——一个望族的兴衰》，田亮译，广西师大出版社2005年版。

道格拉斯·诺思等：《西方世界的兴起》，厉以平等译，第2版，学苑出版社1999年版。

乔伊斯·阿普尔比：《无情的革命：资本主义的历史》，社会科学文献出版社2014年版。

乔叟：《坎特伯雷故事》，方重译，人民文学出版社2004年版。

屈维廉：《英国史》，钱端升译，商务印书馆1931年版，影印本。

奇波拉：《欧洲经济史》第1卷，徐璇、吴良健译，商务印书馆1988年版。

帕尔默·R. R.、乔·科尔顿、劳埃德·克莱默著：《欧洲崛起：现代世界的入口》，孙福生、陈敦全、何兆武译，世界图书出版公司2010年版。

施脱克马尔：《16世纪英国简史》，上海外国语学院编译室译，上海人民出版社1959年版。

斯塔夫里阿诺斯：《全球通史：1500年以后的世界》（上、下），北京大学出版社2007年版。

特雷纳：《啤酒》，赵德玉等译，青岛出版社2004年版。

托尼·R. H. 著：《宗教与资本主义的兴起》，赵月瑟、夏镇平译，上海译文出版社2006年版。

沃勒斯坦：《现代世界体系（第1卷）：16世纪的资本主义农业与欧洲世界经济体的起源》，高等教育出版社1998年版。

西敏思著：《甜与权力——糖纸近代历史上的地位》，王超、朱健刚译，商务印书馆2010年版。

亚里士多德：《政治学》，商务印书馆1965年版。

亚当·斯密：《国民财富的性质和原因的研究》上卷，郭大力、王亚南译，商务印书馆1983年版。

亚当·斯密：《国富论》（全译本），陕西师范大学出版社2011年版。

雅克·勒高夫著：《中世纪文明（400—1500年）》，徐家玲译，格致出

社 & 上海人民出版社 2011 年版。

伊曼纽尔·沃勒斯坦：《现代世界体系（第 1 卷）：16 世纪的资本主义农业与欧洲世界经济体的起源》，高等教育出版社 1998 年版。

约翰·斯梅尔：《中产阶级文化的起源》，陈勇译，上海人民出版社 2006 年版。

约翰·洛克著：《教育漫话》，傅任敢译，民教育出版社 1985 年版。

四　中文书目

蔡骐：《英国宗教改革》，湖南师范大学出版社 1997 年版。

陈紫华：《一个岛国的崛起——英国产业革命》，西南师范大学出版社 1992 年版。

陈紫华等：《梦想与辉煌——西方现代化探索之一》，西南师范大学出版社 1994 年版。

柴惠庭：《英国清教》，上海社会科学院出版社 1994 年版。

陈曦文：《英国 16 世纪经济变革和政策研究》，首都师范大学出版社 1995 年版。

程西筠、王章辉：《英国简史》，商务印书馆 1981 年版。

程汉大：《英国政治制度史》，中国社会科学出版社 1995 年版。

程汉大：《英国法制史》，齐鲁书社 2001 年版。

侯建新：《现代化第一基石——农民个人力量增长与中世纪晚期社会变迁》，天津社会科学出版社 1991 年版。

侯建新：《社会转型时期的西欧与中国》第 1 版，济南出版社 2001 年版；第 2 版，高等教育出版社 2005 年版。

侯建新：《农民、市场与社会变迁——冀中 11 村透视并与英国乡村比较》，社会科学出版社 2002 年版。

姜德福：《社会变迁中的贵族：16—18 世纪英国贵族研究》，商务印书馆 2004 年版。

林举岱：《十七世纪英国资产阶级革命》，上海人民出版社 1954 年版。

林举岱：《英国工业革命史》，上海人民出版社 1979 年版。

刘淑兰：《英国产业革命史》，吉林人民出版社 1982 年版。

刘祚昌：《英国资产阶级革命史》，新知识出版社 1956 年版。

刘新成：《英国都铎王朝议会研究》，首都师范大学出版社 1995 年版。

蒋孟引：《英国史》，中国社会科学出版社1988年版。
《蒋孟引文集》，南京大学出版社1995年版。
马克垚：《西欧封建社会经济形态研究》，人民出版社1985年版。
马克垚：《英国封建社会研究》第2版，北京大学出版社2005年版。
马嬛：《工业革命与英国妇女》，上海社会科学院出版社1993年版。
齐思和、林幼琪选译：《世界史资料丛刊初集·中世纪晚期的西欧》，商务印书馆1962年版。
《欧美史研究》，华东师范大学出版社1989年版。
钱乘旦、许洁明：《英国通史》，上海社会科学院2002年版。
钱乘旦：《第一个现代化国家》，四川人民出版社1988年版。
《世界历史》编辑部编：《欧美史研究》，华东师范大学出版社1989年版。
施诚：《中世纪英国财政史研究》，商务印书馆2010年版。
沈汉：《英国土地制度史》，学林出版社2005年版。
沈汉、刘新成：《英国议会政治史》，南京大学出版社1991年版。
舒晓昀：《分化与整合：1688—1783年英国社会结构分析》，南京大学出版社2003年版。
陶松云、郭太风：《英国史话》，中国青年出版社1985年版。
王家范：《百年颠沛与千年往复》，上海远东出版社2001年版。
王晋新：《15—17世纪中英两国农村经济比较研究》，东北师范大学出版社1996年版。
王乃耀：《英国都铎时期经济研究——英国都铎时期乡镇经济的发展与资本主义的兴起》，首都师范大学出版社1997年版。
王觉非主编：《英国政治经济和社会现代化》，南京大学出版社1989年版。
王名扬：《英国行政法》，中国政法大学出版社1987年版。
王荣堂：《英国近代史纲》，辽宁大学出版社1988年版。
王章辉、孙娴主编：《工业社会的勃兴》，人民出版社1995年版。
王章辉：《英国文化与现代化》，辽海出版社1999年版。
吴于廑、齐世荣主编：《世界史·古代史编》上卷，高等教育出版社1994年版。
徐浩：《18世纪的中国与世界》（农民卷），戴逸主编，辽海出版社1998年版。
徐浩：《农民经济的历史变迁——中英乡村社会区域发展比较研究》，社会科学文献出版社 2002 年版。

许杰明：《十七世纪的英国社会》，中国社会科学出版社 2004 年版。

阎照祥：《英国贵族史》，人民出版社 2000 年版。

阎照祥：《英国政党政治史》，中国社会科学出版社 1993 年版。

于民：《坚守与改革——英国财政史专题研究（1066 年—19 世纪中后期）》，中国社会科学出版社 2012 年版。

赵文洪：《私人财产权利体系的发展——西方市场经济和资本主义的起源问题研究》，中国社会科学出版社 1998 年版。

朱寰：《亚欧封建经济形态比较研究》，东北师范大学出版社 2002 年版。

五　中文论文

毕道村：《十五世纪西欧农民个人力量的发展及其影响》，《史学月刊》1993 年第 5 期。

毕道村：《英国农业近代化的主要动因》，《历史研究》1994 年第 5 期。

程西筠：《关于英国圈地运动的若干资料》，《世界史研究动态》1981 年第 10 期。

陈晓律：《试论英国工业民族精神形成的社会历史条件》，《南京大学学报》（哲学人文社会科学版）1991 年第 4 期。

陈曦文：《英国都铎王朝早期的圈地运动》，《史学集刊》1984 年第 2 期。

耿淡如：《英国圈地运动》，《历史教学》1956 年第 12 期。

顾晓鸣：《略论十七世纪英国革命中的新贵族》，《复旦学报》1982 年第 1 期。

韩承文：《世界近代史为什么从英国资产阶级革命开始？而不从尼德兰资产阶级革命开始?》，《新史学通讯》1956 年第 12 期。

侯建新：《中世纪晚期的商品化与现代化启动》，《历史研究》1994 年第 5 期。

侯建新：《西欧法律传统与资本主义的兴起》，《历史研究》1999 年第 2 期。

侯建新：《西欧富裕农民——乡绅阶级形成与资本主义的兴起》，《天津社会科学》2000 年第 3 期。

侯建新：《工业革命前英国农民的生活与消费水平》，《世界历史》2001 年第 1 期。

侯建新：《中英封建晚期乡村组织比较》，《史学理论研究》2000 年第 3 期。

侯建新：《富裕佃农：英国现代化的最早领头羊》，《史学集刊》2006 年第 4 期。

侯建新：《工业革命前英国农业生产与消费再评析》，《世界历史》2006 年第 4 期。

侯建新：《世界历史研究三十年》，《历史研究》2008 年第 6 期。

黄春高：《14—16 世纪英国租地农场的历史考察》，《历史研究》1998 年第 3 期。

豁然：《十七世纪英国资产阶级革命中人民群众的作用》，《历史教学》1959 年第 11 期。

李自更：《论乡绅的兴起》，《山西高等学校社会科学学报》2003 年第 11 期。

李自更：《12—16 世纪英国乡绅的形成及其在社会经济变革中的作用》，《肇庆学院学报》2002 年第 6 期。

科斯敏斯基：《11—15 世纪英国封建地租形态演变》，《史学译刊》1951 年第 1 期。

钱家先：《从乡绅的构成看 16 世纪英国的社会经济》，《曲靖师专学报》2000 年第 1 期。

施诚：《英国都铎王朝的税收与财政》，《首都师范大学学报》2002 年第 3 期。

王晋新：《论近代早期英国社会结构的变迁与重组》，《东北师大学报》（哲学社会科学版）2002 年第 5 期。

王晋新：《近代早期不列颠空间整合及类型论》，《世界历史》2006 年第 3 期。

王乃耀：《16 世纪英国农业革命》，《史学月刊》1990 年第 2 期。

王乃耀：《论英国都铎王朝时期阶级关系的新变化》，《首都师范大学学报》（社会科学版）1996 年总 110 第 3 期。

王乃耀：《论英国封建地租的演变》，《首都师范大学学报》（社会科学版）1996 年第 6 期。

王荣堂：《英法两国资产阶级革命的区别》，《历史教学》1959 年第 9 期。

王章辉：《圈地运动的研究近况及资料》，《世界史研究动态》1984 年第

5 期。

王章辉：《英国农业革命初探》，《世界历史》1990 年第 1 期。

向荣：《啤酒馆问题与近代早期英国文化和价值观念的冲突》，载于《中世纪晚期 & 近代早期欧洲社会转型研究论集》，人民出版社 2012 年版。

徐浩：《英国农村封建生产关系向资本主义的转变》，《历史研究》1991 年第 5 期。

徐浩：《论中世纪晚期英国农村生产力要素市场》，《历史研究》1994 年第 3 期。

徐浩：《地主与英国农村现代化的启动》，《历史研究》1999 年第 1 期。

徐浩：《畜牧业的突破与中古英国的粮食生产》，《世界历史》1999 年第 3 期。

徐浩：《中世纪英国农村的封建负担及农民生活》，《贵州师范大学学报》（社会科学版）2000 年总 107 第 2 期。

徐浩：《中世纪英国乡村体制构架补论》，《贵州师范大学学报》（社会科学版）2001 年第 4 期。

杨杰：《英国农业革命与家庭农场》，《世界历史》1993 年第 5 期。

叶赋桂、罗燕：《英国衰落的教育探源——兼评近年来中国相关教育改革》，《清华大学教育研究》2001 年第 1 期。

附　　录

一　重要地名译名对照表

地名	中译名	地名	中译名
Cornwall	康沃尔	Essex	埃塞克斯
Devon	德文	Suffolk	萨福克郡
Dorset	多塞特	Cambridgeshire	剑桥郡
Isle of Wight	怀特岛	Bedfordshire	贝德福德郡
Sussex	苏塞克斯	Northamptonshire	北安普顿郡
Middle Essex	米德尔塞克斯	Warwickshire	沃里克郡
Somerset	萨默塞特	Hereford&Worcester	赫里福德和伍斯特
Wiltshire	威尔特郡	Powys	波厄斯郡
Hampshire	汉普郡	Dyfed	德韦达郡
Surrey	萨里	Gwynedd	格温内斯郡
Kent	肯特	Derbyshire	德比郡
Avon	埃文	Shropshire	施洛普郡
Berkshire	伯克郡	West Midlands	威斯特米兰德
Gwent	格温特郡	Leicestershire	莱斯特郡
Gloucestershire	格罗斯特郡	Norfolk	诺福克
Lincolnshire	林肯郡	Cheshire	柴郡
Oxfordshire	牛津郡	Notinghamshire	诺丁汉郡
Buckingham	白金汉	Birmingham	伯明翰郡
Hertfordshire	赫特福德郡	Merseyside	默西塞德郡
Yorkshire	约克郡	Cambridge	剑桥
Humberside	亨伯塞德郡	Sheffield	设菲尔德
Lancashire	兰开郡	Bradford	布拉德福德

续表

地名	中译名	地名	中译名
Cumbria	坎布里亚郡	Bristol	布里斯托尔
Durham	德汉姆	Cardiff	加第夫
Northumberland	诺森伯兰德	Oxford	牛津
Edinburgh	爱丁堡	Stratford-upon-Avon	埃文河上的斯特福德

二 面积单位：英制与公制

英制单位	英制单位	公制单位
1 square inch（平方英寸）		6.45 square centimetres（平方厘米）
1 square foot（平方英尺）	144 square inches（平方英寸）	9.29 square decimetres（平方分米）
1 square yard（平方码）	9 square foot（平方英尺）	0.836 square metre（平方米）
1 acre（英亩）	4 roods（路得）	0.405 hectare（公顷）
1 acre（英亩）	4840 square yards（平方码）	4050 square metres（平方米）
1 rood（路得）		1012 square metres（平方米）
1 virgate（维尔格特，中世纪土地面积单位）	30 acres（英亩）	
1 bovate（牛地，牛犁队一天犁过的面积）	15 acres（英亩）	
1 square mile（平方英里）	640 acres（英亩）	259 hectares（公顷）

三 重量与容量单位：英制与公制

英制单位	英制单位	公制单位
1 pound（磅）	16 ounces（盎司）	0.454 千克
1 pint（品脱）	1/8 gallon（加仑）	0.568 litre（升）
1 pint（品脱）	20 fluid oz.（液量盎司）	
1 quart（夸脱①）	2 pints（品脱）	1.14 litres（升）
1 gallon（加仑）	4 quarts（夸脱）	4.546 litres（升）
1 peck（配克）	2 gallons（加仑）	9.092 litres（升）

---

① 夸脱（quart）：液量容量单位。

续表

英制单位	英制单位	公制单位
1 bushel（蒲式耳①）	4 pecks（配克）	36.4 litres（升）
1 bushel（蒲式耳）	8gallons（加仑）	
1 quarter（夸特）	8 bushels（蒲式耳）	2.91 hectolitres（百升）
1 quarter（夸特）	28pounds（磅）	12.7 千克

四　长度单位：英制与公制

英制单位	英制单位	公制单位
1 inch（英寸）		25.4 millimetres（毫米）
1 foot（英尺）	12 inches（英寸）	0.3048 metre（米）
1 yard（码）	3 feet（英尺）	0.9144 metre（米）
1 (statute) mile（英里）	1760 yards（码）	1.609 kilometres（千米）

五　货币（1971 年前英国货币）

货币单位	缩写	备注	折合量
pound（镑）	lb（£）	金币	20 先令
shilling（先令）		银币	旧币值 12 便士
penny（便士）	d	铜币	4 法寻
法寻		铜币	1/4 便士
基尼		金币	21 先令
索维林		金币	1 镑

---

① 蒲式耳（bushel）：计算谷物及水果的单位。

后　　记

　　本书是国家社会科学基金青年项目"社会过渡时期英国富裕农民研究（15—18世纪）"（09CSS004）的最终成果。

　　当这本书即将呈现给大家时，不禁感慨和希冀。感慨的是时光荏苒岁月匆匆，距离学生时代仿佛已过去很久很久，在东北师范大学求教于朱寰先生、师从侯建新先生，在南开大学历史学院博士后流动站陈志强先生门下，那些勤奋苦读的时光又仿佛就在昨天。经历近来几个月的疫情防控下沉社区工作之后，思及自己的学习生涯和工作经历，几经辗转，恍如隔世。但是，举国上下一心抗疫之际，对未来，心中充满无限希冀和期望，愿今后余生，长怀学术之初心，谨遵恩师教诲：勤于思考，关照当下、关注现实、关照社会，用学术之道做有益之事！

　　本着关照人类文明发展进程和关注世界社会制度模式演进的研究热望出发，在时间和空间的坐标系上，地理学家描述并绘制地球，研究人类与他们生活其中的环境空间的不断变化着的互动；历史学者则以大历史的视角与社会经济史的研究方法，对人类发展史上第一个资本主义国家——英国的一段发展史加以分析研究。在人类文明源远流长的历史中，东西方历经风雨的国度中有的沉沦了、有的兴盛了，可是，率先实现现代化的国家却是英国。这个美丽的西欧岛国，如何在静悄悄的积淀中走向现代化的呢？带着新奇和探究的心理，笔者试图以独特视角选取1500—1800年期间的英国封建庄园经济解体、农业土地资本主义逐渐兴起的一段历史。在探究中，笔者注意到了这一历史进程中，不列颠广袤乡村大地上有这样一个群体——富裕农民，他们是well-to-do peasants，即经历了一代或几代人的劳作、经营而致富和发家的乡村精英。通过对他们的经济生活和社会生活等各个角度的分析，揭示出"为什么是英国率先完成工业革命，为什么是英国成为第一个资本主义国家"的历史经验与答案。还试图展示英国 1500—1800 年期间的农村和农民特别是富裕农民《清明上河图》式的乡村生活画卷。农业是英国现代化的基础，富裕农民是农业现代化的发动者，他们是农村社会的"脊梁"。在英国农业资本主义发生的时候，他们是先行者。所以，笔者从富裕农民的概念界定出发，对其内涵的演变为切入点来探讨这一群体向资本主义农场主演进的过程，揭示其作为英国走向现代化时期乡村社会中的精英群体，在经济活动、公共政治生活、日常生活状况、教育状况、宗教信仰等方面产生的深远影响，对英国资本主义的启动作用和影响。

在课题研究过程中，部分前期成果已分别在《贵州社会科学》《历史教学》《学习时报》等刊物上发表。在此，我衷心感谢相关报刊的编辑老师们的热情鼓励和热心指导！

感谢恩师侯建新先生和陈志强先生在我成长道路上的指导、教诲、鞭策与勉励。感谢中国社会科学出版社宋燕鹏编审的辛勤工作和指点。感谢我的家人和众多师友的关心和帮助。

欢迎和期待学界各位师长批评和指正。

徐华娟
2020 年 4 月 30 日